工业和信息化“十三五”规划教材立项项目

互联网金融从业人员培训考试认证项目指定教材

互联网金融

理论与应用

周雷◎主编

吴文英 徐峰 朱晓玮 郭文娟◎副主编

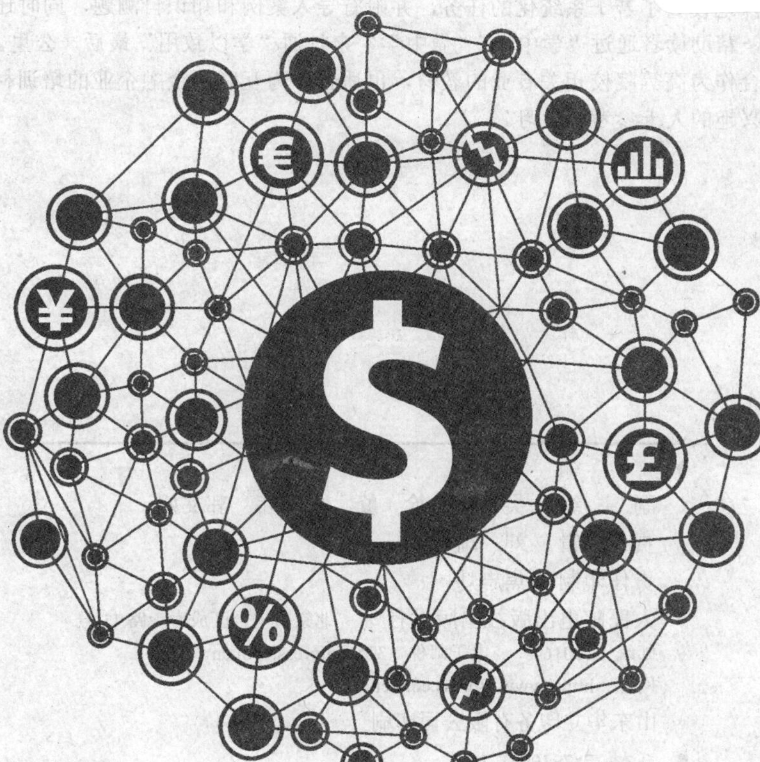

人民邮电出版社

北京

图书在版编目（CIP）数据

互联网金融理论与应用 / 周雷主编. -- 北京 : 人民邮电出版社, 2016.8（2018.12 重印）
ISBN 978-7-115-42357-3

Ⅰ. ①互… Ⅱ. ①周… Ⅲ. ①互联网络－应用－金融－教材 Ⅳ. ①F830.49

中国版本图书馆CIP数据核字(2016)第176297号

内 容 提 要

本书在编写时贯彻了“项目引领、任务驱动”的理念，体现“理论够用、实践为重、突出应用”的特色，全景式介绍了互联网金融的最新理论和最佳实践。

全书根据互联网金融业态分为 10 个项目，涵盖互联网支付、P2P 网络借贷、股权众筹、网络银行、互联网信息门户、互联网保险、互联网证券、互联网金融监管等业务领域。每个项目均根据业务流程由浅入深地设置了若干系统化的任务，并附有导入案例和知识自测题，同时还设置了综合性技能实训环节，帮助读者通过“学中做”“做中学”来打通“学以致用”最后一公里。

本书既适合作为高等院校相关专业的教材，也适合作为互联网金融企业的培训材料，还可供对互联网金融感兴趣的人士参考和学习。

◆ 主　　编　周　雷
　副 主 编　吴文英　徐　峰　朱晓玮　郭文娟
　责任编辑　刘　琦
　责任印制　焦志炜

◆ 人民邮电出版社出版发行　　北京市丰台区成寿寺路 11 号
　邮编　100164　　电子邮件　315@ptpress.com.cn
　网址　http://www.ptpress.com.cn
　山东华立印务有限公司印刷

◆ 开本：787×1092　1/16
　印张：19.75　　　　2016 年 8 月第 1 版
　字数：519 千字　　　2018 年 12 月山东第 6 次印刷

定价：49.80 元

读者服务热线：(010)81055256　印装质量热线：(010)81055316
反盗版热线：(010)81055315

推荐序

苏州大学商学院金融系教授、博士生导师：乔桂明

“互联网+”与金融业的深度融合，正引领我们进入科技金融新时代，各种互联网金融创新模式深刻影响着金融业的生态系统与运行规则。在这样的背景下，无论是高校金融专业，还是互联网金融企业，都需要一本系统梳理互联网金融理论体系，并与业界最新实践相结合的教材，用来面向市场需求，推动人才培养，以及规范行业发展。周雷等老师携政府、企业专家共同编写的《互联网金融理论与应用》一书作为国内第一部互联网金融项目化教程，在这方面进行了有益的探索。

全书编写遵循“项目导向、任务驱动、做学合一”的原则，将纷繁复杂的各类互联网金融模式与业态解构为十大项目，每个项目又根据业务流程分为若干行动学习任务，并单独设置“做中学”与技能实训模块，能够引导大家通过实践操作学习专业知识，掌握职业技能。这是一本应用型本科和高职高专相关专业课程实施项目化教学的理想教材。与此同时，本书所介绍的各类丰富而翔实的典型案例，无论对于机构经营还是行业监管，都很有借鉴意义，就如同竖起了一面镜子，照亮了过去，更启迪了未来。

互联网金融的大幕已经拉开，无论你是否准备好，都将融入这个新的金融世界。本书一改金融类专业书籍晦涩难懂的风格，行文深入浅出、案例生动有趣，且图文并茂，适合每一位对互联网金融感兴趣的人士阅读。

2016 年 7 月 1 日

前言

在“互联网+”战略驱动下，我国互联网金融发展迅速。截至2015年年底，互联网金融规模突破10万亿元，我国成为全球最大的互联网金融市场。2016年3月17日，《国民经济和社会发展第十三个五年规划纲要》正式发布，互联网金融首次被纳入国家五年规划纲要，与此同时，教育部新版高职专业目录也首次设置了互联网金融新专业。互联网金融是传统金融机构与互联网企业利用互联网和信息通信技术实现资金融通、支付、投资和信息中介服务的新型金融业务模式。我国互联网金融发展经历了从“野蛮生长”到逐步纳入监管框架的历程，并渗透到了几乎全部传统金融业务领域，互联网金融时代已经到来。

在互联网金融发展的大背景下，本书的出版既符合当前高等院校开设互联网金融新专业与新课程的迫切需要，同时也将对整个互联网金融人才培养和行业规范发展起到积极作用。本书具有如下特色。

1. 项目引领、任务驱动。本书在对典型互联网金融企业的业务模式和岗位需求实地调研和案例分析的基础上，将不同业态类型的互联网金融企业在应用型和操作型岗位的具体工作内容和工作流程解析为一系列项目，然后将每个项目按照由浅入深的方式设置若干任务，从而使内容编排便于教学过程实现“理实一体”，学习过程实现“做中学”。各项目均由导入案例、若干任务和技能实训栏目组成，使读者能够通过完成学习任务，掌握在工作和生活中应用互联网金融的能力。同时，全书的最后还设置了“互联网金融业务综合实训”项目，分别从投资和融资的角度设计了两个任务，引导学习者在实际工作情景中综合运用互联网金融的各项知识和技能。

2. 内容全面、案例新颖。本书对当前纷繁复杂的互联网金融理论和实践进行了全面且系统的梳理与总结，同时，将最新的行业案例作为导入案例或实训项目引入，进一步突出了时效性、操作性和针对性。另外，对综合性和实践性较强的内容，书中还附上二维码，读者扫一扫即可获取拓展案例、知识链接、演示视频等配套资源。

3. 校企合作、产教融合。本书的编写团队由高校骨干教师、著名互联网金融企业和政府金融监管专家组成。其中，主编本人具有丰富的互联网金融教学研究和业务监管经验，曾在银监局长期从事金融监管和互联网金融调研工作，相关成果多次获银监会表彰。2014年调入高校后，他从事互联网金融教研工作，已完成多项省级课题。本书编写成员主要由高校教师组成，与此同时，政府部门具有互联网金融监管经验的专家和宜信、新新贷、人人投等著名互联网金融企业管理人员参与编写了互联网金融监管、股权众筹投融资、互联网金融信息门户等具体章节以及综合实训案例的设计。

4. 研学结合、成果应用。本书内容编排体现教学与科研相统一的原则，注重最新学术成果的转化和应用。互联网金融是一个全新的领域，本书在编写过程中引入了编写团队对互联网金融的最新科研成果，包括“新常态下互联网金融支持小微企业融资应用研究”“互联网保险产品创新与有效监管研究”等省级课题成果，并参考了编写组及业界专家的大量论文，将其与互联网金融企业的创新实践相结合。

建议教授本书所用总学时为 48～64 学时，每个项目 3～6 学时。本书配有详细的课程教学指导，选书老师可通过人民邮电出版社教育服务与资源下载社区获取（www.ryjiaoyu.com）。各项目的教学建议如下。

- 学习目标：列明学习本项目后所要达到的各项知识和能力目标，方便读者把握学习的重难点。
- 导入案例：可作为预习的阅读材料和问题情境创设材料。
- 学习任务：项目中一般包括 3 个循序渐进的学习任务，这是教学的核心内容，特别是其中的重要概念、业务流程、创新产品应重点讲授。同时，教师还应引导学生通过扫描书中二维码获取学习资源、探究实践案例等。
- “做中学”模块：在教学过程中，可充分利用“做中学”环节，引导学生在操作中掌握骨干知识和业务技能，提高互联网金融投融资实际应用能力。
- “随堂测试”模块：可根据教学进度，利用此环节及时组织随堂讨论和小测试，以评价、反馈和巩固对本任务重要知识点的理解和应用。
- 知识自测题：每个项目在完成若干学习任务后，提供了具有时效性和趣味性的知识自测题，题型丰富、题量适中，可作为课后作业巩固所学内容。
- 项目技能实训与综合业务实训：每个项目最后均设计了技能实训环节，教师可根据步骤引导学生在实际情景中运用所学知识和技能。技能实训在教学中可作为随课程设置的实践教学环节，也可与本书的项目十一并作为集中实训课程单独开设。

本书提供了丰富的配套教学资源库，包括多媒体课件、教学视频、微课、习题答案等内容，并将根据互联网金融理论与实践的最新发展，不断丰富和完善教学资源。广大读者可从人民邮电出版社教育服务与资源下载社区（www.ryjiaoyu.com）获取。

本书由苏州市职业大学的周雷担任主编，吴文英、徐峰、朱晓玮、郭文娟担任副主编。具体编写分工为：周雷拟定编写提纲，修改初稿，对全书进行总纂和定稿，并编写了项目一和项目六；苏州农业职业技术学院王志斌编写了项目二；宜信公司许梦楠和苏州市职业大学朱晓玮编写了项目三；新新贷倪菊华和苏州市职业大学王晓东编写了项目四；苏州工业园区职业技术学院袁颖和人人投王成波编写了项目五；苏州市职业大学徐峰编写了项目七；苏州市职业大学吴文英和内蒙古商贸职业学院郭文娟编写了项目八；银监会无锡监管分局姚晓垒和北京大学刘倪编写了项目九；苏州市职业大学黄丹荔和中国人保财险总公司胡婷婷编写了项目十。同时非常感谢任平、颜芳、张响燕、张雅敏、王丹丹、朱飞月、吴怡倩、张艺凡、卢仁燕、刘康宁、张嫚、詹姝姝、周令仪等在编写过程中提供的帮助。

互联网金融是一个全新的教学与研究领域，随着实践的发展，还有许多问题有待深入探讨。另外，由于我们的能力与水平有限，本书还有许多不足之处，希望广大读者批评指正，以便我们能不断修改、完善和提高。我们的联系邮箱为：

zhlei@jssvc.edu.cn，编读交流 QQ 群号为：555059149。同时，我们编写团队还建立了官方微信公众号“互联网金融理论与应用”，欢迎使用本书的师生和读者扫描以下“二维码”关注该公众号，我们将推送最新的行业资讯，做好教学支持与读者服务工作。

《互联网金融理论与应用》官方公众号（ID：e-internet-finance）

编　者

2016 年 6 月 1 日

目录

项目一
走进互联网金融新天地

学习目标

[知识目标]

1. 从“互联网+”的角度了解互联网金融的内涵与外延。

2. 认识互联网金融4种常见的业态分类与典型业务。

3. 能够比较互联网金融运行规则与传统金融的区别。

[能力目标]

1. 学会利用百度指数等大数据搜索工具，分析互联网金融的发展趋势。

2. 掌握互联网金融网站的检索与浏览，能够根据所学知识初步判断主流互联网金融网站的业态类别。

什么是互联网金融？互联网金融对于伴随着互联网发展成长起来的“数字原住民”，应该并不陌生。提到互联网金融，也许您会首先想到余额宝或者微信红包。但是，互联网金融仅仅是将金融业务转移到互联网上开展吗？在“互联网+”时代，我们的生活为什么离不开互联网金融？本项目将带您走进互联网金融新天地，揭开互联网金融的神秘面纱。

导入案例 “数字原住民”小金的一天

2017年12月，伴随着互联网成长起来的“95后数字原住民”小金已经大学毕业，并成为了一家高科技外资企业的小白领。今天是周五，小金打着哈欠从床上爬起来，忽然智能手机发出预警：“根据您的可穿戴腕带记录的数据，您昨晚两点钟入睡，睡眠深度严重不足。今日小雨，路面湿滑，今日您驾车的危险指数是83，今日驾车UBI物联网车险价格为156元。建议打车上班。”小金想到昨晚确实因为今天公司要开项目考评会而辗转反侧，现在脑袋还昏昏沉沉，开车确实危险。于是，小金拿起早餐面包走出家门，边下楼梯边用互联网约车手机软件叫车，很快就有一位出租车司机接了他的订单。到公司时计价器走到38元，小金打开微信支付，并用了一个“专车红包”减免了15元，很快收到一条短信：“已免密快捷支付了23元。”

上午的工作都在为下午的会议做准备，很快临近中午，小金和他的同事们来到公司楼下的餐厅，发现餐厅正推出迎新年大优惠活动：扫桌面二维码直接成为会员享受85折；使用优惠券获得一盘煎饺；或者团购一张售价45元、价值60元的代金券。商家的要求是三选一，而对于这些“吃货+数字达人”而言，大家很快做出了最优选择：扫二维码享 85 折。在餐桌上一番风卷残云之后，小金先通过“扫码”垫付了饭钱，省去了排队刷卡的时间，然后小伙伴们掏出手机用支付宝钱包 AA 付账。

回到公司，小金稍做休整，便开始参加公司的年终项目考评会议。领导一番总结之后，开始宣布奖励名单，获奖者将获得 8 000 元的绩效奖励，小金的心也提到了嗓子眼。终于，领导报到了小金的名字。会议一结束，小金便打开网络银行 APP，发现奖金已经妥妥地躺在账上。同时，网络银行的“资金规划”页面提醒 25 日后需要还房贷 5 000 余元。小金盘算着这 25 天如何有效利用，使这笔奖金不浪费一天收益。思考片刻，小金打开了 P2P 理财 APP“指旺理财”，选择了可以私人定制的“房贷宝”理财产品。小金输入期限 25 天，金额 8 000 元，软件根据认购金额和利率期限结构，立即给出年化收益率为 6.8%，并跳转到了网络银行支付页面。动动手指，小金很快完成了个性化理财产品的购买，25 天后，在小金坐享收益的同时，该产品还会自动赎回还房贷，实现了资金利用效益的最大化。

天色已暗，小金决定晚饭简餐解决。他打开百度地图，用“附近”功能搜到了最近的麦当劳，按照地图计划好的步行路线，10 分钟后到达门店。小金嚼着汉堡刷朋友圈，忽然发现他订阅的互联网金融门户网站“众筹之家”公众号，根据小金以往的偏好以及当前的定位位置，给他推送了一条活动邀请：今晚 8 点，特色美食众筹项目“桃花源记”将在您所在的麦当劳餐厅对面的“创客空间”进行路演，项目方将对众筹项目做详细介绍，现诚挚邀请您移步参加。

作为资深“吃货”的小金，看到路演的项目是特色美食，又就在对面，便果断赞之，并留言“申请加入”。于是吃完麦当劳，小金就逛了过去。路演现场，项目方配合宣传片非常有诚意地介绍着，各种江南美食轮番登场。小金边听，边用众筹 APP 与其他投友和互联网金融平台的项目经理交流互动。路演结束时，项目方还抛出了一个“大红包”，下周项目若上线成功众筹，每位投资的股东都将获得“桃花源记”7 折金卡。小金在 APP 中收藏了该项目，并设置了上线提醒，希望下周正式众筹时能“抢到一股”。回到家，夜已深了，小金看到之前购买的“娱乐宝”投资的电影上映了，两张电影票已经躺在“卡券管理”中。他点了点“在线选座”，就这样，做好了周六和女友的约会安排……

图 1-1　互联网金融改变生活

图 1-1 展现了互联网金融改变生活。

互联网金融正在快速渗透进我们的生活，改变我们的生活方式、工作方式和娱乐方式，类似的“一天”将很快在你我的身上发生，让我们一起走进互联网金融新天地。

任务一　了解互联网金融的概念

一、透过大数据看互联网金融

本任务将通过行动学习，带您逐步了解互联网金融的前世今生与内涵外延。互联网金融在我国已“飞入寻常百姓家”，成为一个炙手可热的概念，各种互联网金融创新产品层出不穷，但互联网金融的历史其实还很短。我们利用百度大数据技术，以“互联网金融”和传统金融业的代表“银行”作为关键词，绘制出二者的大数据搜索指数曲线，可以直观地看出它们的网民关注度与发展趋势。

从图 1-2 可知，在 2013 年以前，“互联网金融”的搜索量几乎可以忽略不计，直到 2013 年 6 月，余额宝的横空出世，互联网金融才逐渐进入人们的视野，“搜索指数”不断攀升。余额宝的口碑营销第一次战胜了传统银行历时数十载的经营，成为互联网金融的一个风口浪尖。此后，我国互联网金融发展经历了从野蛮生长到逐步纳入监管框架的历程，其对经济金融的颠覆性影响逐渐显现。在经济运行“新常态”下，互联网金融正呈现出新的规则与业态，同时也呼唤与之相适应的新的有效监管范式。

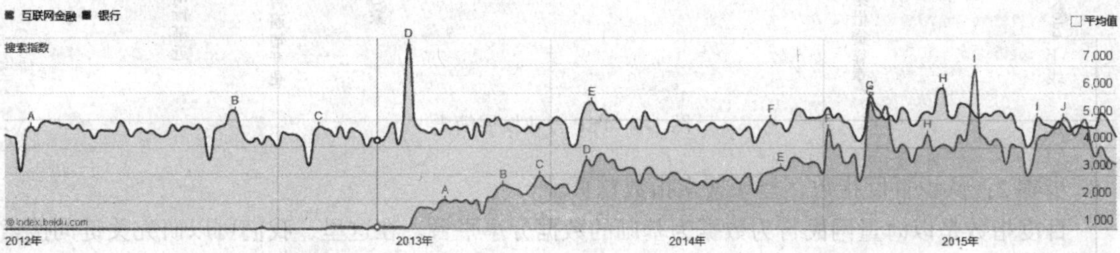

图 1-2 “互联网金融”与“银行”大数据搜索指数

观察图 1-2 可以发现，在 2015 年 7 月，“互联网金融”的搜索指数终于出现了一个峰值，并成功超越了“银行”指数，这个网络搜索行为大数据背后的动因是什么呢？原来，2015 年 7 月 18 日，中国人民银行等 10 个部委正式发布了《关于促进互联网金融健康发展的指导意见》（以下简称《指导意见》），被喻为互联网金融行业“基本法”的我国首部指导互联网金融健康发展与创新监管的纲领性文件终于出台。《指导意见》按照“鼓励创新、防范风险、趋利避害、健康发展”的总体要求，提出了一系列鼓励创新、支持互联网金融稳步发展的政策措施，积极鼓励互联网金融平台、产品和服务创新，鼓励从业机构相互合作，拓宽从业机构融资渠道，坚持简政放权和落实、完善财税政策，推动信用基础设施建设和配套服务体系建设。该意见的出台使互联网金融迅速成为全社会关注的焦点，搜索指数出现峰值，一举超越了“银行”。此后，“互联网金融”和“银行”的搜索指数均有波动，两者交替领先，至少从网络搜索大数据的角度来看，传统银行业的压倒性优势不复存在，互联网金融将给商业银行带来巨大的压力和挑战。

[做中学 1-1] 绘制 P2P 大数据搜索指数曲线

通过以上内容的讲解，我们可以发现大数据不仅是互联网金融创新的基础，也能帮助我们更好地发现事物的变化趋势。下面，请大家学习运用百度大数据工具来绘制 P2P 的搜索指数曲线，并分析其发展变化趋势。准备好了吗？让我们根据引导步骤，一起来“做中学”吧！

步骤 1：了解 P2P 的概念，提出想要探索的问题。

P2P 即个体网络借贷，是指个体和个体之间通过互联网平台实现直接借贷的新型债权投、融资形式。P2P 网络借贷行业发端于英国，经历了从国外到国内、从野蛮生长到逐步纳入监管框架的发展历程，如图 1-3 所示。

由图 1-3 可知，2007 年中国就出现了第一家 P2P 平台拍拍贷，2013 年“互联网金融”概念兴起，P2P 网络借贷也全面爆发，成为互联网金融行业的领跑者。那么，P2P 的搜索指数变化趋势是否与行业发展相呼应？作为互联网金融中规模占比最高的业态，“P2P”与“互联网金融”的大数据搜索量和搜索曲线有何异同？大家还有其他想探索的问题吗？

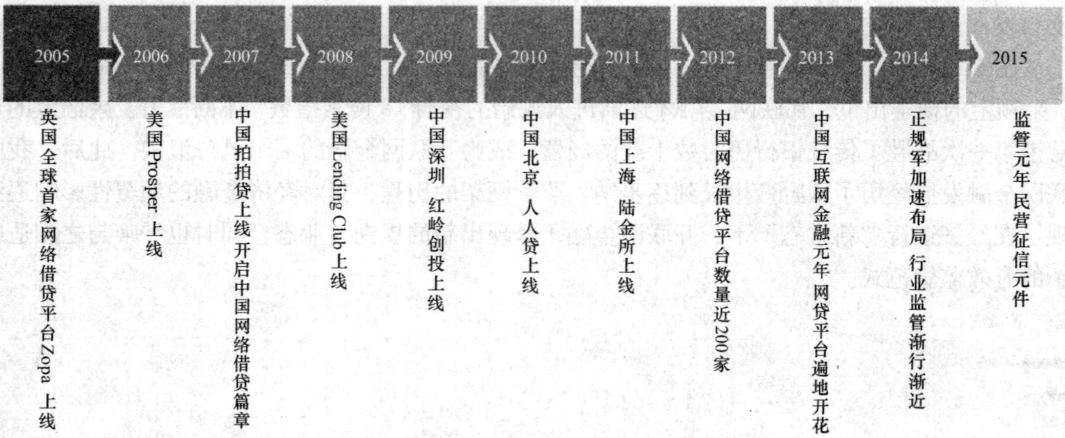

图 1-3 P2P 行业发展简史

步骤 2：认识百度指数，登录搜索指数首页。

百度指数是以海量网民行为数据为基础的数据分享平台。在这里，我们可以研究关键词搜索趋势、洞察网民需求变化、监测媒体舆情趋势、定位数字消费者特征，还可以从行业的角度分析市场特点。

让我们一起探索数据之美，通过扫描图 1-4 所示的二维码进入百度指数首页。

步骤 3：输入关键词，生成指数。

首先，在打开的百度指数首页输入关键词 P2P，并单击右侧“搜索”按钮，在生成的结果页面中，单击“添加对比词”，然后在输入框中输入“互联网金融”并按回车键。二者的指数和曲线便显示在了网页中。

图 1-4 百度搜索指数二维码

步骤 4：分析指数曲线，回答问题。

请在结果页面的“趋势研究”选项卡下，仔细观察指数趋势图，试回答以下问题，并将你的答案与老师和同学交流讨论。

P2P 搜索指数变化趋势是否与行业发展相呼应？ P2P 与“互联网金融”的大数据搜索量和搜索曲线有何异同？

技能拓展：百度大数据分析工具的使用技巧

（1）关键词比较检索。在多个关键词当中，用逗号将不同的关键词隔开，可以实现关键词数据的比较查询，并且曲线图上会用不同颜色的曲线加以区分。例如，您可以检索“互联网金融，股权众筹，银行”。目前，百度指数最多支持 5 个关键词的比较检索。

（2）关键词数据累加检索。在多个关键词当中，利用加号将不同的关键词相连接，可以实现不同关键词数据相加。相加后的汇总数据作为一个组合关键词展现出来。例如，您可以检索“网贷+网络借贷+P2P”。利用这个功能，您可以将若干同义词的数据相加。目前，百度指数最多支持 3 个关键词的累加检索。

（3）组合检索。您还可以将“比较检索”和“累加检索”组合使用。例如，您可以检索“计算机+电脑，互联网+网络”。

（4）特定地区和时间段检索。选定一个关键词，您可以查看该关键词在特定地区、特定时间内的搜索指数。例如，您可以选择“股票 北京 最近 30 天”。

（5）地区比较检索：选择“按地域”按钮，单击“+”号添加多个地区，目前，百度指数最多支持5个地区对比检索。例如，您可以选择“网上银行 北京，上海，广东”。利用这个功能，您可以同时查看不同地区的数据曲线分布，进行对比分析。

二、理解“互联网＋金融”

通过以上步骤，我们看到了互联网金融的发展历程，但究竟什么是互联网金融，目前还没有一个被权威公认的定义。国内最早的互联网金融概念由狄卫平和梁洪泽提出，即依托国际互联网实现，以适应电子商务发展需要的金融活动。但随着互联网金融的不断创新，其业务边界早已超越了电子商务的范畴。我们认为，互联网金融不是互联网和金融业的简单结合，而是在实现安全、移动等网络技术水平上，被用户熟悉接受后，自然而然为适应新的需求而产生的新模式及新业务，是传统金融行业与互联网精神相结合的新兴领域。

作为“互联网+”国家战略的重要组成部分，互联网金融已被正式写入我国的“十三五”规划。从“互联网+”和“金融本质”两个角度来看，有助于我们更好地理解互联网金融的概念。

“互联网+”就是“互联网+各个传统行业”，自然也包括“互联网+”现代经济的核心金融业。但这并不是简单的两者相加，而是代表一种新的社会形态，即充分发挥互联网在社会资源配置中的优化和集成作用，将互联网的创新成果深度融合于经济、金融各领域之中，提升全社会的创新力和生产力，形成更广泛的以互联网为基础设施和实现工具的经济发展新形态。

1.“互联网+”的特征

典型的“互联网+”思维有生态思维、平台思维、免费思维、跨界思维等。正是这些内涵丰富的互联网思维，构成了包括互联网金融在内的种类繁多的互联网商业模式。“互联网+”有6大主要特征。

（1）跨界融合。“互联网+”就是开放、跨界、颠覆、深度融合。跨界就是打破传统行业的界限，融合不同行业的优势，并加以创新地重组和协同；跨界融合了，不同行业的优势才会实现，资源配置和利用的效率才会提高。

（2）创新驱动。“互联网+”以创新驱动互联网与传统产业加速融合，创新载体由单个企业向跨领域多主体的创新网络转变，创新方式由互联网技术与智能化融合传统行业，创新组织形态以生产小型化、智能化、专业化为特征。

（3）重塑结构。“互联网+”打破了信息封闭、地域限制、行业界限，并正在重塑现有的社会结构、经济结构、地缘结构、文化结构。“互联网+”的发展，正在使权力、议事规则、话语权不断发生变化。

（4）尊重人性。“互联网+”之所以受到普遍重视和广泛应用，最根本的原因是对人性的最大限度的尊重、对人的体验的敬畏、对人的创造性发挥的重视。人性的光辉是推动科技进步、经济增长、社会进步、文化繁荣的最根本的力量。

（5）开放生态。“互联网+” 时代提倡的是自由、开放的精神，开放生态是一个非常重要的特征。开放生态，就是要化解制约创新的体制和机制，把单独创新连接起来，由人性决定的市场来驱动研发，让创业者有机会实现价值。

（6）连接一切。随着“互联网+”的兴起，越来越多的实体、个人、设备都随时随地连接在了一起。“互联网+”连接一切的能力极大地改变了社会和经济形态，通过人与服务、人与设备、人与内容源等的连接，实现互联互动，虚拟与现实世界的边界已经模糊。这种连接一切的能力，产生了新力量和再生能力。

2. 互联网金融的本质

在“互联网+”思维的引导下，互联网金融不断创造出新的网络金融产品，并渗透到了包括存款、贷款、支付、股权、征信等在内的几乎全部传统金融业务领域。然而，互联网金融的本质仍然是金融，无论互联网金融如何创新发展，其资金融通、资源配置和风险管理的本质属性不会改变。

（1）筹集融通资金仍然是互联网金融的主要功能。金融的本质是实现资金供给者和资金需求者的融通，促进储蓄向投资转化。而正是资金供求双方对更高效资金融通的追求，成为了互联网金融诞生和发展的内在动力。作为互联网金融“双雄”的网络借贷和股权众筹的发展，满足了大量小微企业的融资需求和普通投资者的投资需求，提高了“储蓄－投资”转化率，如图 1-5 所示。

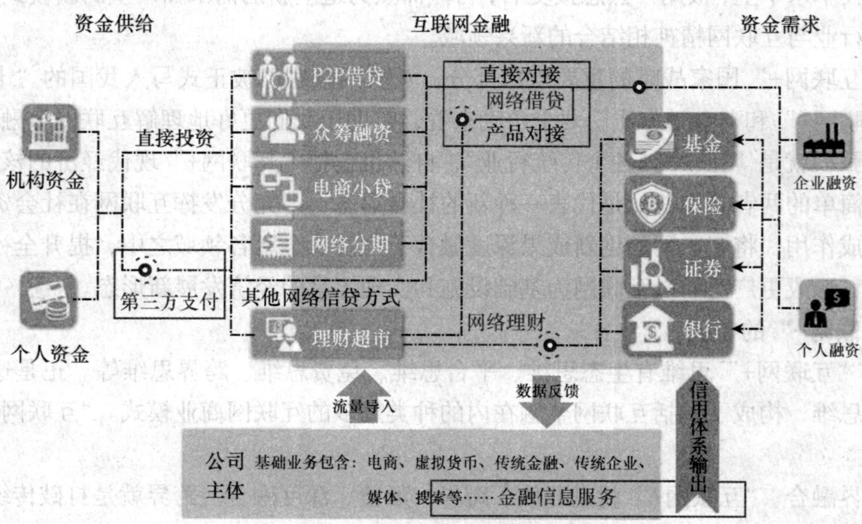

图 1-5　互联网金融的资金供给与需求

（2）提高资源跨时空配置效率是发展互联网金融的主要目的。从微观角度来看，金融的目的就是实现资源的跨时空优化配置，而互联网金融充分利用了互联网去中心化、信息对称、普惠可获得、无空间限制等特征，并通过大数据、移动支付、云计算、搜索引擎等新技术和新工具，大幅降低了金融交易成本和运营成本，提高了资源配置的效率。

（3）互联网金融的规范发展也需要有效监管。互联网金融本质上仍属于金融，同样存在信用风险、市场风险和道德风险，没有改变金融风险隐蔽性、传染性、广泛性和突发性的特点。互联网金融不能游离于金融监管框架之外，必须通过有效监管，才能守住不发生系统性金融风险的底线。加强互联网金融监管，是促进互联网金融健康发展的内在要求。同时，互联网金融是新生事物和新兴业态，要制定适度宽松的监管政策，为互联网金融创新留有余地和空间。

三、互联网金融的定义与内涵

互联网金融概念的雏形最早出现在 20 世纪 90 年代。1995 年 10 月，世界上第一家互联网银行——美国亚特兰大安全第一银行（Security First Network Bank，SFNB）正式开业。SFNB 被视为互联网金融发展史上的标志性事件。此后，互联网金融在欧洲及日本等一些国家和地区开始逐渐兴起。在国外，“互联网金融”一般被表述为：Online Banking、Digital Banking 等。显然，这与目前国内广泛关注的互联网金融不尽相同。在中国现有的金融制度条件下，准确地给互联网金融下定义还是一件较困难的事情。马云曾称，互联网金融是互联网企业从事金融业务的行为，传统金融机构利用互联网开展的金融业务应称为金融互联网。随着互联网金融与传统金融的不断融合，广义的互联网金融应当包括上述两个方面的内容。虽然互联网金融在我国尚无统一的定义，但随着近些年的不断创新发展，其概念变得更为丰富，实践中有以下 3 种观点在互联网金融业界形成了一定的共识。

扫一扫看微课

（1）首先是《指导意见》中关于互联网金融的官方定义。互联网金融是指传统金融机构与互联网企业利用互联网技术和信息通信技术实现资金融通、支付、投资和信息中介服务的新型金融业务模式。

（2）其次是被称为“中国互联网金融之父”的谢平提出的定义。他认为互联网金融是一个谱系概念，涵盖因为受互联网技术和互联网精神的影响，从传统的银行、证券、保险、交易所等金融中介和市场，到瓦尔拉斯一般均衡对应的无金融中介或市场情形之间的所有金融交易和组织形式。互联网金融既不同于商业银行间接融资，也不同于资本市场直接融资，具有创新特征。

（3）在互联网金融业界还有一种主流观点认为，互联网金融是一种新型的金融服务模式，是信息时代移动网络数据处理技术与金融产业高度发展相结合的产物。它基于大数据和云计算平台而构建，随着金融技术的不断创新而发展。

事实上，如何对互联网金融的概念进行文字描述其实并不重要，关键是通过本任务的学习，要能够从中把握互联网金融的内涵，从而指导后面的学习与实践。我们可以将互联网金融的内涵概括为“金融为本、创新为魂、互联为器”。同学们可以通过以下随堂练习加深理解。

[随堂测试 1-1] 理解互联网金融的内涵

请将本任务的学习成果与收获通过表 1-1 进行总结和整理，以加深对互联网金融概念的理解。

表 1-1　　互联网金融的内涵

互联网金融的内涵	我的理解	提示问题
金融为本		为什么互联网金融的本质仍然是金融？
创新为魂		为什么说互联网金融不是互联网与金融的简单相加，而是“互联网+”创新思维与金融业的深度融合？
互联为器		互联网作为工具有哪些值得金融行业利用的特征与技术？

任务二　认识互联网金融主要分类与业态

通过任务一的学习，我们了解了互联网金融的内涵，但互联网金融主要包括哪些类别和业态呢？我们应该如何界定其外延和边界呢？本任务将带领大家一起来探索。

一、北京软件和信息服务交易所提出的分类

互联网金融是一个新兴概念，缺乏系统分类。虽然中国投资有限公司副总经理谢平在其 2012 年 8 月主笔的《互联网金融模式研究》中对互联网金融的定义及支付方式、信息处理和资源配置 3 个核心部分进行详细分析，但也仅主要分析了手机银行和 P2P 融资模式。为了对互联网金融的模式做一个清晰的界定，北京软件和信息服务交易所（以下简称“软交所”）互联网金融实验室系统地梳理出了第三方支付、P2P 网络借贷、大数据金融、众筹、信息化金融机构、互联网金融门户 6 大互联网金融模式。

（1）第三方支付。第三方支付狭义上是指具备一定实力和信誉保障的非银行机构，借助通信、计算机和信息安全技术，采用与各大银行签约的方式，在用户与银行支付结算系统间建立连接的电子支付模式。根据中国人民银行 2010 年在《非金融机构支付服务管理办法》中给出的非金融机构支付服务的定义，从广义上讲，第三方支付是指非金融机构作为收、付款人的支付中介所提供的网络支付、预付卡、银行卡收单以及中国人民银行确定的其他支付服务。第三支付已不仅仅局限于最初的互联网支付，而是成为线上线下全面覆盖、应用场景更为丰富的综合支付工具。第三方支付由中国人民银行监管并发放牌照。目前，除了大家熟知的中国银联和支付宝外，具有代表性的第三方支付机构还有财付通、快钱支付、易宝支付、汇付天下等。而从发展路径与用户积累途径来看，市场上第三方支付公司的运营模式可以归为两大类：一类是以支付宝、财付通为首的依托于自有 B2C、C2C 电子商务网站，提供担保功能的第三方支付模式；另一类就是以快钱为典型代表的独立的第三方支付模式。

（2）P2P 网络借贷。P2P 网络借贷（Peer-to-Peer Lending）即点对点信贷，国内又称为“人人贷”。P2P 网络借贷是指通过 P2P 公司搭建的第三方互联网平台进行资金借、贷双方的匹配，是一种“个人对个人”的直接信贷模式，由具有资质的网站（第三方公司）作为中介平台，借款人在平台发放借款标，投资者进行竞标向借款人放贷的行为。网络借贷指的是借贷过程中，资料与资金、合同、手续等全部通过网络来实现，它是随着互联网的发展和民间借贷的兴起而发展起来的一种新的金融模式，也是未来金融服务的发展趋势之一。

（3）大数据金融。大数据金融是指依托于海量、非结构化的数据，通过互联网、云计算等信息化方式对其数据进行专业化的挖掘和分析，并与传统金融服务相结合，创新性地开展相关资金融通工作的统称。大数据金融扩充了金融业的企业种类，不再是传统金融独大，并创新了金融产品和服务，扩大了客户范围、降低了企业成本。大数据金融按照平台运营模式，可分为平台金融和供应链金融两大模式。两种模式的代表企业分别为阿里金融和京东金融。

（4）众筹。众筹（Crowdfunding）是指项目发起人通过利用互联网和 SNS（Social Networking Services，社会性网络服务）传播的特性，发动公众的力量，集中公众的资金、能力和渠道，为小企业、艺术家或个人进行某项活动、某个项目或创办企业提供必要的资金援助的一种融资方式。相比于传统的融资方式，众筹的精髓就在于小额和大量。融资门槛低且不再以是否拥有商业价值作为唯一的评判标准，为新型创业公司的融资开辟了一条新的路径。从此，其融资渠道不再局限于银行、PE 和 VC。众筹项目种类繁多，不单单包括新产品研发、新公司成立等商业项目，还包括科学研究项目、民生工程项目、赈灾项目、艺术设计、政治运动等。经过几年的迅速发展，众筹已经逐步形成股权众筹、商品众筹、公益众筹等多种运营模式，典型平台包括点名时间、人人投等。

（5）信息化金融机构。信息化金融机构是指通过广泛运用以互联网为代表的信息技术，在互联网金融时代，对传统运营流程、服务产品进行改造或重构，实现经营、管理全面信息化的银行、证券和保险等金融机构。我国第一家纯网络银行和纯互联网保险公司分别为前海微众银行与众安保险公司。

（6）互联网金融门户。互联网金融门户是指利用互联网提供金融产品、金融服务信息汇聚、搜索、比较及金融产品销售并为金融产品销售提供第三方服务的平台。从相关互联网金融门户平台的服务内容及服务方式，可将互联网金融门户分为第三方资讯平台、垂直搜索平台以及在线金融超市 3 大类。第三方资讯平台是提供全方位、权威的行业数据及行业资讯的门户网站，典型代表为网贷之家、和讯网等。垂直搜索平台是聚焦于金融产品的垂直搜索门户，消费者在门户上可以快速地搜索到相关的金融产品信息，典型代表为融 360 等。而线上金融超市的业务形态是在线导购，提供直接的购买匹配，因此该类门户集聚着大量金融类产品，利用互联网进行金融产品销售，并提供与之相关的第三方服务，典型代表为格上理财、91 金融超市以及软交所科技金融超市等。此外，互联网金融门户又可以根据汇集的金融产品、金融信息的种类，将其细分为 P2P 网贷类门户、信贷类门户、保险类门户、理财类门户以及综合类门户 5 个子类。

二、中国人民银行提出的分类

扫一扫看微课

中国人民银行等 10 个部委在《关于促进互联网金融健康发展的指导意见》（银发〔2015〕221 号）中，根据分类监管的原则，界定了互联网金融各业态的业务边界及准入条件。

（1）互联网支付。互联网支付是指通过计算机、手机等设备，依托互联网发起支付指令、转移货币资金的服务。互联网支付应始终坚持服务电子商务发展和为社会提供小额、快捷、便民小微支付服务的宗旨。银行业金融机构和第三方支付机构从事互联网支付，应遵守现行法律法规和监管规定。第三方支付机构与其他机构展开合作的，应清晰地界定各方的权利义务关系，建立有效的风险隔离机制和客户权益保障机制。互联网支付业务由中国人民银行负责监管。

（2）网络借贷。网络借贷包括个体网络借贷（即 P2P 网络借贷）和网络小额贷款。个体网络借贷是指个体和个体之间通过互联网平台实现的直接借贷。在个体网络借贷平台上发生的直接借贷行为属于民间借贷范畴，受《合同法》《民法通则》等法律法规以及最高人民法院相关司法解释规范。个体网络借贷要坚持平台功能，为投资方和融资方提供信息交互、撮合、资信评估等中介服务。个体网络借贷机构要明确信息中介性质，主要为借贷双方的直接借贷提供信息服务，不得提供增信服务，不得非法集资。网络小额贷款是指互联网企业通过其控制的小额贷款公司，利用互联网向客户提供的小额贷款。网络小额贷款应遵守现有小额贷款公司监管规定，发挥网络贷款优势，努力降低客户融资成本。网络借贷业务由中国银行业监督管理委员会（简称“银监会”）负责监管。

（3）股权众筹融资。股权众筹融资主要是指通过互联网形式进行公开小额股权融资的活动。股权众筹融资必须通过股权众筹融资中介机构平台（互联网网站或其他类似的电子媒介）进行。股权众筹融资中介机构可以在符合法律法规规定的前提下，对业务模式进行创新探索，发挥股权众筹融资作为多层次资本市场有机组成部分的作用，更好地服务于创新创业企业。股权众筹融资方应为小微企业，应通过股权众筹融资中介机构向投资人如实披露企业的商业模式、经营管理、财务、资金使用等关键信息，不得误导或欺诈投资者。投资者应当充分了解股权众筹融资活动风险，具备相应的风险承受能力，进行小额投资。股权众筹融资业务由中国证卷监督管理委员会（简称“证监会”）负责监管。

（4）互联网基金销售。基金销售机构与其他机构通过互联网合作销售基金等理财产品的，要切实履行风险披露义务，不得通过违规承诺收益方式吸引客户；基金管理人应当采取有效措施防范资产配置中的期限错配和流动性风险；基金销售机构及其合作机构通过其他活动为投资人提供收益的，应当对收益构成、先决条件、适用情形等进行全面、真实、准确的表述和列示，不得与基金产品收益混同。第三方支付机构在开展基金互联网销售支付服务的过程中，应当遵守中国人民银行、证监会关于客户备付金及基金销售结算资金的相关监管要求。第三方支付机构的客户备付金只能用于办理客户委托的支付业务，不得用于垫付基金和其他理财产品的资金赎回。互联网基金销售业务由证监会负责监管。

（5）互联网保险。保险公司开展互联网保险业务应遵循安全性、保密性和稳定性原则，加强风险管理，完善内控系统，确保交易安全、信息安全和资金安全。专业互联网保险公司应当坚持服务互联网经济活动的基本定位，提供有针对性的保险服务。保险公司应建立对所属电子商务公司等非保险类子公司的管理制度，建立必要的防火墙。保险公司通过互联网销售保险产品，不得进行不实陈述、片面或夸大宣传过往业绩、违规承诺收益或者承担损失等误导性描述。互联网保险业务由中国保险监督管理委员会（简称“保监会”）负责监管。

（6）互联网信托和互联网消费金融。信托公司、消费金融公司通过互联网开展业务的，要严格遵循监管规定，加强风险管理，确保交易合法合规，并保守客户信息。信托公司通过互联网进行产品销售及开展其他信托业务的，要遵守合格投资者等监管规定，审慎甄别客户身份和评估客户风险承受能力，不能将产品销售给风险承受能力不相匹配的客户。信托公司与消费金融公司要制定完善的产品文件签署制度，保证交易过程合法合规、安全规范。互联网信托业务、互联网消费金融业务由银监会负责监管。

三、互联网金融的 4 类新业态

（1）基础业态：传统金融业务的互联网化。该类业态包括第三方在线支付平台、直营银行、在线折扣券商、直营保险和互联网信托等。目前在我国，主要体现为网上银行（包括手机 APP）、证券网上交易以及保险产品的网络销售。最新的突破性进展是 2016 年 1 月 16 号，国内第一家全业务系统都在云上的保险公司——安心保险正式开业。作为一家“互联网+”概念下的创新型保险公司，安心保险依托腾讯金融云的灵活弹性的云计算、海量社交大数据、移动互联技术、金融反欺诈能力及金融合规机房等云服务，实现了从营销、渠道、产品乃至运营的全业务链条的互联网化，成为国内前三家获得保监会互联网保险牌照的公司，与众安保险、泰康在线在互联网保险领域形成三足鼎立的格局。

（2）整合业态：电商与金融的结合模式。据统计，2015 年我国电子商务交易额达 18.3 万亿元，同比增长 36.5%。电子商务与互联网金融是相互促进的。其他行业电商业务的发展对基于互联网技术的金融服务的需求，构成了互联网金融得以产生和发展的外部推动力量。这种整合业态主要表现为面向商户开展的小额贷款和面向个人开展的消费金融业务。我国该类业态的代表性业务有余额宝、阿里小贷、京东白条、建行善融商务等。

（3）创新业态：全新的互联网直接金融。以 P2P 和众筹为代表的全新的互联网金融模式（如图 1-6 所示）是当前互联网金融创新的热点。我国目前 P2P 平台数量众多，根据银监会的数据，截至 2015 年底，全国正常运营的网贷机构超过 2 500 家，在发展普惠金融的同时，也开创了“全民理财”新时代。大数据、信息技术、移动互联、第三方支付等技术因素的大发展，监管空白的填补，以及市场细分促使 P2P 发展迅速，而风控体系与征信系统不健全是 P2P 网贷发展的核心障碍。2015 年 3 月，国务院办公厅印发《关于发展众创空间推进大众创新创业的指导意见》，提出开展互联网股权众筹融资试点。总体上看，众筹在我国尚处于起步阶段，众筹平台的发展和监管还在摸索之中。

图 1-6　创新业态：P2P 网贷平台示意图

（4）支持业态：互联网金融信息平台。这类模式主要为公众提供金融业务和产品的信息发布、搜索服务，为金融业务提供“支持”的功能，也是互联网金融的重要组成部分。

综上所述，我们分别介绍了软交所对互联网金融模式的分类、《指导意见》对互联网金融的分类监管框架，以及在此基础上概括了互联网金融的 4 类主要业态。由于互联网金融正处于快速发展期，目前的分类也仅仅是一个阶段的粗浅分类，即使再将电子货币、虚拟货币归入第三方支付这一模式之后，6 大模式也无法包容诸如比特币等新兴互联网金融创新产物。

[做中学 1-2] 探索互联网金融业态与分类的关系

基础业态、整合业态、创新业态和支持业态的划分方法，体现了“互联网+”创新的基本路径，具有较强的包容性，能够基本涵盖其余分类标准下的各种互联网金融类别。请综合运用所学的互联网金融业态与分类知识，将表 1-2 填写完整。其中第一行作为示范，已经给出了答案和具体思考步骤。注意，某种分类标准可能并没有包括所有的业态，因此在填写表格时可能有些单元格还没有内容，而这正是现行分类标准需要进一步完善的地方。

表 1-2　互联网金融业态与分类对应表

业态	软交所的分类	《指导意见》的分类
基础业态	第三方支付、信息化金融机构	互联网支付、互联网基金销售、互联网保险、互联网信托
整合业态		
创新业态		
支持业态		

步骤 1：把握各业态的核心特征。

以基础业态为例，其核心特征为传统金融业务的互联网化，即将支付、保险、基金、信托、消费金融等传统金融业务通过云计算等信息化手段，在互联网上实现。

步骤 2：将不同标准下各类别包含的典型业务与各业态的核心特征相匹配。

以基础业态为例，在软交所的 6 种类别中，我们可以发现第三方支付以及信息化金融机构是依托传统金融业务实现互联网化的，而《指导意见》中的互联网支付、互联网基金销售、互联网保险、互联网信托、互联网消费金融均有对应的基础金融业务，因此将上述内容归入“基础业态”。

步骤 3：分析不同分类标准的侧重点。

根据表 1-2 的填写情况，分析软交所分类与《指导意见》分类的不同侧重点。例如，在《指导意见》中提出的 6 种类别中，大部分均属于基础业态，这与我国当前分业监管的金融监管体制是相适应的。

步骤 4：寻找空白点，提出你的问题和建议。

完成表 1-2 后，你发现有哪些单元格还没有对应的内容？这些单元格实际上代表了当前我国互联网金融分类的空白和在部分跨界融合领域的“监管真空”，从完善分类监管的角度，你能提出相关建议吗？你可以先在空白单元格中大致标注，待学习后续项目和完成相关实训后再进一步思考完善。

方法点拨：“提问—存疑—探索—完善”是行动学习的好路径。

任务三　掌握互联网金融运行的新规则

随着互联网金融时代的全面来临，金融生态系统的 3 个核心要素——金融环境、金融物种和金融生态规则正剧烈变化。其中，金融生态规则将发生以下十大变化。

（1）“普惠金融”取代“二八定律”。传统金融业信奉“二八定律”。“二八定律”认为，在任何一组东西中，最重要的只占其中一小部分，约 20%，其余 80%尽管是多数，却是次要的。

传统金融业，如银行，一般认为其 80%的利润来源于 20%的高净值客户，因此应当优先服务好此类大客户。然而，互联网金融以其“连接一切”的特征，能够满足普惠金融的要求。普惠金融是指立足机会平等要求和商业可持续原则，以可负担的成本为有金融服务需求的社会各阶层和群体提供适当、有效的金融服务。在大数据时代，互联网金融能够缓解信息不对称、降低服务成本、改进服务效率、提高服务的覆盖面和可获得性，使边远地区、小微企业和低收入群体也能享受方便、快捷的金融服务。理财产品也由“高大上”的私人专属向普惠共享的全民理财转变。如表 1-3 所示。

扫一扫看微课

表 1-3　　互联网金融的“普惠”特性

融资流程	互联网技术	途径与方法
客户获取	即时通信 移动互联网	信息推送，能够提供 Anytime、Anywhere、Anyhow 的“3A”服务
信息搜集	大数据	贷款审核材料手机拍照上传，打破空间、时间的限制
信用评估	云计算 社交网络	结合传统的信用模型和评分卡，利用数据挖掘和社交网络信息分析构建新型征信模型
资金获取	P2P，众筹	积少成多，积小成大，积累资金供给
客户能力建设和可持续还债能力培养	互联网教育， E-Learning	通过移动学习普及传播金融和经营知识

（2）“上善若水”取代“赢者通吃”。长期以来，金融机构在各种行政保护下，凭借规模、网点等优势，能轻易赚取超额利润，呈现“赢者通吃”的局面。而互联网金融具有开放、共享、平等、普惠等特征，将造就“上善若水”的生态环境，即“水善利万物而不争”，追求合理回报、利他主义及和谐共赢。未来，金融业市场结构将发生深刻变化，金融机构须通过规范经营与企业和社会共享利益。

（3）“协作共赢”取代“同质竞争”。在新时代，协作共赢将取代同质竞争，紧密的多方在线协同、联合竞争和合作共赢将成为一种主流商业模式。对外合作方面，银行应与互联网社区、电子商务等企业进行深入合作，获取更多的用户行为信息，开展“大数据”分析。同业合作方面，金融产品将向多元化、综合化拓展，以满足客户综合金融服务的需要。2015 年 2 月，首家网络银行微众银行与华夏银行达成战略合作，拉开了互联网金融与传统银行在竞争中合作的序幕。

[随堂测试 1-2] 2015 年 2 月 12 日，华夏银行与深圳前海微众银行在北京签署战略合作协议。根据协议内容，两家银行将在资源共享、小微贷款、信用卡、理财、同业业务、生态圈业务等多个领域开展深入的合作。此次合作开启了现代商业银行与新兴网络银行合作的大幕。下列关于网络银行的说法中不准确的是（　　）。

A. 网络银行也是经银监会批准设立的正规银行业金融机构

B. 网络银行可以降低银行的经营和服务成本，从而降低客户的交易价格

C. 网络银行面临更大的网络信息安全风险，但信用风险较低

D. 网络银行与传统银行的合作，不仅有利于网络银行业务的拓展和公信力的提高，也有利于传统银行转型升级

（4）“无界经营”取代“有界经营”。金融机构业务边界会经历传统的银行业务、全面的银行业务、全面的金融业务和全面的经济业务 4 个发展阶段。目前，金融机构业务发展已步入第 4 个阶段，从“有界经营”转向“无界经营”，逐步实现金融行业的全牌照混业经营以及“互联网+”

跨界经营，根据市场需求围绕自身优势开发各种增值服务，通过综合化经营，吸引客户、留住客户，形成自身数据资产，如图 1-7 所示。

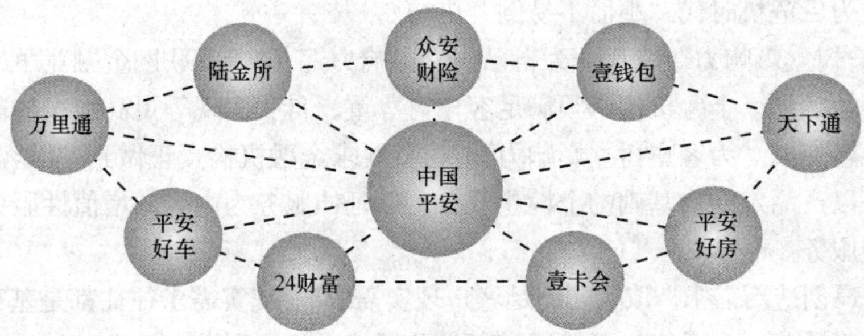

图 1-7　中国平安的互联网金融“跨界”布局

（5）“信息为王”取代“资金为王”。在互联网金融时代，金融业竞争的基础不再是占有金融资源的多少，而取决于其占有数据的规模、活性以及对数据的解释和运用能力，信息资源将成为金融机构最重视的核心资产。对数据的掌握将决定对市场的支配权，越靠近终端客户的机构，将在金融体系中拥有越大的发言权。

（6）“效率优势”取代“规模优势”。随着互联网金融创新推进，粗放式发展将不可持续，信息流、信用流、任务流和资金流加速流动，整个金融体系处在持续动态变化过程中。与扩大规模相比，更为紧迫的是提高资源配置效率，打造智慧型金融机构，促进内生增长。机构要能迅速感知外界变化，及时分析和处理海量数据，清晰洞察客户的行为、态度、需求和发展趋势，随时调整自己的策略和行动。

（7）“个体风险定量”取代“总体风险定量”。目前，内部评级法在银行风险管理中处于核心地位，通过分析大量历史数据得到统计学规律，实质上是一种“总体风险定量”的方法，对个体风险进行预测和管理会存在偏差。大数据、云计算和行为分析理论的深度融合应用，使“个体风险定量”取代“总体风险定量”成为可能，这标志着信用评价体系与风险控制手段的重大进步，如图 1-8 所示。

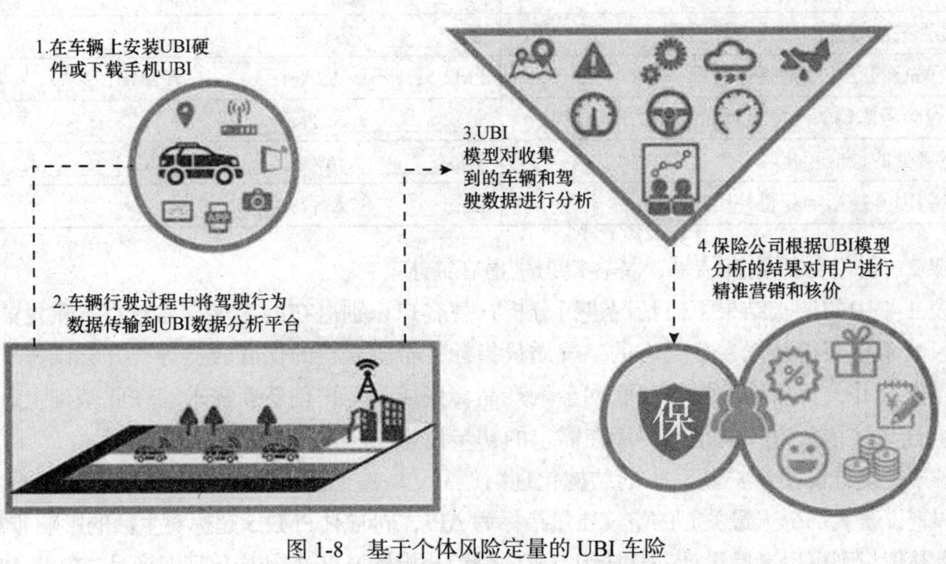

图 1-8　基于个体风险定量的 UBI 车险

（8）“小而不倒”取代“大而不倒”。金融危机中，一些曾被认为越大越好的金融帝国丑闻频出、濒临破产，如美国雷曼兄弟公司申请破产保护。与此对比的是，以扎根和服务社区为宗旨的富国银行成为耀眼的明星。美国联邦存款保险的数据显示，大型银行的破产概率是社区银行的 7 倍。小型金融机构坚持服务实体经济，对社区居民和小微企业更为熟悉，拥有大银行无法比拟的“信息资产”，成为后危机时代“小而不易倒”机构。

（9）“为客户树立影响力”取代“为自己树立影响力”。随着互联网金融竞争的加剧，客户对服务品质必将日益挑剔。金融机构必须满足客户对尊重、自我实现等更高层次的需求，从“为自己树立影响力”转变成“为客户树立影响力”。这就要求金融机构真正做到“以客户为中心”，在交易链条中做好以产品定制为基础的个性化服务、以延伸服务为内容的增值性服务和以私人专属为标准的尊享型服务。

（10）“为客户创造新需求”取代“满足客户现实需求”。现实需求往往都是基础性的，只有潜在需求才具有超额价值。金融机构可以通过科学分析替客户识别潜在需求；如果客户的需求难以被有效满足，可以尝试对其进行转换；尝试拆分需求专注于满足客户的一部分需求，或者合并需求从单纯的提供金融产品转变为提供综合服务，如宜信旗下的 P2P 平台“投米网”就将客户的理财需求和娱乐需求相结合，开发出了具有独特竞争优势的结构化理财产品。

[做中学 1-3] 利用互联网金融为客户创造新需求

随着空气污染的加重和人们环保意识的提高，你发现周围的朋友越来越多地开始关注和讨论空气质量问题和雾霾对工作、生活的影响，PM2.5、API 等专业指数也常被人们挂在嘴边。你意识到，如果能够通过科学分析，替客户识别这种潜在需求，并将其与理财需求合并，开发出互联网金融创新产品，一方面能满足客户的理财需求，另一方面能进一步唤起民众的环保意识，应该能够获得市场的广泛认可。于是，你从市场调研出发，开始了产品设计的尝试。

步骤 1：调查周围朋友的关注度和相关认知。

通过问卷调查、面对面访谈等方式，了解老师、同学和朋友对雾霾的关注度，以及相关的认知和需求，重点调查以下 5 个问题，并将调查结果汇总填入表 1-4。

表 1-4　调查结果汇总（样本容量：______）

问　题	调查结果汇总
1. 您是否关注雾霾问题或空气质量？	是：_____人/否：_______人
2. 您最关心的空气质量指标是哪一项？	PM2.5：_____人/API：_____人/PM10：_____人
3. 您是否会考虑购买与空气质量挂钩的理财产品？	是：________人/否：________人
4. 您能接受的最低年化收益率是多少？	5%：_______人/6%：_______人/7%：_______人
5. 您希望因雾霾影响获得补偿吗？	是：________人/否：________人

步骤 2：科学分析调查结果，替客户识别潜在需求。

对表 1-4 中的调查结果汇总情况进行分析，替客户识别潜在的需求，如对空气质量的关注、对雾霾影响希望获得补偿、最关心的空气质量指标、希望获得的保底收益等，并尝试将环保需求与理财需求合并，从单纯的提供互联网金融产品转变成为客户创造新需求。在此基础上，提出通过产品组合与结构化方式满足客户潜在需求的初步设想。

步骤 3：设计满足客户新需求的结构化理财产品。

经调查，若大部分人最关心的空气质量指标为 API，同时对 PM2.5 超标对生活的影响非常反感，希望获得补偿，则可以考虑设计一款挂钩空气质量综合指标 API 的结构化理财产品，并将 PM2.5 指标挂钩一款附赠的互联网保险产品。同时，根据能接受的最低年化收益率设计产品的保底收益。

例如，可设计某互联网金融产品的起息日为 2016 年 2 月 1 日，期限为 3 个月，保底年化收益率为6%，购买时投资者需对2016年2月北京的空气质量情况进行预测。若2016年2月1日至2月29日，北京空气质量级别为优或良（达标）天数多于（含）15天，则预测北京空气质量级别为优或良（达标）天数会多于（含）15天的用户可获得8.50%的年化收益率，预测北京空气质量级别为优或良（达标）天数会少于（不含）15天的用户获得6.00%年化收益率。若2016年2月1日至2月29日，北京空气质量级别为优或良（达标）的天数少于（不含）15天，则预测北京空气质量级别为优或良（达标）的天数少于（不含）15天的用户可获得8.50%的年化收益率，预测北京空气质量级别为优或良（达标）的天数多于（含）15天的用户获得6.00%年化收益率。

步骤4：设计附加互联网保险产品。

在上述结构化互联网金融理财产品的基础上，根据调查结果中大家对PM2.5指标的格外关注程度，以及在面临雾霾严重污染时希望获得补偿的心理，设计附加的互联网“雾霾险”产品，附赠给认购满一定金额上述结构化理财产品的客户。该“雾霾险”挂钩客户所在城市的PM2.5指数，保险期限与理财产品的存续期相同，保险金额按照认购理财产品金额的一定比例分两档确定。

例如，某人购买了M元结构化理财产品，则在产品存续期内（保险期限内），当某日所在城市PM 2.5指数超过200时，次日可获得赔付：$M\times 2\%/360$元；当某日所在城市PM 2.5指数超过500（爆表）时，次日可获得赔付：$M\times 5\%/360$元。

步骤5：包装、宣传产品，进一步调动客户的潜在新需求。

对设计的产品进行包装和宣传，进一步调动客户的潜在需求，如可以设计类似图1-9所示的广告，吸引客户眼球，同时替客户识别其内在的环保与理财相结合的需求，并通过提供本互联网金融创新产品来满足其潜在需求。同时，还可以检索互联网，看看有无互联网金融企业提供类似产品，并将你设计的产品与其比较。

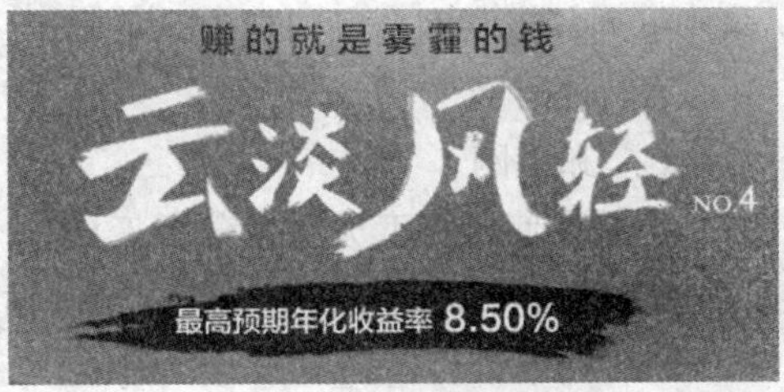

图1-9 环保需求与理财需求的结合

[随堂测试1-3] 互联网金融与传统金融运行规则比较

请复习本任务所学知识，将下列金融运行规则前的序号填入表1-5，并将互联网金融运行规则与传统金融相比较，加深对互联网金融创新的理解。

A. 二八定律 B. 同质竞争 C. 普惠金融 D. 混业经营 E. 效率优势 F. 规模优势 G. 个体风险定量 H. 总体风险定量 I. 大而不倒 J. 现实需求 K. 潜在需求 L. 以客户为中心 M. 3A服务 N. 资金为王

表1-5 互联网金融与传统金融运行规则比较

类　比	序　号	比　较
传统金融运行规则		
互联网金融运行规则		

知识自测题

一、单项选择题

1. 2015年4月，《金融言行》卷首语《穿过大半个中国去存钱》中写道：“新新人类早已习惯享受层出不穷的离柜化、去网点化金融服务，网上银行、手机银行和移动支付已是家常便饭，传统柜台业务量不断下降。但仍有银行物理网点吸引着人们穿过大半个中国去存钱，在这里人工服务永远那么温馨，员工对自己银行的所有业务都烂熟于心，个个态度亲切，仿佛无论时代如何变迁、科技如何进步，他们身上始终洋溢着一种代代相传的匠人精神，在这里，人工服务、人的亲和力永远是第一位的。”这段话启示我们，在互联网金融时代，做好金融工作，最关键的是(　　)。

A. 熟练的业务　　B. 先进的技术

C. 专业的知识　　D. 真诚的服务

2. 当前，余额宝成为互联网金融的热门产品。据了解，余额宝资金主要投向货币市场基金和银行的协定存款。从金融分类的角度，以下对余额宝分析不正确的一项是（　　）。

A. 按金融活动的方式划分，余额宝属于直接金融

B. 按金融活动的目的划分，余额宝属于商业性金融

C. 按金融活动的地理范围划分，余额宝属于国内金融

D. 按金融活动的性质划分，余额宝属于互联网金融

3. 下列各项中属于互联网金融“创新业态”的是（　　）。

A. 网络银行　　B. 股权众筹

C. 在线金融超市　　D. 微信红包

4. 下列各互联网金融门户中，不属于“第三方资讯平台”的是（　　）。

A. 种财网　　B. 网贷之家

C. 和讯网　　D. 融 360

5. 小金在使用百度大数据分析工具时，想获取“网络银行”　“网上银行”和“网银”的合计搜索指数曲线，则需要在查询输入框中输入（　　）。

A. 网络银行、网上银行、网银

B. 网络银行，网上银行，网银

C. 网络银行+网上银行+网银

D. 网络银行*网上银行*网银

6. 互联网保险创新产品“UBI 车险”体现的互联网金融运行规则是（　　）。

A. 总体风险定量　　B. 个体风险定量

C. 普惠金融　　D. 二八定律

二、讨论题

1. “互联网+”思维有哪些主要特征？你能举出一种熟悉的互联网金融产品，分析其中蕴含着哪种或者哪些“互联网+”创新思维特征吗？

2. 有人说，金融的本质是资金融通，而互联网的本质是信息融通，共有的“融通”特性决定了两者的高度契合度，你同意这种说法吗？谈谈你的观点。

3. 什么是普惠金融？什么是“二八定律”？国务院《推进普惠金融发展规划（2016—2020年）》中明确提出：要发挥互联网促进普惠金融发展的有益作用。结合所学知识，谈谈互联网金融为什么有助于推进普惠金融的发展。

技能实训

[实训项目]

互联网金融网站检索与分类。

[实训目的]

通过完成"走进互联网金融新天地"项目的学习，我们已经对互联网金融发展的全貌和重点领域有了一个大致的了解，本实训要求学生通过对日常生活中主流互联网金融网站的检索与浏览，判断该网站的类型与业态，加深对互联网金融概念的理解，提高对主流互联网金融网站的认知度和实践应用能力，为后续项目的学习打下坚实的基础。

[实训内容]

请选择你熟悉的互联网搜索工具，在网上检索下列互联网金融网站，找到其官方主页，认真浏览网站内容，注册成为网站会员，并判断该网站的类型与业态，填入表 1-6 中。其中第一个网站"人人投"给出了详细的操作步骤供参考。

表 1-6　　互联网金融网站检索与分类

名　　称	官 方 网 址	类　　型	业　　态	备　　注
人人投	www.renrentou.com	股权众筹	创新业态	可模拟投资
陆金所				
标准财富				

以"人人投"为例，详细实训操作步骤如下。

步骤 1：选择"百度"作为搜索工具，打开百度搜索首页（https://www.baidu.com/）。

步骤 2：以"人人投"为关键词搜索，出现图 1-10 所示的检索结果页面，其中第一项标注的官网即为"人人投"主页。

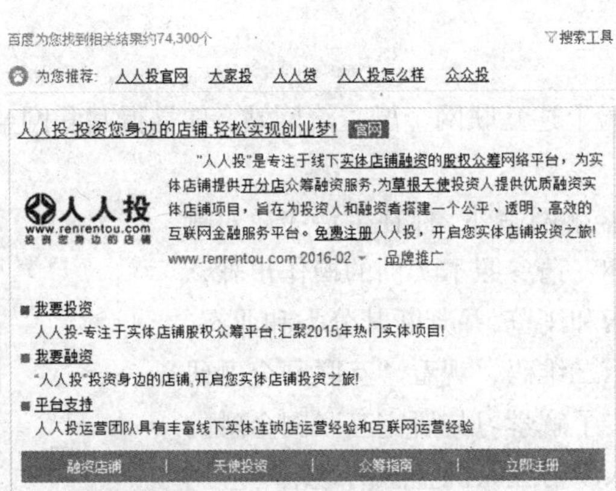

图 1-10　"人人投"检索结果

步骤 3：单击链接（http://www.renrentou.com），进入“人人投”主页，仔细浏览该网站，了解“人人投”的主要业务为实体店铺股权众筹。

步骤 4：单击主页右侧的“立即注册”，在弹出的页面中用手机号或者微信扫描二维码注册成为“人人投”网站会员，如图 1-11 所示。

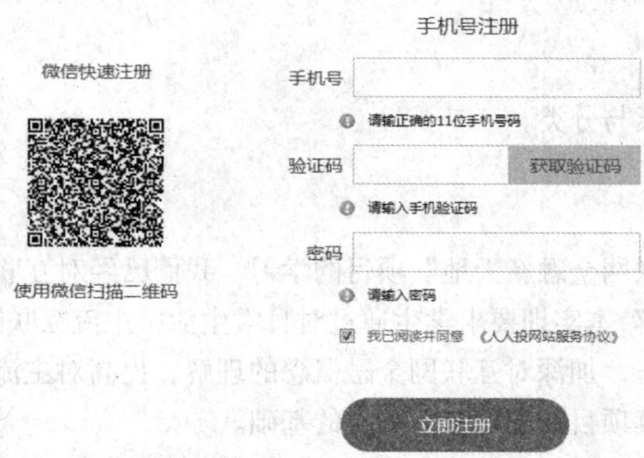

图 1-11 “人人投”注册页面

步骤 5：用注册的账号登录“人人投”网站，进一步浏览了解目前正在上线融资众筹的具体项目，结合所学知识，判断该网站的类型和业态。

步骤 6：进一步探索“人人投”网站的各项功能，找到如图 1-12 所示的“模拟投资”页面，有条件的同学可以用一元钱模拟体验股权众筹的全过程（模拟投资的 1 元钱之后会返还到账户）。

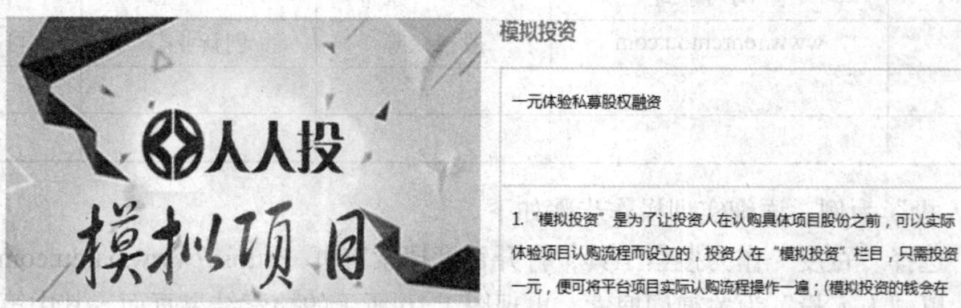

图 1-12 “模拟投资”页面

[实训思考]

1. 通过检索、浏览与体验上述互联网金融主流网站，你觉得互联网金融提供服务的方式与传统金融相比有哪些区别？

2. 除了以上 3 家互联网金融网站外，你在生活中还对哪家互联网金融平台比较感兴趣？请参照本实训的操作步骤，对自己感兴趣的网站进行检索和浏览，并判断其分类和业态。

3. 请扫描图 1-13 中所示二维码，观看“互联网金融研究性课程”展示视频，进一步了解学习与研究互联网金融的基本方法和核心要点，为深入学习互联网金融的理论与应用打下基础。

图 1-13 “互联网金融研究性课程”展示视频二维码

项目二
互联网支付与电子商务

学习目标

[知识目标]

1. 了解互联网支付的准入标准并熟悉其基本运作模式。
2. 掌握第三方支付的概念和国内主要第三方支付机构的运作特点。
3. 了解国内互联网支付的现状和发展趋势及其在电子商务中的运用方法。

[能力目标]

1. 能够熟练使用支付宝、微信支付、快钱等主要第三方支付工具。
2. 能够针对不同的电子商务业态选择合适的第三方支付机构。
3. 能够结合第三方支付的特点对已有电子商务（网店）编制营销策划方案。

互联网支付是电子商务发展的重要基石之一，它的发展促进了电子商务的进步，同时也提升了经济运行的效率，特别是创新型第三方支付的发展改变了人们原有的消费观念和商业模式，甚至对传统银行业的业务发展也带来了一定冲击。那到底什么是互联网支付呢？什么样的企业可以成为第三方支付机构？我们又如何来认识第三方支付机构与银行之间的关系？让我们通过本项目来探讨和学习。

导入案例　支付宝开创非现金支付新时代

支付宝诞生于 2003 年 10 月，最初是为了解决网络交易的诚信问题，提供交易担保。2014 年 12 月，支付宝（中国）网络技术有限公司正式成立，随后支付宝官方网站正式上线并开始独立运营，用户数和交易规模迅速增加，并逐步成为除京东商城和苏宁易购外，中国 B2C 网站都支持的付款方式。支付宝 2006 年 6 月推出手机客户端；同年 11 月推出支付宝卡通（快捷支付的前身），进一步方便了付款者使用；2010 年 7 月推出条码支付；同年 12 月正式推出快捷支付；2013 年 6 月增值服务余额宝上线，通过余额宝，用户不仅能够得到较高的收益，还能随时支付和转出，无任何手续费；同年 11 月支付宝钱包品牌独立；2014 年 8 月招财宝上线；同年 10 月蚂蚁金融服务集团（简称“蚂蚁金服”）正式成立，蚂蚁金服致力于打造一个开放的生态，与金融机构一起，共同为未来社会的金融提供支撑，实现“让信用等于财富”的愿景。目前，蚂蚁金服旗下品牌有支付宝、芝麻信用、蚂蚁聚宝、网商银行、蚂蚁小袋、蚂蚁金融云、余额宝、招财宝、蚂蚁花呗。

如今，在一些城市的超市、商场、饭店、娱乐场所、医院、地铁站等都可以使用支付宝扫码付款。支付宝的线下计划是切入大部分小额支付场景，包括医院、便利店、公交等，还将进入火车站和机场。支付宝把我们带进了非现金支付的新时代。以游玩丽江为例，支付宝在手便可游遍丽江古城，如图 2-1 所示。

图 2-1　通过支付宝玩遍丽江（来源：中国电子商务中心网站）

任务一　互联网支付的准入与运作

一、互联网支付的发展历程与现状

人类社会只要有分工，就会有交换与支付。如图 2-2 所示，人类社会支付方式的演变是一个从实物支付到信用支付再到电子支付的过程，具体而言也可以认为是一个一般等价物从稀有贵金属变为纸币再变为电子货币的过程，其中蕴含着深刻的经济社会变迁。很多学者将在互联网媒介作用下，非银行支付机构基于新的交易方式、新的货币形式和新的认证技术开展的一系列带来社会效益增加的支付变革称为支付革命。这场革命给消费观念、商业模式创新乃至金融竞争格局都带来了不小的冲击。

1. 互联网支付的概念与内涵

扫一扫看微课

互联网支付就是付款方通过互联网自主发起支付指令将自己账户上的资金转到收款方，具体实现方式可以是银行网银支付和第三方支付。根据中国人民银行等 10 个部门 2015 年 7 月共同发布的《关于促进互联网金融健康发展的指导意见》，互联网支付是指通过计算机、手机等设备，依托互联网发起支付指令、转移货币资金的服务。互联网支付应始终坚持促进电子商务发展和为社会提供小额、快捷、便民小微支付服务的宗旨。银行业金融机构和第三方支付机构从事互联网支付，应遵守现行法律法规和监管规定。第三方支付机构与其他机构开展合作，应清晰界定各方的权利义务关系，建立有效的风险隔离机制和客户权益保障机制。要向客户充分披露服务信息，明确提示业务风险，不得夸大支付服务中介的性质和职能。可见，这里的互联网支付包括银行网银支付和第三方支付。

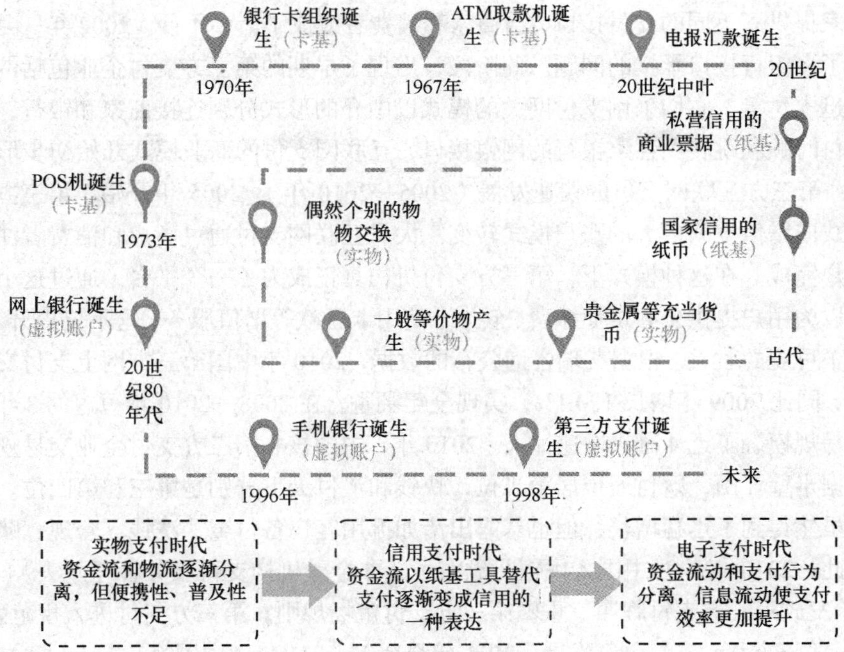

图 2-2 支付体系的历史沿革（来源：艾瑞咨询）

根据中国人民银行 2015 年 12 月颁布的《非银行支付机构网络支付业务管理办法》（2015 年第 43 号公告），支付机构是指依法取得支付业务许可证，获准办理互联网支付、移动电话支付、固定电话支付、数字电视支付等网络支付业务的非银行机构。网络支付业务是指收款人或付款人通过计算机、移动终端等电子设备，依托公共网络信息系统远程发起支付指令，且付款人电子设备不与收款人特定专属设备交互，由支付机构为收、付款人提供货币资金转移服务的活动。

2. 互联网支付的发展历程

20 世纪末以来，随着电子计算机和互联网技术的发展，互联网支付日益成为人们生活中离不开的一种新兴支付方式。1996 年 6 月，美国在因特网上成立了全球第一家网络银行——安全第一网络银行，它提供的全新服务使客户不出户便可进行存款、取款、转账、付款等业务。

中国互联网支付的起步虽晚于国外，但发展迅速。根据 2015 年《中国互联网发展状况统计报告》，截至 2015 年 12 月，我国使用网上支付的用户规模达到 4.16 亿，较 2014 年年底增加 1.12 亿，增长率达到 36.8%。与 2014 年 12 月相比，我国网民使用网上支付的比例从 46.9%提升至 60.5%。值得注意的是，2015 年手机网上支付增长尤为迅速，用户规模达到 3.58 亿，增长率为 64.5%，网民手机网上支付的使用比例由 39.0%提升至 57.7%。现在在国内，无论是网上购物还是实体店购物都可以采用互联网支付。我国互联网支付发展至今并非一蹴而就，也经历了一个历史过程。

阶段 1：网上银行的发展（2005 年以前）。改革开放初期，4 家国有专业银行成立，为了实现跨行资金支付，国家开始建设清算体系。1991 年，中国人民银行建成全国电子联行系统，初步形成了全国性的支付体系。世纪之交，随着经济规模的日益增大，交易量也日益增加，传统的依靠支票、本票、汇票进行的支付业务使得各家银行不堪重负，在此背景下网上银行开始出现。例如，中国银行率先于 1996 年 2 月在互联网上建立和发布了自己的主页，成为我国第一家在互联网上发布信息的商业银行，并于 1998 年开通网上银行业务；中国工商银行于 1997 年 12 月在互联网上开办了自己的网站，并于 2000 年 2 月正式开通网上银行业务；中国建设银行也于 1999 年推出个人网上银行业务，并于 2000 年推出企业网上银行业务。但在 2002 年之前，各家商业银行的网上银行各自向商家提供了不同的支付接口，给商家和消费者造成了诸多不便。2002 年 3 月，中国银联成立，解决了多银行接口承接的问题。此阶段，出现了早期的第三方支付企业包括网银在线、首信支付、环迅支付等，它们采用支付网关的模式以中介的形式分别连接商家和银行，使消费者在网上购物支付时顺利跳转到各家银行的网银接口，互联网支付的商业模式开始初步形成。

阶段 2：第三方互联网支付的快速发展（2005—2010 年）。2005 年开始，第三方支付机构从支付网关模式向增值空间更大的账户模式转变。大量互联网支付通过商户和消费者注册的第三方支付平台账户完成。在这种模式下，第三方支付机构真正成为了一个平台，通过这个平台第三方支付机构可以为用户提供公共事业缴费、转账、信用卡还款等增值服务，这不仅提升了客户体验，同时也带来了可观的收益。根据艾瑞咨询公布的数据，2010 年中国第三方网上支付交易规模达到 10 105 亿元，同比 2009 年增长 100.1%，实现全年翻番。在 2008—2010 年短短的 3 年间，第三方网上支付交易规模翻了近 4 翻，增速惊人。2010 年，中国核心第三方支付企业交易规模市场份额中支付宝占据半壁江山，财付通位居第二位，快钱和汇付天下分别是第三和第四位。这一阶段，第三方支付虽然得到了迅猛增长，但也暴露出诸如挪用客户备付金、洗钱、套现、赌博和欺诈等问题。鉴于此，2010 年 6 月中国人民银行颁布了《非金融机构支付服务管理办法》（2010 年第 2 号令），开始发放第三方支付牌照，重塑第三方支付市场规则，第三方支付进入规范发展期。

阶段 3：第三方移动支付创新发展（2011 年至今）。2011 年，中国第三方支付正式进入监管时代，经济及政策地位的确立为第三方支付带来了更多的合作伙伴和发展机遇。这一阶段的突出特点是移动支付开始出现并迅猛发展。例如，2011 年 3 月，中国电信集团组建成立天翼电子商务公司，其业务主要涵盖了移动支付、固网支付及积分支付等领域；4 月，中国联通正式组建了联通沃易付网络技术有限公司，并于 4 月 18 日领取了营业执照，公司注册资本 2.5 亿；随后，中移电子商务有限公司正式成立，为中国移动集团全资子公司，全面负责支付业务。至此，3 家移动运营商均成立支付公司，并积极申请第三方支付业务牌照。2012 年，支付宝、财付通等互联网支付巨头，借助二维码这一连接线上、线下的入口，加速移动远程支付创新，渗透线下商户。2015 年，我国移动支付市场持续爆发，交易规模达 16 万亿元，同比增长 104.2%，其中移动互联网支付与以 NFC（Near Field Communication，近距离无线通信技术）为核心驱动的近场支付占据主导地位。

3. 互联网支付市场规模现状

（1）互联网支付用户数。从 2011 年 5 月中国人民银行发放首批第三方支付牌照起，我国支付市场已涌现出 260 多家第三方支付企业。随着国家对第三方支付市场监管的不断加强，市场规则的日益完善，日常生活和生产中使用互联网支付的用户也越来越多。根据中国互联网信息中心发布的《2015 年中国互联网络发展统计报告》，自 2011 年以来，我国网络支付用户数逐年增加，至 2015 年 12 月规模已达 41 618 万人，其中手机支付用户数自 2013 年以来也是逐年增加，至 2015 年 12 月规模已达 35 771 万人，为我国互联网支付规模的扩大奠定了坚实的基础。

（2）第三方互联网支付交易规模与份额。根据艾瑞咨询公布的数据，2015 年中国第三方互联网支付交易规模达到 118 674.5 亿元，同比增长 46.9%。而从市场份额来看，2015 年支付宝占据第三方互联网支付市场的第一位，其次是财付通，再次分别是银联商务、快钱、汇付天下、易宝支付、京东支付等，如图 2-3 所示。这几家核心的第三方支付企业的市场份额合计为 97.8%，足见我国第三方互联网支付市场垄断竞争格局比较明显。

（3）第三方移动支付交易规模与份额。根据艾瑞咨询公布的数据，如图 2-4 所示，2015 年第三季度中国第三方移动支付业务交易规模达到了 24 204.9 亿元，同比上涨 64.3%，增速超过了第三方互联网支付的同期增速。另据中国电子商务研究中心监测数据，2015 年，中国第三方移动支付市场交易总规模达 9.31 万亿元，同比增长 57.3%。这与网民支付习惯的改变不无关系。现在，网民们越来越热衷于手机购物和支付，手机发红包和转账等社交支付行为也日益被人们所接受和普及。根据中国支付清算协会公布的《2015 年移动支付用户问卷调查报告》，64.6%的用户愿意通过与支付账户绑定，登录支付账户直接选择银行卡完成支付；14.3%的用户愿意每次输入银行卡卡号、密码等要素进行支付；35.5%的用户表示以上这两种方式都可以接受。

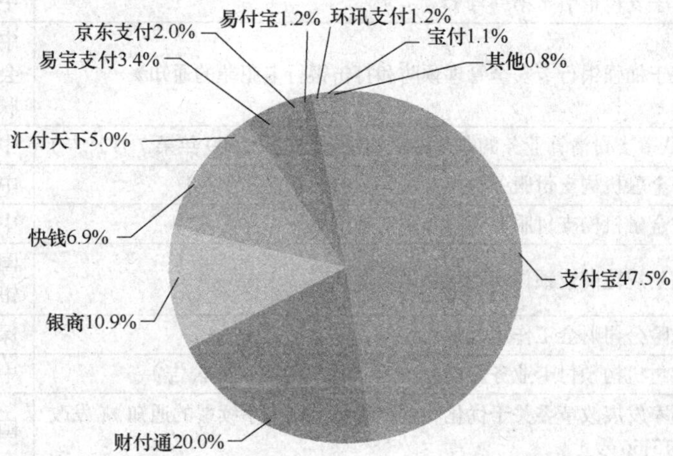

图 2-3　2015 年中国第三方互联网支付交易份额（来源：艾瑞咨询）

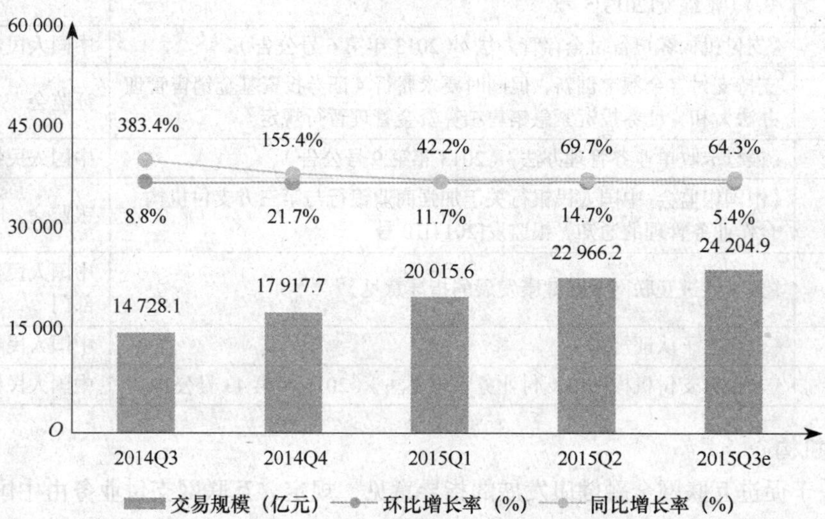

图 2-4　2014Q3—2015Q3 中国第三方移动支付业务交易规模（来源：艾瑞咨询）

二、互联网支付的监管与准入标准

互联网支付是在一个开放的网络系统中进行的，起初在这个系统中谁都可以参与进来，尤其是第三方支付机构的到来，使得互联网支付市场增加了很多不稳定因素，出现了非法套现、赌博、洗钱等黑色交易行为，因此需要有专门的部门和法律法规来规范这个行业的发展。

1. 监管法规

互联网支付是一个新兴产业，在产业起步阶段，各项监管措施还不到位，这在一定程度上促进了这个行业的发展，但也给行业的持续健康发展带来了隐患。历年出台的与规范第三方互支付业务相关的法规文件如表2-1所示。这些法规文件的出台，为第三方互联网支付的健康发展提供了法律保障。

表2-1　第三方支付的有关法规

时　间	法规名称	制定部门
2004年8月	《中华人民共和国电子签名法》（2015年4月24日第十二届全国人民代表大会常务委员会第十四次会议修正）	全国人民代表大会常务委员会
2005年10月	《电子支付指引（第一号）》	中国人民银行
2009年4月	《关于加强银行卡安全管理预防和打击银行卡犯罪的通知》	中国人民银行、银监会、公安部和工商总局联合发布
2009年4月	对从事支付清算业务的非金融机构进行登记（2009年第7号公告）	中国人民银行
2010年6月	《非金融机构支付服务管理办法》（2010年第2号令）	中国人民银行
2010年12月	《非金融机构支付服务管理办法实施细则》	中国人民银行
2011年5月	《关于规范商业预付卡管理意见的通知》	国务院转发中国人民银行等7部委
2012年2月	《保险公司财会工作规范》	保监会
2012年9月	《支付机构预付卡业务管理办法》（2012年第12号公告）	中国人民银行
2013年1月	《国家发展改革委关于优化和调整银行卡刷卡手续费的通知》（发改[2013]66号）	国家发改委
2013年2月	《关于开展第三方支付机构跨境电子商务外汇支付业务试点的通知》（汇综发[2013]5号	国家外汇管理局
2013年6月	《支付机构客户备付金存管办法》（2013年第6号公告）	中国人民银行
2013年6月	支持支付宝余额宝创新，但同时要求履行《证券投资基金销售管理办法》和《证券投资紧急销售结算资金管理暂行规定》	证监会
2013年7月	《银行卡收单业务管理办法》（2013年第9号公告）	中国人民银行
2014年4月	《中国银监会 中国人民银行关于加强商业银行与第三方支付机构合作业务管理的通知》银监发[2014]10号	银监会、中国人民银行
2015年7月	《关于促进互联网金融健康发展的指导意见》	中国人民银行等10个部门
2015年10月	《金融电子认证规范》	中国人民银行
2015年12月	《非银行支付机构网络支付业务管理办法》（2015年第43号公告）	中国人民银行

2. 监管机构

根据《关于促进互联网金融健康发展的指导意见》规定，互联网支付业务由中国人民银行负责监管。此外，2011年5月中国支付清算协会成立，凡经中国银监会批准设立的、具有独立法人资格的银行业金融机构及财务公司、经中国人民银行等相关监管部门批准设立的支付清算机构、取得中国人民银行颁发的《支付业务许可证》的非金融机构以及符合协会要求的其他法人机构，均可申请加入中国支付清算协会成为会员单位。这是第三方互联网支付的行业自律组织。至此，我国第三方互联网支付初步形成了政府监管、行业自律和内部控制三位一体的监督管理体系。

3. 准入标准

根据中国人民银行出台的《非金融机构支付服务管理办法》（2010年第2号令）的相关规定，非金融机构提供支付服务，应当依据本办法规定取得支付业务许可证，成为支付机构。未经中国人民银行批准，任何非金融机构和个人不得从事或变相从事支付业务。

支付业务许可证的申请人应当具备下列条件：①在中华人民共和国境内依法设立的有限责任

公司或股份有限公司，且为非金融机构法人；②有符合本办法规定的注册资本最低限额；③有符合本办法规定的出资人；④有 5 名以上熟悉支付业务的高级管理人员；⑤有符合要求的反洗钱措施；⑥有符合要求的支付业务设施；⑦有健全的组织机构、内部控制制度和风险管理措施；⑧有符合要求的营业场所和安全保障措施；⑨申请人及其高级管理人员最近 3 年内未因利用支付业务实施违法犯罪活动或为违法犯罪活动办理支付业务等受过处罚。

申请人拟在全国范围内从事支付业务的，其注册资本最低限额为 1 亿元人民币；拟在省（自治区、直辖市）范围内从事支付业务的，其注册资本最低限额为 3 千万元人民币。注册资本最低限额为实缴货币资本。

申请人的主要出资人应当符合以下条件：①为依法设立的有限责任公司或股份有限公司；②截至申请日，连续为金融机构提供信息处理支持服务 2 年以上，或连续为电子商务活动提供信息处理支持服务 2 年以上；③截至申请日，连续盈利 2 年以上；④最近 3 年内未因利用支付业务实施违法犯罪活动或为违法犯罪活动办理支付业务等受过处罚。主要出资人是指拥有申请人实际控制权的出资人和持有申请人 10%以上股权的出资人。

非金融机构支付服务主要包括网络支付、预付卡的发行与受理、银行卡收单以及中国人民银行确定的其他支付服务。其中，网络支付行为包括货币汇兑、互联网支付、移动电话支付、固定电话支付、数字电视支付等。但并不是获得支付业务许可证的企业可以从事以上所有的支付业务，例如，支付宝被许可的支付业务范围是互联网支付、移动电话支付、预付卡发行与受理（仅限于线上实名支付账户充值）和银行卡收单；银联商务被许可的支付业务范围是银行卡收单、互联网支付和预付卡受理；财富通被许可的支付业务范围是互联网支付、移动电话支付、固定电话支付和银行卡收单。截至 2015 年 12 月，获得预付卡发行与受理类、互联网支付类、银行卡收单类、移动电话支付类、固定电话支付类和数字电视支付类业务许可的第三方支付机构分别为 165 家、99 家、60 家、41 家、13 家和 6 家。

三、互联网支付的运作模式介绍

互联网支付的发展路线总共有两条，分别是交易商电子化路线和银行电子化路线，前者如国外的 PayPal 和国内的支付宝等，后者如各商业银行网络银行的建设以及银联的发展。总体而言，互联网支付的运作模式有以下 3 种。

1. 网银支付网关在线支付模式

网银支付网关在线支付模式即将卖方（企业或个人）应用系统和买方（企业或个人）应用系统与银行的系统链接起来，通过在线支付直接把资金从买方银行账户转到卖方银行账户。这种支付模式的核心在于商业银行网银支付网关，也是我国应用非常普遍的在线支付模式，其结构模式如图 2-5 所示。但这种模式只限于本行企业收款，且每家银行的网关接口千差万别，一家银行网关升级就需要跟着升级系统；有的银行可以退款，有的银行不支持退款，业务规则不统一；各家银行对账方式也不一样，有的银行无法实现 B2B 对账，没有信用中介功能，接入、维护成本高，业务需求支持灵活度差。

2. 统一支付网关在线支付模式

统一支付网关在线支付模式由一家专门从事电子商务在线支付的金融性服务公司实现，此公司类似于商业银行，由中国人民银行为其提供的清算行号，提供跨行转账的在线支付服务，在我国就是银联，其结构模式如图 2-6 所示。这种模式可以克服网银支付网关在线支付模式下不能实现跨行收款且成本高的缺陷。

图 2-5　网银支付网关在线支付模式

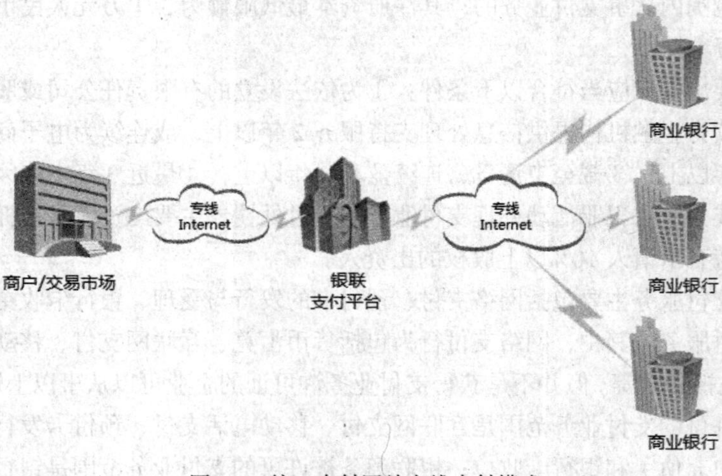

图 2-6　统一支付网关在线支付模式

3. 第三方支付平台在线支付模式

第三方支付是目前最活跃的一种在线支付模式，其实际上是买卖双方在交易过程中的资金“中间平台”，提供安全保证和技术支持，是在银行监管下保障交易双方利益的独立机构，其结构模式如图 2-7 所示。这类支付机构主要从互联网支付业务发展而来，其特点是基于互联网技术创新，运用电子化货币甚至虚拟货币，面向中小微客户以及个人客户端，服务于 C2C、B2C、B2B 交易或提供电子社交媒体、电子娱乐等支付需求。

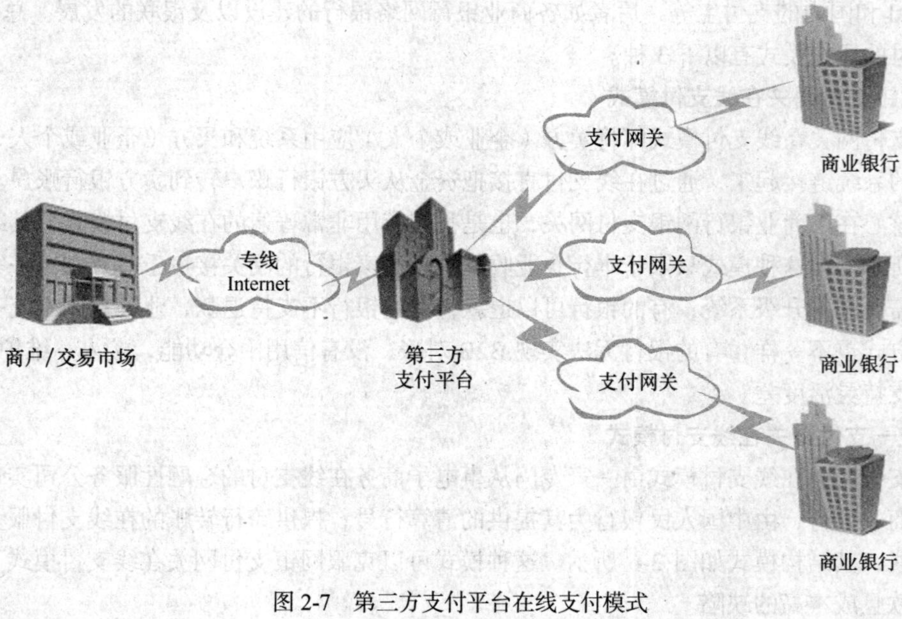

图 2-7　第三方支付平台在线支付模式

根据不同的运营模式，可以将第三方支付分成两类：第一类是独立的第三方支付机构，其完全独立于电子商务网站，由第三方支付机构为网上签约商户提供围绕订单和支付等多种增值服务的共享平台，这类平台仅仅提供支付产品和支付系统解决方案，如汇付天下、快钱等；第二类是脱胎于成功的电子商务或电子社区、电子娱乐平台的第三方支付机构，如产生于淘宝 C2C 交易的支付宝、产生于腾讯社交平台的财付通和微信支付、服务于盛大网络游戏支付的盛付通等。

[做中学 2-1]　中国工商银行网上银行与 e 支付应用

中国工商银行股份有限公司（Industrial and Commercial Bank of China，ICBC），成立于 1984 年 1 月 1 日，是中国最大的国有控股商业银行，也是中国最早开发网上银行的商业银行之一，其无论个人网上银行还是企业网上银行的功能都非常强大，是很多个人用户和企业用户的首选银行。下面，请大家按照如下步骤登录中国工商银行网站来了解其个人网银和企业网银的主要功能。

步骤 1：登录中国工商银行网站。

在浏览器地址栏中输入“www.icbc.com.cn”，进入如图 2-8 所示的界面。

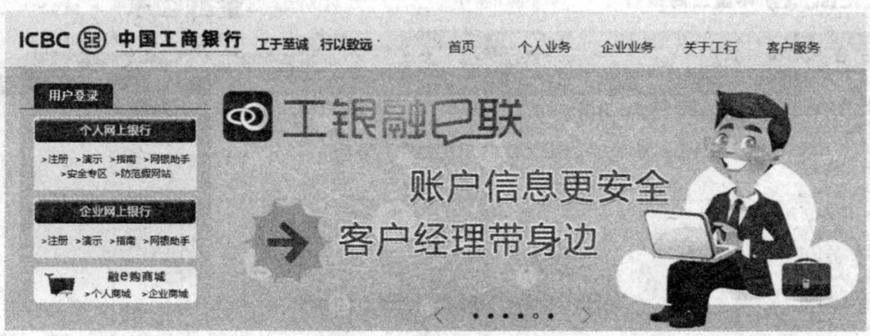

图 2-8　中国工商银行网站首页

步骤 2：进入演示界面。

单击网页左上角“个人网上银行”下面的“功能演示”，进入如图 2-9 所示的界面。

图 2-9　中国工商银行个人网上银行模拟操作

步骤 3：登录模拟个人网上银行。

单击网页右边的“模拟操作”，在弹出的页面中单击网页下方的“登录”，进入如图 2-10 所示的界面，浏览中国工商银行个人网上银行的各项功能介绍。可以看到，中国工商银行个人网上银行的主要功能包含了账户查询、转账汇款、捐款、买卖基金、国债、黄金、外汇、理财产品、代理缴费等。

步骤 4：进入模拟企业网上银行。

返回第 1 步，单击中国工商银行网站首页左上角“企业网上银行”下面的“演示”，再单击“模拟操作”进入模拟企业网上银行，如图 2-11 所示。浏览中国工商银行企业网上银行的主要功能模块，可以看到中国工商银行企业网上银行主要功能包括账户管理、网上汇款、在线支付、贵宾室、网上支付结算代理、网上收款、网上信用证、网上票据和账户高级管理等。

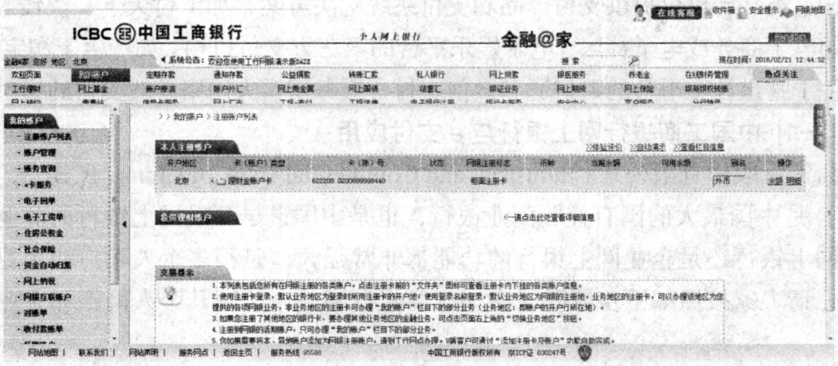

图 2-10　中国工商银行个人网上银行界面

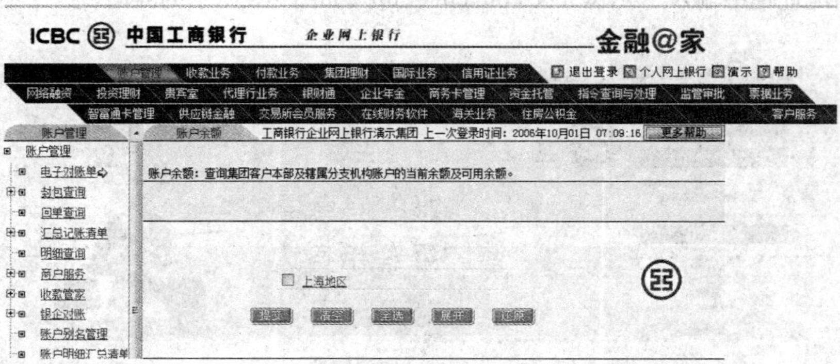

图 2-11　中国工商银行企业网上银行界面

步骤 5：探索“工银 e 支付”与“工银融 e 联”。

“工银 e 支付”是中国工商银行向个人客户推出的网上便捷支付产品，无需 U 盾、口令卡，通过手机验证即可轻松支付小额网上购物，安全便捷。如图 2-12 所示，如果商家提供工银 e 支付功能，则选择“工银 e 支付”，然后输入短信验证码就可以支付了。

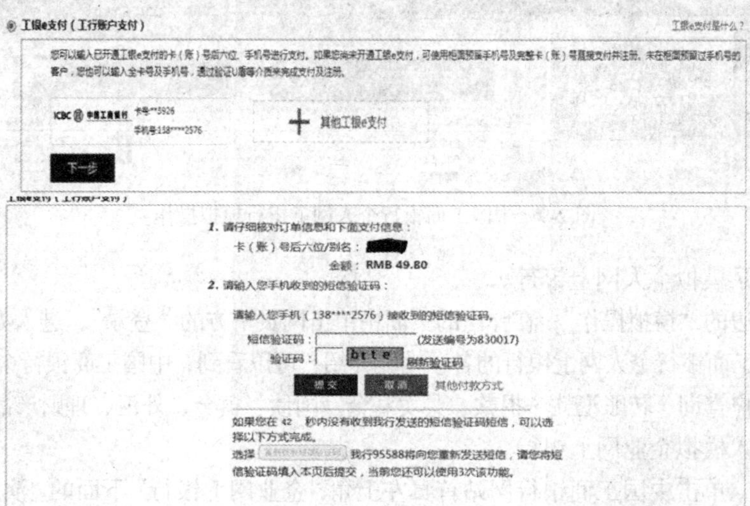

图 2-12　工银 e 支付

“工银融 e 联”是中国工商银行为了顺应移动互联网时代的到来而研究开发的一个移动金融服务平台，依托中国工商银行的金融优势，精选名商、名店、名品，提供在线交易、分期付款、融资贷款等专业化服务，其注册流程如图 2-13 所示。用手机登录“工银融 e 联”APP 后，如图 2-14 所示，具有加好友、发消息、建朋友圈、登录手机银行、好友转账、工银信使、融 e 购商城购物等丰富的服务功能。

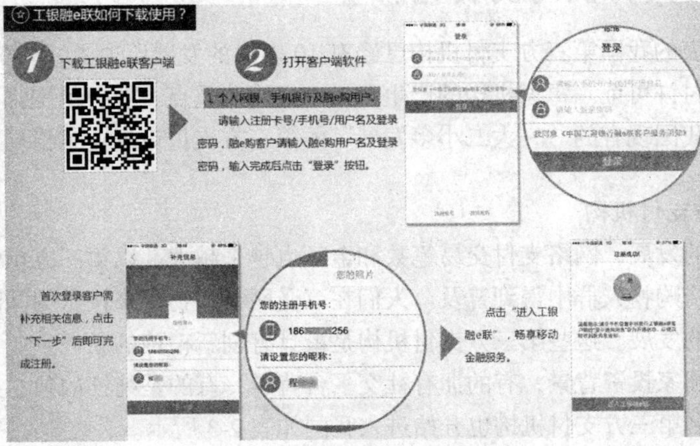

图 2-13　工银融 e 联注册流程

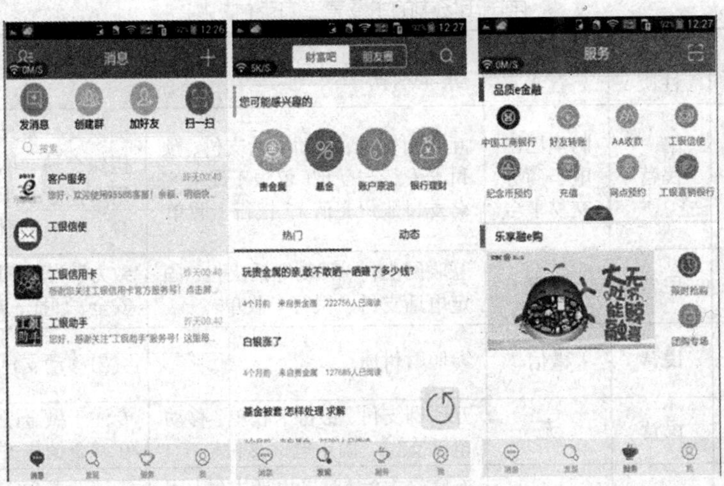

图 2-14　工银融 e 联的服务功能

[随堂测试 2-1]《非金融机构支付服务管理办法》规定的支付机构准入要求标准有哪些？请复习本任务所学内容，仔细填写表 2-2。

表 2-2　《非金融机构支付服务管理办法》规定的支付机构准入要求

要　求	标　准
向谁申请？	
境内机构还是境外机构？	
注册资本要求？	
几名熟悉支付业务的高级管理人员？	
几年内未因利用支付业务实施违法犯罪活动或为违法犯罪活动办理支付业务等受过处罚？	

任务二 第三方支付机构与银行的业务合作

一、第三方支付机构发展现状

以支付宝为代表的我国第三方支付机构已经有 10 多年的发展历史了，国家也颁发了 260 多张支付许可证。每家机构的产生背景、经营侧重点、业务范围都有所不同，也造就了我国现有的“一大二小多发展”的第三方支付市场竞争格局。

扫一扫看微课

1. 主要第三方支付机构

随着电子商务的发展，网络支付交易笔数和金额也越来越大。以第三方担保交易为代表的支付模式，迅速在网络购物人群中得到普及。人们在享受网络购物带来快乐的同时，无意中也促进了第三方支付机构的发展。这些第三方支付机构是最具有创新精神的新兴企业，有的拥有电商平台背景，有的拥有国家投资背景，有的拥有社交平台背景，有的是纯粹的独立第三方支付机构，同时国外的一些知名第三方支付机构也开始进入我国如表 2-3 所示。

表 2-3 中国市场中的主要第三方支付机构

机构名称	成立时间	企业性质	平台/背景	支付许可范围	定位与特点
支付宝	2004 年	民营	阿里巴巴电子商务交易平台	互联网支付、移动电话支付、预付卡发行与受理(仅限于线上实名支付账户充值)、银行卡收单	提供支付及理财服务，包括网购担保交易、网络支付、转账、信用卡还款、手机充值、水电煤缴费、个人理财等多个领域
财付通	2005 年	民营	腾讯	互联网支付、移动电话支付、固定电话支付、银行卡收单	致力于为互联网用户和企业提供安全、便捷、专业的在线支付服务
微信支付	2014 年	民营	微信	参照财付通	突出移动支付安全概念。
汇付天下	2006 年	民营	无	互联网支付、银行卡收单、移动电话支付、固定电话支付	专注于做金融级电子支付专家，在基金销售方面具有优势
快钱	2005 年	民营	万达集团	互联网支付、移动电话支付、固定电话支付、银行卡收单、预付卡受理	为消费者和企业提供综合化互联网金融服务，在保险行业具有业务优势
银联在线	1999 年	国有	银联	银行卡收单、互联网支付、预付卡受理	为广大持卡人提供全方位的互联网金融支付服务
易宝支付	2003 年	民营	无	互联网支付、移动电话支付、银行卡收单	在教育、电信等行业具有专业化优势，电话支付业务领先
拉卡拉	2005 年	民营	联想集团	互联网支付、移动电话支付、数字电视支付、银行卡收单、预付卡受理	社区店+电商&金服平台+身边小店 APP 三位一体的模式很好地解决了线下零售店对接电子商务难题
翼支付	2011 年	国有	中国电信	互联网支付、移动电话支付、固定电话支付、预付卡发行与受理(仅限线上实名支付账户充值)、银行卡收单	为个人、商户提供综合性的互联网金融服务，同时为政企类客户提供专业性的行业解决方案

续表

机构名称	成立时间	企业性质	平台/背景	支付许可范围	定位与特点
百度钱包	2008 年	民营	百度	互联网支付	提供超级转账、付款、缴费、充值等支付服务，并全面打通 O2O 生活消费领域
网银在线	2003 年	民营	京东商城	互联网支付、移动电话支付、固定电话支付、银行卡收单（北京市）	专注于为各行业提供安全、便捷的综合电子支付服务
PayPal	2010 年	外资	美国 eBay 公司	—	是备受全球亿万用户追捧的国际贸易支付工具
Apple Pay	2016 年	外资	苹果公司	—	提供基于 NFC 的手机支付服务

2. 第三方支付机构的创新与融合

第三方支付机构不断融合线上和线下支付手段，开创支付新场景。例如，支付宝、微信支付、拉卡拉、百度钱包、快钱都推出了扫码支付功能，为微型商户（如便利店、小商铺等）提供收银服务，并改善消费者的支付体验。同时，缺少平台支撑的第三方支付机构加速开拓增值服务，在收付款的基础上叠加金融服务与财务管理功能，从而让支付链条和效应得以进一步延展。例如，2014 年 2 月中国人民银行启动支付机构人民币跨境业务后，快钱首批获准在中国（上海）自由贸易试验区（简称“上海自贸区”）开展跨境人民币结算业务；2014 年 7 月，海关总署上线跨境电商通关服务平台，快钱成为首批在海关正式获准备案的试点支付企业；百度钱包也与糯米网开展全方位合作。而有平台支撑的第三方支付机构扩大经营范围，向银行专营的金融增值服务延伸。例如，2014 年，阿里巴巴成立了全新的蚂蚁金融服务集团，名下包括芝麻信用、蚂蚁聚宝、网上银行、蚂蚁小贷、蚂蚁花呗等新业务；财付通也推出了自己的理财平台。

[做中学 2-2] 快钱第三方支付操作实践

第三方支付机构快钱公司，虽然在市场交易规模和份额方面还不能与支付宝和财付通相比，但其作为一家独立的第三方支付机构，已经获得了很好的成绩，目前已覆盖逾 4 亿个人用户，400 余万商户，对接超过 100 家金融机构。2014 年，快钱与万达集团达成战略控股合作，正在将互联网金融业务辐射到更多产业和场景中，发展前景广阔。下面请大家按照以下步骤登录快钱网站，注册快钱账号，下载快钱手机客户端，体验第三方支付的主要功能。

步骤 1：登录快钱网站和下载快钱手机客户端。

（1）在浏览器地址栏中输入“www.99bill.com”，登录快钱网站，进入如图 2-15 所示的界面。

图 2-15　快钱网站首页

（2）扫描如图 2-16 中所示的二维码，安装快钱手机客户端。

步骤 2：注册快钱账号（以网站注册为例）。

（1）单击网站首页右上角的“注册”，进入如图 2-17 所示的界面。

图 2-16　快钱手机客户端二维码

图 2-17　快钱账号注册界面

（2）输入手机号码和验证码，并勾选“我同意”，单击“下一步”。

（3）输入手机上收到的短信校验码，单击“下一步”。

（4）设置快钱登录密码，选择安全问题并填入答案，单击“下一步”进入如图 2-18 所示的界面，快钱账号注册成功。

图 2-18　快钱账号注册成功界面

步骤 3：登录快钱账号。

（1）快钱账号注册成功后，回到网站首页，单击右上方的“登录”，进入如图 2-19 所示的界面。

图 2-19　快钱登录界面

（2）输入注册快钱账号时的手机号码和验证码，单击“登录”。

（3）输入注册快钱账号时设置的密码，单击“登录”，进入如图2-20所示的界面，登录成功。可以看到，快钱的主要功能模块包括账单管家、还信用卡、保险续费、房租房贷、跨行转账和生活费。请大家一一单击，浏览各个功能模块的具体内容。

图2-20　快钱账户首页

步骤4：绑定银行卡。

如想今后使用快钱账号进行支付，就需要绑定银行卡，首次绑定需要实名验证，请输入真实姓名和身份证号。再单击“查看所有支持的储蓄卡和信用卡列表”，可以看到目前快钱支持的银行。输入银行账号、银行预留手机号和收到的短信验证码，单击“确认”，再设置支付密码，就绑定成功了。

步骤5：浏览快钱网站内容。

回到快钱网站首页，依次单击“快赚”“快借”“生活服务”“快钱钱包”和“企业服务”，查看各个版块的主要内容，并思考以下问题。

快钱经营的侧重点是什么？你曾使用过快钱支付吗？你曾在哪里见过快钱的设备？你愿意使用快钱来支付吗？为什么？

二、第三方支付机构与银行的竞争

在第三方支付机构产生以前，网上交易都是通过网银或者柜台汇款来实现的。因此，第三方支付机构的出现，在一定程度上抢占了银行的业务，尤其在中间业务方面，可见第三方支付机构与银行之间存在着明显的竞争关系，这种竞争主要体现在客户、价格、延伸业务、渠道的竞争和对沉淀资金利益的争夺。

1. 客户的竞争

第三方支付机构与银行面对的客户群体基本一致，而第三方支付机构的发展将一部分本来使用银行网银支付的客户争取了过来。根据速途研究院公布的数据（如图2-21所示），2015年第三季度中国网民使用第三方移动支付和第三方互联网支付的比例分别约为27%和25%，合计达到了52%，已经超过了使用网上银行、手机银行和POS机支付的合计。可见，网民们更倾向于使用第三方支付来完成交易。第三方支付机构不仅拥有了一半以上的客户群体，而且还直接获取了客户的相关信息，很多客户信息会不知不觉从银行体系里消失，这会给银行带来不可估量的损失。同时，第三方支付还积极开拓B2B市场，与银行争夺大客户。

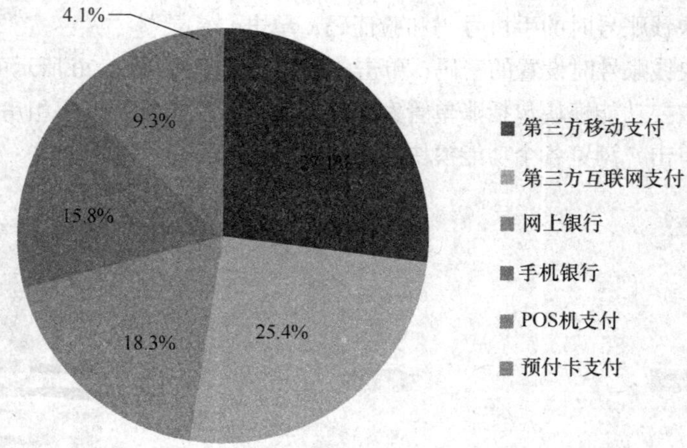

图 2-21　2015 年中国网民使用的支付方式占比（来源：速途研究院）

2. 价格的竞争

第三方支付机构一开始为了吸引更多的客户，很多服务都是免费的，这明显挤占了银行的中间业务。现在，人们只要有一张借记卡，通过绑定第三方支付账户，就可以与他人的第三方支付账户进行转账，而收款人也可以把第三方账户里的余额提现到自己的任意一家绑定的银行卡上，不用去网点排队，也不用打开网银就可以轻松地实现资金转账。但是，银行在第三方支付每次调用快捷支付接口时都会按笔数和金额收取手续费，也就是说第三方支付机构免费转账背后是有成本的，同时迫于银行及监管部门的压力，以及自身“免费圈地，收费营利”的内在动力，第三方支付机构陆续开始对服务进行收费。例如，微信自 2016 年 3 月 1 日起，开始收取提现手续费，每位用户（以身份证维度）享有 1 000 元免费提现额度，超出 1 000 元后，按提现金额收取 0.1%的手续费，每笔最少收取 0.1 元。支付宝也对计算机端的转账和提现交易开始收取手续费。同时，工、农、中、建、交 5 大行正式宣布从 2016 年 2 月 25 日起手机银行转账免收手续费。因此，随着价格竞争，第三方支付机构相对于传统银行在转账方面的费率优势正在减弱。而在代理销售基金价格方面，支付宝等支付机构仍存在优势，低于银行的价格，对客户的吸引力更强。

3. 延伸业务的竞争

目前，第三方支付机构业务并不仅仅是支付和转账，大部分机构都可以进行信用卡还款、公共事业费的缴纳、购买理财产品等。例如，支付宝推出的“余额宝”和“招财宝”，其中余额宝中的金额可以直接进行网上支付，相当于银行的活期存款，但收益率要远高于银行同期活期存款，通过支付宝还可以购买基金产品；财付通推出了“理财通”，并可以购买定期理财产品；快钱推出了“快利来”，并可以购买“快定盈”系列的固定收益理财产品。有的支付机构还推出了“账户信用卡”，如蚂蚁金服名下的“蚂蚁花呗”，快钱名下的“快易花”都可以先消费后还款，与银行传统信用卡展开了竞争。另外，有的第三方支付机构还推出了征信服务，如蚂蚁金服名下的“芝麻信用”，拉卡拉推出的“考拉征信”等。

4. 对沉淀资金利益的争夺

沉淀资金是指存放在第三方支付机构的虚拟账户中，暂时没有在市场上流动的客户备付金。例如，将银行卡里的资金划转到支付宝账户、微信零钱、百度钱包、快钱钱包等，这部分资金类似于大家预付给第三方支付机构，存在第三方支付机构的银行账户上。另外，在担保交易过程中，买家付款后要等待商品配送成功后，才会真正向卖家付款，这个时间差使得相当数量的资金滞留在第三方支付系统里。例如，一家电商网站每天通过第三方支付平台进行的交易金额为 10 亿元，而平均每笔交易要持续7天后才确认付款，那么该支付平台实际上可以存留7天的交易资金共70亿元，支付平台可用当天收到的资金去支付7天前的订单，形成循环支付，这样一来，这70亿元就始终留在第三方交易平台的账户内，成为沉淀资金。第三方支付机构可以利用它来获得投资收益。《支付机构客户备付金存管办法》第16条规定，支付机构在满足办理日常支付业务需要后，可以以单位定期存款、单位通知存款、协定存款或中国人民银行认可的其他形式存放客户备付金。这更有助于提高第三方支付机构与银行的议价能力。

因此，第三方支付机构非常看重沉淀资金。没有大型电商平台支撑的微信支付于2016年3月1日开始对个人用户的微信零钱提现收取手续费。同时，微信支付取消了转账交易手续费（原有微信转账收费标准是每人每月转账加面对面收款有2万元免手续费额度，超出部分按照0.1%的标准收取）。可以看出，微信是想通过鼓励客户使用微信转账，同时减少提现来把资金停放在微信虚拟账户中或者进行微信理财。

而银行对于沉淀资金是很反感的，虽然沉淀资金最终是存放在银行里的，但银行为之付出的成本会提高。例如，一开始各家银行都积极与微信合作，推出各自的微信银行，主要原因就是微信没有资金池，换句话说，用户并不在微信中放钱，需要用钱时都是从银行卡扣款，即使是理财通，早期也只支持银行卡购买和原卡提现。而现在银行提醒客户开通微信银行的意愿在下降，开发和推送本行APP应用软件的力度在加强。

5. 渠道的竞争

现在，经常使用第三方支付服务的人可以发现，只要去一次银行柜台办好所有的网上银行和手机银行手续后，就再也不会去银行了。依托互联网和移动互联网的快速发展，电子商务、移动商务得到了爆发式发展，第三方支付机构与这些新型交易方式的结合更加紧密。而商业银行一直把第三方支付机构视为最底层的营销渠道之一，尤其是中小微商业银行更是乐于借助第三方支付机构来拓宽自己的客户渠道，但一旦第三方支付机构与这些客户形成紧密关系，就会把银行架空，甚至对银行的核心业务（资产业务和负债业务）产生威胁。

鉴于此，很多商业银行也积极开发自己的电商平台，创新自己的支付方式，如中国建设银行的“善融商务”、中国农业银行的“生活e站”、中国交通银行的“交博汇”、华夏银行的“华夏龙网”、中国工商银行的“融e购商城”、招商银行的“一网通网上商城”、兴业银行网上商城等。相对于第三方支付机构，银行可以吸储，资金成本优势明显，且银行客户购买能力和投资能力更强。

三、第三方支付机构与银行的合作

第三方支付机构与银行的关系可以形象地比喻为毛细血管和主动脉的关系，两者的体量级别是不一样的。事实上，第三方支付机构不会给商业银行带来过高的竞争压力，而且银行具有银行业经营特许权，是所有第三方支付机构虚拟账户的基础，其掌握支付账户的命脉，当第三方支付机构威胁到银行的核心利益时，银行具备釜底抽薪的能力与可能性。第三方支付机构也很清楚这一点，因此两者之间存在着合作，且合作大于竞争。

1. 备付金管理合作

（1）政策法规。根据中国人民银行2013年6月颁布的《支付机构客户备付金存管办法》，支付机构接收的客户备付金必须全额缴存至支付机构在备付金银行开立的备付金专用存款账户。任何单位和个人不得擅自挪用、占用、借用客户备付金，不得擅自以客户备付金为他人提供担保。同时规定，支付机构应当按季计提风险准备金，存放在备付金存管银行或其授权分支机构开立的风险准备金专用存款账户，用于弥补客户备付金特定损失以及中国人民银行规定的其他用途。风险准备金按照所有备付金银行账户利息总额的一定比例计提。

（2）利益平衡。第三方支付机构存在合作银行的备付金就是沉淀资金，可以转存为单位定期存款、单位通知存款、协定存款或中国人民银行认可的其他形式，这有助于增加第三方支付机构的资金收益，降低综合资金成本。同时，对于银行尤其是中、小商业银行来说，第三方支付机构的备付金托管有利于壮大资金池，提高盈利水平。但第三方支付机构利息收益的增加，势必会增加银行的资金成本。

（3）合作监管 P2P 资金。2015 年年底，银监会会同多部门发布《网络借贷信息中介机构业务活动管理暂行办法（征求意见稿）》，规定个体网络借贷（P2P）的资金托管必须在符合资质的银行。但目前很多银行不太愿意参与这样的业务，原因在于银行需要专门开设接口，系统改造非常复杂，成本付出较大，同时还要给平台隐性信用背书。鉴于此，已有一部分 P2P 平台通过与银行有合作关系的第三方支付参与资金存管。采用银行资金账户体系+第三方支付的模式，银行提供账户，而支付环节则由第三方支付完成。

2. 业务与信息合作

（1）业务合作。拥有电商或社交平台的第三方支付机构在互联网营销方面具有得天独厚的优势，其本身拥有庞大的客户群，如果第三方支付机构与银行合作，实现客户的转化，一方面会增加银行产品的销售渠道，另一方面也会增加第三方支付机构的增值收益。

（2）信息合作。小微企业融资难的根本原因在于信息不对称，但互联网的发展有利于解决信息不对称问题。例如，淘宝网上的商家，有很多是小微商家，淘宝网会对他们的交易信息、资金流向进行记录，随着时间的积累，形成数据沉淀和信息积累，从而对商家进行信用评价。而第三方支付机构也很好地掌握了这些信息，其可以与银行合作，将这些信息提供给银行，为银行的信贷决策提供信息支持，从中获得一定的收益。“芝麻信用”“考拉征信”就是很好的例子，快钱公司也与中国建设银行等建立了信用信息方面的战略合作关系。

3. 便捷与安全合作

据中国支付清算协会公布的《2015 年移动支付用户问卷调查报告》，操作简单方便、无需携带现金和银行卡是用户愿意使用移动支付的主要原因。同时，安全隐患和支付环节操作复杂是移动支付用户最担心的问题。鉴于此，第三方支付机构也推出了很多保护措施，如用户保障计划、对客户资金损失进行补偿等，同时应加强与银行在安全技术方面的合作，以应对电子支付风险，保证交易的安全性，实现便捷与安全的平衡。

4. 跨境支付业务合作

近年来海淘风靡，跨境电商业务规模持续增长，国内涌现出大批跨境电商平台。2015 年，中国跨境零售类电子商务排名前 5 位的分别是天猫国际、京东全球购、唯品会、亚马逊（中国）和聚美优品。随着中国“一带一路”战略和“互联网+”战略的推进，跨境电子商务将得到进一步的发展。2016 年 1 月，国务院印发《关于同意在天津等 12 个城市设立跨境电子商务综合试验区的批复》，这将进一步促进我国跨境电子商务的发展。

伴随跨境电子商务的发展，跨境支付业务也在迅猛发展，尤其是人民币纳入特别提款权（Special Drawing Right，SDR）后，跨境支付的发展更加有力。外汇局已将支付宝、财付通、易宝支付等多家第三方支付机构纳入跨境外汇支付试点，这些支付机构积极开拓海外市场，如微信已经覆盖欧美、澳大利亚、东南亚、西亚等 20 多个国家和地区，并与华南银行、澳洲皇家支付、香港通泰等数十家境外机构合作。而中国银行业也在积极布局跨境支付业务，基于不同的服务对象，银行参与跨境电商模式主要包括与第三方支付机构合作、与电商平台直接合作和银行自营电商 3 种。例如，2015 年 12 月 2 日，浦发银行推出“跨境电商金融服务方案 1.0”，该方案主要通过与第三方支付机构合作，为跨境电商企业提供金融服务，以打通境内、外资金往来清算路径。

[做中学 2-3] 体验 Apple Pay 支付

步骤 1：打开 Wallet APP 客户端。

打开苹果手机的 Wallet APP，单击右上角的加号，如图 2-22 所示。

步骤 2：录入银行卡信息。

通过 iSight 摄像头录入或手工录入支持银行的银联信用卡卡片信息，并输入卡片有效期和卡片背面的 3 位安全码，阅读“条款和条件”，并选择“同意”，如图 2-23 所示。

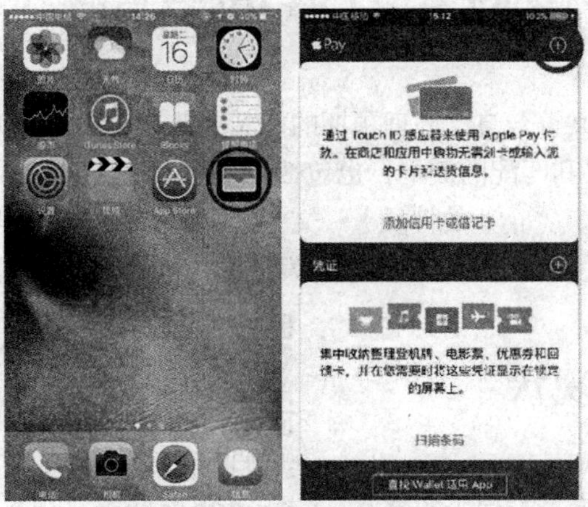

图 2-22　Apple Pay 绑定银行卡（1）

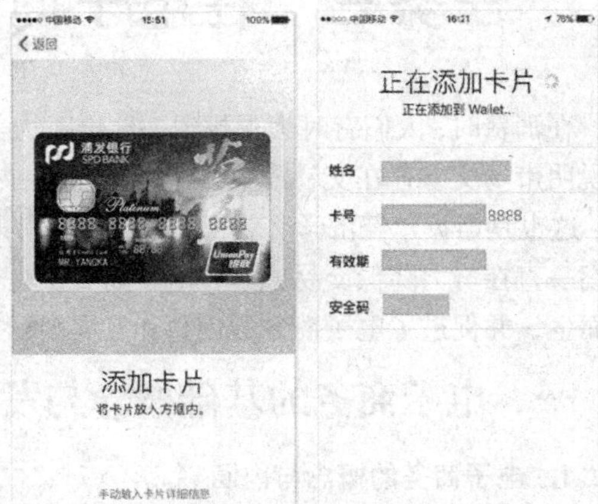

图 2-23　Apple Pay 绑定银行卡（2）

步骤 3：激活账户。

输入验证银行的官方客服号码发送的短信验证码，完成激活，如图 2-24 所示。

步骤 4：Apple Pay 支付操作。

进入一家具有银联 Quickpass 标识的商户，在支付时直接将苹果手机靠近非接交易终端，并将手指放在“HOME”键上，即可轻松地完成支付，如图 2-25 所示。

图 2-24　Apple Pay 绑定银行卡（3）

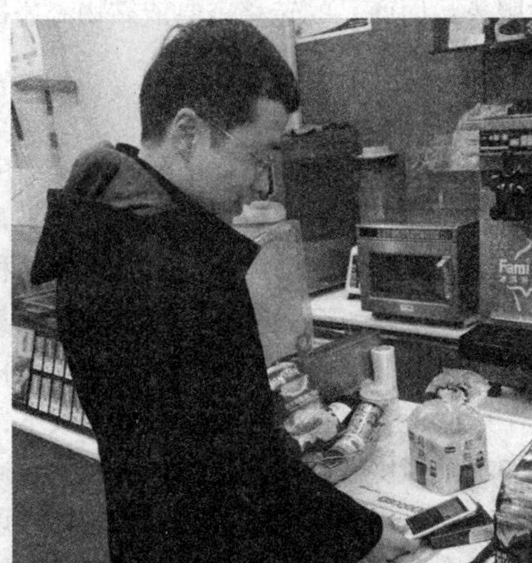

图 2-25　便利店 Apple Pay 支付体验

[随堂测试 2-2] 第三方支付机构与银行的合作主要体现在哪些方面？请概括后填写在表 2-4 中。

表 2-4　　第三方支付机构与银行的合作

合作领域	主要内容
备付金管理合作	
业务与信息合作	
便捷与安全合作	
跨境支付业务合作	

任务三　在电子商务中应用互联网支付

在消费时，人们有时为了找到一件价廉物美、又符合自己心理预期的商品要花费很多的精力。这说明市场交易存在交易成本，包括交易双方搜寻和匹配的成本，也包括交易双方签订合约的成本。这也是诺贝尔经济学奖获得者罗纳德·科斯在其《企业的性质》一文中提出的著名理论观点。人们一直在努力降低交易成本，电子商务正是在这一理论背景下产生与发展的，互联网支付也应运而生，并促进了电子商务的创新和发展。

扫一扫看微课

一、电子商务的基础概念与发展现状

1. 电子商务的概念与内涵

根据商务部 2011 年发布的《第三方电子商务交易平台服务规范》，电子商务是指交易当事人或参与人利用现代信息技术和计算机网络（包括互联网、移动网络和其他信息网络）所进行的各类商业活动，包括货物交易、服务交易和知识产权交易。根据商务活动的特点，可以把电子商务分成完全电子商务和不完全电子商务。完全电子商务是指商家将无形商品和服务产品内容数字化，不需要某种物质形式和特定的包装，整个交易过程（订货、支付、发货、售后）全部在网络上完成的电子商务，如以计算机软件、电子报刊、广告、商业信息、咨询、教育等为商品的电子商务。不完全电子商务是指交易对象是有实物形态的，因此交易双方在网上只能进行订货、支付和部分售后服务，而商品的转移需要依靠物流公司来配送的电子商务，如以服装、书籍、家电产品等为商品的电子商务。

2. 电子商务的特征与优势

（1）突破时空限制，提高交易效率。电子商务是全天 24 小时运行的，只要消费者可以上网，任何时间、任何地点都可以进行网上交易，方便了消费者的购物，也增加了销售者的商业机会。同时，电子商务的交易流程简单，有时几秒钟就可以达成一项交易，提高了交易效率。所以说，电子商务既延长了交易时间，也缩短了交易时间。

（2）减少中间环节，降低营运成本。在电子商务模式下，生产者和消费者可以直接进行交易，减少了中间环节，这会大大降低营运成本，给消费者和销售者都带来福利。

（3）增强供需互动，提供多样服务。通过电子商务，供需双方可以进行在线交流，充分交换意见，交易完成后，消费者还可以进行点评，反馈使用感受，给后面的消费者提供参考。同时，电子商务企业可以通过客户关系管理系统对客户的交易信息进行分析，将市场进一步细分，为客户提供多样化的服务。

3. 电子商务的主要运作模式

（1）B2C（Business to Consumer）。B2C 是指由商家或企业通过网站向消费者提供商品和服务的一种商务模式。这种模式的电子商务一般以网络零售业为主，主要借助于互联网开展在线销售活动。根据《电子商务模式规范》的定义，B2C 可以分为 B2C（Ⅰ）和 B2C（Ⅱ）。B2C（Ⅰ）是网上商厦，即提供给企业在互联网上独立注册开设网上商店，出售实物或提供服务给消费者的由第三方经营的电子商务平台，如一些银行开办的电子商务平台。B2C（Ⅱ）是网上商店，即企业在互联网上独立注册网站、开设网上商店，出售实物或提供服务给消费者的电子商务平台。它是独立的 B2C 平台，主要由企业自行搭建网上交易平台来销售自己的商品，如凡客诚品、戴尔、联想等。两者的主要区别是，电子商务企业是否自营商品。

（2）B2B（Business to Business）。B2B 是指企业与企业之间通过互联网进行产品、服务和信息的交换的电子商务模式。根据《电子商务模式规范》的定义，B2B 也分为 B2B（Ⅰ）和 B2B（Ⅱ）。B2B（Ⅰ）是网上交易市场，即提供给企业间进行实物和服务交易的由第三方经营的电子商务平台。这种交易模式是水平 B2B，它是将各个行业中相近的交易过程集中到一个场所，为企业的采购方和供应方提供了一个交易的机会，这一类网站自己既不是拥有产品的企业，也不是经营商品的商家，它只提供一个平台，如阿里巴巴。B2B（Ⅱ）是网上交易，即企业在互联网上建立网站，向其他企业提供实物和服务的电子商务平台。这种交易模式类似于在线商店，是企业自建的网站，通过这样的网站可以大力宣传自己的产品，用更快捷、更全面的手段让更多的客户了解自己的产品，促进交易。

（3）C2C（Consumer to Consumer）。C2C 是指在消费者与消费者之间进行的电子商务模式，通过网络向消费者提供进行相互交易的在线平台。它是网上个人交易市场，提供给个人间在网上进行实物和服务交易的由第三方经营的电子商务平台，如淘宝网、拍拍网。

（4）O2O（Online to Offline）。O2O 即将线下商务的机会与互联网结合在一起，让互联网成为线下交易的前台。这样，线下服务就可以用线上来揽客，消费者可以用线上来筛选服务，且成交后可以在线结算，很快达到规模。该模式最重要的特点是，推广效果可查，每笔交易可跟踪，如大众点评网。

（5）团购。网络团购是指借助互联网，将具有相同购买意向的零散消费者集合起来，向商家大批量购买，求得最优惠的价格。网站向消费者提供同城商家的优惠商品和服务，并从中抽取佣金，消费者得到优惠的价格，而商家也从中赚取费用，如糯米网、拉手网。

（6）社交电商。社交电商就是利用互联网社交网络平台进行商业运营的模式，也称为微商。微商包括个人运营的 C2C 微商和公司企业运营的 B2C 微商，依托于社交关系和熟人经济实现发展。通俗地说，微商就是在移动端上进行商品售卖的小商家，如通过微信和微博来进行交易。

（7）跨境电商。跨境电商是指分属不同关境的交易主体，通过电子商务平台达成交易、进行支付结算，并通过跨境物流送达商品、完成交易的一种国际商业贸易活动。它可以分为 B2B 模式和 B2C 模式两类。B2B 模式，即利用 B2B 的方式开展国际贸易，这种模式比较成熟，也是企业在外贸电子商务中采用较多的方式之一，特点是投入费用相对较高、询盘数量较多、采购商比较集中，如阿里巴巴国际。B2C 模式，也就是海外零售，如天猫国际。

4. 我国电子商务的发展现状

根据《2015 年中国互联网络发展状况统计报告》，截至 2015 年 12 月，网络购物用户规模达 4.13 亿，手机网络购物用户规模达 3.40 亿。开展在线销售、在线采购的比例分别为 32.6%和 31.5%。全国利用互联网开展营销推广的企业比例为 33.8%。可见，我国电子商务发展的市场基础规模比较大。目前，我国主要 B2B 电子商务企业有阿里巴巴、上海钢联、环球资源、慧聪网、焦点科技、环球市场、网盛生意宝等；主要网络零售电子商务企业有天猫、京东、苏宁易购、唯品会、国美在线、亚马逊中国、1 号店、当当网、易迅网、聚美优品等。这些企业在我国电子商务市场上激烈竞争，其市场份额如图 2-26 和图 2-27 所示。可见，在 B2B 电子商务市场上，阿里巴巴以 38.9%的占比处于市场领先地位；而在网络零售市场上，天猫以 59.3%的比例占据头筹，其次是京东占比为 20.2%。因此，我国电子商务市场的垄断竞争格局比较明显，尤其在网络零售市场。这与各家企业的品牌渗透率不无关系。根据中国互联网信息中心发布的《2014 年中国网络购物研究报告》，淘宝网的品牌渗透率高达 87%，天猫高达 69%，京东为 45%。

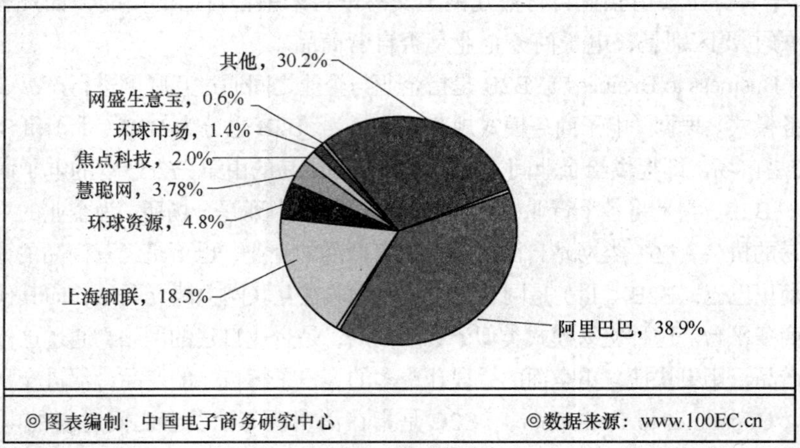

图 2-26　2014 年中国 B2B 电子商务市场占比图（转自《监测报告》）

[做中学 2-4] 我的“淘宝大学”

淘宝大学是阿里巴巴集团旗下的核心教育培训部门，以帮助网商成长为己任，是众多卖家学习电子商务知识、提升网店经营水平的一个重要资源库，已发展为线上线下多元化、全方位的电商学习平台。平台上有很多免费的课程可以学习。下面，请大家按照如下步骤来浏览淘宝大学网站，选择自己喜欢的课程。

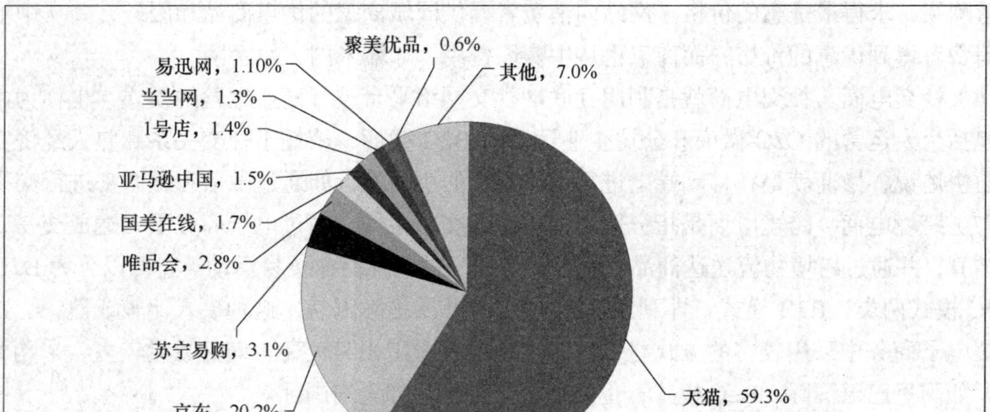

图 2-27　2014 年中国网络零售市场份额（转自《监测报告》）

步骤 1：登录淘宝大学官网或手机客户端。

（1）在浏览器地址栏中输入“https://daxue.taobao.com”，进入淘宝大学首页，如图 2-28 所示。

图 2-28　淘宝大学首页

（2）单击图 2-29 中所示的二维码，下载淘宝大学手机客户端并安装。如果有淘宝账户可以直接在网站上或手机客户端上单击登录，如果没有淘宝账户，请注册后登录。

图 2-29　淘宝大学二维码

步骤 2：浏览课程并观看“新手专区”教学视频。

登录后，单击“新手专区”进入如图 2-30 所示的界面，可以看到有“店铺设置”“店铺营销”等内容，每项内容又有细分，这些课程都是免费的，大家可以点进去观看教学视频。

步骤 3：选择学习课程。

根据自己的兴趣爱好，制订学习计划，并填在表 2-5 中。

图 2-30　淘宝大学“新手专区”页面

表 2-5　选择的学习课程

课 程 名 称	主 要 内 容	学 习 记 录

步骤 4：学习交流。

定期对学习内容和学习成果进行总结，并与大家交流，重点思考以下问题。

你为什么从“淘宝大学”选择这些课程学习？学习之后对你有何帮助？以后还会选择哪些课程进行学习？

二、电子商务与互联网支付的关系

1. 电子商务交易中的“四流”

电子商务与传统商务模式的主要区别在于，电子商务中的“四流”（商务流、资金流、物流、信息流）是统一的，而其中互联网支付发挥了重要作用。如果电子商务离开了互联网支付，那就不能再称其为真正的电子商务了。以 B2C 电子商务模式为例，其交易过程一般可以概括为如图 2-31 所示的“四流”。其中，商务流是指买卖双方在等价交换原则下，询价、报价、下单、约定商品所有权益转移方式，并完成转移的过程。资金流是指以货币作为一般等价物转移的过程，包括支付、收款、退款、兑换等。物流是指货物通过物流公司进行配送，商品从卖方转移到买方的过程。信息流是指商务流、资金流、物流中的信息存储、加工和传递过程，包括商品信息的提供、促销行销、技术支持、售后服务等内容，也包括诸如报价单、付款通知单等商业贸易单证，还包括交易方的支付能力、支付信誉、中介信誉等。

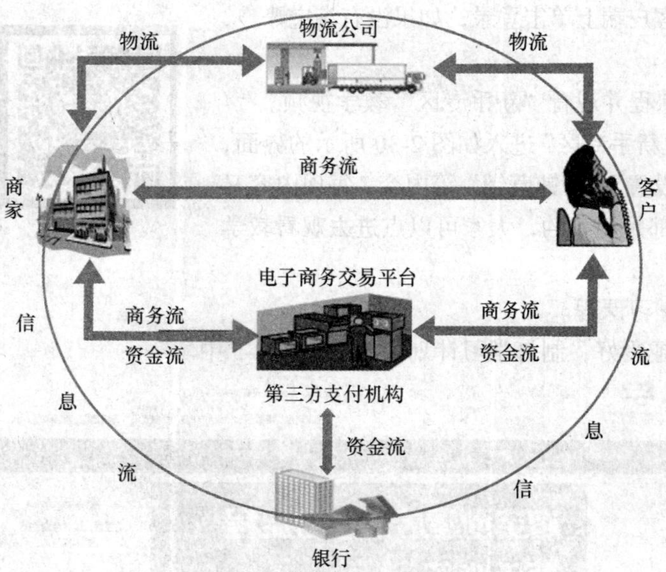

图 2-31　B2C 电子商务交易过程中的“四流”

可见，电子商务以信息流为主导，其重要优势就是通过对信息流的控制来开展贸易活动。通过对信息流的汇总和分析，可以了解客户的需求偏好，商家的信誉等级，物流的服务质量，在此基础上统筹企业各部门的协调配合，降低库存，减少车辆空驶，提高整个经济的运行效率。但企业的成败最终是体现在资金流上的，企业对信息的控制最终也体现为对资金流的控制，那么互联网支付工具的作用就不可小觑了。这也是支付宝长盛不衰的原因所在。

总之，电子商务交易过程中的“四流”是一个整体，如果只有商务流、信息流和物流而没有资金流，就不能称为是真正的电子商务企业，而只是一个信息中介商。

2. 互联网支付在电子商务交易中的作用

（1）担保交易模式可以增强卖方的信誉，成功地解决了贸易双方因缺乏互信带来的交易失败问题，提高了交易的成功率，如支付宝对淘宝网的发展功不可没。

（2）部分第三方支付机构具有信用融资功能，通过自身信用评价机制的创新（主要以交易信息流、商务流和资金流为评价基础，而不以资产数据）来为卖家和买家提供融资服务，如快钱的保理服务和快易花、支付宝的卖家信用融资和蚂蚁花呗。

（3）互联网支付机构的支付方式比较灵活，第三方支付机构都具有统一的在线支付网关，可以连接不同的商业银行，方便客户支付。同时，第三方机构大多支持银行卡快捷支付、虚拟账户支付、网银支付、预付卡支付、移动支付等多种支付手段，如支付宝支持 6 种支付手段。

（4）互联网支付促进了跨境电子商务的发展。它可以缩短跨境支付结算时间，减少跨境支付风险，便利人民币结算和降低跨境支付服务收费。

三、互联网支付在电子商务中的具体应用

1. 互联网支付在 B2C、B2B 电子商务模式中的应用——以支付宝为例

支付宝是我国早期成立的第三方支付机构之一，是伴随着淘宝网的发展而成长起来的，因此它有着先天优势。其无论是在第三方互联网支付方面，还是在第三方移动支付方面都占据着第三方支付市场的首席。支付宝也日益成为网民进行网购的首选支付工具，以 B2C、B2B 电子商务模式为例，其应用流程如图 2-32 所示。

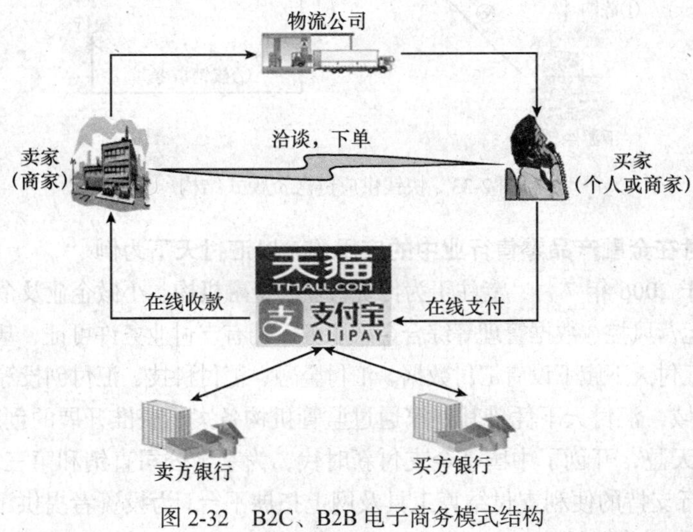

图 2-32　B2C、B2B 电子商务模式结构

基本步骤：①卖家需要预先注册一个支付宝账户，并将自己的某银行账户与支付宝账户进行绑定，对支付宝进行充值（也可以不充值，在实际支付时通过快捷支付等其他方式进行支付货款）；②买家在网上浏览网页，与卖家接洽，并下单；③买家付款到支付宝担保账户；④支付宝确认收到付款后通知卖家发货；⑤卖家联系物流公司配送商品到买家；⑥买家签收商品确认完好后，通知支付宝向卖家付款，如商品有问题或没有收到商品，买家可联系卖家进行确认，或向支付宝投诉，申请退款；⑦支付宝将货款从担保账户转移到卖家的支付宝账户上完成交易；⑧买家和卖家都可以将自己支付宝账户上的资金进行提现转到自己的银行卡上。

2. 互联网支付在供应链融资业务模式中的应用——以快钱为例

快钱于 2010 年 10 月推出快钱供应链融资平台，目前支持 IT 分销、IT 制造、商旅、服装、商超零售、机械制造、电子制造等 10 多个行业的供应链融资业务。供应链融资中的单证和文件传递、支付、融资确认等环节是劳动密集型操作，费时费力，使得金融机构开展供应链融资的成本

会很高。而快钱将供应链融资业务放在电子商务平台上来操作，结合快钱在第三方支付领域的优势，获得成功。

快钱供应链融资平台的业务流程如图 2-33 所示。基本步骤：①下游经销商向核心企业赊购商品；②核心企业向快钱供应链融资平台发出业务指令；③快钱供应链融资平台将资产包发送给合作银行；④银行将再保理融资款打给快钱供应链融资平台；⑤快钱供应链融资平台将银行的再保理融资款打给核心企业；⑥下游经销商将货款打给快钱供应链融资平台；⑦快钱供应链融资平台向银行发出核销指令；⑧快钱供应链融资平台将融资款本息支付给银行；⑨快钱供应链融资平台将尾款支付给核心企业；⑩若有，核心企业将卖方回购款支付给银行。

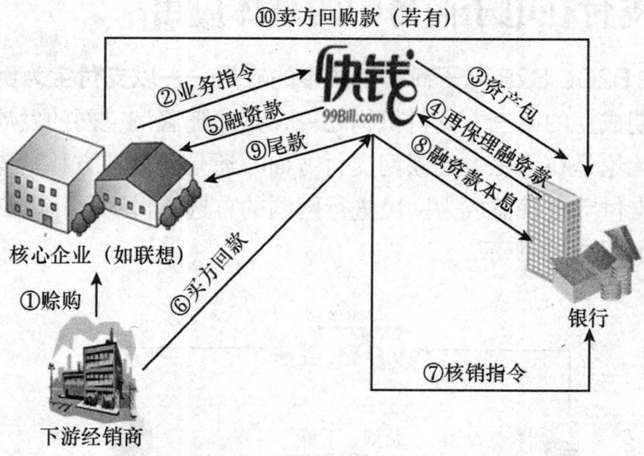

图 2-33 快钱供应链融资模式结构

3. 互联网支付在金融产品零售行业中的应用——以汇付天下为例

汇付天下成立于 2006 年 7 月，专注于为传统行业、金融机构、小微企业及个人投资者提供金融账户、支付结算、运营风控、数据管理等综合金融服务。拥有支付业务许可证、基金支付牌照、基金销售牌照等资质。汇付天下旗下设有汇付数据、汇付金融、汇付科技、汇付创投等多家子公司。

在投资理财领域，汇付天下凭借其首家通过监管机构备案，获准开展的创新基金网上支付结算服务平台——天天盈，开创了中国基金支付新时代，为基金公司直销和第三方基金销售机构提供了低费率、多银行支持的便利支付结算工具及网上拓展平台；为投资者提供了一站式理财服务。这无论对于基金行业还是支付行业来说，都是划时代的进步。

投资者可以在天天盈平台上比较各种基金产品，并以便捷的方式进行支付，其模式结构如图 2-34 所示。投资者既可以直接登录基金公司进行选购基金并进行支付，也可以登录天天盈平台，完成充值、申购、赎回、取现等操作。这既方便了投资者选购基金，也有利于基金公司销售基金产品，提高了基金零售交易的效率。

4. 互联网支付在 O2O 电子商务模式中的应用——以海底捞微信支付为例

海底捞从 2009 年起开始规划整体门店系统平台，2011 年前后上线了移动 APP 和官网订餐等功能，这为海底捞在近两年发力 O2O，打下了重要基础。

要实现真正的 O2O，必须解决在线支付问题，让用户能够在线上完成所有事情。2013 年 12 月 24 日，海底捞正式宣布与微信支付合作，近百家海底捞门店全部接入微信支付，同时微信支付成为首家登录海底捞的移动支付解决方案。截至 2015 年年底，海底捞移动 APP 用户达 30 余万，微信公众号关注用户超过 80 万。

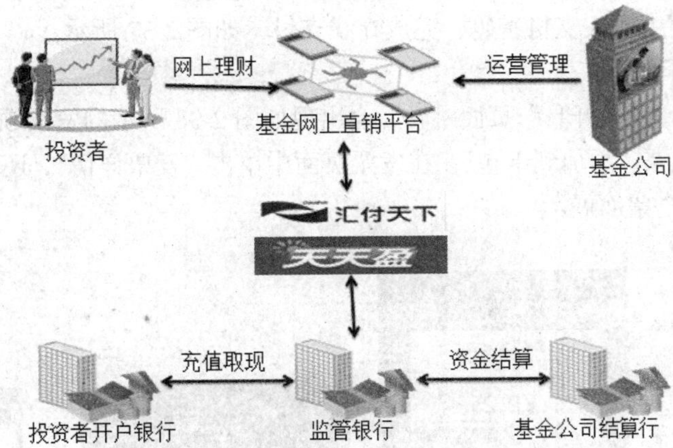

图 2-34　汇付天下——天天盈基金销售平台结构

海底捞的具体微信支付流程如下：①用户在用完餐结账时，服务员会在点餐 PAD 或者收银台生成二维码，如图 2-35 所示；②用户用手机打开微信"扫一扫"功能，扫描二维码，然后输入微信支付密码，即可完成付款。同时，海底捞的收银系统会马上接收到付款信息显示付款成功。现在，移动支付已经很普遍，除了餐饮外，诸如酒店、出租车、超市、电影院等场所都可以扫描二维码支付。

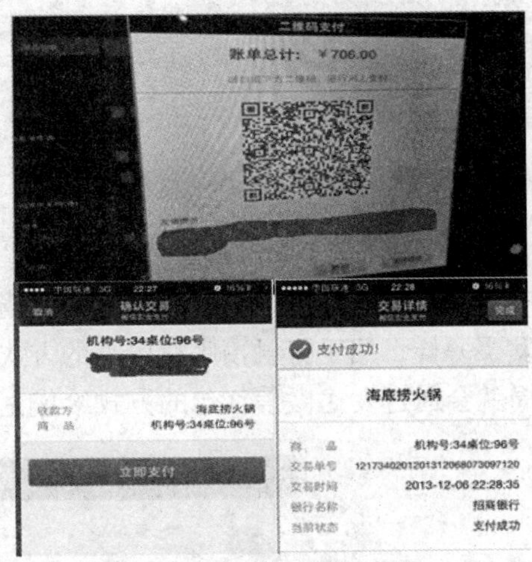

图 2-35　海底捞微信支付

[做中学 2-5] 微信支付电子发票的应用

随着电子商务的发展，催生了在线购物、互联网支付与电子发票应用的迫切需求。2016 年 3 月 31 日，微信支付正式发布微信卡包、企业号实现电子发票归集报销的完整解决方案，如图 2-36 所示。该解决方案调用了微信多个产品能力，通过微信公众号、卡包、扫一扫、企业号、微信支付零钱包等提供的整体连接能力，与众多行业合作伙伴一起，实现了电子发票的收纳、归集、流转、报销、入账、再消费的无缝链接，全程实现无纸化。请根据以下步骤引导，体验通过微信支付完成网购并开具电子发票以及发票抽奖的全过程。

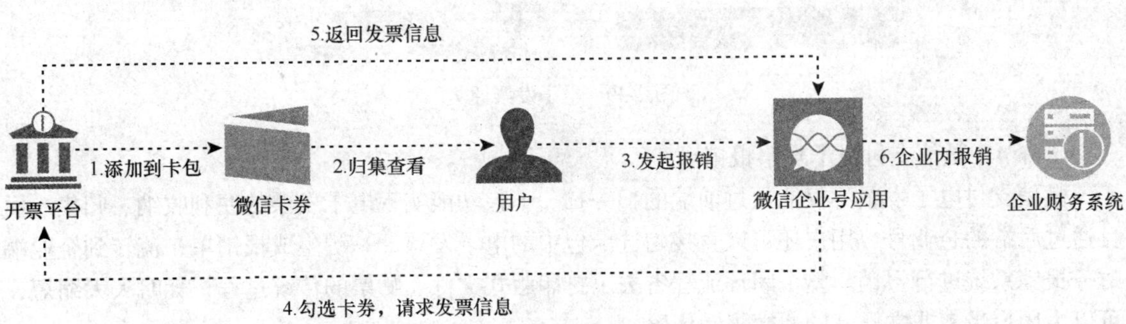

图 2-36　微信支付电子发票整合应用流程

步骤 1：完成网购支付并输入开票信息。

通过微信商城选择一款商品在线购买，在支付页面中输入发票抬头信息，然后单击"支付并开票”，在弹出的界面中输入支付密码，完成在线支付，如图 2-37 所示。

步骤 2：领取电子发票。

经支付成功以及“发票开具”页面跳转，会出现如图 2-38 所示的发票领取页面，请单击“领取电子发票”，并将发票“添加到卡包”。在发票页面中单击“发票详情”，还可以方便地查看与纸质发票完全相同的“全票面展示”。

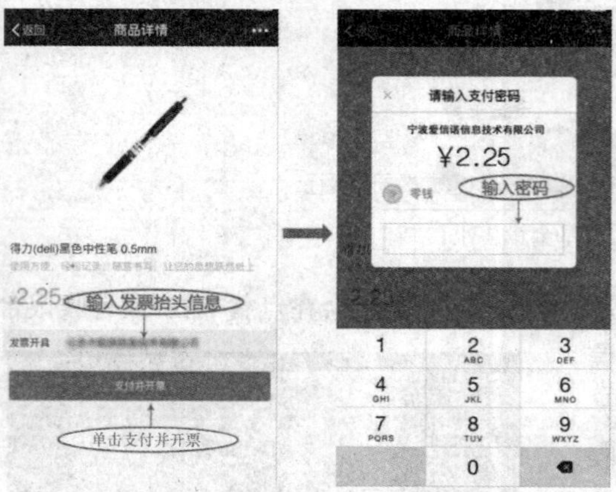

图 2-37 输入开票信息并在线支付

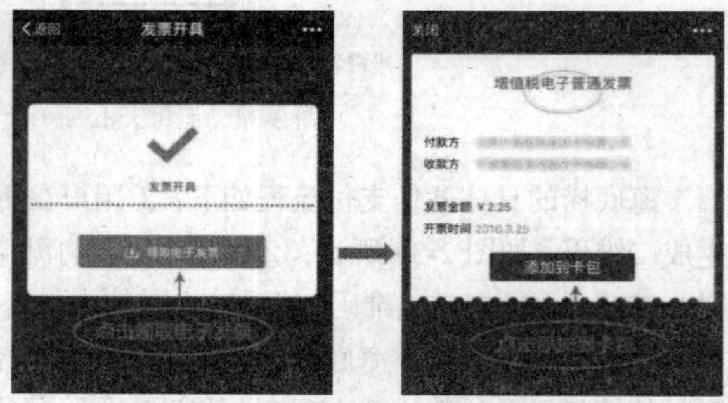

图 2-38 领取电子发票并添加到卡包

步骤 3：电子发票抽奖与红包兑奖。

在“发票详情”页面中单击“下载”，在弹出的抽奖界面中，如图 2-39 所示，可以与纸质发票一样，用手指触摸手机屏幕的方式刮奖。如果幸运中奖了，可以单击立即领奖，稍后税务局就会通过发送微信红包的方式给您兑奖。

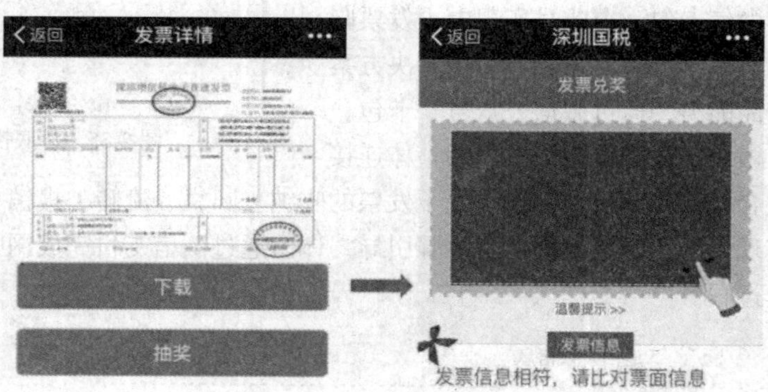

图 2-39 电子发票抽奖

步骤 4：微信支付电子发票报销。

微信支付电子发票不仅能通过前端的扫一扫、卡包功能实现电子发票的便利收纳、归集，而且通过后端的企业号，用户还可以直接勾选卡包中的电子发票，一键生成报销单，流转到企业端财务报销系统进行报销。整个闭环流程省去了打印版式文件、贴票的传统过程，耗时大大缩短，可以为用户带来非常酷爽的便捷报销体验。

[随堂测试 2-3] 随着互联网支付与电子商务的不断创新，其运作模式也日益丰富，本任务共介绍了 7 种，请大家把这 7 种模式的主要特点填写在表 2-6 中，并上网另外搜索一种新型模式，补充在表格的最后一行。

表 2-6 电子商务模式汇总

名称	特点
B2C	
B2B	
C2C	
O2O	
团购	
社交电商	
跨境电商	

知识自测题

一、单项选择题

1. （　　）是指单位或个人通过电子终端，直接或间接向银行业金融机构发出支付指令、实现货币支付与资金转移的行为。

A. 互联网支付　B. 网银支付　C. 移动支付　D. 第三方支付

2. 关于非金融机构提供支付服务，下列说法中错误的是（　　）。

A. 应当依据《非金融机构支付服务管理办法》取得支付业务许可证，成为支付机构

B. 该服务包含了网络支付、预付卡发行与受理、银行卡收单及中国人民银行确定的其他支付服务

C. 支付机构依法接受银监会的监督管理

D. 未经中国人民银行批准，任何非金融机构和个人不得从事或变相从事支付业务

3. 下列哪个公司不符合支付业务许可证申请人应当具备的条件？（　　）

A. 甲公司于 2012 年申请支付业务许可证，经查，甲公司及其高级管理人员吴某于 2005 年因利用支付业务实施违法犯罪活动受过处罚

B. 乙公司有 7 名熟悉支付业务的高级管理人员

C. 丙公司于 2011 年申请支付业务许可证，经查，丙公司的高级管理人员杜某在两年前为违法犯罪活动办理支付业务受过处罚

D. 丁公司已建立了健全的组织机构、内部控制制度和风险管理措施

4. 在电子商务中，电子钱包是指一种（　　）。

A. 用于保存现金的电子装置　B. 电子货币

C. 所有电子货币的总称　D. 电子支付工具

5. 以支付宝为例，第三方支付流程为（　　）。

A. 选择商品—付款到银行—银行转账给支付宝—交易完成

B. 选择商品—付款到支付宝—买家收货确认—支付宝付款给银行—交易完成

C. 选择商品—付款到支付宝—支付宝付款给卖家—交易完成

D. 选择商品—付款到支付宝—买家收货确认—支付宝付款给卖家—交易完成

6. 下列属于第三方 B2B 电子商务平台的是（　　）。

A. 环球资源网　B. 当当网　C. PAYPAL　D. 淘宝网

7. 下列不属于电子商务交易“四流”的是（　　）。

A. 信息流　　B. 物流　　C. 资金流　　D. 政务流

8. 目前，在我国第三方支付机构中市场份额最大的是（　　）。

A. 财付通　　B. 支付宝　　C. 快钱　　D. 汇付天下

二、判断题

1. 非金融机构拟提供支付服务，应当依据《非金融机构支付服务管理办法》规定取得支付业务许可证，成为支付机构。（　　）

2. 支付业务许可证的申请人应当有至少 3 名熟悉支付业务的高级管理人员。（　　）

3. 甲公司于 2012 年申请支付业务许可证，经查，甲公司的高级管理人员贾某于 2 年前因交通肇事罪受过处罚，由此甲公司不具备申请人条件。（　　）

4. 电子商务交易中卖方有对标的物验收的义务。（　　）

5. 电子商务较之传统商业具有全天时营业、增加商机和方便客户的特点。（　　）

三、综合探究题

1. 调研一下身边的 10 位朋友，根据调研结果并结合所学知识，回答以下问题。

（1）请统计分别使用过信用卡、支付宝支付、微信支付的同学的占比。

（2）请举例各自在怎样的支付应用场景下会使用以上的不同工具。

（3）通过这样的数据你能分析出怎样的结论？

2. 当前移动支付快捷发展，如中国银联联合苹果公司以及国内各大商业银行推出的 APPLE PAY、三星 PAY 等。请完成以下任务。

（1）请查阅相关操作方法并实际操作，使用手机体验这些创新的支付方式，并尽可能产生实际的消费过程。

（2）请详细剖析 APPLE PAY 的支付原理，包括技术、流程等。

（3）请结合国内其他支付企业发展的案例，为 APPLE PAY 的用户培养和商户拓展出谋划策。

3.《非金融机构支付管理办法》中所界定的支付机构是指中国境内支付机构，其中第 9 条规定“外商投资支付机构的业务范围、境外出资人的资格条件和出资比例等，由中国人民银行另行规定，报国务院批准。”但该规定截至 2016 年 4 月仍未出台。那么，在“互联网+”时代，是否应该放开对外资第三方支付机构的准入限制呢？为什么？请说说你的观点。

技能实训

[实训项目]

电子商务（网店）支付与营销方案设计。

[实训目的]

通过完成“互联网支付与电子商务”项目的学习，我们已经对互联网支付方式、第三方支付机构的运作模式和主要功能，以及互联网支付在电子商务中的应用有了一定的了解。电子商务的创新模式在不断产生，但最基本的，也是最早的形式就是网店。本实训项目的目的是通过营销策划方案的编制来加深对电子商务运作以及互联网支付方式的理解。

[实训内容]

通过登录淘宝网，筛选你曾经光顾过的网店，看看这家店铺在网店营销上有什么特点，如果让大家来重新进行营销策划，该如何进行？

步骤 1：登录淘宝网或手机客户端。

在浏览器地址栏中输入“www.taobao.com”，进入淘宝网首页，如图 2-40 所示。

步骤 2：登录淘宝账号。

有淘宝账号的学生可以直接登录淘宝账号，没有账号的可以注册一个新的账号（注册过程略）。

步骤 3：浏览自己感兴趣的网店。

图 2-40　淘宝网首页

有购物经历的同学可以浏览自己的历史订单，思考当初是出于什么原因光顾了这家网店，它吸引你的地方在哪里；没有购物历史的同学可以选择自己感兴趣的网店进行浏览。

步骤 4：推荐自己最喜欢的网店。

浏览网店后，大家可以自主推荐自己最喜欢的网店，推荐网店个数控制在班级人数的 20%以内。

步骤 5：成立网店营销策划小组。

最喜欢的网店的推荐者成为策划小组的组长，负责招聘 3～5 个小组成员，成立网店营销策划小组。将小组成员名单上报给老师。

步骤 6：集体编制营销策划方案。

按照如下营销策划内容（可以增加或减少），以小组为单位完成所选网店的营销策划方案。

（1）网店介绍。网店介绍包括经营人、注册时间、经营范围等。

（2）网店经营环境分析。网店经营环境分析包括市场需求情况、淘宝网目前有同类店铺多少家，以及其中皇冠级店铺有多少家等。

（3）网店 SWOT 分析。SWOT 分析法常常被用于制定发展战略和分析竞争对手情况，在战略分析中，它是最常用的方法之一。

S 是优势（strengths）：有利的竞争态势、店铺形象、技术力量、产品质量、广告攻势等。

W 是劣势（weaknesses）：管理混乱、资金短缺、经营不善、产品积压、竞争力差等。

O 是机会（opportunities）：新产品、新市场、新需求等。

T 是威胁（threats）：新的竞争对手、替代产品增多、经济衰退、客户偏好改变等。

（4）网店的具体营销策略（不限于这几种，可以增加别的策略）。

① 搜索引擎加注：有效加注搜索引擎是注意力推广的必备手段之一。

② 数据库策略：注重网上调查、用户资料、访问统计等数据的收集整理，并进行客观分析。

③ 病毒性营销：通过用户的口碑宣传来扩散。

④ 社区营销：通过贴吧、微信群等社交通道来宣传。

⑤ 视频营销：通过视频网站来营销。

（5）网店构架：包括 LOGO 设计、品牌意识、店面装修等。

（6）服务标准：包括实时应答、服务态度、服务质量等。

步骤 7：商家口令红包支付设计。

支付宝的商家红包平台（https://hb.alibay.com）于 2015 年 2 月上线，通过该平台，商家可以发出带有品牌宣传效应的红包，如图 2-41 所示。在商家红包上，可以添加商家的标志图片（如 LOGO 图）、背景图片和祝福语，最后生成推广的支付宝口令红包。店主可以将商家红包发送到支付宝的朋友圈或者其他社交平台（如微信、微博、QQ 等）。领取者需要输入相应的口令才可以领到红包。如果这个口令设计成店铺的品牌宣传语，那么店铺的品牌就在发送红包的过程中得到了推广。

图 2-41　支付宝商家红包

本步骤要求大家为店铺设计一条宣传口令，用于口令红包支付，这条口令要能充分概括店铺及所售商品的特色，并具有一定的传播效果。

步骤 8：店铺优惠券设计。

可以针对节假日、店铺的庆典日设计优惠券，如图 2-42 所示，并把优惠券分发给买家或者通过秒杀优惠券的形式吸引买家先抢购优惠券，再使用优惠券。这样，可以吸引买家成为回头客，增加店铺的销售量。

大家需要针对自己所营销店铺的特点设计合理的优惠券，包括时间、金额、产品对象等信息，同时也要考虑合理的利润空间。

图 2-42　店铺优惠券

步骤 9：成果展示与互评。

以小组为单位，提前做好营销策划方案的电子稿、演讲 PPT、红包口令和优惠券。由策划小组的组长上台为大家展示。展示结束后，由其他小组按照以下 4 项内容分别进行评分，如表 2-7 所示，在表中所给分数后面的方框内打勾，并计算总分。最后，以各组所评分数的平均数作为该组的互评成绩。

表 2-7　　互评表

得分 项目	营销策划方案	演讲展示	红包口令设计	优惠券设计	总分
第 1 组	25□30□35□40□	5□10□15□20□	5□10□15□20□	5□10□15□20□	
第 2 组	25□30□35□40□	5□10□15□20□	5□10□15□20□	5□10□15□20□	
第 3 组	25□30□35□40□	5□10□15□20□	5□10□15□20□	5□10□15□20□	
第 4 组	25□30□35□40□	5□10□15□20□	5□10□15□20□	5□10□15□20□	
第 5 组	25□30□35□40□	5□10□15□20□	5□10□15□20□	5□10□15□20□	
第 6 组	25□30□35□40□	5□10□15□20□	5□10□15□20□	5□10□15□20□	

步骤 10：教师点评与考核。

教师对每一组的营销策划方案、口令红包设计、优惠券设计和成果展示环节进行点评，并对每一组按以下维度和标准进行评分，如表 2-8 所示。最后，将教师评分与互评分数进行综合考评，教师评分占 50%，互评占 50%，计算得出各组的最终考核得分。

表 2-8　　教师评分表

维　　度	标　　准	得分（0～20 分）
自学能力	能够使用各种工具查阅相关资料，探索新知识	
学习态度	讲纪律、主动性强	
团队协作	团队凝聚力强，相互沟通顺畅，合作完成团队目标	
创新能力	构思巧妙，方案作品有新意和特色	
专业知识	具有一定的专业知识基础，并能准确应用	

步骤 11：互联网支付风险防控。

根据中国银联发布的《2015 移动互联网支付安全调查报告》，有 1/8 的受访者在 2015 年曾遭遇网络诈骗，比 2014 年上升 6%。网络安全的主要威胁已经从黑客攻击转化成犯罪分子的敛财工具，支付风险日益提高。因此，无论是消费者还是商家都应该十分注重网络支付安全问题，以免发生不必要的麻烦。请各小组结合上述方案中的口令红包等支付环节，对互联网支付安全问题展开讨论，并提出增强网络支付安全性的具体建议。

[实训思考]

1. 为什么选择这种产品作为营销策划的对象？它又有哪些吸引你的地方？
2. 在网店营销中，如何把握消费者的心理？有哪些技术手段可以用来分析消费者的需求信息？
3. 在电子商务中应用互联网支付，如何有效防地控风险？

项目三 P2P网络借贷投资

学习目标

[知识目标]

1. 了解P2P投资的概念、原理与主要模式。
2. 熟悉P2P投资的基本方法与主要流程。
3. 认识P2P投资的主要风险及其防控措施。

[能力目标]

1. 熟悉国内、外主流P2P平台的特色理财产品，并能与银行理财产品相比较，结合实际做出投资决策。
2. 能灵活运用选平台、选产品和选标的等操作步骤，完成P2P模拟投资，并在防控投资风险的基础上争取最大的投资收益。

以P2P和众筹为代表的全新的互联网金融模式，是当前互联网金融创新的热点。在我国互联网金融市场总体规模中，P2P网络借贷占比最高。我国目前P2P平台数量众多，各种创新产品层出不穷，在发展普惠金融的同时，也开创了“全民理财”新时代。本项目将从P2P投资的角度，全面介绍P2P投资的原理、操作步骤和风险防控，重点探讨P2P投资时选平台、选产品及选标的具体方法，并通过模拟投资实践，提高大家P2P投资的实战能力。

导入案例　全球首家P2P平台——Zopa

Zopa是世界上第一家P2P网络借贷平台，成立于2005年，全称为英国Zopa网上互助借贷公司，Zopa是“ Zone of Possible Agreement”的缩写，意为“可达成协议空间”。该平台目前依然成交活跃，每天线上投资额达200多万英镑。其官方网站如图3-1所示。

Zopa的创立者为理查德·杜瓦（Richard Duvall）、詹姆斯·亚历山大（James Alexander）、萨拉·马休斯（Sarah Matthews）和大卫·尼克尔森（Dave Nicholson）。他们曾经发起组建了英国最大的网上银行——Egg银行。随后，他们看到了互联网金融业的巨大商机，转而联合创立了Zopa公司。该公司的基本运营模式为：个人借贷双方以Zopa为中介完成交易，借款者提出可接受的最高利率，贷款人参与利率竞标，具体的操作流程如下。

图 3-1　世界上首家 P2P 平台——Zopa 的官方网站

1. 注册管理

首先，客户要在 Zopa 平台（http://www.zopa.com）内注册，填列详尽的个人资料。其中，登录密码必须为数字和字母的组合，以构筑金融安全防范基础。注册成功之后，方能进入平台借款及贷款页面，进行相关借贷操作。借贷双方达成的借款利率，主要因贷款人的风险喜好程度而定，风险偏好型的贷款人会追求较高的利率水平，而谨慎的贷款人则会确定较低利率去规避相关风险。

Zopa 平台内的贷款人可以提供 500～25 000 英镑的贷款，以贷款利率竞标，利率低者胜出。贷款人贷给某个特定借款人的资金最低可以达到 10 英镑，最高不限（主要因为出于分散风险的考虑，一笔 500 英镑的贷款将至少覆盖 50 个借款人，每个借款份额可以达到 10 英镑）；借款人可以借入 1 000～15 000 英镑的借款，借款资金均是按月偿还，但借款人提前还款不会收取任何违约金或罚息。

2. 如何借款

在注册完成之后，借款人若想成功融资，要拥有 Zopa 平台的风险评级，并以此确定借款利率水平。在 Zopa 公司与 Equifax 信用评级公司签署的相关协议的基础上，借款人的个人信用评级由 Zopa 平台参照该借款人在 Equifax 信用评级机构的信用评分确定。完成上述程序之后，可以进行以下借款步骤。

（1）核定当日借款利率。根据 Zopa 平台内的当日资金交易状况，以及成功撮合的借贷利率分布水平，运用平台内的贷款计算器（Loan Calculator）核定当日的借款利率。

（2）提出借款请求。在 Zopa 平台内录入借款人的相关信息，包括自身及家庭情况、借款用途、借款金额及信用评级，以及最高借款利率等信息。Zopa 平台将根据借款人的信用评级，安排进入相应等级的细分市场（如 A*、A、B 和 C 级细分市场），结合借款金额、愿意支付的最高借款利率，将借款请求列示在 Zopa 平台内的借款页面上。

（3）获得贷款。贷款人参考借款人的信用水平，结合借款人愿意支付的最高利率，以贷款利率竞标，并设定贷款金额。经过 Zopa 平台管理层考察核准后，借款人在确定是否申请还款保障保险之后，就可以获得贷款人提供的资金，从而满足融资需求。如果借款人计划申请还款保障保险，则还要行使一套 Zopa 平台内的相应投保手续。

3. 如何放贷

（1）选择特定信用评级的贷款对象。贷款人在注册完成之后，首先选择特定信用评级（如 A*、A、B 和 C 级）的贷款对象，并结合借款期限（如 12 个月、 24 个月、36 个月、48 个月和 60 个月，但常见贷款期限为 36 个月），在可供选择的贷款市场中进行借贷交易，如 3 个 A*级市场（A*12、A*24 和 A*36）、5 个 A 级市场（A12、A24、A36、A48 和 A60）、5 个 B 级市场（B12、B24、B36、B48 和 B60）和 5 个 C 级市场（C12、C24、C36、C48 和 C60）。参考借款人的信用评级，结合贷款期限，贷款人以自身贷款利率参与竞标，利率低者胜出。

（2）贷款人将资金转入 Zopa 账户内，以备借款人按照预设条款将资金转账。根据贷款资金投向分散程度，贷款人针对某个特定借款人的贷款金额最低 10 英镑，最高 2.5 万英镑。

（3）Zopa 平台在考察核准之后，将借款人的借款请求与贷款人的资金供应进行匹配撮合。借贷双方成功撮合后，贷款者可以确定资金成功贷出的部分，以及仍然滞留于 Zopa 个人账户内的资金额度，以备后续资金借贷交易。

资料来源：周雷.小额信贷、农户融资与农村金融改革[D].南京：东南大学金融系，2009.

任务一　把握 P2P 投资的原理

一、P2P 网贷的定义

P2P 是“Peer to Peer”的缩写，又称对等网络，是指通过网络对等节点之间直接交换来共享计算机资源和服务的新技术。P2P 的运行模式与传统 C/S 模式有很大不同。P2P 环境下，整个网络不依赖集中的服务器，网络上连接的计算机处于对等地位，每一台计算机既是客户端，又是服务器，既充当网络服务的需求者，又充当网络服务的提供者。由于具有对等性强、自由共享、性价比高等优势，随着计算机软、硬件技术的进步和带宽的迅速扩容，P2P 成为近年来最热门的网络技术被广泛应用于即时通信、网络文件共享、网络游戏、协同计算、网络视频直播等领域，特别是在互联网金融领域的创新应用直接推动了 P2P 网络借贷的发展。

P2P 网贷的英文名称为“Peer to Peer Iending”，即点对点信贷，是在 2006 年由“诺贝尔和平奖”得主孟加拉国的穆罕默德·尤努斯教授首创的，国内又称“人人贷”，其基本模式如图 3-2 所示。2007 年 6 月，我国第一家 P2P 网贷平台“拍拍贷”正式成立，随后我国 P2P 网贷行业不断发展，并演变成多种模式。

总结已有实践，P2P 网贷是指个人或法人通过独立的第三方网络平台相互借贷。借款人通过平台寻找有投资意愿并且有盈余资金的投资者，在充分比较的信息中设计有吸引力的借款条件；出借人通过平台选择与自身风险偏好相一致的项目投资，并与其他出借人共同分担一笔借款额度，以实现风险的分散。此种投、融资方式在一定程度上降低了借贷市场的信息不对称程度，拓展了社会融资渠道，推动了利率市场化水平的提升。P2P 网贷基本模式示意图如图 3-2 所示。

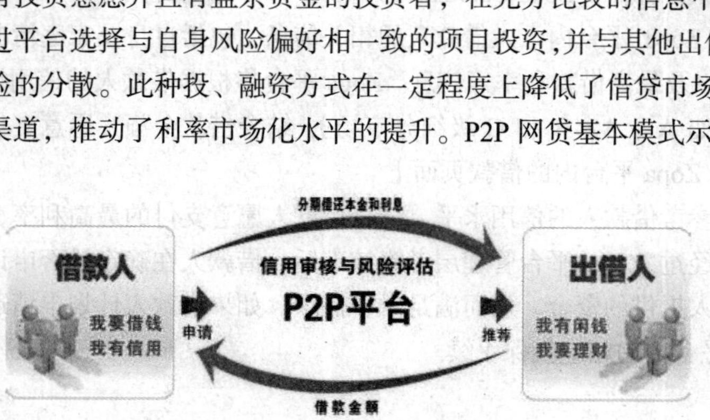

扫一扫看微课

图 3-2　P2P 网贷基本模式示意图

二、P2P 网贷的发展历程

P2P 就是一种网上借贷的互联网金融模式，它将非常小额度的资金聚集起来借贷给有资金需求的人群。它的社会价值主要体现在满足个人资金需求、发展个人信用体系和提高社会闲散资金利用率 3 个方面。

1976 年，在一次乡村调查中，穆罕默德·尤努斯教授把 27 美元借给了 42 位贫困的村民，以支付他们用以制作竹凳的微薄成本，使其免受高利贷的盘剥，由此开启了他的小额贷款之路。1979 年，他在国有商业银行体系内部创立了格莱珉分行，开始为贫困的孟加拉妇女提供小额贷款业务。

而起初 P2P 网贷模式的雏形，是由英国人理查德·杜瓦、詹姆斯·亚历山大、萨拉·马休斯和大卫·尼克尔森 4 位年轻人共同创造的。2005 年 3 月，他们创办的全球第一家 P2P 网贷平台 Zopa 在伦敦上线运营。如今 Zopa 的业务已扩展至意大利、美国和日本，平均每天线上的投资额达 200 多万英镑。

P2P 网络借贷平台在英美等发达国家发展已相对完善，这种新型的理财模式已逐渐被身处网络时代的大众所接受。一方面出借人实现了资产的收益增值，另一方面借款人则可以用这种方便、快捷的方式满足自己的资金需求。

国外成功的 P2P 网络借贷平台 Prosper 成立于 2006 年，如今拥有超过 98 万会员，超过 2 亿的借贷发生额，是目前世界上最大的 P2P 借贷平台；成立于 2007 年的 Iending Club，已结束第三轮融资，获谷歌高额风险投资。2007 年 6 月，我国第一家 P2P 网贷平台“拍拍贷”正式成立，同期还有宜信、红岭创投等先行者。P2P 网贷发展历程如图 3-3 所示。周雷（2008）从 P2P 与 Web2.0 相结合的角度，分析了国内最早的 P2P 网贷平台“拍拍贷”运行机制的特点与不足，详见表 3-1。

表 3-1 早期 P2P 网络借贷平台概况

名称	创立时间	创 始 人	网 址	简 要 描 述
Kiva	2005 年	Matt、Jessica Flannery	www.kiva.org	以未开发的小额信贷市场为目标的非盈利性机构，通过该平台，个人可以直接投资于创业项目。贷款者将资金通过 PayPal 打入 Kiva 的账户，Kiva 再将其送至另一个中介——合作的 MFI。最后，MFI 把款项分配给合格的借款者
Zopa	2005 年	Richard Duvall、James Alexander	www.zopa.com	Zopa 全称为英国 Zopa 网上互助借贷公司，Zopa 是“Zone of Possible Agreement”（可达成协议的空间）的缩写。个人借贷双方以 Zopa 为中介完成交易，借款者提出可接受的最高利率，贷款人参与利率竞标
Prosper	2006 年	Chris Larsen	www.prosper.com	Prosper 是美国繁荣市场公司（Prosper Marketplace）的简称，是美国金融史上第一个 P2P 银行。借款人在完成 Prosper 平台内的客户注册，并获取信用评级之后，方可进行借贷交易
拍拍贷	2007 年	陆正明、顾少丰	www.ppdai.com	拍拍贷（PPDai）是中国第一个 P2P 网络借贷平台，它创立的目的是提供一个更加安全、高效的平台，让个人对个人之间的借贷行为更加规范、安全、有效；让人们有机会帮助到需要帮助的人。该平台通过建立一个真实可信的网络，加强朋友之间的联系，着重于社交因素，以 P2P 方式解决个人小额金融问题。在这里通过竞标的方式，借入者可享受较低的利息，而借出者可得到更好的回报

资料来源：周雷.小额信贷、农户融资与农村金融改革[D].南京：东南大学金融系，2009.

2010 年后，随着利率市场化、银行脱媒、民间借贷等方面的发展，P2P 平台的数量及交易量开始呈规模性增长，根据银监会的口径，截至 2015 年年底，全国正常运营的网贷机构超过 2 500 家，在发展普惠金融的同时，也开创了“全民理财”新时代。大数据、信息技术、移动互联、第三方支付等技术因素的大发展，监管空白的填补，以及市场细分促使 P2P 发展迅速，而风控体系与征信系统不健全是 P2P 网贷发展的核心障碍。

2015 年以来，随着中国人民银行等 10 个部门《关于促进互联网金融健康发展的指导意见》、国务院《推进普惠金融发展规划（2016—2020 年）》、银监会等《网络借贷信息中介机构业务活动管理暂行办法》等法律法规与监管规定的出台，P2P 这种互联网金融创新业态的正规性与合法性会逐步加强，在有效的监管下发挥网络技术优势，实现普惠金融的理想。P2P 网贷发展历程简图如图 3-3 所示。

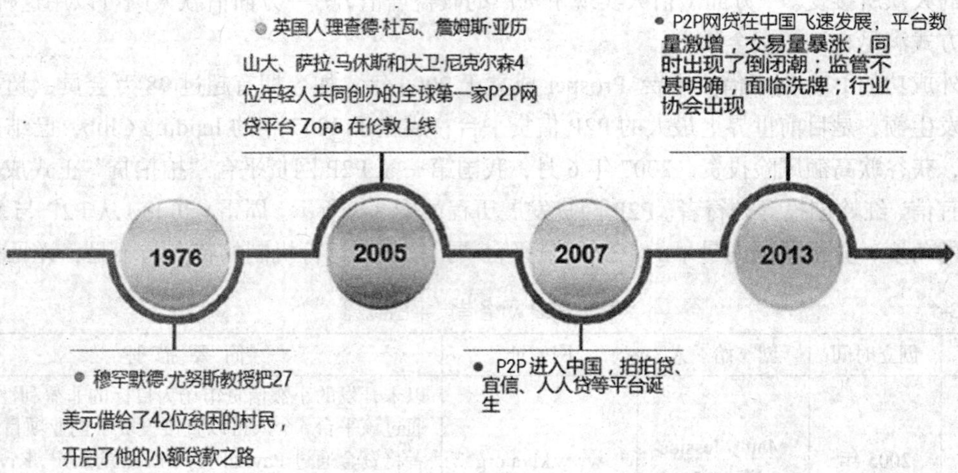

图 3-3　P2P 网贷发展历程简图

三、P2P 网贷的特点

相比于传统的银行贷款，P2P 网络借贷呈现以下特点。

1. 借贷双方的广泛性

P2P 的借贷双方呈现的是散点网络状的多对多形式，且针对非特定主体，使其参与者分布广泛。目前的借贷者主要是个体工商户和工薪阶层，短期周转需求占据很大部分。参与者的广泛性主要源于准入门槛较低、参与方式灵活。借贷者只要有良好的信用，即使缺乏抵押担保，也能够获得贷款。投资者即使拥有的资金量较小，对期限有严格要求，也同样能够找到匹配的借款人，并且每一笔贷款中可以有多个投资者，每个投资者可以投资多笔贷款，这使得具体业务形式更加分散，参与群体也更加广泛。

2. 交易方式的灵活性和高效性

在 P2P 平台上，借款者和投资者的需求都是多样化的，这种多样化的需求灵活地相互磨合和匹配。在这种磨合中，形成了多样化的产品特征（尤其是市场化的利率）和交易方式。此外，P2P 借贷业务往往淡化繁琐的层层审批模式，在信用合格的情况下，手续简单直接，高效率地满足借款者的资金需求。

3. 风险性和收益率双高

P2P 借贷平台上的借款者往往缺乏有效的抵押担保，对贷款产品的需求特征个性化，甚至可能是传统金融机构筛选后的"次级客户"，故愿意承担更高的利率获得贷款。另一方面，P2P 借贷平台和投资者也面临着高成本的线下尽职调查的缺失或者不够细致的问题，紧靠网络信息的汇总分析对客户进行信息真实性和还款能力的审核仍然是一个巨大的挑战和信用风险的主要来源。

4. 互联网技术的运用

在 P2P 借贷中，参与者极其广泛，借贷关系密集复杂。这种多对多的信息整合与审核，极大地依赖于互联网技术，特别是最新的区块链技术。事实上，P2P 借贷形式的产生，也得益于信息技术尤其是信息整合技术和数据挖掘技术的发展。

四、国内 P2P 网贷的主要模式

网络信贷起源于英国，随后发展到美国、德国和其他国家，其典型的模式为：网络信贷公司提供平台，由借贷双方自由竞价，撮合成交。资金出借者获取利息收益，并承担风险；资金借入者到期偿还本金，网络信贷公司收取中介服务费。P2P 网贷在中国经过几年的发展，已经不同于欧美国家的原始面貌，发生了很多变化，有的提供担保机制，有的引入了线下模式。国内 P2P 网贷业务模式一般有以下几类。

1. 纯线上模式

纯线上的网络借贷源自民间借贷的互联网化。该运作模式中，P2P 网贷平台本身不参与借款，只是发挥信息匹配、工具支持和撮合服务等功能的信息中介。而这也是最能体现 P2P 网贷平台本质的最原始的运作模式，是我国 P2P 网络借贷的雏形。纯线上模式还意味着 P2P 网络借贷的客户获取、信用风险控制、交易放款等全部流程都在互联网上完成。这一模式的"鼻祖"是美国的 Lending Club，如图 3-4 所示。

图 3-4 美国的 Lending Club 官网

2. 线上+线下模式

线上+线下相结合的模式，是指 P2P 网贷公司在线上主攻理财端，吸引出借人，并公开借款人的信息以及相关法律服务流程；线下强化风险控制、开发贷款端客户，P2P 网贷平台自己或者联合合作机构（如小贷公司）审核借款人的资信、还款能力。

纯线上模式的 P2P 网贷逾期率高达 10%，坏账率在 5%以上，因此越来越多的 P2P 网贷公司线上完成筹资部分，在线下设立门店、与小贷公司合作或成立营销团队去寻找需要借款的用户并进行实地考察，在创新信用审核方式的同时有效地开发借款人。

3. 担保公司担保模式

2015 年，互联网金融迎来分业监管，P2P 网贷行业归银监会监管。监管层的意见是去“担保”，因平台自身担保的模式遭到监管层的质疑，P2P 网贷公司去自身担保后，目前担保主要有 4 种：一是引入第三方担保，二是风险准备金担保，三是抵押担保，四是引入保险公司保障。引入第三方担保主要是担保公司担保，分为一般担保公司担保和融资性担保公司担保，而融资性担保不管在注册资金、可保规模上都比一般担保可靠些。一旦借款人发生逾期，融资性担保公司会通过网贷平台向投资者代偿。担保公司担保模式示意图如图 3-5 所示。

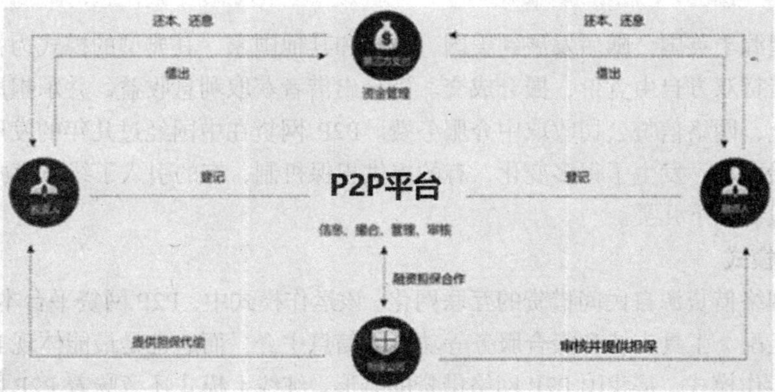

图 3-5　担保公司担保模式示意图

4. 风险准备金担保模式

风险准备金担保模式是目前行业内主流的一种模式，甚至一些 P2P 网贷平台将其作为主推的安全保障模式。该模式指的是 P2P 网贷平台建立一个资金账户，由银行或第三方支付机构存管，当借贷出现逾期或违约时，网贷平台会用资金账户里的资金来归还投资人的资金，以此来保护投资人利益。但是这种模式的问题在于，一些 P2P 网贷平台资金与风险准备金没有实现根本上的分离，风险准备金极有可能被挪用，形同虚设。还有另外一个问题是，风险保障金的提取比例较小，不足以弥补 P2P 网贷投资人的亏损风险。

5. 抵押担保模式

在国内，P2P 网贷平台抵押担保模式比较盛行。该模式指的是借款人以房产、汽车等作为抵押来借款，如果发生逾期或者坏账，P2P 网贷平台和投资者有权处理抵押物来收回资金。从坏账数据上看，抵押担保模式在 P2P 网贷行业坏账率是较低的。目前，业内做得比较好的平台有易贷网、微贷网等。但是，抵押担保模式的 P2P 网贷平台应做好抵押物的风险控制，尤其是房产与车辆价值的评估；投资者也需要关注抵押率等细节，以保障资金安全。

6. 保险保障模式

有些 P2P 网贷公司已经或正在与保险公司“亲密接触”，保险公司将以第三方担保机构的身份帮助 P2P 平台分担风险。P2P 与保险合作的方式大致有 4 种：一是平台为投资者购买一个基于个人账户资金安全的保障保险，以保障资金安全；二是基于平台的道德等购买保险产品；三是为担保标中的抵押物购买相关财产险；四是为信用标的购买信用保证保险。保险有其适用范围，适合于借款人多、利用大数法则来规避风险。而目前，部分 P2P 网贷公司的借款人还较少，风险控制标准也不统一，保险公司与 P2P 平台的合作尚在探索中。

7. **P2P+票据理财合作模式**

互联网上的票据理财被视为对传统票据业务的补充，使得较难通过银行渠道贴现的小额票据得以流通。互联网票据理财之所以广受欢迎源于其显著优势：银行承兑汇票到期由银行无条件兑付，安全性高，流动性强。P2P 平台与票据理财合作能够提高保障程度与拓宽资产端优质资产来源。然而，票据的真实性、安全性、虚假票据、克隆票、延迟支付均是互联网票据理财的“疑难杂症”。票据造假的花样和手法日益翻新，也为 P2P 平台审核票据带来了挑战。图 3-6 的票据宝理财模式示意图。

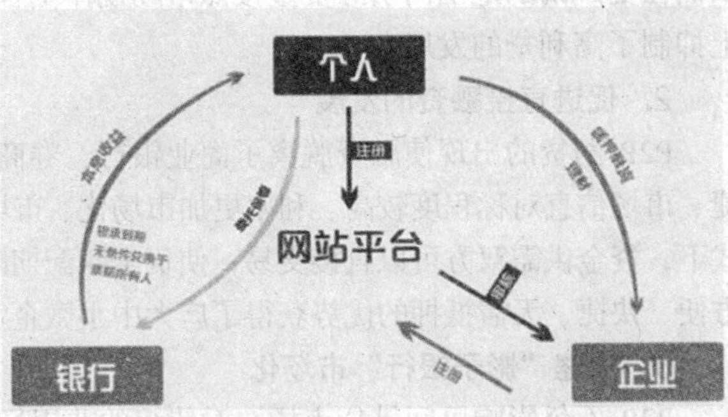

图 3-6 票据宝理财模式示意图

8. **P2P+供应链金融合作模式**

P2P+供应链金融模式的示意图如图 3-7 所示，其本质上是将产业链上下游的中小微企业在核心企业的信用提升下，获得 P2P 网贷平台更多的金融服务。P2P 网贷平台围绕供应链核心企业，参与上下游中小微企业的资金流和物流，把单个企业的不可控风险转化为供应链企业群整体的可控风险，通过获取各类信息和数据，将风险控制到最低。

供应链金融是一块大蛋糕，P2P 网贷平台在贸易融资领域布局，从长远来看，是一个重要的创新突破。由于契合产业链上下游企业的融资期限较短，且金额通常不会过大，因此与普遍短期、小额的 P2P 网贷标的有较高的“契合度”。

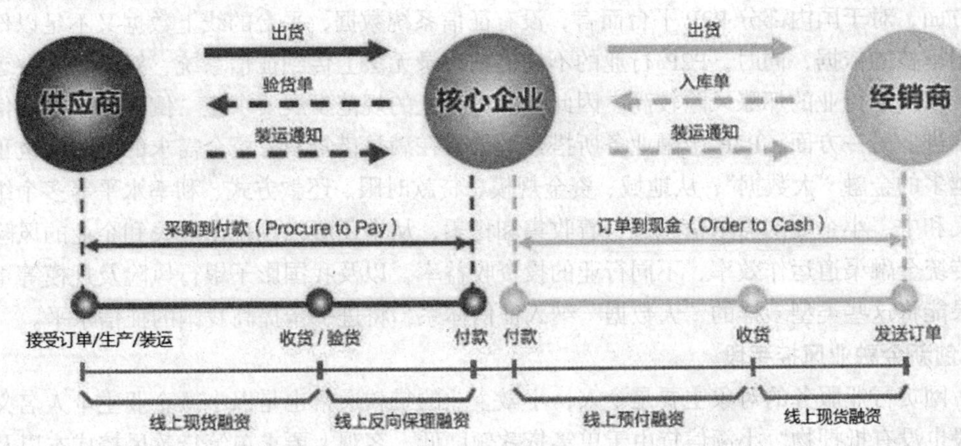

图 3-7 P2P+供应链金融的合作模式示意图

五、P2P 网贷对金融业发展的影响

P2P 网贷作为一种新兴的金融业态，提高了借贷双方的资金对接效率，在一定程度上部分解决了个人和小微企业的投融资难题，对我国的金融体制改革起到了一定的推动作用，对促进我国民间金融的阳光化、规范化发展具有重要意义。P2P 网贷行业运营至今，经历了从“野蛮生长”到逐步纳入监管框架的发展路径，深刻影响了整个金融行业的发展，并对传统的金融监管方式与风险控制方式提出了相应的挑战。

1. **规范民间借贷，抑制高利贷**

P2P 网贷模式的出现，为借贷双方提供了一个直接对接的平台，交易信息被平台记录并共享，可以较为清晰地反应资金去向和交易总量，为民间借贷阳光化提供了可靠的商业模式。随着 P2P 网贷平台的增多，借款人的融资渠道越来越多，有了更多比价的机会，行业市场化程度提高，逐步回归至风险和收益成正比的行业规律。同时，P2P 网贷平台打破了时间和空间的限制，资金供给方无论身处何地，都可以随时将资金通过网贷平台配置到需求方，特别是急需资金的小微企业，从而在更广阔的范围内引导资金按照市场规律更合理、更高效地进行重新配置，这也在一定程度上抑制了高利贷的发展。

2. 促进直接融资的发展

P2P 网贷的出现使融资脱离了商业银行、券商和交易所等传统金融中介，以一种支付更为便捷、市场信息对称程度较高、利率更加市场化、市场参与者更为大众化的形式出现。在这种融资模式下，资金供需双方可以直接交易，使资金匹配期限更短，风险定价流程简化。P2P 网贷平台以其方便、快捷、无需抵押的优势获得了广大中小微企业的青睐，拓宽了中小微企业的直接融资渠道。

3. 加速“影子银行”市场化

P2P 不仅影响民间借贷市场，对传统的非银行金融机构也将带来很大的影响。中国式的影子银行不仅包括地下钱庄，还包括数量众多的非银行金融机构，如信托、担保、小贷公司、典当行等。P2P 网贷的发展能迫使“影子银行”降低门槛，竞争还是全方位的；而且会越来越剧烈。一方面 P2P 网贷积极与传统的担保、信托、小贷机构等进行合作，另一方面 P2P 网贷也会直接挤占典当、小贷公司等影子银行的市场，最终体现在价格机制的市场化、市场参与的“低门槛”、产品的透明性，这些都将加速影子银行服务的市场化，并促进金融体系的健康发展。

4. 推动征信体系建设

一方面，对于国内部分 P2P 平台而言，没有征信系统数据，平台的线上数据又不足以作为借款人信用审核的依据，同时，P2P 行业的不良借款记录无法上传到征信系统，对借款人缺乏足够威慑力，以至于行业的坏账风险较高。因此，P2P 行业的规范发展要求正“倒逼”全国征信体系建设的推进。另一方面，P2P 金融业务所搭建的平台在满足借贷双方资金需求的同时，也正积累着越来越多的金融“大数据”，从地域、资金规模、贷款时限、还款方式、利率水平等多个维度对我国居民和中、小企业的需求信息进行着收集和积累，从中还可以挖掘出居民和企业的风险承受能力、传统金融渠道运作效率、不同行业的投资收益率，以及我国影子银行风险及规模等重要数据。如果能将这些类型多样的“大数据”纳入征信体系，将进一步提高我国的征信水平。

5. 创新金融业风控手段

P2P 网贷行业服务的对象主要是个人，小微企业的贷款通常也是以小微企业主个人名义申请的，一般也没有抵押物。小额信贷由于单笔贷款额度低，客观上要求单笔贷款风控成本以及时间成本较低才能保证收益。P2P 行业的风险控制技术一般是以个人信用为基础，这种以信息数据为基础的量化风控模型和自动化的信贷管理系统，可以给金融业带来新的启示；而高效率、批量化、规模化地开展小额信贷的授信和风险管理，也将是未来小额信贷业务发展的必然趋势。

6. 促进金融监管理念改革和监管方式创新

尽管与传统金融业相比，P2P 行业的基数规模并不大，但其年增长速度却超过 300%。伴随着 P2P 行业的急速扩张，监管缺位导致的信用风险，以及担保杠杆过高导致的市场风险已经日益显露，且饱受诟病。但是，P2P 网贷行业在民间资本进入金融行业、整合金融资源以及帮助小微企业发展等方面确实起到了积极作用。为此，监管当局面对这一新兴事物，既要进行适度监管与规范，同时又要给予其足够的创新空间。在新形势下，原有的监管手段可能难以适应新的要求，并且互联网金融的跨界经营方式，也需要各监管部门之间创新协调监管机制。

六、P2P 理财与银行理财的区别

随着 P2P 网贷的发展，P2P 投资已经成为家庭资产配置与理财规划的重要方向之一，人们在投资 P2P 理财产品时，经常会将其与银行理财产品相对比。实际上，从投资的角度看，P2P 理财与银行理财有明显的区别，主要体现在以下 4 个方面。

1. P2P 理财和银行理财的收益不同

银行理财产品基本收益率在 5%左右，比定期存款只多 1%～2%；而 P2P 理财收益率则在 10%左右，高于银行理财产品一倍。但是，投资用户在选择 P2P 理财产品时一定要擦亮双眼，因为风险与收益并存，投资前需要了解还款方的信用，担保以及 P2P 平台的风控等，毕竟资金安全才是理财的根本。

2. P2P 理财和银行理财面向的理财人群有很大的区别

银行理财属于稳健性理财，适合风险承受能力较低的投资人，而 P2P 理财面向的则是相对风险承受能力较高的人群，这类人群基本属于大众富裕阶层，希望通过合理配置资产，实现投资收益最大化。

3. P2P 理财和银行理财的投资底线不同

银行理财产品根据银监会的相关监管规定，一般投资起点为 5 万元，需要投资者有一定的经济基础再开始进行理财投资。P2P 理财产品相对来说门槛就低很多，一般都是 100 元起投。所以，对于手里资金较少，但是也希望进行理财的投资者而言比较合适。

4. P2P 理财和银行理财的资金流动性不同

银行理财因为理财产品投向非标债权等原因，投资期限较长，一般在半年以上。P2P 理财则具有资金灵活的优点，很多 P2P 理财产品都是 1～3 个月的短期标的，部分 P2P 平台还通过债权转让等方式实现了“准活期”理财，兼顾了流动性与收益性。

七、P2P 投资与股权众筹

P2P 网贷与股权众筹被称为互联网金融颠覆性创新的“双雄”，这两种创新模式都起源于美国，都属于我们在项目一中介绍的互联网金融“创新业态”。但是，从投资的角度看，两者又有本质区别。之前已经详细介绍了 P2P 的概念，而与 P2P 不同，股权众筹是指公司出让一定比例的股份，面向普通投资者，投资者通过出资入股该公司，获得未来收益。由此可见，从投资的角度看，P2P 与股权众筹的本质区别在于两者的投资性质不同，前者属于债权投资，而后者属于股权投资，从而决定了两者在担保、信息披露、投资者性质、回报方式、收益特点、收益周期等方面存在明显区别。

P2P 投资通常具有一定程度的本息担保，而股权众筹除了部分项目设定回购条款外，并无担保。P2P 投资的债权信息公开有限，通常限于借款人的基本情况；而股权众筹对融资项目的信息披露往往十分细致，一般还包括《股权众筹融资项目商业计划书》和实拍视频等，部分项目还会进行路演，与投资人深入沟通。P2P 投资者的身份为出借人，而股权众筹投资人在项目众筹成功后，往往会成为公司股东或者合伙企业的有限合伙人。P2P 投资具有投入小、通常可分散投资、收益快、投资周期较短等特点；而股权众筹投资一般风险较大、收益较高、部分投资项目单股投入资金较多、回收周期较长，比较适合专业投资者。

2014 年 12 月 18 日，中国证券业协会发布的《私募股权众筹融资管理办法（征求意见稿）》中明确提出，股权众筹融资平台不得兼营 P2P 网贷，这是监管层首次从实践角度对两者进行明确区分，并提出了不得混业经营的要求。因此，在进行互联网金融投资时，明确 P2P 投资与股权众筹投资的区别，对于我们做出正确的投资决策、防控投资风险具有十分重要的意义。

[随堂测试 3-1] 请复习本任务中所学的 P2P 网贷的有关原理以及 P2P 与众筹的区别，通过互联网检索并学习相关文件，将表 3-2 填写完整。

表 3-2　　P2P 投资与股权众筹的区别总结

比 较 项 目	P2P 投资	股 权 众 筹
权利属性不同	属债权范畴，需到期还本付息	
政策导向不同		
投资管理的侧重不同		权益投资，收益灵活，对被投资方有一定的控制权
风险度和成长性不同		

任务二　P2P 网贷投资的方法与步骤

在了解了 P2P 网络借贷的基本原理之后，本任务将通过选平台、选产品与选标的这 3 个层面，带领大家详细了解 P2P 网贷投资的方法，并通过“做中学”实战演示 P2P 投资的操作步骤，从而帮助你将 P2P 投资纳入资产配置范畴，提升 P2P 投资技巧，更好地平衡安全性、收益性与流动性，争取投资效益的最大化。

扫一扫看微课

一、选平台

从本质上看，P2P 投资实际上是投资者通过 P2P 平台将自有资金出借给平台推荐的借款人或借款人组合，并获取投资收益的过程。因此，选择恰当的 P2P 投资平台，是成功投资的第一步。良好的开端是成功的一半，理想的 P2P 投资平台，能帮助你有效地防控系统性风险，实现长期稳健的投资收益，因此“选平台”成为做好 P2P 投资的基础与前提。P2P 投资实战中，投资者可从以下 3 个维度来考察平台的资质和安全性，识别出真正靠谱的 P2P 平台。

1. 了解 P2P 平台的登记资质与股东性质

正规经营的 P2P 平台都依托真实合法的公司，合法公司的首要条件是三证齐全（营业执照、税务登记证和组织机构代码证）。当前工商登记改革“三证合一”的条件下，投资人可以方便地登录全国企业信用信息公示系统（http://gsxt.saic.gov.cn）查询 P2P 平台公司是否进行了合法的登记注册，基本信息与营业执照是否一致。特别是，需要通过该系统进一步查询 P2P 平台的历年年度报告，与官网披露的信息相核对，从而全面了解平台的股东性质与综合实力。据网贷之家《中国网络借贷行业年报》显示，自 2015 年以来，银行、国资、上市公司、风投资本不断地涌入网贷行业，加速网贷行业的布局。此外，以宜信宜人贷（见图 3-8）为代表的一批“本土”优秀民营 P2P 平台已经站稳脚跟，已然拥有了行业“排头兵”的领先气质。

图 3-8　在美国上市的民营系平台“宜人贷”

从股东性质来看，当前我国 P2P 主流平台已经形成了 5 大派系，其中数量最多的是民营系，其次是风投系、国资系、上市公司系、银行系。了解这些平台的优、劣势或特色，有助于我们从中选出理想的投资平台。

（1）银行系P2P平台。银行系P2P的优势主要在于资金雄厚、流动性充足；项目源质地优良，大多来自于银行原有中、小型客户；能够通过银行系统进入央行征信数据库，在较短的时间内掌握借款人的信用情况。但我国银行传统上靠抵押物来控制风险，所以依靠抵押物来控制风险的银行在做信用风险方面的风控能力并不突出。此外，与传统P2P网贷平台相比，银行系P2P的劣势主要体现在收益率偏低，预期年化收益率处于5.5%～8.6%，略高于银行理财产品，但处于P2P行业较低水平，对投资者吸引力有限。并且，很多传统商业银行只是将互联网视为一个销售渠道，银行系P2P平台创新能力、市场化运作机制都不够完善。比较有代表性的银行系平台有招商银行的小企业e家、民生银行的民生易贷、苏州银行的小苏帮客、兰州银行的e融e贷等。

（2）国资系P2P平台。国资系P2P的优势体现在拥有国有背景股东的隐性背书，兑付能力有保障。国资系P2P平台多脱胎于国有金融或类金融平台，因此，一方面，业务模式较为规范，另一方面，从业人员金融专业素养较高。国资系P2P平台的劣势也十分明显：首先，缺乏互联网基因；其次，从投资端来看，起投门槛较高，同时，收益率不具有吸引力；最后，从融资端来看，由于项目标的较大，且产品种类有限，多为企业信用贷，再加上国资系P2P平台较为谨慎，层层审核的机制严重影响了平台运营效率。比较有代表性的国资系平台有国家开发银行旗下的国开金融、江苏省国有大型企业江苏金农股份有限公司共同设立的开鑫贷、广州金控集团控股75%的金控网贷以及广东股交中心独资设立的蓝海众投等。

（3）上市公司系P2P平台。随着P2P行业的快速发展，上市公司也纷纷涉足其中，主要原因包括以下3点。第一，传统业务后续增长乏力，上市公司谋求多元化经营，寻找新的利润增长点，典型代表为用友软件。第二，上市公司从产业链上下游的角度出发，打造供应链金融体系。其中，典型代表为熊猫烟花。据报道，熊猫烟花出资1亿元打造了P2P网贷平台——银湖网，其中70%的项目源来自于产业链上下游企业。上市公司在其所处细分领域深耕多年，熟知产业链上下游企业的情况，掌握其经营风险、贸易真实性，很容易甄别出优质借款人，从而保证融资安全。第三，P2P概念受资本追捧，上市公司从市值管理的角度出发，涉足互联网金融板块。借助火热的互联网金融概念，或是通过控股收购P2P公司合并报表，能够帮助上市公司实现市值管理的短期目标。

（4）风投系P2P平台。截至2015年9月29日，全国范围内共63家平台获得风投的青睐，融资次数达83次。这些平台多分布在北京、上海、广东等地，大多较青睐“抵押标”，注册资本在1 000万元以下的居多。相比国资系和银行系，风投系虽然没那么硬的后台，但它却有更高的收益。较低的风险，不错的收益，这是风投系受欢迎的原因。一方面，风投在一定程度上能够为平台增信，风投机构的资金注入充裕了平台资金，有利于扩大经营规模，提升风险承受能力，如联想战略控股的翼龙贷；而另一方面，风投引入是否导致P2P平台急于扩大经营规模而放松风险控制值得深思。

（5）民营系P2P平台。目前，P2P行业中民营系平台数量最多，起步最早。部分民营系P2P网贷平台已经成长为行业领头羊，如宜人贷、红岭创投、爱投资、有利网等；更多的草根平台则鱼龙混杂，不胜枚举。这类平台的优势体现在：第一，具有普惠金融的特点，门槛极低，最低门槛甚至50元起投；第二，投资收益率具有吸引力，处于P2P行业较高水平。然而，民营系P2P的劣势也十分明显，如风险偏高。由于资本实力及风控能力偏弱，草根P2P网贷平台是平台“跑路”及倒闭的高发区。虽然民营系P2P没有银行的强大背景，但有着强大的互联网思维，产品创新能力高，市场化程度高，投资起点低、收益高、手续便捷，客户群几乎囊括了各类投资人群。而《关于促进互联网金融健康发展的指导意见》等法律法规的颁布，对P2P行业在互联网金融的肯定，无疑让民营系P2P平台获得了更大的发展机遇。相信，随着时间的沉淀，好的P2P平台最终会以优异的成绩来证明民营系P2P平台特有的魅力。不同股东性质平台的综合利率与借款期限比较，如图 3-9 所示。

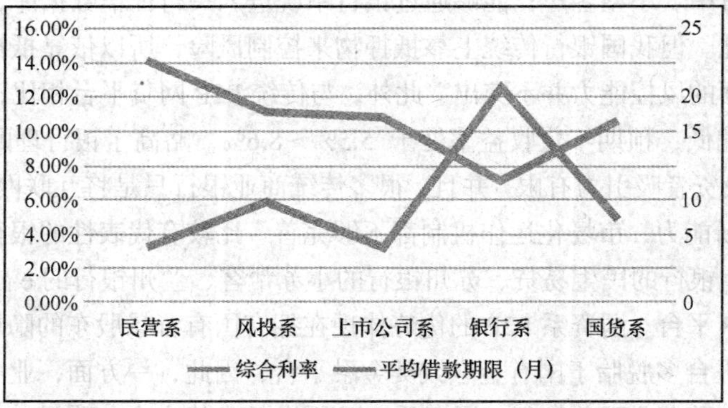

图 3-9　不同股东性质平台的综合利率与借款期限比较

2. 核实 P2P 平台的管理层背景与合作机构

在 P2P 平台的官方网站上，往往会有该平台的管理层背景介绍与合作机构展示，投资者在投资前除了浏览官网进行了解外，更重要的是要通过其他渠道进步核实，从而判断平台的综合实力和信誉度，以此作为选平台的重要依据之一。首先，运营一个 P2P 平台需要大量的高素质人才，其中，总经理、风险管理团队负责人、技术团队负责人的专业素质都至关重要。这些人在金融行业或相关部门的经验越丰富，行业口碑越好，平台就越靠谱。投资者可通过登录行业协会、职业资格认证机构等官方网站，核实这些管理人员的专业资格与职业资质。其次，投资者在浏览官方网站时，会发现有的 P2P 平台会有意无意地在主页上透露自己的背景优势，或通过名字暗示自己与某些著名金融机构、上市公司有关系，更有甚者无中生有，将一些大型商业银行、投资银行列为自己的合作机构，并对外设有客服热线。投资者不可盲目轻信 P2P 网站上的广告宣传，应直接打电话向其宣称的合作机构核实。另外，目前一些独立的 P2P 网贷行业门户网站，如网贷之家、网贷天眼等会提供 P2P 平台背景考察报告、P2P 平台评级排名等信息，能够帮助我们核实 P2P 平台披露的信息的真实性，从而选择真正有实力的平台投资。

3. 考察 P2P 平台的风控保障措施

平台安全性是投资者最为关注的问题，也是选择平台的关键。而良好的风控保障措施是平台安全运营的基石。一个 P2P 平台风控能力的判断包括前期的审核机制是否完善、是否设有资金池以及实际投向的借款标的的质量等。数据显示，2015 年全年 P2P 问题平台达到近 900 家，是 2014 年的 3 倍多；2015 年新上线的平台数量大增，导致各大、中、小平台竞争更为激烈；同时受股市大幅波动的影响，众多平台面临巨大压力，停业平台数量不在少数。图 3-10 为历年 P2P“跑路”平台数量统计。

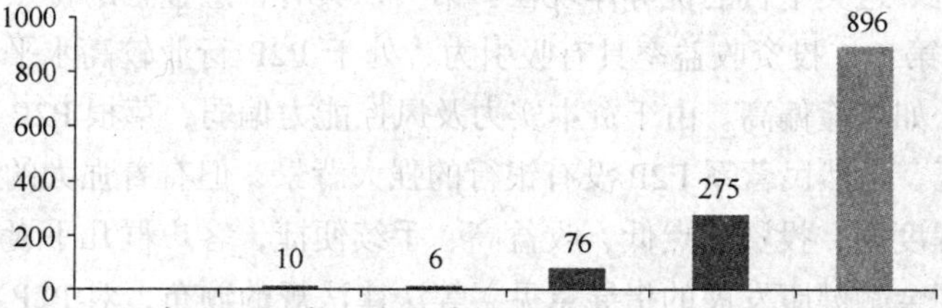

图 3-10　历年 P2P“跑路”平台数量统计

（来源：网贷之家）

风控是 P2P 行业的生命线，考察 P2P 平台的风控措施，主要包括以下几个方面。

（1）平台的运营理念和运营模式。P2P 本质上属于借贷双方信息服务平台，目前我国大、小平台都各自衍生出了纯线上、O2O（线上对线下）、P2B（个人对企业）等业务模式，不同的模式对应不同的风险。纯线上模式意味着获得客户的渠道、信用风控、交易、放款等全部流程都在互联网上完成。在这一模式中，P2P 网贷平台本身不参与借款，只是实施信息匹配、工具支持和服务等功能。这一模式的"鼻祖"Lending Club 借助的是美国完善的大数据信用体系，而我国信用体系建设还不够成熟。纯线上的 P2P 网贷平台的优势在于规范透明、交易成本低，但同时也可能面临较高的坏账率。

（2）贷前、贷中和贷后催收措施是否合规完善。了解 P2P 公司贷前是否合规即是了解借款人信息是否完整清晰、资金用途是否明朗；贷中即是在借贷双方签订借贷合同的同时，了解平台公司是否与双方均签订居间合同、平台是否属于纯信息服务模式、平台有无引入第三方担保机制，以更好地保护投资人的利益；贷后催收措施是指在借款人出现逾期时，平台能否帮助投资人追回投资款项，或者一旦坏账不可避免，平台能否帮助投资人获得第三方担保公司的赔偿或顺利处置抵押物兑付投资人。

（3）平台逾期及坏账的总体情况。P2P 平台作为为借款人和投资人提供有效的信息对接服务的中间机构，使投资人资金利用最大化，借款人享受小微金融实惠。在这个过程中，坏账和逾期是无法避免的。平台坏账率是否达标并没有硬性指标，一般我们认为风险备用金覆盖率只要高于平台坏账率即可，传统金融行业风险备用金比例在 10%左右。目前，国内比较火的 P2P 平台基本上都设置了风险备用金，如果坏账率超出了这个风险备用金，平台压力就会很大，甚至有可能出现兑付危机。因此，考察平台逾期及坏账的总体情况，有助于我们判断平台的总体风险。

4. P2P 平台的资金存管情况也是选择平台的重要因素

银监会等监管部门出台的《网络借贷信息中介机构业务活动管理暂行办法》中明确提出，网络借贷信息中介机构应当实行自身资金与出借人和借款人资金的隔离管理，选择符合条件的银行业金融机构作为客户资金存管机构，在一段时间的过渡期之后，所有 P2P 从业平台均应选择银行业金融机构作为资金存管方。监管层的意图在于：隔离风险，通过银行存管，不让网贷平台碰触借款人与出借人的资金，并让网贷平台回归信息中介定位，避免平台违规操作形成资金池，引发"卷钱跑路"。

目前，大部分平台都建立了客户资金第三方存管制度，但在存管机构上，许多平台均采用第三方支付机构存管模式或者第三方支付机构与银行联合存管模式，而真正完全采用银行独立存管的 P2P 平台还不多详见表 3-3。截至 2016 年 1 月 18 日，已有民生银行、徽商银行、招商银行、浙商银行、中国建设银行、广发银行等 20 余家银行涉足 P2P 网贷平台资金存管业务，包括宜人贷、拍拍贷、人人贷等行业领先 P2P 平台在内的 80 余家平台与银行签订了资金存管协议，约占 P2P 网贷行业正常运营平台数量的 3%。综上，从合规角度考虑，在选择 P2P 投资平台时应优先选择银行资金存管平台。

表 3-3　主流 P2P 平台资金监管与增信方式（截至 2015 年年底）

平 台 名 称	第三方监管	增 信 方 式
陆金所	银行	担保
宜人贷	银行	风险备用金
人人贷	银行	风险准备金
有利网	银行	担保

续表

平台名称	第三方监管	增信方式
你我贷	银行	风险备用金
翼龙贷	银行	担保
开鑫贷	支付	担保
PPmoney	支付	风险准备金+担保
微贷网	银行	风险准备金
向上金服	银行	险资承保

资料来源：网贷之家（www.wdzj.com）

[做中学 3-1] 考察特色 P2P 平台“讯燕金服”的股东背景

“讯燕金服”是一家颇具特色的地方性 P2P 平台，位于江苏省常熟市，在区域内具有“小而美”的美誉。但作为一家地方平台，它较少受到全国网贷门户的关注，因此投资者在投资此类地方平台时，有必要运用上述选平台的方法，仔细考察其股东背景与综合实力，因为对于地方平台而言，往往股东情况对其安全性更为重要。

步骤 1：登录“讯燕金服”官网，了解基本情况。

搜索“讯燕金服”，打开该平台的官方网站（www.xunyanjinfu.com），单击“关于我们”，了解基本情况：“讯燕金服”是在江苏省常熟市人民政府支持下，由常熟宝融金融信息服务有限公司（简称“宝融公司”）建设的准公益性社会金融服务平台，以“为大众提供专业普惠金融服务”为宗旨，为社会富余资金和具有融资需求的实体经济单位提供信用评级、交易撮合、信息登记、资金结算等居间中介服务，拓宽小微企业融资渠道，降低融资成本，合理、有效地增加居民财产性收入。从中，我们可以抓住一个关键信息，就是该平台背后的运营公司为常熟宝融金融信息服务有限公司，以此作为考察的起点。

步骤 2：登录全国企业信用信息公示系统，查询平台公司资质与股东。

打开全国企业信用信息公示系统（http://gsxt.saic.gov.cn），根据查询公司所在地，单击“江苏”，打开如图 3-11 所示的页面，在搜索框中输入“常熟宝融金融信息服务有限公司”，单击“搜索”。

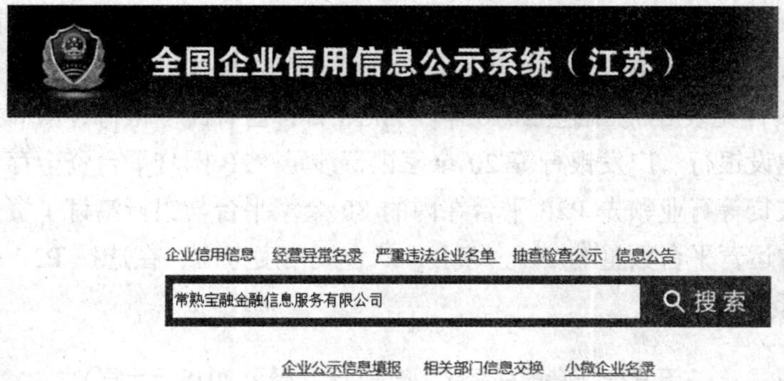

图 3-11　全国企业信用信息公示系统查询界面

在打开的“查询结果”页面中单击“股东信息”，了解到常熟宝融金融信息服务有限公司（简称“宝融公司”）的唯一股东为江苏江南商贸集团有限责任公司（营业执照：320581000006832）。宝融公司是由江南商贸集团有限责任公司（简称“江南集团）投资设立的全资子公司。

步骤 3：进一步查询江南集团的股东背景，判断平台的性质。

继续通过全国企业信用信息公示系统，查询“江南集团”的股东背景，可以发现该集团有 3 位法人股东：常熟市政府国有资产监督管理办公室、常熟服装城集团有限公司、常熟市虞山尚湖开发建设有限责任公司，由此可以判断江南集团属于国企，而讯燕金服为国资系 P2P 平台。

步骤 4：阅读企业年报信息，进一步了解平台的股东实力。

通过全国企业信用信息公示系统，查询最近一期的企业年报信息，可以了解江南集团是经江苏省常熟市人民政府批准设立的国有资产经营公司，注册资本为人民币 9.818 9 亿元，拥有国有独资、控股、参股等企业 40 多家，是集贸易、金融、科技、实业、房产等于一体的大型综合企业集团。由此可以判断，该 P2P 平台虽然为地方小平台，但属于国资系平台，且股东实力雄厚，因此安全性较高，可适当投资配置。

二、选产品

1. 常见的 P2P 理财产品的分类

在完成了 P2P 投资平台的选择之后，由于各家平台均会推出多种不同特点、收益与期限的 P2P 理财产品，因此下一步便是根据自身风险偏好与理财目标，选择合适的 P2P 理财产品进行投资。目前，常见的 P2P 理财产品大致可以分为以下 4 类。

（1）定期 P2P 理财产品。由于 P2P 投资的本质是约定期限与利率的债权投资，因此定期 P2P 理财产品是最基本也是最常见的一类理财产品。如图 3-12 所示。此类产品往往成为各 P2P 平台的常规产品，并推出不同期限与预期收益率的系列产品。一般而言，定期 P2P 理财产品的期限包括 1 个月、2 个月、3 个月、6 个月、9 个月、12 个月、15 个月、24 个月等，而以 3 个月、12 个月最为常见；定期产品的收益率平均在 8%～12%，具有随期限增加而收益提高的利率期限结构，且收益率一般高于活期产品和相同封闭期的可变现产品。定期 P2P 理财产品一般不支持提前赎回，或者部分平台规定提前赎回需支付一定的费用。

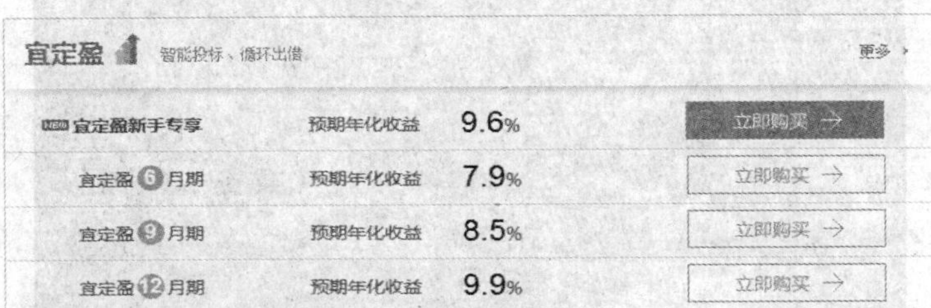

图 3-12　宜人贷定期产品“宜定盈”系列

（2）活期 P2P 理财产品。由于定期产品一般无法提前赎回，而且部分产品期限较长，为了满足部分投资者希望能够随时赎回的流动性需求，部分 P2P 平台尝试推出了活期 P2P 理财产品，如投米网的随心宝、人人爱家金融的爱家宝等。此类产品往往通过债权转让的方式，创造出类似于余额宝的流动性，但由于其与本质属于货币基金的余额宝不同，此类产品的基础资产仍然是 P2P 债权，只是进行了极致分散投资，当投资者提出赎回申请时，需要将持有的债权转让出去，因此往往从赎回到资金到账需要 3 个工作日的时间。此外，《网络借贷信息中介机构业务活动管理暂行办法》等监管规定明确 P2P 平台不得设立资金池，而活期产品很难避免形成资金池，因此目前大部分平台都在逐步压缩活期 P2P 产品的规模，甚至逐步取消此类产品。

（3）可变现 P2P 理财产品。由于定期 P2P 理财产品缺乏流动性，而活期 P2P 产品又存在合规风险，因此部分 P2P 平台开始推出兼顾收益性与流动性的可变现 P2P 产品。如图 3-13 所示，此类产品允许投资者在持有满封闭期后（封闭期通常为 1 个月），随时通过 P2P 平台发布变现标的申请变现，而能否变现成功取决于在规定时间内（一般为 1～3 天）有无其他投资者认购，本质即是将投资者持有的债权转让给认购者。如果在规定时间内无人认购，投资者可以在产品剩余期限内再次发起变现。在发起变现时，投资者可以自主设定产品的变现利率或者变现价格，一般而言变现利率越高或者变现价格越低，对认购者越有利，而对原投资者可能需要让渡部分收益，因此越容易变现成功；而如果设定的变现利率过低或变现价格过高，则可能无法变现成功。

产品名称	约定年化收益率	距离到期日	可购买金额	成交笔数	购买进度	操作
变现贷1000331944	10.40%	751天	107.89元	0笔	0.00%	立即购买
变现贷1000332486	10.40%	637天	246.26元	3笔	99.47%	立即购买
变现贷1000331546	10.40%	644天	180.70元	1笔	98.23%	立即购买
变现贷1000331813	10.37%	616天	100.00元	1笔	99.02%	立即购买
变现贷1000331176	10.37%	616天	2,049.90元	0笔	0.00%	立即购买

图 3-13　投米网的“变现贷”产品

（4）私人定制 P2P 理财产品。随着 P2P 产品的不断创新，以及互联网金融个性化、定制化趋势的发展，部分 P2P 平台开始推出具有“私人定制”属性的 P2P 理财产品，以满足投资者的个性化理财需求。例如，部分 P2P 新产品允许投资者自主设定期限，从而实现资金利用的最大化；还有的产品允许投资者自主设定每月回款额和回款日，从而实现理财与还房贷的无缝对接。另外，宜信旗下的星火平台甚至针对高端客户，推出了完全私人定制的 P2P 理财服务，精准地满足客户的理财需求。从总体上看，定制化将成为 P2P 理财产品的发展趋势之一，如图 3-14 所示。

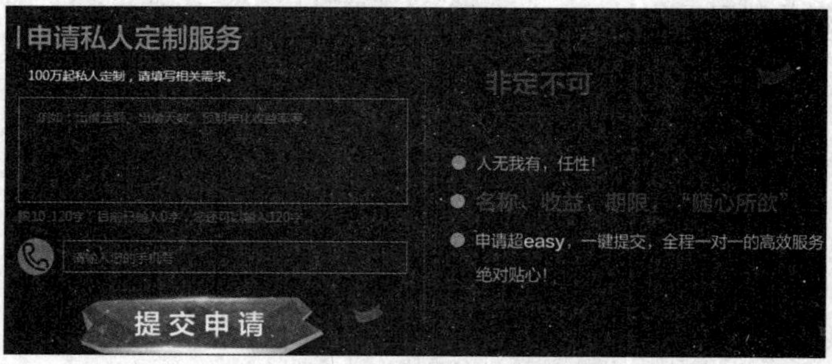

图 3-14　宜信星火私人定制 P2P 理财产品

2. P2P 理财产品的选择原则

以上 4 类 P2P 理财产品各有特色，投资者在完成了平台选择之后，需要根据自身理财目标，结合平台产品要素，选择最适合自己的投资产品。在选择产品时，以下 3 条原则值得关注。

（1）产品基础资产组合的安全性是根本。P2P 理财产品具有集合理财的性质，但本质上仍属于陌生人之间的借贷，因此各产品无论如何包装，其安全性最终取决于所投资的基础资产即债权组合的质量。而 P2P 平台往往会通过极致分散投向不同信用等级的债权来实现分散风险与取得合理收益。因此，在选择 P2P 理财产品时，首先要关注的不是收益的高低，而是资金投向的基础资产及其安全性。一般而言，应该仔细查看产品的详细说明，了解资金投向债权的具体信用等级与分布情况，选择债权分散程度高、信用等级高及债权占比大的产品，往往比较安全，同时能获得较理想的平均收益。例如，点融网推出的一款 P2P 理财产品季季翻共分散投向了 10 653 个标的，其中根据该平台评级最高的 A 类标占比达 78.76%，同时收益逐步提高的 B 类、C 类、D 类、E 类和 F 类标也均有较低比例的配置，从而构建了一个高度分散，且预计能获得 8%以上收益的资产组合，如图 3-15 所示。

图 3-15 点融网 P2P 产品季季翻基础资产配置情况

（2）P2P 产品的期限与自身理财规划的匹配度是产品选择的重要因素。P2P 产品往往期限越长，收益也越高，但我们在选择产品时不能只看收益，而更应该做好自身的理财规划，选择与自身流动性需求相匹配的产品。例如，如果一笔资金预计近一年都不会使用，那么应该选择长期的 P2P 定期产品，以实现资金增值收益的最大化；而如果对资金有随时取用的高度流动性，则应当选择 P2P 活期理财产品甚至是收益更低的“宝宝类”互联网基金产品。而如果对资金使用没有明确的规划，那么建议选择可变现的 P2P 产品，尽管此类产品理论上存在变现失败的风险，但当急需用钱时，通过设置较高的变现利率或者较低的变现价格，往往能够解燃眉之急。综上，P2P 产品的期限与自身理财规划的匹配度是产品选择的重要因素。

（3）收益要理想更要合理。除了资金安全和期限匹配外，投资者对 P2P 产品最关心的就是收益水平，许多投资人常常会被部分平台推出的高收益甚至超高收益产品所吸引，殊不知其背后隐藏着巨大的风险。这个逻辑其实很好理解，如果投资人能够拿到高收益，就意味着借款人要承担的还款压力会大，借款人的还款压力越大，逾期的风险就会越高。只有处在合理的预期年化收益率水平区间，才能兼顾借款和理财双方的利益和资金融通交易的合理性。因此，参照行业平均收益，选择与之相当或者略低于行业平均收益的 P2P 产品，往往是控制 P2P 投资风险的一条“黄金法则”。例如，宜信宜人贷的预期年化收益率在 7%～10.5%，使借款用户无需承担过重的经济压力，同时也让投资人能够获得比较理想的收益水平。

三、选标的

在完成了选平台、选产品之后，一般投资者即可方便地购买选定平台的 P2P 理财产品，从而完成 P2P 投资。但是，上述投资过程实际上是投资者将投资债权的最终选择权交给了 P2P 平台，从而通过投资 P2P 平台选定的资产包以获得平均收益。而要成为一名专业的 P2P 投资者，还需要学会如何自己选择债权标的进行真正“个人对个人”的投资，从而运用专业判断，在防控投资风险的同时尽量获取超额收益。目前，P2P 平台推出的投资标的（散标）大致分为以下几类。

1. 信用标

信用标是 P2P 最早的借款标，也是最主要的标的。信用标无需实物担保，只要按要求提供平台所需的认证材料，平台根据个人信用评级核出相应的信用等级，从而获得相应额度的出借款。这种标通常风险较高，发生坏账的可能性较大。目前，随着大数据风控技术的应用以及征信体系的逐步完善，此类标的投资风险有下降的趋势。例如，目前很多 P2P 平台都可以让用户足不出户就能完成借款申请，其中，人人贷和拍拍贷的借款申请流程和宜人贷的“普通模式”借款流程比较类似，都是用户先填写身份、学历、工作、收入、住址等基本信息，再上传纸质资料扫描件，在线审核后放款，一般情况下需要 3～5 个工作日的时间。而宜信宜人贷通过大数据风控创新，推出了“极速模式”借款，这是一种业内领先的授信技术。用户不需要上传任何纸质资料，仅需 3 步操作，就可以在 10 分钟内获知借款审核结果，最快 1 天放款。这在国内、外来说，都是首创，大大提升了借款申请的效率和用户体验，同时保证了审核的严谨和精准度。极速模式目前推出已经将近一年了，用户的还款表现非常好。但投资者在投资信用标时仍需仔细辨别，并尽量分散投资。

2. 抵押标

抵押标即借款人用自己的房屋、车辆等实物在平台进行抵押获得借款，利率稍高。一般来说，抵押标的风险相对较小，若借款人逾期，平台将拍卖处理抵押物用于偿还投资人，在很大程度上保障了投资者的资金安全。但是，抵押物的处置流程往往较长，且变现价值存在不确定性，因此投资此类标仍面临一定的风险。

3. 担保标

担保标即平台根据融资方的资料进行审核，担保方以其账户的净资产做担保，根据融资方的资质，担保方和融资方之间协商并签订担保手续，确保风险控制在合理的范围内。如果融资方出现逾期，由担保方垫付本息还款，债权转让为担保人所有。平台将严格审核融资方发布的担保标，在额度控制和担保人资格审核上都严格要求。担保标一度很流行，但由于担保公司也存在“跑路”等系统性风险，从而无法代偿，因此投资担保标也不是万无一失的。

4. 净值标

净值标是指投资人以自身在平台的资产为限，发布融资需求的投资品种，净值标允许发布的最大金额为正的净资产，利率通常比其他借款标要低，但保险系数大一些，新手可以尝试从投净值标开始，熟悉投资流程。

此外，目前国内 P2P 市场平台数量众多，竞争激烈，部分平台为了吸引眼球，推出一些名为“天标”“秒标”“娱乐标”的标的，大多为即时出借、瞬间或者当天还款的标的。但实际上，这些标的不是真正的债权，只是为了吸引投资用户的活跃度，让平台看起来每天都产生交易。投资者面对这些高收益的虚假标的，一定要提高警惕，尽量不要投资。

综上，在选择投资标的时，首先要完成之前的选平台步骤，因为往往平台的安全性能够决定该平台上各类投资标的的风控水平；其次，应该明确各类标的的性质，并注意分散投资；第三，在实际投资具体标的前，还应当对所投资的标的做专业分析；最后，还需要确认所投资的标的的回款方式和逾期处理流程，以及投资后能否在 P2P 平台上以债权转让的方式变现。由于散标的期限通常较长，因此一般应优先选择可转让的标的投资。

另外，在选择投资标的时，还需要与平台的整体风控情况相结合来选择。例如，有的平台和融资项目对接，一般规模都比较大，一个上亿的项目可能拆成小额债权，对接数千个投资人，一旦此类项目出了问题，波及面广，平台要承受的风险和损失也比较大；有的平台是对接抵押类债权，多为房车抵押，标的从几十万到几百万不等，同时设有平台保障机制，相对来说比较靠谱；有的平台与信用借款债权对接，如宜信宜人贷，平均每笔债权金额大概是 5 万～10 万元，额度较小，而且该平台要求理财用户对于每个借款标最多投借款全额的 20%，这样能够有效分散风险，最大限度地保障投资人的资金安全。

[做中学 3-2] 某 P2P 投资标的专业分析

图 3-16 所示为某 P2P 网贷平台上的一笔信用借款标的情况，试从专业角度进行分析。

图 3-16 某 P2P 信用标具体情况

步骤 1：分析借款用途和信用性质。

如图 3-16 所示，借款人徐春燕借款的用途为买车置业，并采用分期付款的方式，体现了消费信用和商业信用。请你运用金融学中关于信用的基础知识，判断上述信用的主要风险点。

步骤 2：确定信用主体与客体。

分析该信用标，信用主体为徐春燕（债务人）和投标人（债权人）；信用客体（标的）就是这笔 9 万元的借款。请进一步分析主、客体之间的“一对多”关系。

步骤 3：分析信用条件。

从信用条件看，上述信用标的信用期限为 36 个月、利率为 12%、偿还方式为等额本息还款法。试利用财务管理的基本公式，计算并列出上述信用标的预计现金流量。

步骤 4：分析利率的决定因素以及投标时机。

结合图 3-16 中的信息，以及 P2P 投资的原理，利率的决定因素包括期限、风险、借贷资金的供求状况等（投标完成 70%）。由于目前投标完成度已经较高，请你结合分析结果，判断是否应该投资上述标的，以及投标的时机。

[做中学 3-3] P2P 网贷投资“三部曲”

随着我国 P2P 网络借贷行业的快速发展，截至 2016 年 1 月底，网贷行业正常运营平台达 2 566 家，各类 P2P 理财产品和模式更是层出不穷，P2P 投资正成为家庭金融资产配置的重要方向之一。那么，如何综合运用本项目所学知识，在 P2P 投资中取得良好的投资收益并有效控制投资风险呢？在 P2P 投资实战中，把握好选平台、选产品与选标的“三部曲”，有助于我们做出正确的投资决策。

步骤 1：选平台。

从数千家 P2P 平台中选择合适的投资平台，是进行 P2P 投资的首要步骤。选择平台通常需要考虑网贷平台的资质、风控措施、资金托管、平均收益和产品上线等因素，而对于普通投资者来说，网贷之家（http://www.wdzj.com）的独立评级结果是选择平台的重要依据，一般应在最新一期网贷平台发展指数评级前 20 位中选择。

表 3-4　　2016 年 1 月网贷平台发展指数评级表

1 月排名	排名升降	平台名	成交积分（7%）	营收积分（9%）	人气积分（15%）	技术积分（4%）	杠杆积分（14%）	流动性（5%）	分散度（15%）	透明度（13%）	品牌（18%）	发展指数
1	—	陆金所	100.00	93.49	96.82	84.49	22.01	63.46	87.57	38.09	86.81	73.28
2	—	宜人贷	91.87	82.01	83.85	83.53	29.45	59.28	92.28	49.49	66.21	69.01
3	—	人人贷	89.49	82.25	82.42	73.14	22.61	62.93	93.45	46.71	70.09	67.97
4	—	拍拍贷	75.55	55.17	73.89	75.83	28.44	91.33	89.19	54.26	65.73	65.18
5	—	点融网	84.14	76.32	77.24	85.90	15.98	77.34	69.56	51.53	77.84	65.03
6	—	微贷网	79.09	61.89	78.33	74.15	32.72	85.96	92.61	48.92	51.34	64.19
7	—	投哪网	81.66	69.11	82.25	77.79	7.57	81.96	81.13	55.13	49.36	60.76
8	↑	积木盒子	71.67	55.34	73.51	82.17	23.59	80.65	80.42	57.95	51.85	60.57
9	↓	有利网	85.37	62.25	88.81	77.57	7.28	62.38	85.69	46.58	50.05	60.06

续表

1月排名	排名升降	平台名	成交积分（7%）	营收积分（9%）	人气积分（15%）	技术积分（4%）	杠杆积分（14%）	流动性（5%）	分散度（15%）	透明度（13%）	品牌（18%）	发展指数
10	—	开鑫贷	85.43	62.13	38.06	71.19	73.64	37.85	57.44	44.62	69.95	59.34
11	—	易贷网	78.88	62.75	57.15	81.52	31.34	63.71	69.70	63.91	55.37	59.30
12	↑	京东金融	71.05	74.79	64.51	69.81	38.28	42.28	58.70	26.57	74.81	57.37
13	↓	爱钱进	85.31	74.20	77.13	80.61	13.24	59.43	93.34	35.74	33.65	56.97
14	↓	翼龙贷	89.86	61.65	69.63	66.01	5.00	62.37	89.89	29.57	57.21	56.37
15	↑	PPmoney	86.90	59.86	79.41	78.01	5.00	85.09	47.25	38.71	54.87	53.45
16	↑	红岭创投	27.22	71.11	82.20	73.75	5.00	100.00	68.34	34.20	49.21	52.84
17	↑	团贷网	67.07	58.23	65.57	82.22	10.83	78.64	67.46	45.58	45.90	52.81
18	↓	你我贷	81.00	77.03	68.19	74.86	5.00	71.48	85.56	29.92	31.05	52.41
19	↑	信融财富	57.53	50.82	62.75	66.30	28.23	87.39	40.59	51.31	52.26	51.15
20	—	和信贷	53.11	49.59	51.62	63.59	25.59	78.24	70.94	49.64	44.05	50.99

步骤 2：选产品。

选好了合适的投资平台，我们需要登录并在该平台中注册成为“出借人”，然后仔细浏览平台中的理财产品，综合考虑自身的理财目标以及产品的收益性和流动性，选择合适的理财产品。下面，我们以上表 3-4 中排名第二的宜信宜人贷星火金服为例，具体说明产品选择的过程。

（1）扫描图 3-17 中所示的二维码或在 PC 端打开链接（http://xinghuo.yixin.com/18021631857），注册并登录平台。

（2）通过 Apple Store 或安卓应用商场下载“星火理财”APP，登录 APP 后，完成实名认证和银行卡绑定，如图 3-18 所示。

图 3-17　宜信星火平台二维码

图 3-18　实名认证与绑定银行卡界面

（3）选择具体的投资产品。如图 3-19 所示，该平台提供了 4 大系列投资产品可供选择，包括固定期限的零投宝、可随时赎回的随心宝、每月自主设定回款金额和日期的月盈宝及每月返息的宜信宝。每一个系列又包括不同期限和收益的具体产品，我们可以根据自身理财规则和投资需求选择最合适的具体产品。例如，若希望在资产增值的基础上每月 20 号均有一笔回款用于还房贷，则可以选择 18 期的月盈宝。

（4）完成产品的投资。在选定具体产品后，单击“立即购买”，在弹出的界面上确认产品的到期日、天数和认购金融范围，填写购买金额，核对预计收益，单击“确认出借”，完成 P2P 出借投资，如图 3-20 所示。随后，平台会将投资资金分散配置到各个借款人，通过极致分散技术，有效地防控风险。

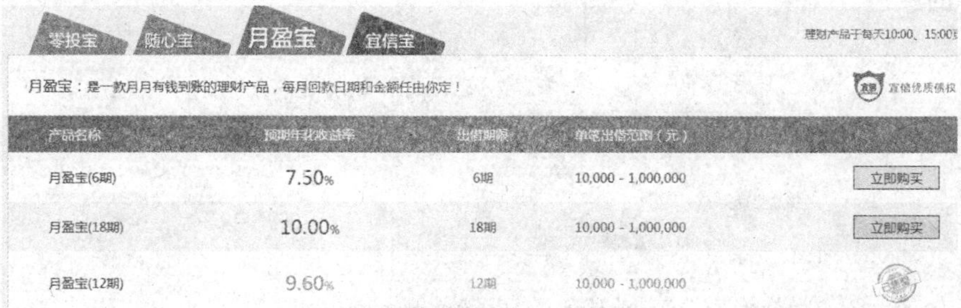

图 3-19　具体投资产品的选择

步骤 3：选标的。

P2P 投资除了上述介绍的“分散投标、集合理财”模式外，还包括让投资者自主选择特定标的的“散标”模式。在该模式中，投资者还需要自己选择合适的投资标的。下面，以国内首家 P2P 平台“拍拍贷”为例，来说明标的选择的具体步骤。

（1）在浏览器地址栏中输入“拍拍贷”网址（www.ppdai.com），进入其官网首页，如图 3-21 所示。

图 3-20　完成 P2P 出借投资

图 3-21　“拍拍贷”官网

（2）用手机或邮箱完成“拍拍贷”账户的注册，并通过“风险评估测试”，如图 3-22 所示。

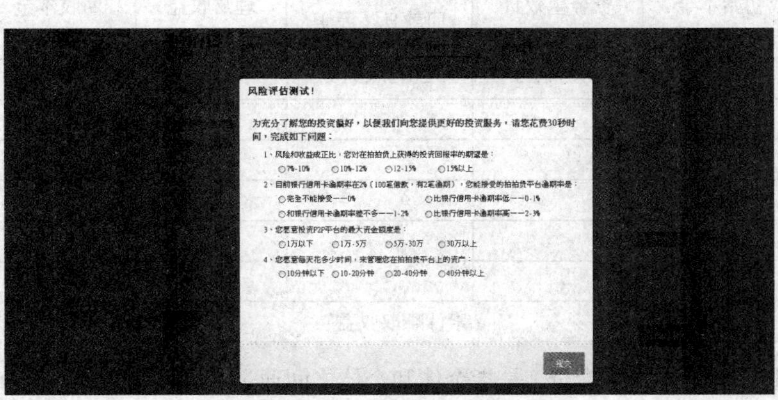

图 3-22　“拍拍贷”风险评估测试

（3）进入“我要投资”的“散标列表”界面，查看债权界面中的借款人详情，包括借款期限和利率，以及借款人的月收入、借款目的等信息，如图 3-23 所示，结合自身投资目标，选择拟投资的具体标的。

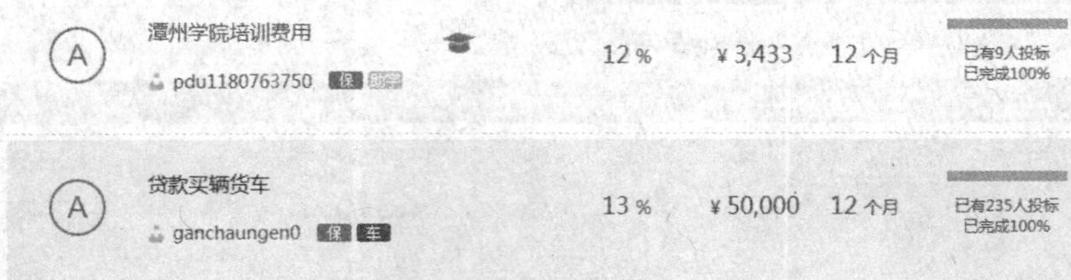

图 3-23 “拍拍贷”散标列表

（4）进入拟投资标的专属页面，如 www.ppdai.com/list/9288835，单击“马上投标”，完成银行卡充值与实际出借，如图 3-24 所示。

步骤 4：进一步提高 P2P 投资实战技巧。

扫描图 3-25 中所示的二维码，观看 P2P 案例与实务培训视频，进一步提高投资技巧。

图 3-24 “拍拍贷”散标投标页面

图 3-25 P2P 专题培训视频二维码

[随堂测试 3-2] P2P 投资案例分析

1. 2015 年 11 月 30 日，张某将 30 万元投资于星火“月盈宝”理财产品，投资期限为 12 个月，年化收益率为 9.3%，设定每月回款日为 19 日，每月回款 25 000 元，每月等额本息还款，请通过分析与计算，填写表 3-5。

表 3-5 “月盈宝”投资规划表

期限	初始本金（元）	资金生效日（元）	回款日（元）	理财收益（元）	回收本金（元）	回款金额（元）
第 1 期	300 000	2015/12/1	2015/12/19			25 000
第 2 期						
第 3 期						
……						
第 11 期						
第 12 期						
累计赚取收益：						

2. P2P 网贷，即个体网络借贷，是指个体和个体之间通过互联网平台实现直接借贷的新型债权投、融资形式。P2P 投资一般包括选平台、选产品和选标的 3 个步骤。根据融 360 与中国人民

大学联合发布的《2015 年网贷评级报告》，选择了获得最高评级 A 级且成交活跃的 Y 平台，从该平台中选择保障程度较高的精英标产品，有如表 3-6 中所示的 3 个标的正接受投标。

表 3-6 Y 平台中 3 个 P2P 借款标的情况

标的编号	借款人地区	借款金额（元）	年化利率	借款期限（月）	借款用途	完成度	年收入（元）	信用卡额度（元）
BV62	浙江	52 000	11%	24	兼职创业	73%	54 000	60 000
LE99	江苏	43 400	10%	12	家居家装	39%	60 741	50 000
GW51	云南	38 000	12%	36	买车置业	60%	68 744	30 000

试通过分析表 3-6，回答下列问题：

（1）概括 P2P 网贷的主要特点。

（2）以上 3 个标的，你会投资哪一个？为什么？

答题参考：

1. 根据等额本息还款法计算公式可以进行测算，如表 3-7 所示。

表 3-7 “月盈宝”投资规划测算结果

期限	初始本金（元）	资金生效日	回款日	理财收益（元）	回收本金（元）	回款金额（元）
第 1 期	300 000	2015/12/1	2015/12/19	1 375.89	23 624	25 000
第 2 期	276 376	2015/12/29	2016/1/19	2 182.99	22 817	25 000
第 3 期	253 559	2016/1/19	2016/2/19	2 002.77	22 997	25 000
…						
第 11 期	64 207	2016/9/19	2016/10/19	490.88	24 509	25000
第 12 期	39 698	2016/10/19	2016/11/19	313.56	39 698	40 011.56
累计赚取收益：				15 011.56		

2.（1）对表 3-7 做具体分析，我们可以发现 P2P 网贷的支持对象主要是小微企业，如上述 3 个标的的借款用途分别为兼职创业、家居家装和买车置业，借款人分布在不同的省份。通过进一步分析我们发现：一是借款期限灵活，符合小微企业融资“短、频、快、急”的特点，期限从 12 个月到 36 个月不等；二是无需抵押担保，表 3-6 中 3 位借款人均未提供房产等担保，而平台通过评估其收入和信用卡额度，确定是否符合贷款条件以及具体的授信额度；三是借款金额“量身定制”，小微企业能够根据自身现金流，申请不同的借款金额，同时借款利率也在其承受范围内；四是实时反映 P2P 平台资金供求，从上述 3 笔来看，完成度均较高，流标率低，支持小微企业融资的效率较高。

（2）此题为开放性问题，并不存在唯一最优选择，可根据自身资金规划、风险偏好和专业判断做出不同选择，关键是通过阐述理由，理解影响 P2P 风险与收益的各种因素，包括利率期限结构、借款用途、还款能力（收入、信用）、资金供求状况（投标完成度）等。

任务三 做好 P2P 投资风险防控

掌握了 P2P 投资的原理和步骤之后，投资者还需要认识 P2P 投资可能面临的各种风险，并了解相应的风险防控措施，这样才能在投资时结合所投平台和产品的实际，尽最大可能保障投资资金的安全，在风险可控的前提下实现可持续的投资收益。

扫一扫看微课

一、P2P 网贷风险产生的因素分析

P2P 网贷属于民间借贷的一种形式，具有一般民间借贷的风险因素，如对借款人缺乏专业资信能力评估、借款人财务恶化而无力还贷等。但是，P2P 网贷因其自身的特性还会有一些特殊的风险，或者放大一般借贷的风险。

1. P2P 网贷的虚拟性

P2P 网贷通过网络完成，监管难度很大。借款人的信息都是在线数据资料，加大了欺诈和欠款不还的风险；转账行为一般通过第三方支付完成，虽然方便快捷，但其虚拟隐蔽性也加大了资金安全风险，还使得“洗钱分子”可以脱离监管瞬间实现资金的非法转移。

2. P2P 网贷的跨地域性

线下的小额民间借贷一般发生于同地域的亲戚朋友之间，对借款人的信用和还款能力有一个基本的判断。借款人基于这种关系，出现困难时赖账的可能性也较小，即使出现坏账一般投资人上门催收也比较容易。而异地催收清偿是 P2P 网贷无法解决的难题。主要靠电话和短信催收效果很不好，上门催收和打官司从成本上看也并不可行。

3. 平台经营压力

互联网业务的商业模式一般是低成本规模化经营，盈亏平衡点较高。网贷也一样，收入来源主要是手续费收入，即使吃利差也不可能太多，并且还会加大经营风险，品牌经营与规模扩张的运营成本压力很大，达到一定规模之前很难实现盈利。目前，很多平台公司实行的本金保障制度更增加了平台的经营风险。平台公司难以为继，不但使投资者失去保障，还会加剧行业的信用危机。

4. 监管制度和措施滞后于 P2P 网贷的发展

目前，我国 P2P 网贷主要靠企业自律，缺乏行业自律性组织，政府层面还没有针对 P2P 网贷的层级较高的金融法规正式出台。网贷行为只受《合同法》及部门规章的制约，对于层出不穷的 P2P 创新投资产品缺乏有效的监管措施。

二、P2P 投资的主要风险

投资者在进行 P2P 网络借贷投资时，可将遇到的各种风险从与 P2P 投资有关的政府监管、网贷平台、借款人 3 个纬度归纳为以下 3 大类共 10 种风险，下面分别加以简述。

1. 制度风险

（1）法律风险。P2P 投资面临的最大的法律风险就是可能被卷入非法集资案件，特别是投资者在投资时通常很难区分是正常的网络借贷活动还是涉嫌非法吸收公众存款。P2P 网络平台也称为借贷型众筹，平台和借款人出事，多是因为非法吸收公众存款罪，如“东方创投”案等。在 P2P 平台中设立资金池、自融等，都可能涉及非法吸收公众存款罪。

（2）监管风险。根据中国人民银行等 10 个部委的《关于促进互联网金融健康发展的指导意见》，P2P 网络借贷业务由银监会负责监管，但目前监管细则尚未出台和落地。我们不能盲目夸大 P2P 网贷的力量。P2P 平台得以发展的主要原因还是源于传统金融仍坐享垄断红利、传统金融对小微贷款客户的漠视、存款收益率的低下。但无论如何，P2P 平台没有能够撼动，更不要说颠覆传统金融，其自身发展面临着巨大压力，这些也都是互联网金融监管需要考虑的问题。当前，对 P2P 的监管还存在不少“真空地带”，如客户资金银行存管细则、信息披露要求、平台和合格投资者准入门槛、

小贷资产证券化和债权转让标准等均未明确，监管仍落后于 P2P 创新实践，有效性亟待提高。

2. 网贷平台风险

（1）信息安全风险。信息安全风险是 P2P 网贷平台面临的一项重要风险隐患，信息和隐私安全也是客户选择 P2P 平台时主要考虑的因素之一。由于网络借贷需要大量的实名认证，借款人的身份信息及诸多重要资料留存在网上，这是非常庞大的个人信息数据库。一旦平台网站的保密系统被破解或者遭到攻击，资料泄露可能会给借贷双方带来重大损失。如果平台的放贷资金规模达到一定的水平，风险控制出现问题，就会产生严重的后果。部分大平台也可能因信息安全风险影响声誉。例如，近日宜信被曝从银行、同行手中买来一些客户的隐私资料，再进行高价循环买卖。因此，作为借贷平台应当切实提升技术安全水平，妥善保管客户资料和交易信息，不得非法买卖、泄露客户个人信息。

（2）道德风险。P2P 平台作为信息中介，不得接触客户资金，不得提供增信服务。但目前，P2P 从业人员准入门槛低，部分 P2P 平台人员会突破道德底线挪用客户资金，甚至发布虚假标的骗取客户资金，进而“卷款跑路”；还有人会通过借贷平台“洗钱”，而平台往往对此类犯罪行为监控较弱。一旦爆发严重的道德风险事件，投资者往往血本无归。

（3）利率风险。P2P 行业发展会受到市场利率波动的影响。当前，我国的宏观金融环境正处于利率下行周期，存、贷款利率均降至历史新低。市场利率不断下行也给 P2P 行业的发展带来挑战。首先，P2P 理财的平均年化收益率相应下降，对投资者的吸引力减弱，可能影响平台的规模扩张和现金流；其次，低利率时代还可能引发“资产荒”，对 P2P 平台而言，其资产端可供选择的“高收益优质资产”减少，同时贷款对象小微企业生产销售利润率下降，又会加剧平台面临的风险隐患，增加运营成本，影响可持续性；最后，市场利率波动也会影响小微企业通过 P2P 平台融资的意愿。

（4）平台运营风险。P2P 网贷的盈利模式决定了要先“烧钱”达到一定规模后才能盈利，资金不够雄厚者经营管理不善导致关门倒闭的现象已经出现过。盈利模式设计不合理也会给平台公司带来很大的潜在风险。

（5）欺诈风险。中国平安陆金所董事长兼 CEO 计葵生指出，在同一行业，美国市场的经营风险是信用风险，而在中国却是欺诈风险；美国 P2P 市场的投资方，机构投资人占比是 50%，但在中国几乎全部是散户。行业竞争、监管缺位、企业内控漏洞等诸多因素，导致了中国 P2P 行业综合风险持续升高。大部分“跑路”的 P2P 平台公司，其建立平台的出发点甚至就是“圈钱走人”；而因为经营不善出现亏损、流动性枯竭而被迫“跑路”的占少数。近年来，运营平台数量的增加进一步加剧了中、小平台的生存压力，使其一旦经营不善就极有可能因此而停业或“跑路”，同时监管意见的出台也使得不少平台选择了加速“跑路”，因此这也直接导致 2015 年“跑路”等类型的问题平台数量占比上升。相对于 2014 年，2015 年“跑路”的问题平台数量占比增长高达 55%。

资料来源：网贷之家 2015 年《中国网络借贷行业年报》。

3. 借款人风险

（1）洗钱风险。因为 P2P 网络借贷平台原则上属于信息中介而非信用中介，仅为借贷双方的直接交易提供撮合服务，因此平台作为服务提供商，既不吸储也不放贷，很难掌握出借人的资金来源和借款人的资金使用情况，这样给“洗钱”犯罪分子的违法活动提供了广泛的空间。犯罪分子可将账款分批次地贷给平台上的借款人，或者利用平台直接以借款人和贷款人的双重身份,使其“黑钱”资金迅速合法化。

（2）信用风险。由于 P2P 贷款的借款者缺乏合格抵押品，较难从银行获得授信，因此才通过

P2P 平台以较高的成本融资。P2P 行业门槛较低，借款客户资信不高，面临较突出的信用风险。据统计，小微企业贷款不良率高于全部贷款平均不良率约 2%，而 P2P 的借款对象主要就是小微企业，因此借款客户逾期违约的可能性较大，如何防控信用风险，成为 P2P 平台风控的关键。此外，由于我国信用评价体系的不健全，P2P 平台目前还无法像银行一样登录征信系统了解借款人的资信情况，并进行有效的贷后管理，这也在一定程度上增加了 P2P 投资的信用风险。

（3）流动性风险。P2P 平台的投资者希望投资期限较短，以提高资金流动性，而 P2P 的借款者往往借款期限较长，部分小微企业甚至希望获得长达数年的资金支持，因此 P2P 面临着期限错配的流动性风险。部分平台为此以设立资金池、债权转让、小贷资产证券化等方式提高信贷资产流动性，但操作不当又可能触碰非法集资的红线。

三、风险防控及规范发展建议

1. 完善法律法规和监管细则，促进 P2P 行业健康发展

完善相关法律法规，尽快确立 P2P 借贷平台的法律地位，提高 P2P 借贷行业的准入门槛，明确对平台的注册资金和人员的资格要求；打击 P2P 网络借贷平台犯罪，培育健康活跃的网络借贷市场，增加投资者的信心。银监会应尽快出台 P2P 监管细则，并配备相应的监管资源，加强对 P2P 借贷平台的业务监管，具体包括 P2P 平台和从业人员的市场准入与资质监管；对 P2P 平台的非现场监管与信息披露监测；对重点或高风险平台的现场检查及相应的行政处罚措施。同时，银监会应加强与中国人民银行、地方政府金融办等其他金融监管部门的沟通协调与信息共享，完善协同监管机制，通过有效监管，促进 P2P 行业健康发展。同时，需要大力发展行业自律性组织。目前，中国人民银行直属的互联网金融协会已经正式成立，行业协会应进一步规范行业收费行为和标准，防止恶性竞争，促进行业规范良性发展；促进平台企业之间信息共享；为联盟内的企业提供司法协助，建立联盟内企业之间的纠纷解决机制和投资者求偿求助机制，防范影响金融和社会稳定的不良事件。

2. P2P 平台要建立合适的风险控制体系，并完善相关的内控制度

合适的风控体系应当能够实现运营风险的分散和有效控制，体现收益与成本平衡的原则，通过严谨的交易条款和交易流程防控风险。首先，建立合适的盈利模式保证可靠、持续的营收现金流，避免风险巨大的资金错配现象；其次，根据平台的盈利模式选择适合的一种模式或者组合模式进行风险控制，既要保护并吸引投资者出借，又要控制成本风险；第三，限定合理的投资额度上限，以分散风险；第四，建立实名认证的个人资信管理和评估系统，如果能够实现行业资信共享或者对接社会征信系统将会整体降低行业风险；第五，设计严谨的交易流程，投资者账号与个人身份、银行卡、手机号码、个人电脑等实行严格的一对一绑定，通过 IT 技术防控交易风险，保障投资者的资金安全。

表 3-8　　P2P 投资风险控制模式

风险控制模式	典 型 平 台
投资者风险自担模式	拍拍贷（高风险区）
专业担保机构担保模式	有利网、PPmoney
风险准备金模式	宜人贷
平台保证模式	红岭创投
债权转让模式	陆金所（部分产品）
抵押模式	阿里招财宝、玖信贷

资料来源：各 P2P 网站，时间截至 2015 年 12 月。

3. 落实客户资金银行存管制度，强化各方风险防控协调

《指导意见》规定，从业机构应当选择符合条件的银行业金融机构作为资金存管机构，对客户资金进行管理和监督。目前，部分 P2P 机构对客户资金由第三方支付机构托管，或者尚未建立资金存管制度，而部分银行也需要完善相应的系统支持和服务方案，从而进一步强化风险防控，全面落实银行资金存管制度。宜人贷与广发银行在这方面走在了前列，在双方达成的全流程的资金托管合作模式下，银行对资金流进行了从开户审核、合同备案，一直到交易完成的独立监控。而浙商银行发布的 P2P 网络借贷资金存管综合服务方案更全面、模式更广泛。它包括银行存管、联合存管及账户管理 3 种合作模式；服务对象也从原本单一地向 P2P 平台提供存管服务，延伸至为 P2P 平台、第三方支付公司、P2P 系统开发商等 P2P 生态圈的主要参与者提供全面合作方案。目前，浙商银行已经与 P2P 平台惠普金融、金储宝、国诚金融以及第三方支付公司环迅支付、融宝支付等签订了战略协议。另外，为强化风险防控，借贷平台应当采取有效措施识别客户身份，主动监测并报告可疑交易，妥善保存客户资料和交易记录。从业机构有义务按照有关规定，建立健全有关协助查询、冻结的规章制度，协助公安机关和司法机关依法、及时查询、冻结涉案财产，配合公安机关和司法机关做好取证和执行工作。

4. 借款人要对自身负担能力及违约风险进行评估，确定合适的借款方式和额度

作为资金的使用者，借款人要对借入资金的用途、投入项目的前景和自身的还款能力有一个客观的判断，防止资金使用不当和还款能力不足造成违约。违约行为不但会给出借人造成损失，也会使借款人面临法律诉讼、资产被强行处置、个人信用受损等风险。为了防范违约风险，平台机构应当为借款人提供专业的咨询评估建议。

5. 投资者需强化风险意识和自我权益保护

投资者是 P2P 网贷风险的最终承担者，投资者权益保护是行业发展的基石。在国家和平台公司为投资者提供保护的同时，投资者也要增强风险意识，擦亮眼睛进行自我保护。首先，投资者要充分分析个人的风险承担能力，使用小额闲散资金进行分散投资。用自己少部分的资金投资网贷，并将资金分散投资于不同的网贷平台。其次，选择知名度高、运营成熟、规范的平台进行投资。投资前，要查询确认平台公司及其网站是否取得了相应的执照和认证。为了方便维权，也可优先选择本地区的平台公司。第三，在进行产品和标的选择时，特别在达到一定资金额时，要尽量选择有担保的标的进行投资。第四，注意识别网络诈骗。借款人骗贷一般由平台进行控制，而平台骗局主要靠投资者通过查看网页设计和内容链接、查询网站备案认证等方式进行甄别。网上有很多识别网络诈骗的知识，投资人要认真学习。第五，注意个人资料尤其是账户密码的保密，养成设置复杂的字母数字组合密码、不轻易从网上下载软件、不打开不明来源的链接、安装杀毒软件等信息安全风险防控习惯。

6. 加强 P2P 行业信息共享，完善征信体系

加快建设 P2P 借贷行业信息平台，实现行业内征信共享；改造中国人民银行的征信系统，实现平台与中国人民银行的征信互通；大力发展商业性征信服务行业，降低平台的审核成本，提高平台对借款人的约束力，从而降低平台收取的管理费，减轻小微企业网络借贷的成本负担。从客户信用建设、平台信用建设和从业人员信用建设 3 个方面完善 P2P 征信体系。首先，对于客户信用的级别可以根据之前银行等金融机构的真实数据或者芝麻信用分进行定级。其次，对于平台信用建设，可以采用积分制度，通过政府牵头，整合调研数据，对 P2P 平台进行打分。例如，宜人贷、人人贷等公司平台建设做得相当不错，可以给予高评，未来在税收等政策方面给予适当的照顾，鼓励 P2P 公司加入政府牵头的打分系统，并不断优化该平台。最后，对于从业人员信用的建设，政府可以通过

由行业协会出面引导从业人员增强学习意识，如果有 P2P 从业人员打着互联网金融的旗号，从事资金池、非法集资、庞氏骗局等行为，应加大打击力度，并将其录入个人信用系统。

7. 面向行业未来创新发展，加大互联网金融 P2P 人才培养

人才的主观能动性可以带来 P2P 网络借贷发展的多样性。集聚一大批具有国内、外知名度的高层次、高素质的人才不仅有利于金融发展的繁荣稳定，更有利于 P2P 行业的规范发展与风险防控。未来互联网金融 P2P 人才应该是复合型人才，既要懂得金融学方面的理论知识，还应该学会营销、售后等环节的技巧。因此，高校中应该开设互联网金融及 P2P 相关研究性课程，同时加大对市场营销、互联网运用、金融创新等方面能力的培养。同时，引进高水平的研发机构和互联网金融人才，并积极选派 P2P 企业的领军人才出国深造，学习西方国家的宝贵经验。例如，在美国已上市的 P2P 互联网金融公司 LC（Lending Club）从成立之初，就十分强调对风险的管理，贷款者经过严格审核后，仅有 10%可以获得贷款，该公司根据贷款的期限和金额设定为 A～G7 个等级，每个等级下面又包含 5 个子级，不同的等级标志着不同的风险和回报，A 级贷款的客户通常具有最高的还款能力，贷款利率通常为 6%～8%，B 级约为 9%～12%，C 级约为 13%～15%，D 级约为 16%～18%，E 级约为 19%～22%，F 级约为 23%～25%，G 级约为 26%，由于 LC 公司不对借款进行担保，所以投资人需要风险自负，根据自愿承担风险的意愿，自己配置投资不同的标的。2014 年，该公司平均贷款利率为 14.5%，平均借款额为 1.4 万美元。这些有益的方法值得我们借鉴和学习。

[随堂测试 3-3] P2P 投资的风险控制模式

巴菲特曾说：投资有两个原则，第一条是保住本金；第二条是永远记住第一条。投资 P2P 安全最重要，收益是其次。在互联网上把钱借给陌生人并相信对方能按时还付本息，这听起来似乎更像是一种冒险。于是，网贷平台纷纷推出各种风险保障措施来吸引投资者。根据业务风险覆盖与承担问题的处理方式不同，目前基本形成了 3 大类网贷运作模式。请对表 3-9 中的 3 家代表性平台的风险防控进行探究，完成表格。

表 3-9　　网贷平台的风险控制模式

代表性平台	风险控制模式	风险覆盖与承担问题的处理方式
拍拍贷	纯线上模式，非担保标投资人自行承担风险	
有利网	依托合作的担保或小贷公司代偿逾期，平台独立运作	
三益宝	大股东绝对控股，平台承诺本息保障	

知识自测题

一、单项选择题

1. 某 P2P 网贷平台建立一个资金账户，由银行存管，当借贷出现逾期或违约时，网贷平台会用资金账户里的资金来归还投资人的资金，以此来保护投资人的利益。该模式称为（　）。

A. 抵押担保模式　　B. 风险准备金担保模式

C. 专业担保模式　　D. 保险保障模式

2. 2015 年 9 月，随着国湘资本、融金所等 P2P 网贷平台的高管被经侦人员带走调查，以深圳为代表的地方经侦行动不断展开，行业监管正从事后处理向事前排查的积极监督模式转变。下面哪个选项不是经侦人员最为敏感的问题？（　　）

A. 资金池　　B. 自融　　C. 非法集资　　D. 平台资质

3. P2P 投资过程中，最为关键的一步是（　　）。

A. 了解平台背景　　B. 分清借款标性质

C. 寻找高收益平台　　D. 确认平台安全性

4. P2P 网贷的支持对象主要是（　　）。

A. 民营企业　　B. 上市公司　　C. 小微企业　　D. 国有企业

5. 下面哪个不是导致中国 P2P 行业综合风险持续升高的因素？（　　）

A. 行业竞争　　B. 监管加强　　C. 企业内控漏洞　　D. 经济下行

6. 从合规角度考虑，在选择 P2P 投资平台时应优先选择（　　）平台。

A. 银行资金存管　　B. 第三方支付机构资金存管

C. 银行与第三方支付联合存管　　D. 无客户资金存管

二、判断题

1. 根据《最高人民法院关于审理民间借贷案件适用法律若干问题的规定》的条款内容，借贷双方通过 P2P 网贷平台形成借贷关系，网络贷款平台的提供者仅提供媒介服务，则不承担担保责任，如果 P2P 网贷平台的提供者通过网页、广告或者其他媒介明示或者有其他证据证明其为借贷提供担保，根据出借人的请求，人民法院可以判决 P2P 网贷平台的提供者承担担保责任。（　　）

2. 在 P2P 平台选择中，有银行、国资、上市公司、风投资本等进行背书的平台，投资人可以忽略其风险控制。（　　）

3.《网络贷款信息中介机构业务活动管理暂行办法（征求意见稿）》再次明确银行是 P2P 网贷平台的资金存管机构，一定程度上可以防止平台挪用客户资金以及资金池的出现。（　　）

4. 网贷平台发展指数评级是根据公开可查的信息、数据，依据一套公开透明的模型，进行量化计算得出的研究成果。该评级结果可以作为 P2P 投资时选择平台的依据之一。（　　）

5. P2P 理财收益一般在 7%～20%，而银行理财产品的收益只能达到 3%～6%。所以，P2P 理财的风险一定高于银行理财。（　　）

三、综合题

请仔细阅读材料一和材料二，结合所学知识，认真回答材料后的 4 个问题。

材料一：骆明和小欣是一对苏州市职业大学商学院毕业的情侣，骆明每个月可以拿 5 000 元左右工资，小欣每个月大概有 3 000 元。前几天，他们为了将来存钱的问题大吵了一架。骆明认为，现在他们刚刚大学毕业，将来用钱的地方还很多，除了留下平常必需的花费以及预防发生意外事件的钱外，剩下的钱要定期存入银行，这样可以获得稳定的利息收入，又没有损失的风险。而小欣大概是受外企工作环境的影响，认为上学苦了这么多年，现在终于自己挣钱了，考虑那么多将来干什么，更何况银行利率那么低。她说发下工资以后，先要买几件名贵服装，美美地吃上几顿，再留下一部分钱用来炒股票，等着股市形势一好，立即进入。但骆明却认为中国股市行情太不稳定，运行不规范，所以最好不进入股市，如果一定要做，那也只能投入很少的钱。

材料二：骆明在与小欣吵架后，虽然仍认为把钱存在银行比较安全，但也觉得银行存款收益率较低，于是他开始关注银行与互联网金融合作的创新产品。骆明发现：M 银行近日与 Y 平台合作，推出了一款兼具收益性和流动性的理财产品“变现通”。该产品期限为一年，预计年化收益率为 9%，但允许投资者在持有满封闭期 60 天（两个月）后，随时通过 Y 平台发布变现标的申请变现，并可以自主设定变现利率。能否变现成功，取决于变现当日有无其他投资者认购该变现标的，若被认购，则可以提前收回本金及相应收益；若当日无人认购，则变现失败，但可以在到期日前再次发起变现申请。骆明将该款产品告诉小欣后，两人觉得这是一个不错的投资渠道，但又有些担心变现困难，于是开始研究影响变现成功率的各种因素。

问题：（1）根据材料一中两个人的争论，说明有哪些货币需求动机。每种货币需求动机最主要的决定因素是什么？

答题参考：

① 交易性需求，如材料一中“买几件名贵服装，美美地吃上几顿”“留下平常必需的花费”等。交易性需求最主要的决定性因素是收入。

② 预防性需求，如材料一中“预防发生意外事件的钱”。预防性需求最主要的决定性因素是收入。

③ 投机性需求，如材料一中“留下一部分钱用来炒股票，等着股市形势一好，立即进入”。投机性需求最主要的决定性因素是利率。

（2）根据材料 2，骆明和小欣得出了以下观点。

① 设定的变现利率越高，就越容易变现成功，但获得的变现收益也越低。

② 申请变现的金额越少，就越容易变现成功。

③ 在变现当日越早发起变现申请，就越容易变现成功。

④ 发起变现时离产品到期日越近，就越容易变现成功。

其中正确的有哪几项？

答题参考：

正确的有①、③、④。

（3）设骆明于 2015 年 9 月 1 日投资了 10 000 元买上述产品，并于 2015 年 12 月 31 日以 8% 的年化变现利率成功变现，试计算骆明持有该产品的实际年化收益率。

答题参考：

骆明持有该产品 4 个月的收益=10 000 × 9% × 4/12=300（元）。

变现收益=10 000 ×（9%−8%）× 8/12=66.67（元）。

实际年化收益率=（300+66.67）/10 000 × 3=11%。

（4）根据材料一，结合材料二，运用所学知识，试为骆明和小欣提出理财建议。

此题为开放性问题，言之有理即可，参考答题要点如下。

① 当前股市形势正企稳回升，可考虑在精选个股的基础上，适当投资。

② 互联网金融创新给我们投资理财带来了更多新选择，可在调研的基础上，选择适合自己的互联网金融创新产品。

③ 骆明和小欣应综合考虑各种货币需求，做好资产配置，不要把鸡蛋放在一个篮子里。

技能实训

[实训项目]

互联网实盘 P2P 投资理财技能大赛。

[实训目的]

综合运用本项目所学的 P2P 投资选平台、选产品及选标的方法和步骤，参加互联网实盘 P2P 投资理财大赛，通过投资实践，加深对 P2P 网贷行业的了解，掌握 P2P 投资及资产配置实战技巧，提高理论联系实际的能力，在实际操作中体会 P2P 投资收益与风险防控的权衡关系，争取在比赛中取得好成绩，并总结经验教训，以指导今后的投资实践。

[实训内容]

本实训要求大家报名参加由 P2P 行业门户“网贷之家”组织的“互联网实盘 P2P 投资理财大赛”，并争取在比赛中取得好成绩，主要参赛步骤如下。

步骤 1：注册成为“网贷之家”会员。

由于报名参赛资格必须为“网贷之家”注册认证用户，因此首选必须打开“网贷之家”首页（www.wdzj.com），并单击右上角的“免费注册”，注册成为认证用户，如图 3-26 所示。

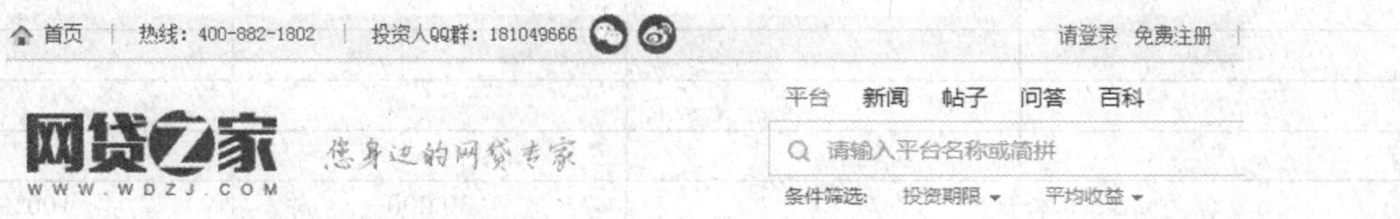

图 3-26 “网贷之家”首页

步骤 2：报名参加 P2P 投资理财大赛。

用注册的账号登录“网贷之家”，找到互联网实盘 P2P 投资理财技能大赛的专属页面（http://huodong.wdzj.com/thirdparty/enrolling?pd=5），并报名参赛，如图 3-27 所示。

图 3-27 P2P 理财大赛报名页面

步骤 3：详细了解大赛规则。

在参赛页面，详细了解大赛规则，主要规则包括如下几点。

（1）在活动期间，参赛人员初始本金均为 3 万元，至赛事终止，按照综合收益率确定排名；综合收益的计算金额以实际到账的账面金额（可提现金额）为准，期间平台给予的非现金奖励一律不计入账户。

（2）参赛人员报名时，填写的资料一经登记不得变更；便于后期客服人员的及时通知跟进。每月度会对更新的投资账户情况进行公示（每月 15 日左右，若本月度没有更新投资账户请备注说明）。

（3）比赛期间至少同时投资 5 家正规运营的平台，且每家平台的单笔投资金额达 1 000 元以上。

（4）每位参赛的投资人需通过“网贷之家”提供的记账软件，以截图的形式上传身份证明、投标情况、收益情况以及奖励情况，并以此作为评定大赛成绩的重要依据。

步骤 4：选择至少 5 家拟投资平台。

综合运用所学知识，结合独立评级结果，至少选择本次大赛拟投资的 5 家 P2P 平台，并将结果填入表 3-10 中。

表 3-10　　拟投资的 P2P 平台概况

平 台 名 称	概　况	拟投资金额	比　例
合计		30 000	100%

步骤 5：选择具体的投资产品或者标的。

对以上平台进行逐一浏览、注册与分析，选择具体的投资产品或者标的，特别是本项目未介绍操作步骤的其他平台，需要自行探索并完成投资操作和收益计算。例如，以“指旺理财”平台为例，主要步骤如下。

（1）下载并打开“指旺理财”APP，进入“更多”界面，单击“我的账户”，完成手机注册与实名认证，并领取体验金，如图 3-28 所示。

（2）在“产品列表”界面对各产品的期限、收益、风控等进行评估与选择，如图 3-29 所示。

（3）购买选定的产品，并使用体验金兑换的优惠券，争取最大的投资收益，如图 3-30 所示。

图 3-28　“指旺理财”的注册

图 3-29　选择产品

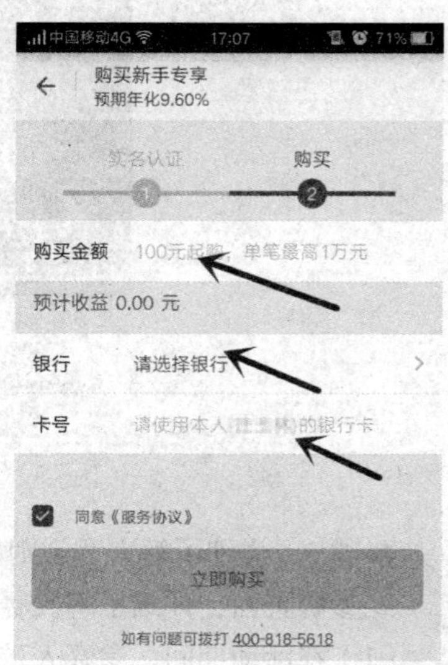

图 3-30　认购页面

（4）计算投资收益，并将其计入参赛成果。计算时需要包括投资后可提现的奖励收益在内。例如，小明购买了期限为 1 个月，年化收益为 7%的产品 10 000 元，在购买时使用了一张“满减券”，实际支付 9 950 元，则该笔投资的实际收益为：10 000 × 7% × 1/12+50=108.33（元），实际年化投资收益率为：108.33/9 950 × 12=13.06%。

步骤 6：根据比赛进程和待收现金流动态调整投资组合。

本次大赛需要在参赛期间内对收回的现金流（本息和）进行复投，从而动态调整投资组合，在安全性的前提下，尽可能提高整体收益率。请根据你的参赛情况，在表 3-11 中逐笔填写未来一定时间内的待收金额（其中第二行为示范），并通过复投提高资产组合收益率。

表 3-11 待收及复投表

期间类别	待收本利和（元）	拟复投平台	拟复投产品	预计年化收益率	活动奖励
示例	5 437	宜人贷	宜定盈 6 月期	7.5%	10 宜人币
30 天待收					
60 天待收					

步骤 7：将投资结果按要求截屏，并上传至大赛官网平台。

根据比赛规则，需要具体上传以下 4 类截图，并将其作为评定大赛成绩的重要依据。

（1）参赛者的身份证明，如图 3-31 所示。

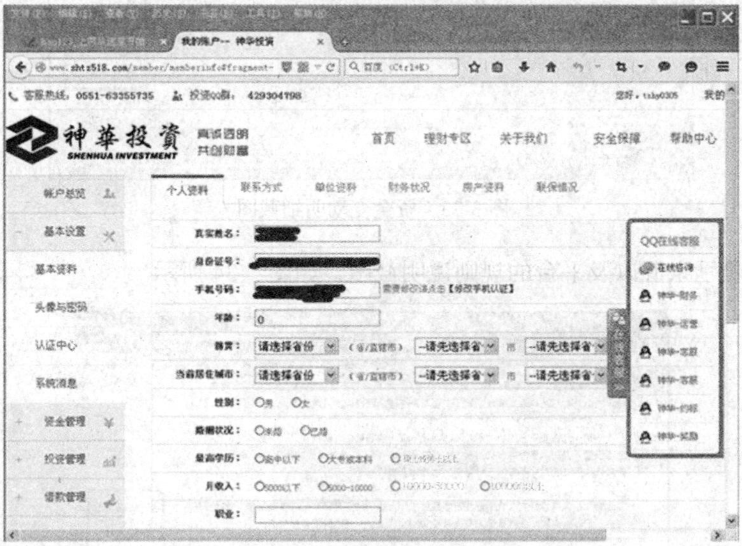

图 3-31 参赛者身份证明截图

（2）标的的基本信息，包括标的开始时间、标的期限、标的利率、关于这个标的的奖励，如图 3-32 所示。

（3）和上传的标的相关的资金明细截图，证明所填写的金额都是真实存在的，如图 3-33 所示。

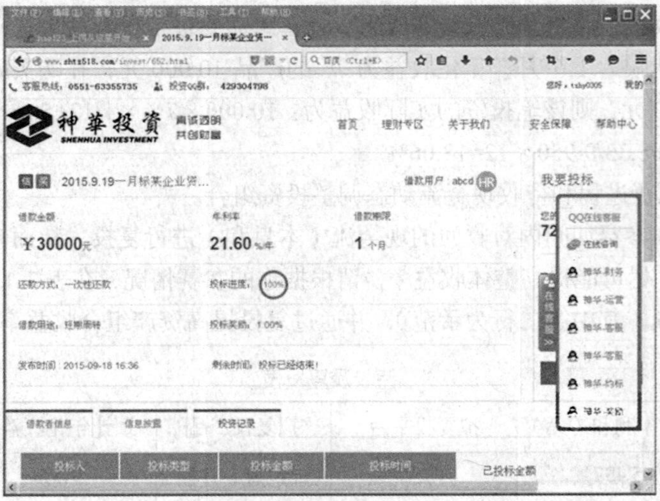

图 3-32　投资标的信息截图

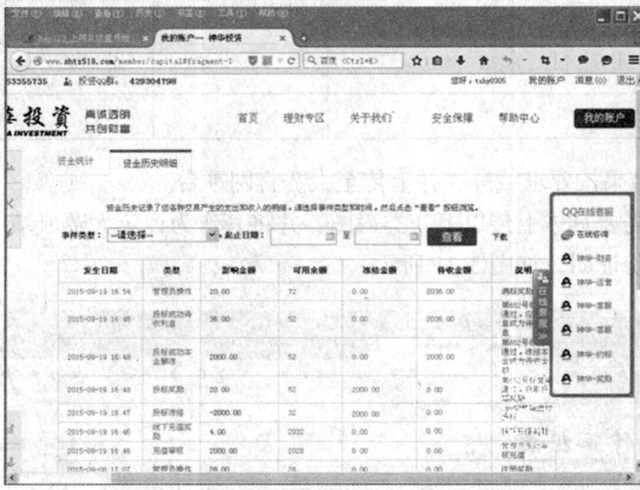

图 3-33　资金变动明细截图

（4）其他的奖励来源以及平台的规则说明截图，如图 3-34 所示。

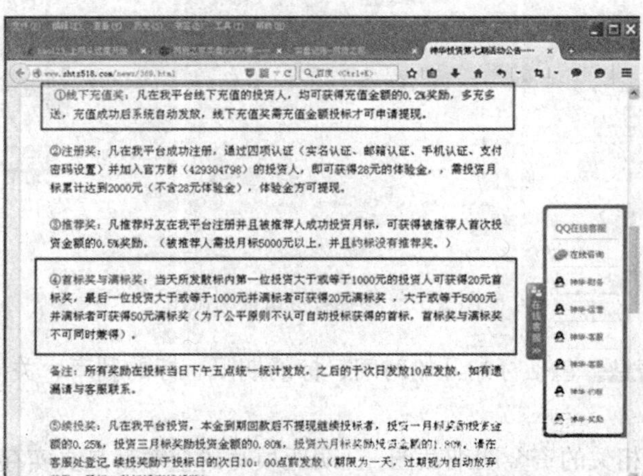
神华投资第七期活动公告

①线下充值奖：凡在我平台线下充值的投资人，均可获得充值金额的0.2%奖励，多充多送，充值成功后系统自动发放，线下充值奖需充值金额投标才可申请提现。

②注册奖：凡在我平台成功注册，通过四项认证（实名认证、邮箱认证、手机认证、支付密码设置）并加入官方群（429304798）的投资人，即可获得28元的体验金，，需投资月标累计达到2000元（不含28元体验金），体验金方可提现。

③推荐奖：凡推荐好友在我平台注册并且被推荐人成功投资月标，可获得被推荐人首次投资金额的0.5%奖励。（被推荐人需投月标5000元以上，并且约标没有推荐奖。）

④首标奖与满标奖：当天所发散标内第一位投资大于或等于1000元的投资人可获得20元首标奖，最后一位投资大于或等于1000元并满标者可获得20元满标奖，大于或等于5000元并满标者可获得50元满标奖（为了公平原则不认可自动投标获得的首标，首标奖与满标奖不可同时兼得）。

备注：所有奖励在投标当日下午五点统一统计发放，之后的于次日发放10点发放，如有遗漏请与客服联系。

⑤续投奖：凡在我平台投资，本金到期回款后不提现继续投标者，投资一月标奖励投资金额的0.25%，投资三月标奖励投资金额的0.80%，投资六月标奖励投资金额的1.80%，请在客服处登记，续投奖励于投标日的次日10：00点前发放（期限为一天，过期视为自动放弃奖励，天标、秒标没有续投奖）。

图 3-34　平台奖励及规则说明截图

步骤 8：计算参赛总收益，并与大赛官网公布的比赛结果核对，总结比赛得失。

根据以上步骤，动态调整投资组合，在比赛结束前完成所有投资的变现，并将各平台的可提现金额（包括本金、利息与奖励之和）加总，计算比赛综合收益率，并关注比赛结果与获奖情况。例如，小明在比赛结束时各投资平台的可提现金额合计为 34 103 元，比赛时间为 1 年，则其最终综合收益率为：（34 103−30 000）/30 000=13.68%。

[实训思考]

1. P2P 投资中，如何在追求更高投资收益的同时，做好风险防控？

2. 通过参加 P2P 投资大赛，你获得了哪些经验和教训，如何在今后更好地进行 P2P 实际投资？

3. 扫一扫图 3-35 中所示的二维码，观看全球最大的 P2P 公司——宜信公司的宣传片（中文版），思考 P2P 投资在家庭资产配置中的发展趋势，以及如何更好地利用 P2P 投资实现财务自由。

图 3-35　全球最大的 P2P 公司宜信的宣传片

项目四 P2P 网络借贷融资

学习目标

[知识目标]

1. 了解 P2P 网络借贷融资的概念及相关各方的作用。
2. 熟悉 P2P 融资信用审核的主要方法与步骤，了解 P2P 放款的基本操作。
3. 认识 P2P 融资可能面临的各种风险，掌握融后管理及风险处置的主要方法与途径。

[能力目标]

1. 能够运用所学知识，独立完成 P2P 融资的材料准备、融资申请、信用审核、资金放款、融后管理、风险处置等实际操作。
2. 能够采用合适的沟通技能，收集客户资料，获取有效信息，高质量地完成电话评估和现场评估。

P2P 网络借贷是出借人与借款人在 P2P 平台的撮合下完成资金融通的过程，因此必然涉及资金的供给行为（即 P2P 投资）以及资金的获取行为（即 P2P 融资）这两个方面，前者我们通常称为 P2P 平台的理财端或出借端，后者称为资产端或借款端。在项目三中，我们已经详细介绍了 P2P 的投资理财业务。本项目将从借款端的角度，全面分析 P2P 的融资业务，重点基于工作过程系统化的思维，介绍 P2P 融资过程中材料准备、融资申请、信用审核、资金放款、融后管理、风险处置等各步骤的实际操作，从而帮助大家全面掌握 P2P 业务。

导入案例　“行动学习”助宜信打造 P2P 融资行业标杆

“行动学习”是一种起源于欧洲，通过互换交流、群策群力等方式解决工作中棘手问题的有效方法，在各个行业和领域中被广泛运用。那么，宜信在企业培训中究竟是如何运用“行动学习”来创造性地解决实际问题的呢？让我们先来看一个真实的案例。

互联网金融企业面对的客户需求中，最大的一个特点就是“急”。“今天是怎么了，要等这么久？”客户孙先生有些着急，在营业部里走来走去。营业部赵经理走过来耐心解释道：“您别急，今天来办理业务的客户比较多，所以会需要一些等待时间。”“就不能再加快一点速度吗？我已经等半个小时了！”……这是半年多前发生在宜信普惠个贷营业部的一幕，这种排队的情况虽然不是经常发生，但却给等待的客户造成了困扰。为了解决上述问题，2015 年 7 月，宜信在进行了大量实际调研后开展了“行动学习”。一个典型的行动学习项目，通常包括以下步骤。

（1）选择行动学习主题，即选择拟解决工作中存在的问题。上述行动学习项目，即瞄准了实际工作中亟待解决的客户等待体验差与等待时间偏长的问题。由于每个营业部的人员配置都是一定的，然而客户的到店数量却是随机的，在遇到较多客户集中办理业务时，等待时间就会延长。本项目即希望通过引入“行动学习”的方法，有针对性地、高质量地来提升客户体验。

（2）选择“催化师”和组建行动学习团队。行动学习的“催化师”是一个非常关键的角色，是行动学习过程的设计者和研讨引导者。在上述项目中，宜信总部学习发展团队“行动学习”项目组谭老师担任“催化师”，在其引导下，近百名区域经理、城市经理、营业部经理组成了行动学习团队，并根据工作区域与岗位的不同，结合拟解决的具体细分问题，将团队分成了 9 个行动学习小组。

（3）向行动学习团队传授基本知识，并对所需解决的问题进行重新定义。在上述项目中，催化师通过“行动学习动员会”的方式，向参与的全体团队成员传授了行动学习所需的基本理论方法，包括观察、计划、设计、重构、总结、反思等。然后，通过“行动学习工作坊”，分别针对客户等待体验差与等待时间偏长两方面的核心问题重新定义，列出了需要解决的 9 个具体问题，如表 4-1 所示，并由每个小组各负责一个问题，在工作中寻找创造性的解决方案。

表 4-1 “行动学习”项目问题定义表

拟解决的问题	具 体 问 题
客户等待体验差	1. 如何在现有流程的基础上提升时效性？
	2. 如何改善客户等待区环境？
	3. 如何实现主动服务？
	4. 如何在拒绝客户时，让客户有良好的体验？
	5. 如何为客户提供更好的增值服务？
客户等待时间长	1. 如何实现业务的全流程优化？
	2. 如何在满足内控逻辑的基础上，将部分序列作业改为平行作业？
	3. 如何升级系统，尽可能压缩每一个环节的时间？
	4. 如何使用大数据技术等工具，实现压缩时间但不影响风控？

（4）鼓励提出各种解决问题的创意，不断讨论、反思和碰撞，并提出解决问题的方案。在上述项目中，各行动学习小组对所解决问题定义后，运用催化师所传授的方法，包括头脑风暴法、思维导图法、六顶帽子法等进行研讨，找出问题的根源，并最终制定了有针对性的解决方案和行动计划。

针对“客户等待体验差”及对应的具体问题，提出的解决措施包括：增加预约环节，请客户经理分批带客户来营业部办理业务；建立营业部可视化系统，让客户可以看到自己的等待状态（包括面审的操作时间、终审评估时间等）；优化营业部功能布局与陈列，设计温馨的卡通提醒标识，增强休息区的人性化布局，为客户营造舒适的等候环境；在客户等候的过程中，业务员要加强关怀问候、业务讲解，有效缓解客户在等候时的烦躁感受等。

针对客户等待时间长及对应的具体问题，提出的解决措施包括：以“3 小时放款”为目标，运用“时间分配”甘特图统筹法，实现业务全流程优化，如表 4-2 所示；重设岗位，把录入申请、资料上传、信用报告解析等序列作业改为平行作业；针对借款申请环节繁复而费时的纸头工作，引进可 1 秒高速扫描的“高拍仪”；在信审端开设绿色通道，改造系统，为“3 小时放款”项目客户单独设立分单池；结合大数据风控工具“宜搜”，对每一类客户创建不同的风控规则等。

表 4-2　　　　　　　　“3 小时放款”流程优化设计

客户	进件客服		信用审核	签约客服	复核、结算	流程时间
到店	检查申请资料					40min
填写电子申请表	获取并解析征信报告	云查询、拍照上传资料				
	核实提交信审		初审			50min
			终审			
否 ←	…………	…………	通过? ……→	是		
客户离店				签约		60min
				提交审核		
					审核合同	15min
收到款项					放款	15min
总时间						180min

（5）执行解决问题的方案和措施，打通学以致用“最后一公里”。行动学习的落脚点就是实施解决问题的方案，把方案落到实处，使企业培训打通学以致用“最后一公里”。在上述方案落地的过程中，首先各营业部采用了解决客户等待体验差的各项服务优化措施，取得了立竿见影的效果；其次，针对客户等待时间长所提出的“3 小时放款”极速模式，则采用了循序渐进的方式，结合各地人口分布、金融环境等因素，为各省市推广进行合理排序，严控风险。经过数月的试点，现在“3 小时放款”模式已推广至宜信普惠全国营业部实施。

（6）评估与改进。一个行动学习项目付诸实践，并不是终点，而是新的起点。上述项目执行后，通过全面评估，大家感受到前期流程非常顺畅，但评估更关注后期的违约表现来印证解决问题的方案是否可行。经过持续监测，大家发现资产质量并没有出现异常波动，同时还发现评估中存在一些有待改进的因素。例如，只有一次性把要求的全部资料提交上来的全件客户，才能享受“极速模式”，而针对那些不是全件，但对速度有强烈需求的客户，另一个行动学习项目——自助签约项目已悄然启动。

资料来源：周雷. 行动学习在互联网金融企业培训中的应用与思考[J]. 金融言行.2016（4）.

任务一　P2P 融资材料的准备与申请

一、P2P 融资概述

P2P 融资就是借款人作为资金需求方，通过 P2P 平台与作为资金供给方的出借人对接，实现资金融通的过程。借款人可以在 P2P 平台上自行发布借款信息，包括金额、利息、还款方式和时间，实现自助式借款；出借人根据借款人发布的信息，自行决定借出金额，实现自助式借贷。P2P 平台作为中间方，对借款信息的真实性进行审核。随着互联网金融的发展，P2P 融资正成为一股新兴融资力量迅速壮大。

P2P 融资与银行贷款都属于借款人获取资金的途径，但两者存在本质区别，如表 4-3 所示。

首先，P2P 平台是信息中介，P2P 融资属于直接融资，融资方称为“借款人”，在 P2P 平台的撮合下，直接与平台的出借人（投资者）形成债权债务关系。银行贷款是间接融资，银行为信用中介，贷款人与银行形成债权债务关系，而不与存款人直接发生法律关系。其次，从资金运用上看，P2P 平台需要将出借人的资金对应发放给借款人，不得截留、挪用，不允许出现资金池和期限错配，而银行通常会短借长贷，并通过存贷比等进行流动性审慎管理。第三，银行的利润来源主要是存贷款利差，而 P2P 平台主要是向借款人和出借人收取的服务手续费。最后，P2P 资金运用的结果是形成了非标准化的债权资产，而银行主要是形成了各项贷款。

表 4-3　　P2P 融资与银行贷款比较

比 较 项 目	P2P 融资	银 行 贷 款
融资性质	直接融资	间接融资
资金供给方	出借人	存款人
资金需求方	借款人	贷款人
平台性质	信息中介	信用中介
资金来源	投资款	存款
资金运用	非标准化债权	各项贷款
主要风控	自身风险管理	资本 拨备
监管机构	银监会、金融办	银监会

二、P2P 融资产品申请材料的要求

P2P 融资根据不同的产品，需要提交不同的申请材料。目前，P2P 融资产品主要分为以下 3 类：针对工薪族的信用借款产品、针对企业主的信用借款产品、抵押类借款产品。

1. 针对工薪族的信用借款产品

借款人只需要提供详尽的个人资料和证明材料就可以获得借款额度，一般包括身份认证材料，如身份证、户口薄、住址证明、生活照等；职业收入认证材料，如工作证明、工资流水等；信用报告认证材料，如个人征信报告等；手机认证材料，如手机通话详单等。借款人提供的资料越全面、证明材料越多，获得的可借款额度就越大，同时会获得更高的信用评分等级。

以宜信的新新贷产品为例，借款人需提供借款人二代身份证正反面复印件、借款人本人住址证明、工作收入证明、近 6 个月的工资流水、近 1 个月内的个人信用报告、通话详单、本人生活照。

2. 针对企业主的信用借款产品

借款人除了提供详尽的个人资料和证明材料外，还需要提供企业相关证明材料，一般包括身份证明材料，如身份证、户口簿、结婚证、住址证明、生活照等；公司证明材料，如企业四证、办公地住址证明、经营凭证、经营地照片等；信用报告证明，如个人信用报告、企业信用报告等；收入证明材料，如个人账户流水、公司账户流水等。此外，借款人还可以提供财力证明等辅助申请材料，如房产证明、车产证明、金融资产证明等，以证明借款人的实力，获得较高授信。

以新新贷的新商贷产品为例，借款人需提供申请人和担保人身份证；营业执照；至少一份完整的近 6 个月对公或对私的银行流水、对账单或网银截图；经营地和居住地的房产证（或购房合同）或租赁合同；经营地和居住地近 3 个月的公共事业收费单；客户与申贷企业最大个人股东的个人征信；经营场所照片。

3. 抵押类借款产品

借款人需要提供基本的个人资料以及抵押物的相关证明材料，一般包括身份证明材料，如身

份证、住址证明等；收入证明材料，如工作证明、个人流水等；抵押物证明，如车辆登记证或行驶证、房产证或土地证及产调等；信用报告证明，如个人征信报告等。

以宜信的房屋抵押借款为例，借款人需提供身份证、结婚证、工作证明或营业执照副本、半年流水、房产证、土地证及产调、二居所证明、信用报告。

三、P2P 融资材料的准备

1. P2P 融资材料准备的原则

在了解了 P2P 融资的基本要求以及拟申请的 P2P 融资产品所需要的具体材料后，就要着手开始准备相关的融资材料。一般而言，提供的资料越全面、证明材料越多，获得的可借款额度就越大，同时会获得更高的信用评分等级，这样会降低成交服务费费率，另外信用等级高的用户更容易以低一点的利率赢得投资者的投标。准备申请材料时，借款人应努力遵循以下原则。

（1）完整性原则。借款人应努力将所需要的全部材料准备齐全，并争取“全件”提出申请，即一次性把要求的全部资料提交上来。

（2）时效性原则。由于信用状况可能随时间变化，借款人应尽可能准备与申请借款时间相近的材料，如最近 30 天内打印的征信报告、最近 3 个月的银行流水等。

（3）真实性原则。借款人准备的所有材料都应确保真实、准确，不能因为其中某项材料较难取得就使用存在瑕疵的材料，因为这样很可能被一票否决。

（4）可核实原则。借款人提交的材料应便于信用审核人员核实，如在工作证明上写明单位人事部门的联系人及电话，快速核实有助于尽早获得借款。

在遵循以上原则的基础上，P2P 借款人应认真准备每一项申请材料，其中部分材料的准备是比较简单的，如身份证、户口簿复印件；租房合同或水、电、气费交费单等住址证明；劳动合同或公司盖章的工作证明等。但在所有融资材料中，个人信用报告和银行流水这两项材料尤为关键，下面具体介绍这两项材料的准备过程。

2. 人民银行个人信用报告

为方便社会公众便捷地获取本人信用信息，进一步拓宽个人征信系统服务渠道，中国人民银行征信中心建设了基于互联网运行的个人信用信息服务平台（以下简称“平台”）。借款人可通过该平台自行查询并打印个人信用报告，以此作为申请 P2P 借款的重要材料，具体步骤如下。

（1）进入平台官网。打开中国人民银行征信中心个人信用信息服务平台（https://ipcrs.pbccrc.org.cn/）官网首页，单击“马上开始”，如图 4-1 所示。

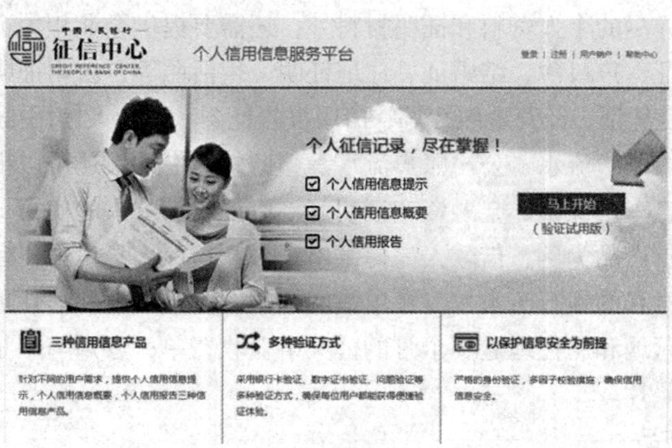

图 4-1　中国人民银行征信中心个人信用信息服务平台首页

（2）用户注册。单击“新用户注册”；填写标识信息、验证码，阅读服务协议，单击“下一步”；填写用户基本信息，然后单击“提交”，如图 4-2 所示；注册完成，页面提示用户注册成功。

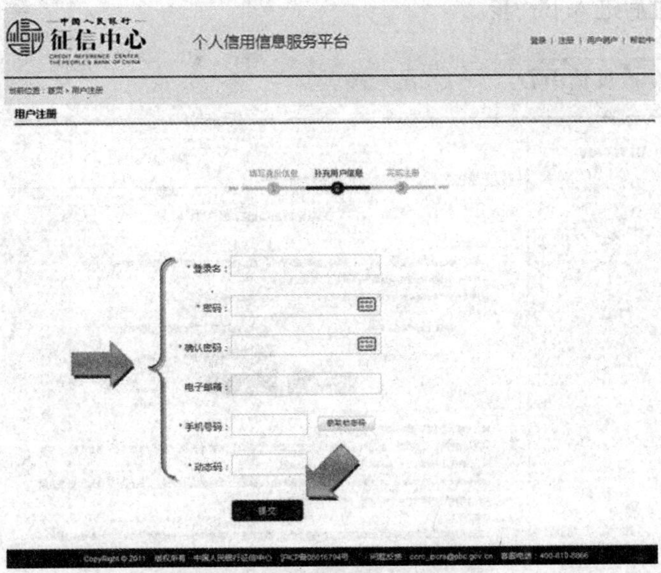

图 4-2　征信中心用户注册界面

（3）登录平台。返回个人信用信息服务平台首页，单击右上角“登录”，填写登录名、密码、验证码；通过“新手导航”页面，单击“确定”，然后通过图 4-3 所示的页面选择验证方式。验证方式包括问题验证和数字证书验证。自 2014 年 10 月 20 日起，中国人民银行征信中心与中国银联合作，推出新的身份验证方式——银行卡验证。银行卡验证方式与原有的两种身份验证方式并行使用，用户可以任选其一进行身份验证。新增的银行卡验证方式拓展了身份验证的渠道，具有覆盖面广、验证效率高、安全有保障等特点。

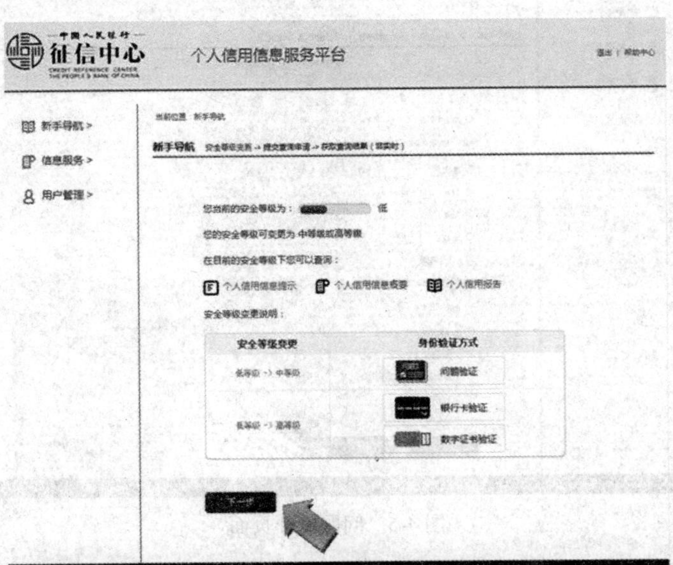

图 4-3　身份验证方式说明页面

（4）身份验证。如果选择银行卡验证，进入图 4-4 所示的页面，首先单击“获取银联认证码”

按钮，跳转至银联页面获得银联认证码，输入银联认证码和图片验证码后，验证完成。如果选择数字证书验证，用户插入数字证书验证身份。具体操作参见“数字证书验证”，用户插入数字证书验证身份，验证通过后进入下一步。

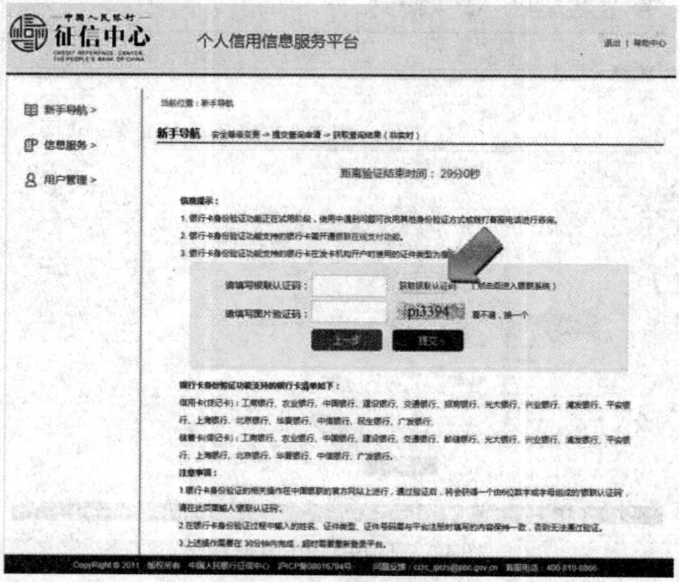

图 4-4　银行卡验证页面

如果选择问题验证，进入图 4-5 所示的页面，仔细核对本人信息后，正确回答验证问题，然后单击“下一步”。

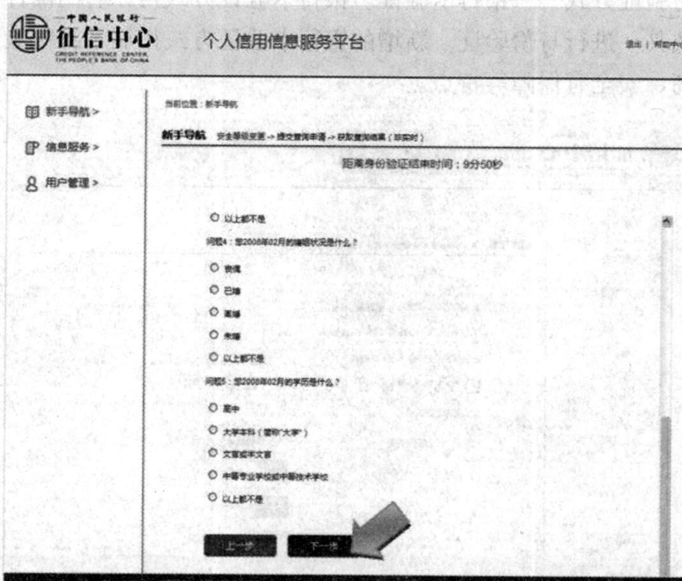

图 4-5　问题验证页面

（5）提交申请。选择个人信用信息产品，提交查询申请，此处应选择“个人信用报告”，并单击“下一步”，如图 4-6 所示。

（6）获取报告。提交查询申请 24 小时后，用户登录平台，单击“信息服务”→“获取查询结果”，输入平台发送到用户手机上的身份验证码，查看选择的信用信息产品。个人信用报告样例如图 4-7 所示。

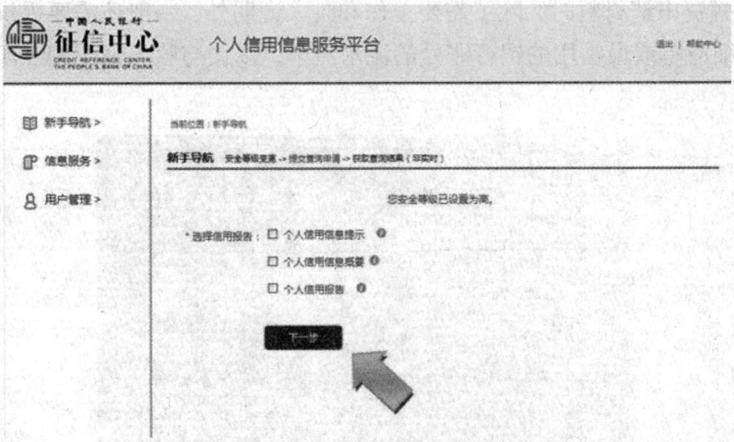

图 4-6　提交个人信用报告查询申请

	资产处置信息	保证人代偿信息
笔数	5	5

	信用卡	住房贷款	其他贷款
账户数	7	3	4
未结清/未销户账户数	4	2	3
发生过逾期的账户数	4	1	1
发生过90天以上逾期的账户数	4	0	0
为他人担保笔数	0	0	1

图 4-7　个人信用报告样例

在线获取个人信用报告后，可以导出并以 PDF 格式保存文件，或者打印出来，作为 P2P 融资申请的重要材料。特别需要提醒的是，如果选择数字证书验证或银行卡验证，在线进行注册申请时，平台实时反馈验证结果。用户可以选择是否开通“快捷查询”，开通“快捷查询”后，可通过输入手机动态码验证身份、快捷提交查询申请。如果选择问题验证，在线提交注册申请，平台 24 小时后将验证结果以短信方式发送给用户。

资料来源：根据中国人民银行征信中心个人信用信息服务平台官网（https://ipcrs.pbccrc.org.cn/）归纳整理。

[随堂测试 4-1]

1. 下列哪一项不属于中国人民银行征信中心个人信用信息服务平台的身份验证方式？（　　）

　A. 问题验证　　B. 手机验证　　C. 数字证书验证　D. 银行卡验证

2. 通过中国人民银行征信中心个人信用信息服务平台查询个人信用报告，需要通过哪 6 个步骤？请参照这几个步骤，完成自己的个人信用报告的查询操作。

提示：在查询自己的信用报告时，可尝试问题验证、银行卡验证和数字证书验证等不同方法。

3. 银行工资账户流水

在准备 P2P 融资申请材料时，除了需要工作和收入证明外，一般还需要提供至少最近 3 个月的银行工资卡明细清单或最常用的银行账号的流水清单，以便与收入证明相互印证。收入证明示例如图 4-8 所示。

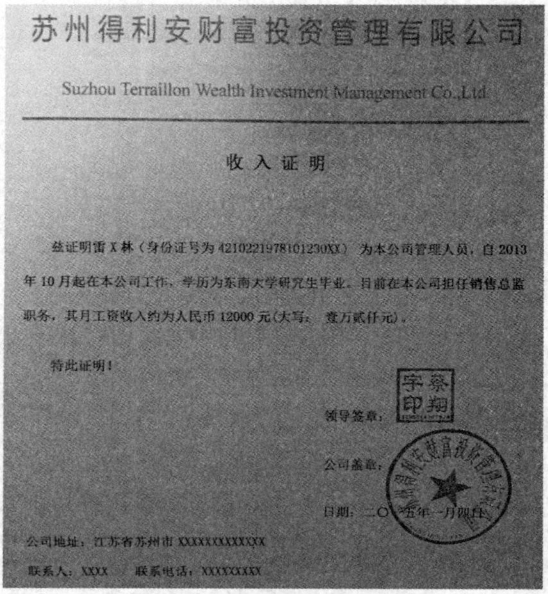

苏州得利安财富投资管理有限公司

Suzhou Terraillon Wealth Investment Management Co.,Ltd

收 入 证 明

兹证明雷 X 林（身份证号为 4210221978101230XX）为本公司管理人员，自 2013 年 10 月起在本公司工作，学历为东南大学研究生毕业。目前在本公司担任销售总监职务，其月工资收入约为人民币 12000 元(大写： 壹万贰仟元)。

特此证明！

领导签章：

公司盖章：

日期：二〇 五年一月四日

公司地址：江苏省苏州市 XXXXXXXXXXXX

联系人：XXXX　联系电话：XXXXXXXX

图 4-8　收入证明示例

打印工资流水一般有两种方法：一是个人携带本人身份证、银行卡或者存折到所属营业网点柜面申请打印；二是携带银行卡或存折到营业网点自助查询机打印，具体操作步骤如下。

至银行网点自助查询机处→插入卡或存折→输入密码→进入查询明细页面→历史明细→输入查询打印所需日期→查询→打印。

中国银行某工资卡账户 3 个月的流水记录如图 4-9 所示。

中国银行历史交易清单

— 历史交易清单（帐号： ）—

交易日期	终端号	柜员	货币	交易金额	交易后金额
20120702	452780357	04	01	-200.00	27038.86
20120708	452780421	03	01	-500.00	26538.86
20120711	452780467	88	01	4768.35	31307.21
20120720	452780234	88	01	-200.00	31107.21
20120726	452780323	03	01	1672.52	32779.73
20120730	452780578	16	01	-300.00	32479.73
20120801	452780334	06	01	-100.00	32379.73
20120808	452780452	88	01	-1000.00	31379.73
20120811	452780326	03	01	4805.46	36185.19
20120815	453450452	02	01	-685.68	35499.51
20120823	452770874	65	01	-300.00	35199.51
20120826	452770436	05	01	1800.00	36999.51
20120826	452610216	06	01	-200.00	36799.51
20120826	452770232	22	01	3000.00	39799.51
20120906	394559217	00	01	-200.00	39599.51
20120911	452770319	04	01	4786.78	44386.29
20120921	000000000	00	01	36.45	44422.74
20120923	458205510	06	01	-500.00	43922.74
20120926	394560377	02	01	1785.85	45708.59

图 4-9　中国银行某工资卡账户流水（交易清单）

4. 房屋产权调查报告

房屋抵押类借款，一般还需提供房屋产调，即产权调查报告。房屋所有权证上虽然有房屋的权利人、坐落地址、建筑面积等基本信息，但是却不包含该房屋是否存在抵押、查封等权利限制的情况。如果一套房屋存在查封无法交易的情况，光看房屋权利人的产权证原件是无法发觉的。

产调一般可以到当地的房地产交易中心获取，携带产权人身份证、房屋地址、查阅费即可办理。完整版的产调含 10 项查阅内容，分别为房屋、土地、异议、房地产抵押、预购房屋及抵押、建设工程抵押、房屋租赁、房地产权利限制、地役权、文件等登记信息。产调页会显示查阅到的登记信息系统中含有以上信息的某些项目，如果该房产无抵押查封等信息，一般产调只有房屋、土地信息 2 页；若有抵押情况，则产调包含房屋、土地、抵押信息 3 页。产调首页信息如图 4-10 所示。

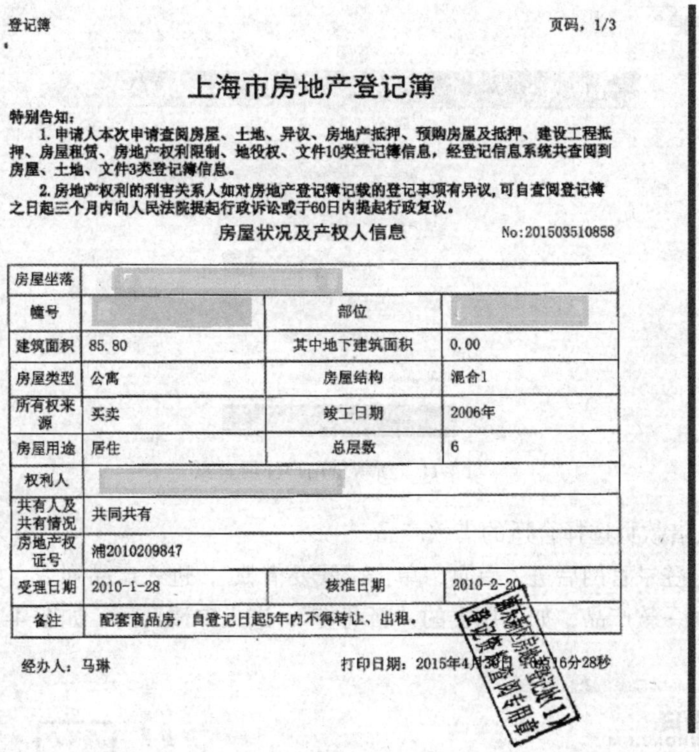

登记簿　　　　页码，1/3

上海市房地产登记簿

特别告知：

1. 申请人本次申请查阅房屋、土地、异议、房地产抵押、预购房屋及抵押、建设工程抵押、房屋租赁、房地产权利限制、地役权、文件10类登记簿信息，经登记信息系统共查阅到房屋、土地、文件3类登记簿信息。

2. 房地产权利的利害关系人如对房地产登记簿记载的登记事项有异议，可自查阅登记簿之日起三个月内向人民法院提起行政诉讼或于60日内提起行政复议。

房屋状况及产权人信息　　No:201503510858

房屋坐落			
幢号		部位	
建筑面积	85.80	其中地下建筑面积	0.00
房屋类型	公寓	房屋结构	混合1
所有权来源	买卖	竣工日期	2006年
房屋用途	居住	总层数	6
权利人			
共有人及共有情况	共同共有		
房地产权证号	浦2010209847		
受理日期	2010-1-28	核准日期	2010-2-20
备注	配套商品房，自登记日起5年内不得转让、出租。		

经办人：马琳　　　　打印日期：2015年4月[illegible]16分28秒

图 4-10　房地产登记簿房屋状况及产权人信息页

四、P2P 融资申请

在所有申请材料准备齐全后，借款人便可通过 P2P 平台的官网或者 APP 进行借款申请。借款申请一般包含以下几个步骤：注册用户并通过实名认证；填写借款申请，选择借款金额、期限和利率，提交借款申请。下面，通过一个实例，具体介绍 P2P 融资申请的操作方法。

[做中学 4-1] P2P 融资申请操作实践

张先生是一家小微企业主，为即将到来的旺季备货，希望通过 P2P 融资获取一笔短期流动资金。那么，如何通过 P2P 平台在线申请融资呢？让我们根据步骤引导一起来“做中学”。

步骤 1：选择合适的 P2P 融资平台。

根据张先生的融资需求，应该选择一家服务小微企业的 P2P 融资平台。通过网络检索，我们发现新新贷是一家专注于服务小微企业的 P2P 平台，截至 2015 年年底，已向 19 034 位小微企业主发放了超过 40 亿元的借款。该平台成立于 2012 年 2 月，由新新贷（上海）金融信息服务有限公司运营，总部位于上海，是中国互联网金融协会首批会员单位，在全国设有数十家分支机构，为有投资、借款需求的人们提供专业、阳光、透明、规范的金融信息服务，致力于用公平金融的理念改善每个人的生活品质，特别是“新商贷”等特色产品为广大小微企业提供了一条解决融资难题的新途径。

资料来源：整理自新新贷官网（http://www.xinxindai.com）。

步骤 2：注册新新贷用户并通过实名认证。

登录新新贷官网，单击首页的“注册”，然后使用手机号或者邮箱完成注册。随后，根据提示输入姓名、身份证号，通过实名认证，如图 4-11 所示。

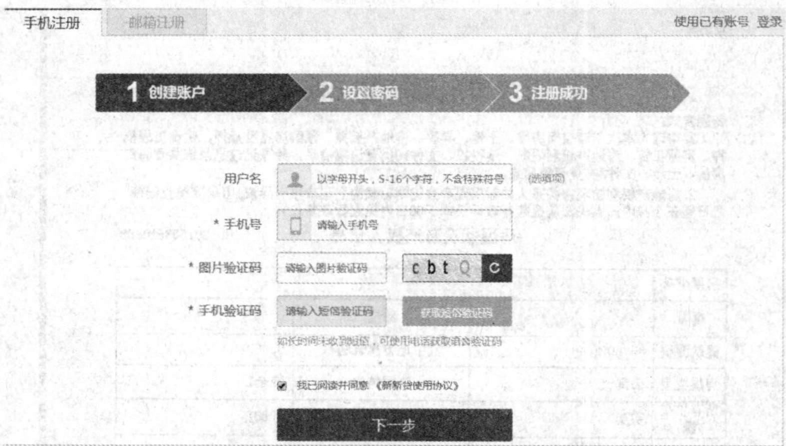

图 4-11 新新贷用户注册首页

步骤 3：进入借款页选择合适的借款产品。

用注册的账号登录官网后进入首页，单击“我要借款”，进入产品列表，如图 4-12 所示。根据融资需求，选择一款产品，如信用类的“新商贷”，进入申请页面，如图 4-13 所示。

图 4-12 新新贷用户登录首页

图 4-13 新新贷借款产品列表页

步骤 4：申请信用类产品“新商贷”。

进入“新商贷”产品申请页面后，首先填写申请地区、借款用途、金额、利率、还款方式、期限等借款基本信息，然后填写借款标详细说明，最后输入验证码，单击“提交”即可，如图 4-14 所示。此时，借款标会显示在新新贷操作后台，官网平台中不会显示。随后，融资客户可根据要求输入各项资料。

图 4-14 新新贷“新商贷”申请借款页

步骤 5：完善资料。

此步骤要求借款人完善个人基本资料、固定资产资料、私营业主资料、财务状况、联系方式和配偶资料，填写完整并保存，如图 4-15 所示。

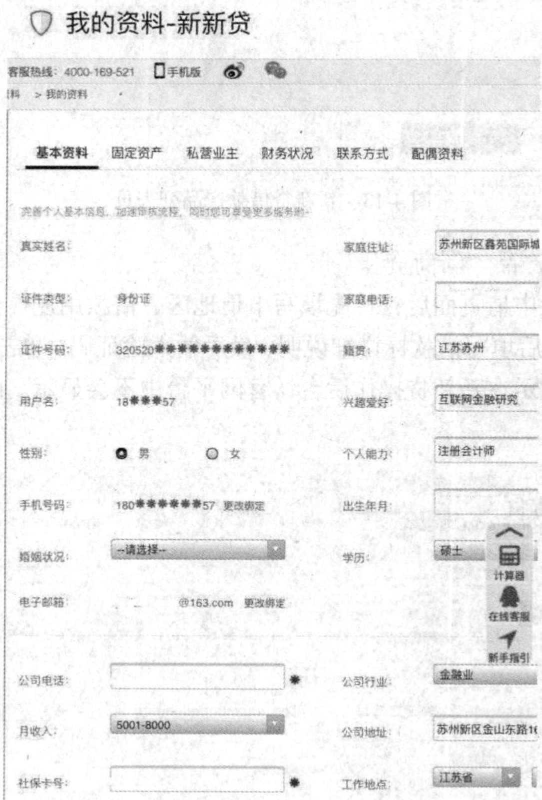

图 4-15　新新贷“新商贷”完善资料页

至此，进入了新新贷人工审核环节。借款人根据融资客户经理要求的资料清单，线下提交完整的申请材料原件或复印件。待线下审核成功后，步骤 3 中提交的借款标将会同步到官网首页，借款标进入平台招标环节。待满标复核后，借款人申请借款提现，完成借款流程。

任务二　融资信用审核与放款

在了解了 P2P 网络融资所需的基本材料与申请方法之后，本任务将以针对企业主的借款产品为例，通过初步信用审核、借款人网络信息查询与验证、反欺诈与电话核实、实地尽调和终审批复放款这 5 个环节，带领大家详细了解 P2P 信用审核的要点，并通过“做中学”实战演示操作步骤，从而帮助大家更好地了解 P2P 融资实务，提升 P2P 融资决策能力，更好地平衡融资便利性、融资成本与融资规模，获得最佳的融资方案。

一、融资信用审核概述

1. 融资信用审核的概念

信用审核是指借款发放前放贷主体对申请人基本情况的调查，并对其是否符合借款条件和可发放的借款额度做出初步判断，重点考查融资方的还款能力与还款意愿。

2. 融资信用审核的特点

信用审核的概念与银行授信贷前调查的概念基本一致，但是 P2P 网络借贷融资的信用审核又具有其自身的特点。一般而言，小微企业融资往往具有周期短、金额小、频次高、时间急的特征，而 P2P 平台所服务的多数是这些小微企业，所以其信用审核的特点就是审核周期短、流程简便、效率高。其次，一般小微企业财务信息少，所以 P2P 网络借贷融资比较传统的银行而言，贷前调查更注重借款方还款意愿的评估。

3. 融资信用审核步骤

在借款人提交了申请材料之后，风控人员会进行一系列的信用审核。第 1 步是初步信用审核，旨在核实借款人提交资料的真实性与齐全性，同时结合第 2 步借款人网络信息查询与验证，交叉核实借款人基本信息，提取借款人相关风险点；第 3 步是电话反欺诈核实，通过与借款人以及借款人提交的其他联系人的电话沟通，判断借款人所提供数据的真假，包括对资料真假的判断以及对信息真假的判断；在以上 3 步通过的基础上，风控人员会进行审核的第 4 步，即实地尽职调查；最后一步是终审人员的最终审批，审批通过的给予放款。

4. 融资信用审核要点

融资方的还款能力与还款意愿是信用审核的两大要点。借款人的还款能力是一笔借款能按期偿还的客观因素。以企业主借款客户为例，借款人的还款能力在一定程度上就是企业的还款能力。企业还款能力分析是企业财务分析的重要组成部分，企业的还款能力可以通过一些关键的财务指标表现出来，如流动比率、速动比率、营运资本、现金比率、资产负债率、利息保障倍数、销售增长率、总资产增长率、净利润增长率、现金流分析等，通过这些可以量化的指标，我们可以对借款企业的还款能力有一个准确的判断。

相对而言，还款意愿则是相对难以量化的评估。一般来说，决定还款意愿的因素主要有借款人人品、违约成本等。评估还款意愿应注意挖掘借款人基本信息背后蕴藏的信息。

（1）借款人的年龄。通常情况下，借款人的年龄与借款人的社会经验、工作经验是成正比的，而借款人的经验会对借款人的经营能力产生影响（尤其对一些复杂程度较高的行业）。借款人的年龄与借款人的精力、健康程度是成反比的，这些会直接影响到年龄较大的借款人的还款能力和还款意愿。年龄过大或身体健康状况差会增加借款人的死亡风险。

（2）借款人的教育水平。借款人的教育水平高，对自己的社会定位会较高，更为重视自己的信誉，也会理解在整个社会征信体系中个人信誉的重要性，因此还款意愿会高一些；借款人的教育水平高，发现、把握商机以及对生意的掌控能力也较强，而且其社会关系可能更广泛一些，这些对提高借款人的还款能力、还款意愿都有一定的帮助。

（3）其他人对借款人的评价。“其他人”主要包括客户的雇员、亲属、同行、合作伙伴或周围商户。在要求借款人寻找担保人时，通过寻找担保人的难易程度可以间接了解到他人对借款人的看法，但对于一些外地人或社会关系较少的借款人要特殊考虑。借款人对待他们的态度以及自信程度也能反映借款人的信誉状况。

（4）婚姻状况。通常，已婚借款人出于对家庭的责任感、家庭声誉及对子女的影响，会更为用心地经营自己的企业，还款意愿也更为主动一些。对于已婚的借款人，通过观察其对家人的态度可以看出其是否具有较强的责任感。对于有离婚史的借款人，要尽量了解其离婚的原因，尤其是有两次以上离婚史的借款人，要特别注意观察其目前家庭的稳定性。对于个体工商户和私营企业主来说，家庭的稳定性会对生意的经营有较大影响。

（5）借款人是否有不良嗜好、不良信用记录和犯罪记录。要注意观察、了解借款人是否有酗酒、赌博等一些不良嗜好，其行为是否严重损害到了借款人的健康状况，是否对借款人的家庭及生意的稳定性产生不利影响，对借款人将来还款能力是否产生了一定的风险。查询借款人的信用记录是了解借款人信用情况的一个重要手段，对于有不良信用记录的借款人要了解其违约的真实原因，除非有特殊情况，否则要将其视为借款人还款意愿较差的一个重要证据。对于有犯罪记录的借款人，要重点了解其犯罪的类型和严重程度，该记录对借款人的家庭和生意是否还有某种影响，可以通过观察、试探性的询问来了解借款人目前对其犯罪行为的认识，要综合考虑借款人犯罪时的年龄、犯罪时间距离现在的长短，努力为能够改过自新的借款人提供发展事业的机会。对于炒股的借款人，要注意该借款人的投机行为是否成为借款人经营的主要目的，是否已经影响到借款人的经营，借款人是否可能将借款挪用等。

（6）借款人是否为本地人。小额借款的对象要求为本地人或者在本地长期居住的外地人。一般来说，长期居住的借款人还款意愿要好些。

评估借款人的还款意愿，应结合其还款能力综合分析。借款人的违约是还款能力和还款意愿综合作用的结果。传统的信用风险评估方法将还款能力与还款意愿当成两个独立的对象来处理，分别对二者进行评估后再做出风险决策。这种做法忽视了二者之间的内在联系，从而影响了信用风险决策的科学性与合理性。因此，需要对借款人信息进行交叉检验和逻辑检验。

交叉检验是通过不同途径确认信息正确性的方法。P2P 融资信用审核交叉检验就是在借款调查前、调查中、调查报告制作和贷后检查管理过程中，通过不同信息来源途径、同一信息来源途径的勾稽关系，对借款人信息进行真实性、准确性、完整性确定的过程，其主要是针对与借款人的还款能力和还款意愿相关的信息和数据进行验证，包括财务信息和反应借款人个人基本特征及企业经营特征的“软信息”等方面的内容。

逻辑检验是针对 P2P 融资信用审核中借款人无正规可信的财务报表的情况下设计的验证工具。对于一个借款人来讲，其各项财务数据之间是相互关联而不是各自独立的。这种关联性就决定了特定数据之间应该有一定的比例关系。这种关联和比例关系就为我们提供了一个验证借款人财务信息是否可靠的非常有用的工具，我们称这种验证为“逻辑检验”。只有经过逻辑验证的财务信息，才能作为财务依据提供给 P2P 融资信用审核贷审会。由此可见，逻辑检验本身是属于交叉检验的一部分，主要侧重于对借款人公司财务状况的检验。

综上所述，借款人还款能力和还款意愿的评估不能依据单方面的信息，应当通过多种方式和渠道，结合多方面因素分析并通过交叉检验和逻辑验证的方式得出最终的评估结果。

二、初步信用审核

初步信用审核的过程首先是将借款人提交的资料进行分类整理，主要分为身份证明类文件、居住财力证明类文件、工作证明类文件、信用证明类文件和其他证明类文件 5 类。身份证明类文件主要包括借款人的身份证、户口簿等资料。居住财力证明类文件主要包括居住地房产证或租赁合同、居住地公共事业费账单等。工作证明类文件分为工薪族和企业主两大类。工薪族工作证明类文件主要包括劳动合同或公司盖章的工作证明、工资卡明细清单或最常用的银行账号的流水清单等；而企业主工作证明类文件主要包括企业证件、经营地房产证或租赁合同、经营地公共事业费账单、企业对公流水以及借款人个人对私流水、特殊行业许可证、企业信用报告等。信用证明类文件主要是指借款人的个人信用报告以及企业信用报告。其他证明类文件包括借款人个人照片、企业经营环境照片、借款人学历证明以及其他一切有助于审核的材料。

在初步信用审核实务中，P2P 平台信审人员通常会使用“初审工作底稿”记录工作过程和结果，并通过“留痕”的方式为下一步工作打下基础。请扫描图 4-16 中所示的二维码，仔细了解初审工作底稿（表样）的具体内容，掌握初审工作的关注要点。

图 4-16　初审工作底稿（表样）二维码

[做中学 4-2] 企业借款人的初步信用审核

借款人赵敏是上海 ABC 服装贸易有限公司的独资股东，由于扩大经营需要补充资金，向 P2P 平台申请借款，申请材料已提交。请根据以下步骤引导，完成该借款人的初步信用审核。

步骤 1：借款人身份验证。

通过验证身份证的真伪，来判断借款人年龄是否符合借款要求，借款人所在地区是否是高风险地区。从照片验证证件真伪的方法有：身份证号码要注意“平头 3、开口 4”；正面相片左竖边的向下延长线是否在身份证号码第 10 位的中间；背面的签发机关名称与正面的住址信息是否对应一致；是否在有效期内等。同时，我们还可以将身份证信息输入第三方征信平台进行验证。

核实借款人户口本信息，检查借款人有无曾用名，检查借款人“服务处所”或“何时由何地迁来本址”栏中是否有“劳教”“劳改”“农场”“监狱”等字样以核实借款人是否有犯罪服刑记录。

步骤 2：借款人住址信息认证与资产核实。

借款人居住地可能为自有、租赁或住在亲友家。自有居住地的需要提供房产证以及居住地公共事业费账单，核实房产证权利人或共有权利人栏是否有借款人姓名，公共事业费账单地址是否一致。租赁居住地的需要提供租赁合同以及居住地公共事业费账单，核实居住地承租人是否是借款人，核实租赁期限、地址，核实公共事业费账单地址是否一致以及户名是否是出租人。住在亲友家的需要提供居住地房产证以及公共事业费账单，同时提供亲友关系证明。上述公共事业费账单包括电费单、水费单、燃气费单、有线电视费用单等，只需提供其中一种即可。

借款人资产可以通过借款人提供的房产证、车辆登记证或行驶证等核实。

步骤 3：借款人企业经营情况初核。

核实借款人营业执照的真实性，确认执照在有效期内，且设立日期满足年限要求。核实公司实际经营业务在营业执照经营范围之内。营业执照有旧版执照和新版执照，新版执照使用“统一社会信用代码”。运输、餐饮、烟酒、危险品、旅馆、回收等特殊行业，核实特殊行业经营许可证。

核实企业经营地址的真实性，其核实方法与步骤 2 中地址信息的核实方法一致。同时，结合经营地照片交叉验证。

核实企业的经营规模，通过计算企业账户和借款人个人账户的每月流水来估算营业收入情况。统计流水时，需要通过流水的户名、页数、对方户名、备注等信息，判断流水的真实性、连续性和有效流水比率。通过 6 个月的流水趋势和波动性来判断经营处于上升还是下滑阶段。

步骤 4：借款人信用报告审核。

核实信用报告的时效性，看报告日期是否在 30 个自然日内。核实报告的完整性，看报告是否连续完整。统计借款人的负债情况，主要关注贷款余额、信用卡已用额度和对外担保等情况，同时统计借款人近期到期的贷款余额。判断借款人的信用情况，其主要指标为贷款逾期户数、信用卡逾期户数、逾期次数、有无 90 天以上逾期以及次数、有无当前逾期、近 1 个月征信查询次数等。

三、借款人网络信息查询与验证

随着互联网的发展，网络作为信息公示平台的作用日渐凸显，越来越多的信息可以通过相关公示平台进行交叉验证。主要的查询与验证分为以下几类：企业基本信息、税务信息、法律纠纷信息、第三方征信信息以及其他负面信息。

1. 企业基本信息

企业基本信息的查询网站有全国企业信用信息公示系统（www.gsxt.saic.gov.cn）、全国组织机构代码查询系统（www.nacao.org.cn）等。这里以全国企业信用信息公示系统为例，查询方法如下。

（1）进入官网搜索。打开全国企业信用信息公示系统官网首页，单击要查询企业的注册省份链接，如图 4-17 所示。在显示的搜索界面中输入企业名称，单击“搜索”。

图 4-17　全国企业信用信息公示系统平台首页

（2）查看结果信息。点开查询结果页面上的企业链接，查看详细信息，如图 4-18 所示。

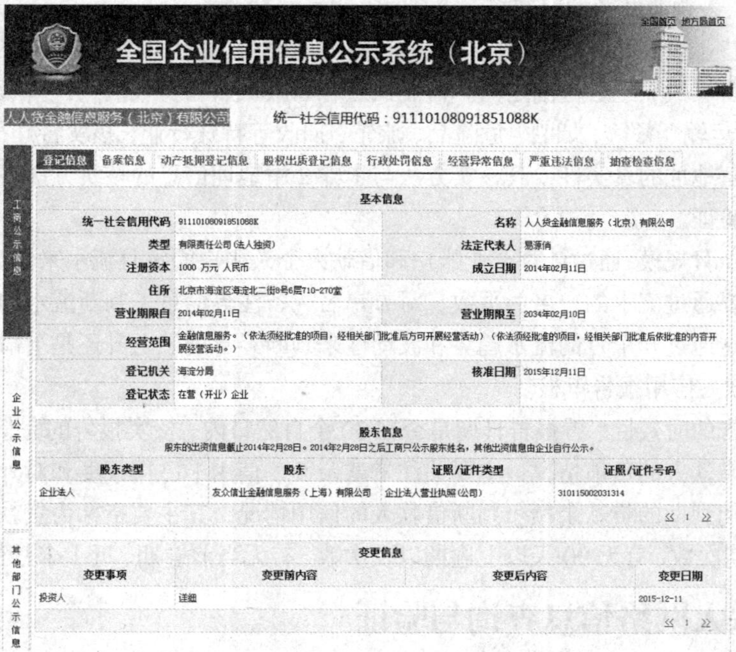

图 4-18　全国企业信用信息公示系统平台详细信息页

2. 企业税务信息

查询企业税务信息的网站主要是各省市区的国税和地税网站。以上海市为例，上海税务查询网站为：www.tax.sh.gov.cn，其首页如图 4-19 所示。

图 4-19 上海市税务信息系统查询平台首页

3. 法律纠纷信息

法律纠纷信息的查询网站主要有人民法院开庭查询、中国裁判文书网 http://www.court.gov.cn/zgcpwsw/）、全国法院被执行人信息查询（http://zhixing.court.gov.cn/search/）、法院失信被执行人查询（http://shixin.court.gov.cn/）等。

（1）开庭查询。查询借款人和关联企业近期是否有开庭信息，主要是以被告身份查询，可知借款人和关联企业近期是否陷入案件纠纷。以上海市高级人民法院网为例，查询页面如图 4-20 所示。

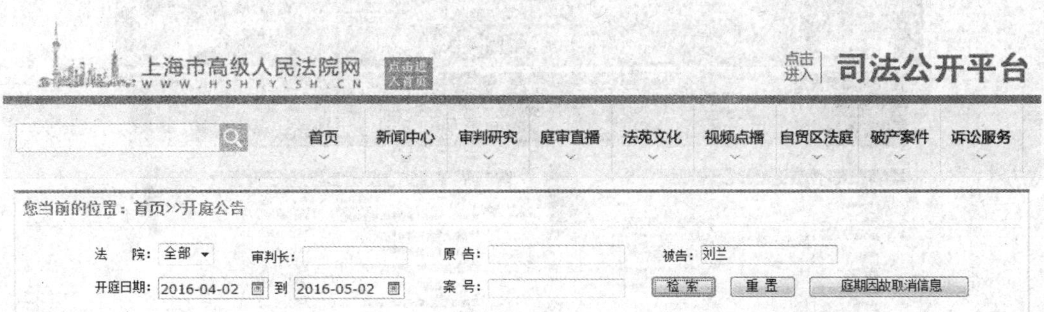

图 4-20 上海市高级人民法院网开庭公告查询页

（2）裁判文书查询。查询涉及借款人和关联企业案件的判决文书，分析案件性质和风险，查询页面如图 4-21 所示。

（3）法院被执行查询。查询借款人和关联企业是否为法院被执行人，若借款人或关联企业为被执行人，表明其未主动履行法院判决，可视为信用度不佳。若仍处于执行中状态，表明借款人或关联企业仍处于强制执行状态，视执行标的分析偿债风险，查询页面如图 4-22 所示。

图 4-21　中国裁判文书网查询首页

图 4-22　全国法院被执行人信息查询首页

（4）法院失信被执行查询。若借款人或关联企业为失信被执行人，表明法院强制执行且未成功，可视为严重失信，建议以黑名单处理。查询页面如图 4-23 所示。

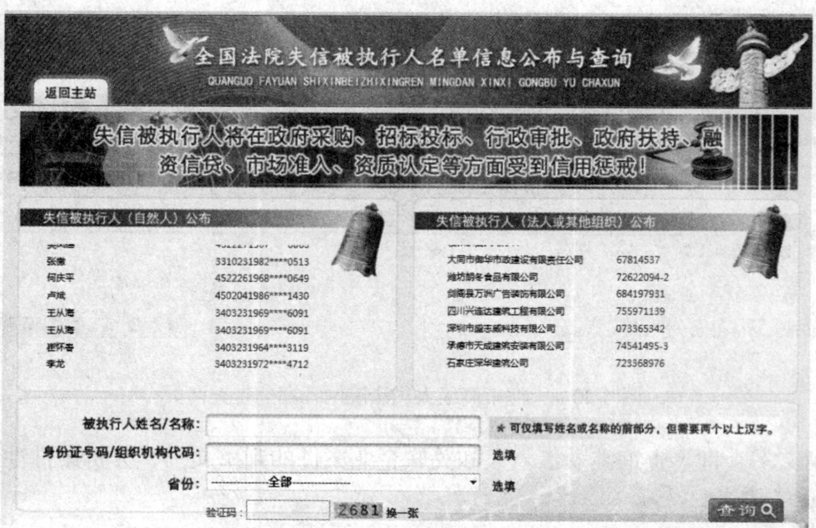

图 4-23　全国法院失信被执行人信息查询首页

4. 第三方征信信息

该类信息主要查询平台有“网贷之家”黑名单、启信宝、算话征信、同盾网、鹏元征信、宜信致诚征信等，其中大部分为收费性质的网站。此类网站主要是一家或多家互联网金融企业信息共享的平台，并整合了企业基本信息、税务信息、法律纠纷信息、小贷申请与逾期信息中部分或全部内容，为借款人信用情况提供评价参考。以启信宝手机 APP 端为例，截取部分查询界面，如图 4-24 所示，可以方便地查询借款申请人的各类第三方征信信息。

图 4-24 启信宝手机 APP 信息查询

四、电话反欺诈核实

在初步信审和网查之后，我们对借款人的基本信息有了初步的了解，同时也发现了疑问点。接下来，通过拨打借款人及其提供的相关联系人的电话，对前期所获得的基本信息进行确认，对疑问点进行复核，即进入电话反欺诈核实程序。

1. 反欺诈目的

反欺诈目的主要有以下几点。一是核实电话的真实性，方便融后管理。通常借款人在申请时，需要提交亲属联系人、单位联系人、紧急联系人的电话，反欺诈首先要确保这些电话的真实性，确认联系人的有效性。二是对前期获得的信息进行确认，核实借款人所提供数据的真假，包括资料的真假以及信息的真假。三是对前期产生的疑问点进行复核，从借款人和其他联系人多方的回答中交叉验证。四是通过各种对话技巧，在电话反欺诈过程中获取更加详细的信息，包括借款人公司的经营模式、运作情况、借款人本人的相关信息，挖掘新的风险点，为实地尽职调查做准备。如遇规避点，可直接结束审核过程。

2. 反欺诈的主要技巧

资料真假的核实，主要有电话真假的核实、租赁合同的核实、个人资产的核实等。电话真假的核实，我们主要采取核身的方法。例如，给借款人的配偶致电的过程中，先确认接听者姓名并简单地进行自我介绍，然后询问接听人与借款人的关系，接听人回答是配偶之后，可让接听人报出借款人的身份证号、年龄、属相、家庭地址、单位地址等相关信息进行身份核实。在身份核实确认后，可进行其他信息的询问。租赁合同的核实，主要采用通过跟借款人提供的多个其他联系人进行交叉验证核实，对于租赁合同中的地址、租金、支付方式、租期等信息进行抽查，同时，若合同中有出租人的电话，可以致电出租人进行核实。个人资产核实方面，如房产，可以对照房产证询问借款人房产的购买年份、面积、单价、在银行是否有按揭贷款信息等进行验证。

信息真假的核实，主要有流水的确认、毛利率的确认、员工人数的确认、事业费账单是否异常等。前期的初步信审中我们已经获取了借款人的流水信息，在电话反欺诈过程中可以进行典型流水的抽查。同时，若前期获取的流水信息有明显的波动，可以在电话反欺诈的过程中询问借款人流水波动的原因，看其是否是淡旺季造成的。在毛利润确认的过程中，可以询问借款人商品的进货价和出货价分别是多少，生产型企业可以进一步询问原材料的价格、加工成本、成品价格等，估算毛利润信息。对于员工人数的确认，可以进一步询问员工岗位的分布、每一个岗位的人员构成，同时与单位联系人的回答做交叉验证。对于事业费账单，可以询问借款人每个月的电费、水费等费用，核实费用的真实性。

3. 反欺诈范例介绍

下面以单位电话和借款人本人电话为例，以范例的形式呈现出电话反欺诈的主要流程。

（1）单位电话范例。

开场：您好，请问是上海 ABC 服装贸易有限公司吗？赵敏小姐在我司办了笔业务，留了这个公司的电话，我们想核实一下公司的基本情况。

单名和单址：请问贵公司地址是在哪？

借款人职务：请问赵敏小姐在公司的具体职位是什么？

主营和品牌：请问公司主要经营哪些业务？是否有自己的品牌？

员工人数：请问公司有多少个固定员工？公司给职工交五险一金吗？

借款人联系方式：您能跟我核实一下赵敏小姐的电话号码吗？请问赵敏小姐除了 13301750328 这个电话号码外，还有其他的联系方式吗？

（2）借款人电话范例。

开场：赵总，您好，这边是米融公司，您之前有在我们公司申请了一笔借款业务，这边想跟您核实一些信息，大概耽误您一刻钟时间，您现在方便吗？

金额：请问这次借款您准备申请多少金额？

期限：我们的产品有 1～36 月期的，请问您是想申请多久的呢？

用途：这笔资金主要用于什么地方？

单名单址：您能跟我核实一下企业名称以及地址吗？

主营品牌：您能向我简单介绍一下公司的主营业务吗？您是做内销还是外贸，占比多少？

员工人数：您这边员工一共有多少人？管理人员、生产工人、销售人员分别是多少？有给他们交五险一金吗？有多少员工交金？

上下游账期：您的公司上游采购有几家长期合作的供应商？分别是些什么类型的企业？这些供应商是否会给您一定的账期呢？下游客户是什么类型？长期合作的有多少家？您提供给这些客户通常多久的账期？

应收账款：您目前的应收账款有多少？

应付账款：您的应付账款有多少？大概什么时候还？

生产周期或存货周转天数：您目前的库存可以维持多久的销量？

营业额:您平均一个月的营业额有多少？您去年一年的营业额有多少？有百分之多少走银行，有百分之多少走现金？有百分之多少开发票？

毛利率：您的毛利率有多少？

净利率：净利率有多少？

工资支出：平均一个月员工工资是多少？

现有信用卡每月还款：您每个月信用卡大概要还多少钱？

银行贷款：请问您银行里有哪些贷款，贷款余额还有多少？每月应还多少？分别是什么贷款类型？是用什么做的抵押？

在实际工作中，与信审类似，P2P 平台工作人员也会编制反欺诈审核的工作底稿。请扫描图 4-25 中所示的二维码，了解反欺诈审核工作底稿的栏目设置，进一步把握反欺诈核实工作的要点。

图 4-25　反欺诈工作底稿（表样）二维码

五、实地尽职调查

1. 尽职调查概述

在前期初步信审与电话反欺诈流程中,所有信息均是通过纸质材料或对话问答的方式呈现的，通过这些渠道获取的信息较为片面，主观性较强。为此，完整的信用审核需要实地尽职调查（简称尽调）环节，即风控人员亲自前往借款企业的经营地，通过与借款人等关联人的直接接触，现场观察企业经营状态，搜集各类经营材料，获取更加全面、真实的信息。

实地尽调具有重要意义，通过它能够客观地观察到公司的经营状态和搜集到真实、全面的经营数据；可以搜集到更多非财务信息，如客户的诚信度、家庭责任感等。

2. 尽职调查流程

（1）调查前的准备。在实地调查前，应根据已有的申贷资料及初步信审、电话反欺诈的报告，事先了解客户的经营状况、盈利能力以及主要经营风险，梳理实地调查过程中需要进一步调查和核实的关键信息并制作现场调查提纲。在实地调查前，应通过电话联系客户，确定现场调查的时间及所需调查的地点，同时提示客户还需要准备的材料、需要到场的当事人。

（2）调查过程。在实地调查的过程中，主要通过“望、闻、问、切”等方式，通过多种渠道获取有用的信息，客观评估借款人的资质，做到尽职调查。

望：观察经营地环境、经营状态、员工工作状态、产品库存等可直接通过肉眼观察得到的信息。

闻：搜集开票系统、购销合同、出入库单、财务报表等各类经营材料或数据，通过各种经营产生的蛛丝马迹分析借款人的经营状况。

问：通过与借款人及其他第三方面对面的沟通，全面了解借款人及企业的各类信息，并通过察言观色、多方询问等手段判断数据的真伪和借款人的诚信度。

切：将望、闻、问得到的信息相互印证、交叉检验，对矛盾点当面进行复核，不弄清事实不罢休。

（3）撰写实地尽职调查报告。实地尽调结束后，风控人员要对搜集到的数据进行汇总分析，筛选出真实有效的信息，分析客户的优、劣势，撰写出完整的实地尽调报告，并给出合理的建议。

在撰写实地调查报告的过程中，要秉承真实、全面、有理有据的原则。一份优秀的实地调查报告，应该全面地反映出借款人及借款企业所有的重要信息，且保证所有的信息都是核实为真的、有搜集到相关证明材料的，切忌主观、毫无依据的推测。

请扫描图 4-26 中所示的二维码，进一步了解实地调查报告撰写的框架与重点。

图 4-26　实地调查报告框架（示例）二维码

3. 注意事项

（1）注意谈话技巧。调查一般采用谈话的方式进行，并尽量不要使用书面语，要采用通俗易懂的语言，拉近与被询问者的距离；必须事先将需要提问的问题记住，同时在访谈过程中做好记录，保证调查的全面性。

（2）保证客观性。在访谈过程中，应尽可能从各种经营记录和借款人所陈述的内容中获取信息，不要替借款人回答调查过程中所提的问题，更不能凭空猜测。

（3）注重观察。在调查过程中一定要注意观察细节，包括借款人如何处理业务经营中的一些细节问题，对待客户、雇员、供货商的态度，以及家庭责任感等。这些细节问题在很大程度上反映了一个借款人的经营能力和诚信度。

（4）注意材料的真实性。对于调查了解过程中借款人提供的有关买卖合同、进出货单等经营相关资料要尽可能地做到逐一核实。

4. 尽调范例

下面以服装贸易类企业为例，具体说明尽调重点。

（1）核实借款用途的真实性。例如，用于新开店面或装修，现场核实是否有新店面的租赁合同或协议书、装修效果图、装修工程合同、设备购买凭证、前期租金交付凭证等，审核人员需要根据客户目前的进展情况要求客户提供不同资料。租赁合同应注意具体的交付时间、装修时间、开业时间和租金交付办法，并与实际情况匹配。尽调时审核人员需到新开店面或需要装修的位置现场核实。

（2）实地非财务信息评估。

① 服装批发行业。通过对当地市场的调查，了解是否有足够的市场份额。只有在足够销量的支持下，批发客户才能获取足够的经营毛利支付固定费用，才能盈利。

服装零售行业。看经营位置是否在人口集中、人流量大的地方；观察经营场地装修情况和相关设施，来评估是否有吸引顾客的购物环境，对客户店面人流量、定位人群有一个大概了解。

② 查看仓储条件和物流是否顺畅。从事商品批发需要较大的库存商品，这就要求足够的仓储场地。

③ 查看服装产品和经营方式的多样化。服装销售的旺季在春、秋、冬季，淡季在夏季。只有多样化的经营手法及销售模式才能不断地吸引新客户。

④ 查看销售合同、发货单据、销售记录，来评估是否有完善的销售渠道。销售渠道和销售网络是批发经营者生存的关键。

⑤ 将经营发展历程对比，分析经营者的应变能力。经营者是否能及时调整商品结构来适应消费需求，根据竞争对手及市场情况改变销售策略。

⑥ 服装批发企业需要大量依赖供货商的信用支持，对供货商的应付账款也往往构成其负债的主要部分。供货商给予的账期最能体现借款人的信用情况，如出现账期调整，往往表明借款人在信用状况上出了问题。

⑦ 查看借款人的订购合同、代理协议可以了解到借款人的进货价格、每期的进货数量、批次以及货款的结算方式，从而判断借款人与供货商的关系及其授信额度、代理层级。

（3）实地财务信息评估。

① 销售收入评估。查看借款人的销售记录，给客户的送货单、物流单及网店销售系统后台。注意其真实性，看笔迹是否吻合或字迹是否有新旧之分。如借款人和其供货商有往来对账单，可根据进货金额与该商品的平均毛利推算销售。例如，从对账单上看出借款人当月进某款男士上衣金额100 万元，毛利率 10%，则销售金额是 100/（1–10%）=111 万元。至少查看近 1 年的开票汇总和半年的开票明细。根据现有库存量、存货周期和毛利润率进行分析。例如，某服装店 12 月 20 号有服装存货量，进货成本价 20 万元，毛利润率是 40%，由于是服装销售旺季，存货周转期是 40 天，则当月的销售成本为 20 万元/（40/30）=15 万元，销售额为 15 万元/（1–40%）=25 万元。

② 费用评估。查看经营场地的租赁协议确定其租赁费；查看和询问工人的人数和平均工资确定其工资费用；查看相关收费单位的发票、收据确定其水、电、气、运输的费用；查看税务资料确定税务费用。

③ 资产评估。应收账款评估，建议查看借款记录，看是否有欠款人的欠条、应收票据或送货单据等证明，了解其与上下游合作的模式与付款方式、账期等，确认回款是否稳定。存货价值的确认，建议实地清点库存情况，一方面可根据数量和进货单价大致估算存货价值是否属实，另一方面看是否过时、过季款式积压过多，成为滞销产品。如借款人有库存记录，可随机抽取某种商品进行实际核对。

④ 负债评估。服装批发零售对流动资金的需求很大，尤其是备货的季节，流动资金需求量极大，但是随着原材料的涨价、竞争的加剧，服装行业的利润越来越低。因其固定资产较少、规模较小等因素，它从银行贷款十分困难，强烈的贷款需求得不到满足，只能选择利息较高的小贷公司。而很多坏账产生的原因就是客户隐性负债较高，经营上出现问题还不上款，最后只能选择“跑路”。应对其流水进行重点观察，通过第三方调查核实隐形负债。

六、审批与放款操作

信用审核的最终环节就是审批与放款。额度的出具主要通过风险模型初判，终审复核。风险模型初判是指通过将前期审核过程中获取的真实有效的资料输入风险模型中，模型会出具一个跟借款人相匹配的额度；终审复核是指终审根据借款人资料，结合风险模型给出最终的审批结论。

审批结论包括：审批退回、审批拒绝和审批通过。对于材料不完整、调查不详细的应审批退回，并要求经办人员进行修改和补充；对不合规的，可否决借款申请，并将借款人申请资料由客户经理退还申请人并做好解释工作；对于符合借款要求的，应就授信额度、是否同意借款、借款金额、利率、信息咨询费、风险保证金、期限、还款方式及担保方式等内容签署明确审批意见，并对审批结果承担审批责任。P2P 审批结论中的信息咨询费是由于行业的独特性产生的特有收费，是由平台进行收取的，是平台的主要盈利渠道。

借款人融资申请审批通过后，通过网络签约，并提交相关银行卡。P2P 平台认证借款人的融资申请标的，将借款标的进行公开发布。投资人对相关标的进行投标，待标的满后，借款人使用相关银行卡进行提现操作，P2P 平台审核后给予放款。

七、基于大数据的 P2P 融资“极速模式”

以上我们详细介绍了 P2P 网贷融资的资料准备、借款申请、信用审核、审批放款等业务环节，并通过基于“行动学习”的案例，展示了如何在实际工作中实现流程优化和提升客户体验。但是，出于 P2P 融资风控的要求，上述流程虽然明显快于银行等传统金融机构贷款，但一般也需要线下提交资料以及人工审核，往往耗时数小时。随着大数据技术在 P2P 行业的应用实践，近年来 P2P 融资出现了一种基于移动互联网的纯线上自动化批款的“极速模式”，最快 10 分钟即可到账，满足了用户对更高效服务的持续需求，并刺激着整个行业对先进技术的不断探索。

基于大数据的 P2P 融资“极速模式”具有如下特点。

1. 精准定位客户

P2P 融资“极速模式”专注于对服务速度有强烈需求的优质资产用户，将风险前置，锁定目标借款客户群体为税后月收入在 4 000 元以上、信用良好的城市白领，通过对收入水平和工作稳定性的标准要求，对借款用户的资质进行初步划分和确认。同时，结合各地人口分布、金融环境等因素，为各省市推广进行合理排序，严控风险。在实际操作时，往往能基于移动互联网，授权 APP 自动获取客户所在位置，以实现精准定位。

2. 极速授信批贷

P2P 借款服务的批款速度，是衡量 P2P 平台水平的重要标准。P2P 融资“极速模式”利用大数据技术，成功实现了“1 分钟授信，10 分钟批款”的快速借款服务。用户通过提交信用卡信息，授权“极速模式”系统获得其电商交易记录，以及提交银行卡信息，即可迅速完成借款申请，完成整个流程用时不超过 10 分钟。如此快速的批款速度，正是基于“极速模式”精确快速的信审系统，通过后台信审模型计算，在借款人提交申请信息的几分钟内，即对借款人的各项信息进行交叉对比，在数分钟内即可完成借款人的资质审核，从而极大地提升了批款速度。庞大的数据库，精准的信审模型，是“极速模式”高效服务的关键所在。

3. 大数据创新应用

从浩如烟海的数据信息中甄别出真正有价值的数据，是建立大数据系统的关键所在。对 P2P 行业而言，如何准确获取能够鉴别借款人资质的数据是核心问题所在。大数据系统的信息积累，除了抓取用户在互联网上的公开数据外，还必须重视对于用户授权数据的充分利用。以“极速模式”为例：首先，通过借款人提交的信用卡信息，系统可以快速解析借款人的信用卡使用记录、个人信息、逾期记录等重要信息，而这些信息，能帮助系统对借款人进行初步的信用评级；其次，通过用户授权，该系统还能获得借款人在淘宝、京东等电商平台的交易记录、收货地址、支付宝实名认证等信息，这些数据能直接反映借款人的消费及支付能力，是侧面证明借款人还款能力的有利证据。除信用卡、电商交易记录之外，“极速模式”数据库还对用户在银行、电商网站留存的电话号码进行实名注册等检验，进一步丰富了数据库数据类型，为建立多维度的信审模型提供了有力保障。

4. 全流程线上闭环操作

P2P 网贷融资的“极速模式”，能够实现借款申请提交、放款、还款全流程通过基于移动互联网的 P2P 手机客户端操作，真正做到了全流程线上闭环操作，并且能够做到用户信息与 PC 端的无缝对接。

5. 差异化自动化定价

P2P 网贷融资的“极速模式”通过将用户信用卡电子账单数据、电商数据、社交关系数据以及信用卡防前端欺诈数据汇总，交叉验证形成风控机制，进而可以计算出每一个用户的风险评分，最终判断能否对借款人进行放款。同时，“极速模式”还能迅速对借款人的借款额度、分期、利率进行判定，帮助借款人对自己的借款能力有个清晰的认识。例如，某平台的“极速贷”额度为 1 万～10 万元，同时对申请客户的信用状况自动评估信用等级，不同信用等级的用户采取不同的费率，如表 4-4 所示。

表 4-4　　某 P2P 平台借款信用等级及月费率

信用等级	月费率
AA	0.78%
A	1.29%
B	1.59%
C	1.89%

[随堂测试 4-2] 下列关于 P2P 网贷融资“极速模式”的说法，不正确的一项是（　　）？

A. P2P 平台会请申请借款的用户将个人信息进行授权，然后通过智能大数据风控系统自动抓取与解析

B. P2P 平台不仅抓取实时信息，还会对第三方数据与历史信息进行交叉验证

C. 即使信用记录良好，也有可能无法通过“极速模式”申请到 P2P 融资

D. 基于大数据的“极速模式”与传统信贷有较大区别，因此传统信贷中的黑名单以及区域风险控制机制不适用于“极速模式”

[做中学 4-3] 宜信宜人贷“极速模式”操作实践

宜信宜人贷于 2014 年正式推出的“极速模式”，开创了我国 P2P 业界融资“极速模式”的先河。该模式实现了在线秒批借款，在保持最低月费率 0.78%的前提下，“极速模式”可做到 1 分钟授信，10 分钟批贷，批贷额度最高可达 10 万元。目前，宜人贷“极速模式”适用的区域包括北京、山东、浙江、广东、江苏、福建、湖北、湖南、辽宁、重庆、河北、黑龙江、四川等。随着宜人贷成为我国首家在美国上市的 P2P 平台，该模式还在不断推广中。那么，如何通过宜人贷“极速模式”融资呢？让我们根据步骤引导一起来“做中学”。

步骤 1：下载并注册“宜人贷借款“APP。

通过 Apple Store 或安卓应用商城下载“宜人贷借款”APP，打开首页，单击“我”界面，然后用手机号注册成为“宜人贷借款”用户，如图 4-27 和图 4-28 所示。

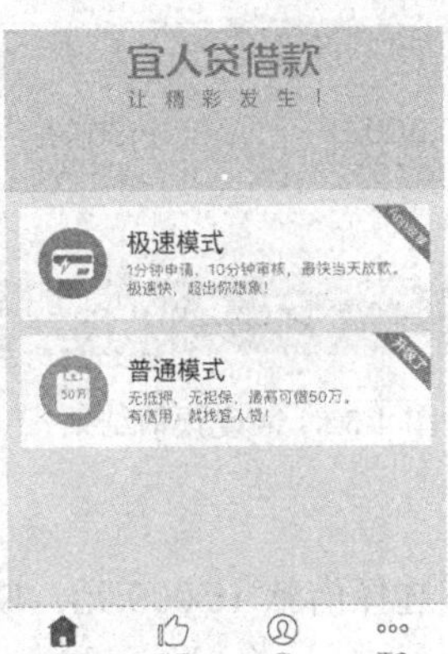

图 4-27　“宜人贷借款”APP 首页

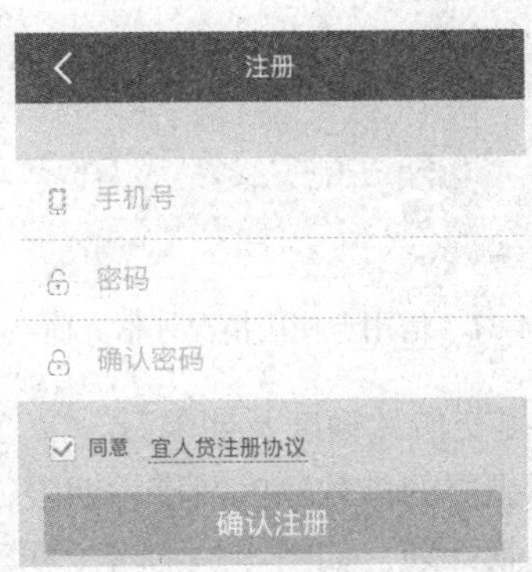

图 4-28　“宜人贷借款”用户注册页面

步骤 2：提出借款申请并选择额度预估方式。

在“宜人贷借款”APP 首页单击“极速模式”，然后在弹出的界面中了解申请条件，并单击“立即申请”，从“信用卡验证”与“信用报告&银联验证”中选择一种额度预估方式，如图 4-29 和图 4-30 所示。

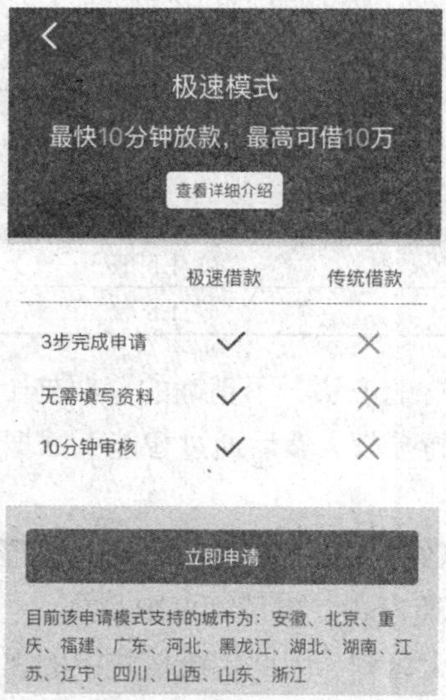

图 4-29 “极速模式”介绍页面

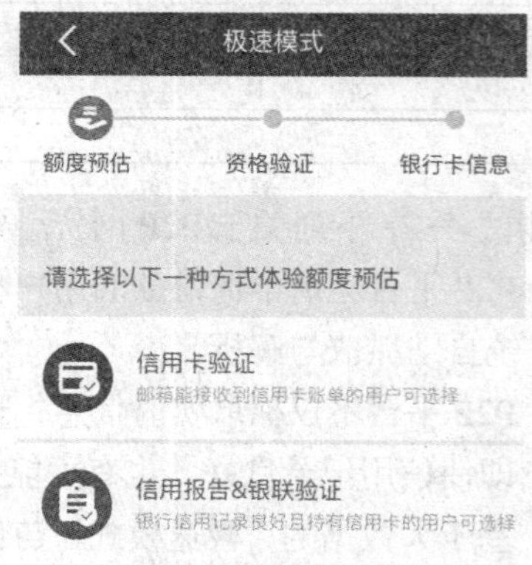

图 4-30 选择验证方式

步骤 3：完成额度预估。

通过输入信用卡账单邮箱及密码或者输入信用报告查询结果，完成额度预估，获知最大借款额度及最长借款期限，并单击“下一步”，如图 4-31 和图 4-32 所示。

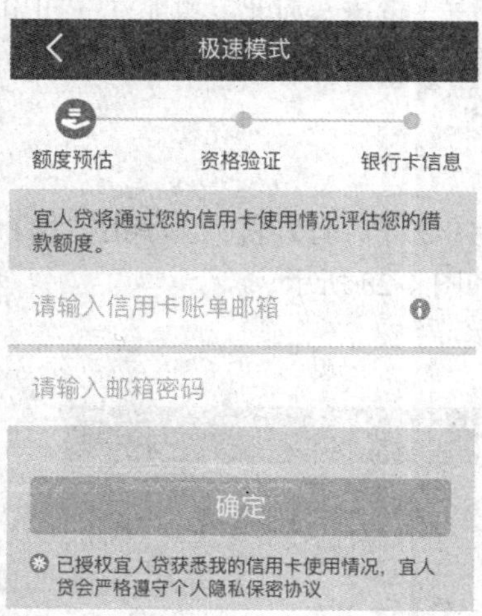

图 4-31 信用卡使用情况评估界面

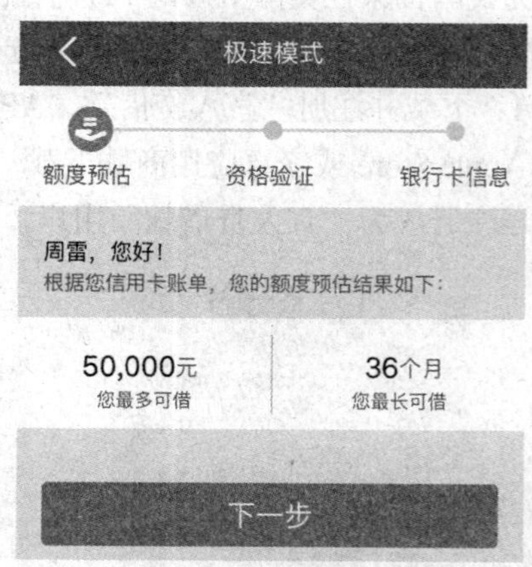

图 4-32 额度预估结果

步骤 4：提交借款额度及期限。

选择实际想要的借款额度及借款期限，如图 4-33 所示，选择借款 10 000 元，期限 12 个月，了解对应的还款计划，如图 4-34 所示，并“确认提交”。

步骤 5：资格验证、输入银行卡信息和收到借款。

验证身份信息、电商（淘宝）账号信息和手机号，确认信息的真实性；然后输入本人的银行卡信息用于收款，如图 4-35 和图 4-36 所示。等待数分钟，接听宜人贷客服电话，回答问题核实确实是本人申请的借款，没有异议的话，很快银行卡上就能收到借款了。

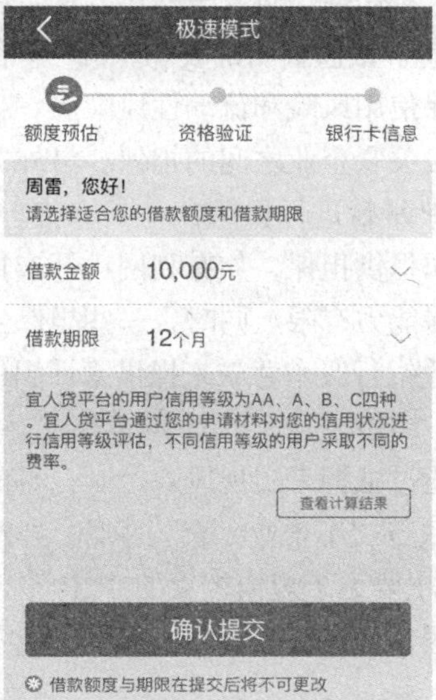

图 4-33　选择实际借款金额及期限

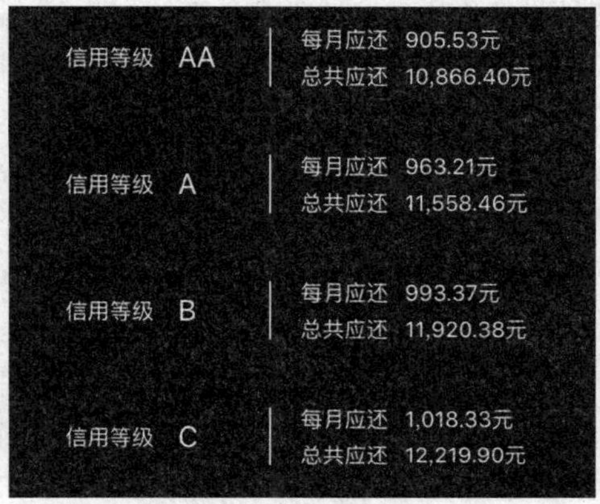

图 4-34　信用等级与还款计划

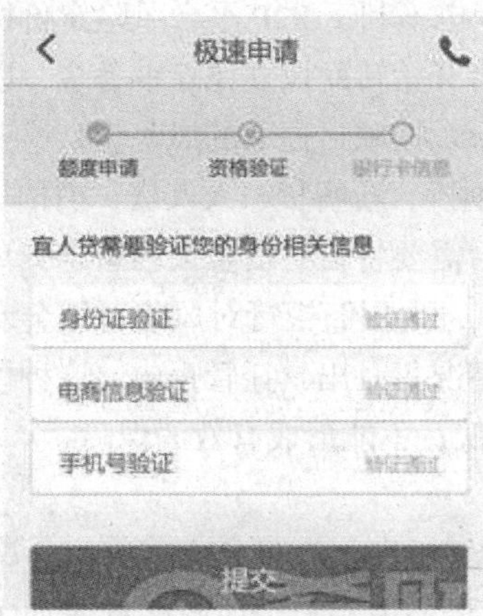

图 4-35 身份、电商及手机验证

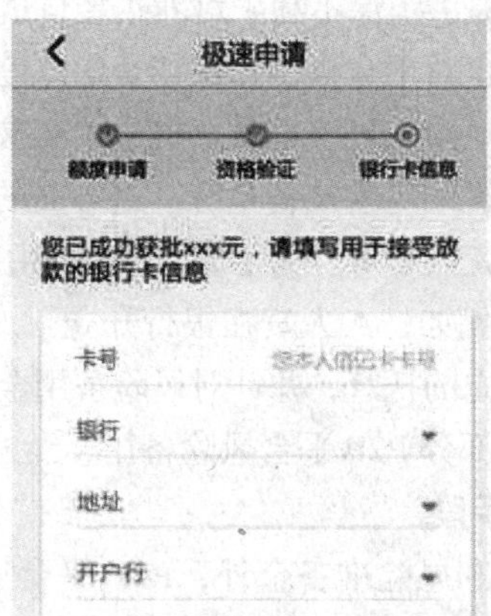

图 4-36　填写接收放款的银行卡信息

任务三　融后风险管理与催收处置

通过任务一和任务二，我们已经基于 P2P 融资实际工作流程，详细介绍了融资材料准备、借款申请、信用审核与放款的操作方法和具体步骤。而 P2P 完成放款后的融后风险管理与催收处置机制，则是 P2P 平台可持续发展的重要保证。本任务将具体探讨 P2P 风险管理的主要模式与融后催收处置的具体方法，从而完成基于工作过程系统化的 P2P 融资全流程介绍。

一、P2P 的主要风险管理模式

1. 担保抵押模式

中国多数 P2P 平台都通过担保来防控风险，大致可分为如下 3 类。

（1）平台自身担保。行业发展初期，中国多数 P2P 平台都是通过自身来提供担保（后逐渐转向关联方担保，或者“隐性”担保）。这种模式存在较大风险。银监会明确表示，P2P 平台自身不能为投资者提供担保，不得担保贷款本金和收益，不得承保信用风险和流动性风险等。

（2）关联方担保。关联方担保是指发生于有关的或间接关联企业之间的担保。另外，也有一部分融资性担保机构通过控股或参股 P2P 平台，进而对 P2P 平台进行担保。

（3）第三方担保。主要是通过小额贷款公司和担保公司提供担保，如有利网、开鑫贷、宜人贷、爱投资等。这种模式受制于担保公司的资本实力，担保能力有限。同时，一些担保公司也要求 P2P 平台提供反担保。此外，一些 P2P 平台通过发布商业银行股东背景来提供隐性担保，这种担保模式信号作用大于实质作用。

P2P 平台除了通过担保进行风险控制外，部分平台还通过抵押来实现风险控制，目前抵押物主要是票据、应收账款等。票据方面的 P2P 平台，有招商银行“小企业 e 家”、阿里“招财宝”、新浪“票据宝”、民生电商“民生易贷”等。票据抵押模式主要见于规模较大的 P2P 平台或者具有商业银行背景的平台。关于应收账款方面的 P2P 平台，典型代表是旺财谷。同样，应收账款抵押的最大风险在于应收账款的真实性。

2. 风险准备金模式

P2P 平台提供担保不利于培养买者自负盈亏的投资理念，也不利于 P2P 平台风险定价机制的建立。监管部门也对平台提供担保持否定态度。因此，一些平台开始转而设立风险准备金，以此来应对可能出现的风险。风险准备金资金主要来源于平台自有资金、按项目提取的风险金、第三方机构按一定比例计提的风险准备金等。这方面的典型代表有红岭创投、新新贷、人人贷、拍拍贷、点融网、有利网、宜人贷等。为了防止平台挪用风险准备金，平台需要将自有资金与准备金分离，并交由银行托管。例如，人人贷在银行开立了“风险备用金账户”，由招商银行对风险备用金专户资金进行认真、独立的托管，并针对风险备用金专户资金的进出情况每月出具托管报告。这种模式的主要缺陷在于，部分 P2P 平台风险备用金专户资金提取比例过低，不能形成有效的保障。

3. 增信手段

除了担保和风险准备金外，P2P 平台还可以采用信用增级手段，开发适合互联网金融模式的多样化增信手段，如借款人信用评级及其提供的抵质押物、投资人账户内应收账款质押（身份转换为借款人）、市场化资产转让平台、收益权质押、金融资产抵押等。同时，行业协会组织要发挥优势，提供合作共享的信用数据库，避免各家 P2P 公司相互恶性竞争、不能共享黑名单、增加征信成本，让赖账者有了可乘之机。上海市网络信贷服务业企业联盟正在搭建这一信息共享平台。此外，要构建开放式的全社会互联网金融征信体系。传统的中国人民银行征信体系仅包括信用卡及贷款融资信息，而开放式的全社会互联网金融征信体系将包括个人及企业的社交网络信息、工商行政信息、互联网金融交易信息、消费行为不良记录信息、市场融资违约记录信息等。例如，隶属于中国人民银行征信系统的上海资信有限公司，正在搭建这一开放平台——网络金融征信系统，但其在市场化运作效率及公平性等方面还有待进一步加强。

4. 技术手段规避风险

除了以上几种传统风险保障机制，我们还可以依靠技术手段来规避风险，具体如下。

（1）利用大数据技术来甄别客户，降低客户违约风险。通过对用户消费习惯、身份特征、社交网络等信息进行分析，可以对用户信用重新进行认定，能够有效识别客户的还款意愿。在国际通行的 P2P 行业风险管理范式中，采用大数据建立信用评级模型是常见的市场化风控手段。不同机构采取各自略有差异的风险评级模型，具体评估因素包括借款人的个体信息、财务状况信息、公开及第三方征信记录、项目所属行业风险、社交网络行为信息、资金用途、还款意愿、信用结构、抵质押品、账户资金流情况等。实际上，行业内尚未建立起真正适应未来社会投资者自主决策的风险评估模型，P2P 平台在担当信息和交易撮合中介的同时，往往还在扮演着风险管理决策者的角色，以整体平台项目融资审批通过率作为大的风控平衡尺度。为此，在变革较大的环境下，尽早开发出适应社会投资人对 P2P 项目进行自主风险评估决策的开放式信用评级模型和数据库，将成为促进行业发展的重要推动力。阳光宝利正在研发开放式的“实用个人 P2P 理财风险评估模型”。拍拍贷通过网络社区来衡量用户信用等级系统，社交网站内圈中好友、会员好友越多，个人借入贷出次数越高，信用等级也就越高。需要说明的是，利用大数据技术来进行风险控制，其关键在于数据的生成、处理和应用。

（2）与第三方机构合作，获取客户相关信息。例如，金信网与信和汇诚信用管理公司

合作，利用后者庞大详尽的信用管理数据，对借款人的信息进行进一步筛查。再如，有利网和 FICO 合作，开发了针对中国小微贷款人群的评分卡。评分卡有 4 个类别（个人信息、财产信息、工作信息、征信信息）、22 项评分要素，能较好地分析每个借款人的潜在信用风险。

（3）建立“客户不良信用记录”或“黑名单”网络系统，威慑不诚信的客户。例如，红岭创投有权将不良借款人的有关资料正式备案在“不良诚信记录”系统中，列入全国个人信用评级体系黑名单，不良信用记录数据可与银行、电信、担保公司、人才中心等有关机构共享。

二、融后风险管控与催收处置

P2P 平台在完成放款后，应结合自身风险管理模式，做好对借款人的融后风险管控。一旦发现逾期等风险隐患，应选择适当的催收方式，及时进行风险处置，尽可能降低风险损失。

1. 突出重要风险点，加强融后持续监测

真实、准确、完整的信息，是正确决策的基本依据。P2P 平台放款后，应通过现场和非现场检查的方式对所有可能影响还款的因素进行持续监测，及时发现借款人的潜在风险并发出风险预警。每个借款人所处的行业环境、发展阶段等情况不同，企业自身的经营状况、管理能力等情况也相异，所以 P2P 平台面临的风险种类繁多，需要关注的风险点及应当采取的风险防范措施也各有特色。但是，借款人作为经济主体必然具有一些共性特征。从借款安全的角度来看，融后应重点监测以下内容：①客户是否按约定用途使用授信，是否诚实、全面履行合同；②授信项目是否正常进行；③客户的法律地位是否发生变化；④客户的财务状况是否发生变化；⑤授信的偿还情况等。另外，P2P 融资的关联交易风险也不容忽视，P2P 平台不仅要监控借款人的经营状况、财务状况，而且要关注关联方的情况，一旦借款人因违约被列入“黑名单”，其主要关联方，特别是配偶、直系亲属的借款也应严格控制，以防冒名借款或者资金被挪用。

2. 循序渐进，分类施策，采取适当的催收处置方法化解风险

在对借款人持续监测的过程中如发现客户可能或已经违约，P2P 平台应及时制止并采取补救措施。这些措施可以分为 3 个不同的层次。第一个层次是督促借款人及时纠正违约行为或者可能影响借款安全的行为。例如，如果企业在一定时期内应收账款非正常性增加，应要求借款人分析原因并加大应收账款的回收力度。第二个层次是调整客户授信。P2P 平台应该与借款人在借款合

同中约定一些基本条款，设定借款人企业资产负债率、流动比率等主要财务指标的限值，一旦达到限值标准，平台公司就应采取相应的风险规避措施，如冻结未使用的信用额度、提前收回借款等。第三个层次是对已逾期但还没有完全形成损失的借款采取法律诉讼等保全措施。具体来看，P2P 平台使用的催收处置方法主要包括以下几种。

（1）电话催收。电话催收是指负责融后管理业务的催收人员利用电话与借款人进行沟通，并结合计算机系统、周边辅助工具与借款人进行协议，以达成债权回收目标的催收方式。电话催收具有以下特点：沟通隐秘，避免人情压力与尴尬；间接接触，保障催收人员的安全；文明沟通，减少指责与抵抗；计算机系统的辅助，方便案情的追踪；周边辅助工具的支持，让催收人员无后顾之忧。

（2）外访催收。外访催收是小额信贷问题贷款管理运作中的外访程序，其原始目的是弥补电话催收作业时无法直接接触债务人的不足。在电话催收未果的案件中，需以合情合法的现场外访加以辅助，以提高电话催收的强度，形成一种立体上的压迫感。外访催收是一种非常直接有效的催收方式，很多 P2P 平台融后管理都会用到，基本上外访的模式都是先由电催人员前期进行电话催收和铺垫，在发现重大风险（如欺诈、死亡、被捕）或客户屡次违反承诺后，会要求外访给予催收协助。

（3）委外催收。委外催收是将问题案件委托给有相应资质的外包催收公司进行催收。其优势在于能够节省 P2P 平台的人力物力，能够利用外包催收公司的专业性更好地回收欠款；劣势在于委外催收的成本较高。

（4）诉讼催收处置。诉讼催收处置是指通过向法院提起诉讼的方式进行催收处置。诉讼的类型包括民事诉讼、刑事诉讼两种，P2P 风险处置中的诉讼主要是指民事诉讼，只有少数涉嫌诈骗的欠款人，可以通过刑事程序来处理。诉讼催收所针对的欠款人群体主要是有还款能力，但通过常规手段无法让其还款的欠款人。它的特点在于能够利用国家的威严及强制力对欠款人进行威慑和制裁，对于抵押借款还可以强制执行处置借款人的抵押物，从而实现欠款的成功回收。但诉讼处置一般周期较长、成本较高。

P2P 平台在实际融后管理中需要根据风险的具体情况，选择适当的催收方法，以及时化解或处置风险。

[随堂测试 4-3] 选择合适的催收处置方法

请逐项判断 P2P 平台在融后管理中遇到如下风险情景时，应该采取怎样的催收处置方法，并填入表 4-5 中。

表 4-5　　选择合适的催收处置方法

风 险 情 景	催收处置方法
某小微企业主借款人已失联多日，但其妻子为本市公务员，有稳定住所	
张先生因出差忘记了本月还款日，目前已逾期超过 3 天	
某借款人因生意失败携妻儿跑路，但其借款有足值房屋抵押	
某平台消费借款有近百笔逾期，借款人来自全国各地，但均不足 1 万元	

3. 重视操作风险管控，提高融后管理效果

P2P 平台自身的操作风险也可能影响融后管理效果。在实际工作中，很多借款不能及时、完整地收回，其原因并不完全在于借款人一方，还在于平台公司对借款流程及自身的行为缺乏有效的管理和控制，如没有设计人性化的客户还款提醒，没有采取及时、适当的催收方式，与银行存管系统对接的工作人员操作不当等。因此，平台公司应加强对员工的操作风险管控，不断提高融后管理工作的效果与效率。

知识自测题

一、单项选择题

1. P2P 融资客户最突出的需求是哪一项？（　　）

A. 希望获得尽可能多的借款　　B. 希望尽快获得借款

C. 希望以尽可能低的利率获得借款　　D. 希望获得更好的客户体验

2. 下列哪一项不是申请 P2P 融资信用借款所需要的材料？（　　）

A. 信用报告　　B. 银行流水　　C. 收入证明　　D. 产调报告

3. 下列哪一项不是 P2P 融资材料准备的基本原则？（　　）

A. 完整性　　B. 时效性　　C. 有效性　　D. 真实性

4. 在初步信用审核中，水电费缴费单属于哪一类材料？（　　）

A. 居住财力证明类　　B. 工作证明类

C. 身份证明类　　D. 信用证明类

5. 如果想查询借款人是否涉及法律诉讼，判决结果如何，以分析案件性质和风险，则应该通过以下哪个网站查询？（　　）

A. 全国企业信用信息公示系统　　B. 全国法院被执行人信息查询

C. “启信宝”APP　　D. 中国裁判文书网

6. 下列哪一项不是实地尽职调查的重点？（　　）

A. 核实借款资金用途　　B. 实地财务信息评估

C. 实地非财务信息评估　　D. 审核借款人信用报告

7. 如果某借款人被 P2P 平台列入了失信黑名单，则下列各项信息中最有可能被一并列入黑名单的是（　　）。

A. 借款人同事的信息　　B. 借款人直系亲属的信息

C. 借款人领导的信息　　D. 借款人客户经理的信息

8. 下列哪一个行业需要提供特殊行业经营许可证？（　　）

A. 回收业　　B. 机械加工业　　C. 服装贸易业　　D. 家具销售业

二、简答题

1. 试比较 P2P 融资与银行贷款的主要区别。
2. 简述 P2P 融资信用审核的步骤。
3. 简述 P2P 融后催收和处置的主要方法。

技能实训

[实训项目]

P2P 融资客户评估话术演练。

扫一扫看微课

[实训目的]

通过与融资客户对话收集客户资料与获取有效信息是P2P网贷平台借款端客户经理的一项基本功。本实训将在步骤引导下，通过两人一组分别扮演P2P平台客户经理与融资客户进行客户评估的话术演练，具体包括电话评估演练与现场评估演练两个部分。通过完成本实训，能够有效地提高客户经理在申请环节的客户筛选能力以及在现场评估和审核环节的客户信息收集与判断能力。

[实训内容]

P2P融资客户评估话术主要运用在电话评估环节以初步了解客户情况以及在现场评估环节以收集客户的财务与非财务信息，并进行交叉验证。掌握话术技巧并灵活运用，能够提高客户筛选的有效性以及客户信用审核的准确性，从而尽可能减少不合格借款客户占用信审资源，同时能够大大提高客户评估工作的效率。

客户通过电话向客户经理或内勤人员申请或咨询借款时，内勤人员或客户经理应该首先通过电话简单评估，确认符合借款条件时（通知客户经理）再去现场评估，这样既可以提高效率，又可以避免客户抱怨。下面请以两人为一组，进行角色扮演，一人扮演P2P网贷平台客户经理（或客服），一人扮演申请融资的客户，首先在以下步骤引导下进行电话评估的模拟演练。

步骤1：客服用20秒左右向客户做简单介绍。

向客户简要介绍单位名称、个人身份。例如：您好，我是××网贷平台的客户经理（或前台客服人员），我叫×××或您可以叫我小张（客户经理可留姓名），不知能不能帮到您。

步骤2：用3～5分钟简单沟通，了解客户情况，初步判断是否符合借款条件。

重点通过对话了解以下信息。

① 客户在本地有无住房，店面等资产。

② 经营项目、经营地址及经营期限。

③ 申请P2P融资的金额及用途。

④ 业务收入及负债情况。

步骤3：用2～5分钟简单介绍P2P平台的信贷政策。

根据客户情况介绍贷款条件，告知客户是否符合条件，并向客户介绍以下内容。

① 务特色。

② 适合客户的P2P融资产品。

步骤4：解答客户提出的问题。

通过对话言简意赅地回答客户提出的问题，特别需要回答客户关于申请资格以及需要准备哪些材料的疑问。

步骤5：促成需求。

对初步符合条件的客户，应重点演练以下话术，争取促成需求：

① 不好意思，还有几个客户等我去评估，我今天比较忙，如果您也有时间的话，我会抓紧一点，争取明天上午过来拜访您。您看如何？

② 请留下您的电话和地址，我会立即通知客户经理与您联系。

步骤6：让客户准备相关资料，约定去现场评估的时间。

步骤7：记下客户的姓名、地址、电话，再次确定去现场评估的时间。

分组演练过程中，要求用语礼貌、简洁，不要轻易表态，不能得罪客户，建议整个过程尽量控制在 10 分钟之内。

完成了电话评估演练之后，下面继续两人一组，一人扮演客户经理，一人扮演客户，演练在现场评估中收集财务与非财务信息的话术，重点关注如何将对话、现场观察与凭证核实相结合，对客户信息进行交叉验证，从而做出正确的贷款决策。

步骤 8：固定成本与费用核实话术

固定成本或固定费用，其总额在一定时期和一定业务范围内不随业务量的变化而变化，主要包括折旧费、保险费、管理人员的工资、办公费等。此类信息一般可以通过对话并查看相应凭证核实。请参照以下示例进行模拟演练。

对话示例 1

客户经理：李老板，这是您的房产吗？

客户：嗯，一楼我用来做生意，二楼我用来居住，三楼出租。

客户经理：您每月的电费是多少呢？

客户：大约 1 500 元。

客户经理：电话费呢？

客户：每月不固定，大约 300 元。

客户经理：水费呢？

客户：大约 300 元。

客户经理：能给我看一下水费、电费和电话费收据吗？

客户：可以。

客户经理：这些只是一楼和二楼的水费、电费吗？

客户：是的，三楼由房客自己交。

客户经理：您家一个月的开支大概是多少呢？

客户：大概在 1 500 元。

步骤 9：现金核查。

现金核实一般要通过对话，强烈要求客户当面清点存款和其他投资，要核对存折，银行流水和其他相关凭证。请参照以下示例进行模拟演练。

对话示例 2

客户经理：李老板，您现在有多少现金呢？

客户：大概 3 000 元。

客户经理：您能清点一下吗？

客户：没这个必要吧！

客户经理：李老板，这是我们公司的规定，同时，我们只有真正了解您的还款能力后才能以最快的速度、在最短的时间内给您办好贷款。

客户：好吧！（当着客户经理的面清点现金）

客户经理：哦，总共是 1 300 元，您有存款吗？

客户：没有哦，钱都投在这个生意上了。

步骤 10：存货检验话术。

在对存货的核实过程中要解决 3 个关键问题：一是有没有；二是有多少；三是谁拥有。存货的检验一般需要通过对话收集详细信息，包括计量单位、产品描述（细节）和单位价格等，并与采购文件相核对。同时，还需要询问借款人自己投入了多少资金生产、制造、购买这些商品、存货、半成品或成品，有多少需要贷款。请参照以下示例进行模拟演练。

对话示例 3

客户经理：（按客户提供的清单核实存货）请问您这个盆里有多少面团，成本是多少呢？

客户：应该有一袋，包括发酵粉和其他原料，成本大约是 100 元。

客户经理：在您的清单上没有糖，糖值多少钱呢？

客户：这是因为很难计算，我想，糖大概值 150 元。

客户经理：还有燃料，这价值多少呢？这些产品好卖吗？它在您每日的销售额里占多少比例呢？

客户：大概价值 1 000 元，占 20%左右。

步骤 11：固定资产核查。

固定资产核查是指主要通过对话了解该客户所拥有的资产，包括房地产、机器设备、工具和交通工具等；对固定资产，只确认其折旧后的价值；过时、长期闲置、无法再维修、废弃的机器、设备和工具不能作为固定资产；房屋、土地等，要求借款人出示所有权证明；评估时要将家庭资产和企业（项目）资产分开评估，但在计算借款人总资产时要合并计算。请参照以下示例进行模拟演练。

对话示例 4

客户经理：李老板，您店里哪些设备是用于日常生产和经营的呢？

客户：有和面机、分离机、炉子和展示柜。

客户经理：家具呢？

客户：两张工作台、容器、秤、记录器、大筐、就这些了。

客户经理：和面机值多少钱呢？

客户：买的时候值 20 000 元。

客户经理：一台二手的和面机值多少钱呢？

客户：价格不同，一台我这样的要 9 000 多元吧！

客户经理：（看到一楼主要在经营）李老板，您这房子大概值多少钱？

客户：大概值 15 万元吧，一楼起码要 10 万元嘛！

步骤 12：其他负债核查话术。

这是比较难查的项目，但通过询问这个问题，可以更好地评价借款人的诚信。其他负债包括：对供货商的欠款、对员工的借款、对其他人的借款。如果在金融机构有贷款，则可以通过银行征信查出来。请参照以下示例进行模拟演练。

对话示例 5

客户经理：李老板，您在银行有贷款吗？

客户：在招商银行有信用卡消费贷款。

客户经理：贷了多少，还有多少没还完呢？

客户：贷了 5 000 元，每个月还 900 元，还有一个月就还完了。

客户经理：有逾期的情况吗？

客户：有一次，那是我去乡下送货没及时回来，逾期了两天。

客户经理：您还有其他债务吗？

客户：没有了。

客户往往有隐瞒负债或应付账款以便顺利获得融资的动机，因此要根据你在评估过程中的所见、所闻、所感来综合判断，综合财务信息和非财务信息进行分析，一定要注意客户在对话过程中的一些细小动作和微表情，以及客户不经意的一句话，一定要真诚地回答自己："我的感觉好吗？""有没有可疑的地方？"经过认真评估且总体感觉好的，一般风险较小。

[实训思考]

以上我们通过分组对话的方式，基本全面演练了 P2P 融资客户评估的常用话术，但在实战中还需要结合其他评估方法灵活运用。另外，以上演练并没有包括对收入的询问话术，当然在实际评估中询问销售收入自然是重要的一个方面，但是对销售收入的核实，更重要的是根据对话获得的信息进行分析与计算。下面，请大家思考如何通过以下对话合理估算出李老板的年销售收入和月均销售收入。

对话示例 6

客户经理：李老板，你们这个店平时销售东西记账吗？

客户：夫妻老婆店，随手记下，但很快就会找不见。

客户经理：那有这两天的记录吗？

客户：我来找下。（在烟盒上找到一些记录）

客户经理：这几个数字是最近一周记上去的？

客户：嗯，是的，差不多一周的销售额。

客户经理：我简单加了下，一共 7 个数字，合计为 5 250 元。

客户：嗯，差不多，目前生意既不是旺季也不是淡季。

客户经理：李老板，还有其他的书面记录吗？

客户：没有了，都被小孩拿去玩了。

客户经理：哦，您刚才说淡、旺季，一般是怎么分的呀？

客户：一般 4、5 月是旺季，7、8 月是淡季，有时 11 月生意也不大好。

客户经理：嗯，看来生意也挺难做的。旺、淡季销售额变化大吗？

客户：好的时候会增加 25%，差的时候减少 20%吧！

项目五 股权众筹投融资

学习目标

[知识目标]

1. 理解众筹的涵义和特征，熟悉众筹的4种主要模式。
2. 掌握股权众筹投资和融资的完整流程。
3. 了解股权众筹投融资中存在的风险。

[能力目标]

1. 学会利用互联网搜索工具查找股权众筹平台，并搜索不同类型的股权众筹投融资案例。
2. 能够对搜索到的股权众筹案例进行分析，并在股权众筹平台上完成项目的投资。
3. 能够在股权众筹平台上完成创业项目的股权众筹融资模拟操作。

在这个“大众创业、万众创新”的时代，新型的互联网金融——股权众筹为创业者和初创企业打开了一条融资的现实可行之路，其以特有的融资快、范围广、门槛低等融资优势获得了创业者及初创企业的追捧，发展迅速。据不完全统计，国内股权众筹平台目前已达数百家，涉及美食、餐饮、科技、教育、房地产等多个行业。

导入案例　苏州格林豪泰众筹店

假如您手上有一些闲散的资金欲进行投资，估计您从来都没有想过投资一家酒店吧？因为开一家酒店至少需要千万级别的资金，一般人的资金量难以达到要求。但是，随着互联网金融的发展，这一切都成为了可能。请看下面两位投资人的经历，不管他们拥有资金量的多少，均通过股权众筹方式完成了对酒店的投资，成为了酒店的股东。

刘先生经营着两家藤之屋文化日料公司。公司经济效益高，刘先生经过多年的经营已经积累了400万元的资金。他打算进行多元化投资，考虑到旅游业发展趋势较好，因此他打算加盟投资一家连锁酒店，但是凭借400万元的资金开一家酒店还存在着较大的资金缺口。刘先生想到之前成功采用股权众筹融资设立了藤之屋项目的分店，此次酒店投资也许依然可借助目前流行的互联网众筹平台快速地解决资金问题。于是他开始了投资调研之路。

刘先生经过初步调研和比较，基本选定加盟在苏州市场上较有名的格林豪泰酒店。格林豪泰酒店管理集团是由多家美国公司在中国创办的专业化酒店管理集团，旗下拥有格林东方酒店、格林豪泰酒店、青皮树酒店、格林联盟酒店 4 个优质品牌及多个子品牌。目前，格林豪泰已经覆盖北京、上海、天津等 400 多座城市，拥有 1 800 多家连锁酒店。格林豪泰的目标是为顾客提供“超健康，超舒适，超价值，超期望”的高品位、高性价比的产品和服务。通过各种软、硬件的配备，让每一位商旅客人享有一个“安静，健康，友好，舒适”的休憩空间。刘先生接着详细考察了格林豪泰科技学院店、何山路店与金鸡湖店，其中科技学院店共有 93 个房间，入住率可达 98.1%；何山路店共有 178 个房间，入住率可达 90.6%；金鸡湖店共有 120 间，入住率接近 100%。从 3 家店铺的经营数据来看，入住率普遍比较高。此外，刘先生还了解到，科技学院店筹备资金为 780 万元，上年度营业收入达 770 万元，净利润为 290 万元，销售净利率较高。因此，刘先生打算加盟格林豪泰酒店，地址选在苏州吴中区长江壹号生活广场。长江壹号区是苏州市的繁华区域，附近人流量非常大，商圈多，且紧挨苏州科技学院天平学院，周围有将近 150 个免费的停车位，非常方便。另外，1.9 千米外还有一家格林豪泰店，该店虽 7 年没有重新装修，但入住率依然很高，因此判断该位置非常适合经营。

此后经过不断地考察，并与格林豪泰酒店及长江壹号物业管理机构反复沟通，刘先生拿出了初步投资方案，加盟格林豪泰酒店，地址设在长江壹号生活广场，规划租用店面建筑面积 4 000 平方米，设立 110～115 个房间，大约需要投资 1 000 万元。刘先生自己出资 400 万元，剩下的 600 万元，他打算利用互联网股权众筹平台——人人投，帮他筹集。于是 2015 年 5 月 15 日，他向人人投江苏省分公司提交了格林豪泰众筹项目资料，经过人人投平台工作人员的层层审核，最终在 2015 年 6 月 16 日圆满地募集到了 600 万元资金，实现了他投资经营一家酒店的梦想。

周先生，某高校的金融专业教师，有着扎实的投融资理论基础，且对股权众筹研究颇深，他也十分看好旅游业。周先生近两年的收入扣掉日常开销、保险、股票投资、基金投资、银行存款后，还剩下 5 万元空闲资金，他打算在股权众筹平台上找一个好的项目进行投资。于是，他看到了格林豪泰众筹店的项目，详细了解和分析后，发现该项目有许多优势。

（1）店的知名度比较高。此次选址在苏州相对繁华地段长江壹号，且项目方凭借关系争取了一年免租期。项目定位也较好，瞄准的是格林豪泰商务酒店，较一般快捷酒店更具优势，如图 5-1 所示。

（2）项目方有多年餐饮业成功管理的经验，也有成功众筹项目的经验，诚信有保障。项目方已经拿到了加盟格林豪泰的权利，且格林豪泰都是由总部派店长等帮助经营，因此酒店经营管理方面会有一定的保障。

图 5-1　格林豪泰众筹项目

（3）项目方出资 40%，并愿意一年后投资人若想要退出，按 95%的比例回购投资人股权。另外在该项目回本之前，格林豪泰项目方暂不收取原定 10%的管理股，可看出项目风险相对较低，项目退出有一定保障，项目方也非常有诚意。此外，周先生还根据周边酒店的数据大致进行了测算，项目的最低投资额 3.125 万元预计在 4 年左右即可回本，因此综合来看他打算投资该项目，于是认购了一股，投资金额为 3.125 万元，投资额虽不多，但也成为了格林豪泰长江壹号店的股东，享受经营成果分配权。

看过上述两位人士的成功投资案例，您是否也跃跃欲试了？那就快来了解众筹，学习如何利用互联网金融平台进行股权众筹投资和融资吧！

任务一 了解众筹的原理与分类

扫一扫看微课

一、众筹的概念

众筹，翻译自国外“crowdfunding”一词，即大众筹资，本意是指用团购+预购的形式，向网友募集项目资金的模式。当代互联网众筹是指由项目发起人利用互联网和 SNS（Social Network Software，社交网络服务）传播的特性，发动公众的力量，集中公众的资金、能力和渠道，为小微企业、艺术家或个人进行某个项目或创办企业提供必要的资金援助。众筹项目种类繁多，不单单包括新产品研发、新公司成立等商业项目，还包括科学研究项目、民生工程项目、赈灾项目、艺术设计等。只要是网友喜欢的项目，都可以通过众筹的方式获得项目启动的第一笔资金，或者获得项目发展的第一批粉丝用户。

2016 年 3 月 17 日，《国民经济和社会发展第十三个五年规划纲要》正式发布，众筹首次被纳入国家五年规划纲要，并提出“建设创业创新公共服务平台，全面推进众创众包众扶众筹”。这意味着众筹在过去的发展得到了认可，未来的地位将进一步提升！

拓展阅读：众筹的起源和发展

请扫描图 5-2 中所示的二维码，进一步阅读了解众筹的起源与发展历程。

图 5-2 众筹的起源与发展拓展阅读材料二维码

二、众筹的构成

互联网众筹由 3 部分构成：①发起人，即有创新创业能力但缺乏资金的人；②支持者，即对筹资者的故事和回报感兴趣且有能力支持的人；③众筹平台，即连接发起人和支持者的互联网媒介。

互联网众筹的运行模式如图 5-3 所示。发起人有了好想法，通过互联网众筹平台发起众筹项目，宣传自己的项目并获得大家的支持；支持者登录互联网众筹平台，发现好的项目，对该项目给予资金的支持和帮助，并且利用 SNS 告诉自己的朋友，分享该项目，使该项目获得更多大众的资金支持；最终通过互联网众筹平台，发起人筹集到开展项目所需的资金，运作该项目，并给支持者发放回报。

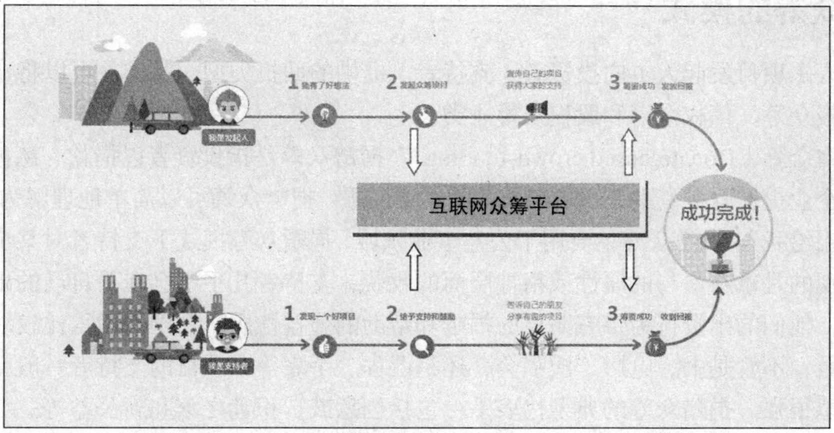

图 5-3 互联网众筹三方示意图

三、众筹的特点

众筹作为互联网金融投融资创新的代表，具有如下特点。

（1）基于网络。众筹投融资的全过程都是基于互联网的。首先，发起人提供项目信息，制作项目视频，在互联网网站上公开展示其项目；其次，浏览该网站的潜在支持者可以通过浏览该网站的所有众筹项目，与发起人进行在线的信息沟通与交流，根据自己的经济实力、兴趣爱好、专业特长、生活需求对这些项目进行赞助、支持和投资；接着，资金的划拨也是基于互联网完成的；最后，投后的管理和回报也是通过互联网进行沟通与反馈的。

（2）门槛低。众筹对于发起人创业投资来说，投资门槛低。任何人无论身份、地位、职业、年龄、性别，只要有想法、有创造能力都可以发起项目。对于支持者来说，门槛相对较低，最低低至几元、几百元，都可以支持发起人的众筹项目。

（3）多样性。众筹项目具有多样性。目前，国内众筹网站上的项目类别包括设计、科技、音乐、影视、食品、漫画、出版、游戏、摄影、教育、医疗、健康住宿、旅游餐饮等，因此项目无论属何种类别，只要能够打动支持者，均可以获得资金支持。

（4）短周期。众筹项目筹资周期短。支持者通常是普通的草根民众，虽然单人投资额很小，但是经过大量用户的汇集，总投资额却可以很可观，从而能够积沙成塔，帮助急需资金的个人或组织迅速获得低成本的资金来源。一般来说，目前国内各众筹平台上众筹项目筹资期为 1 个月左右，快的项目一两天即可完成融资目标的筹资。

（5）低成本。基于社交网络的众筹相对于传统融资方式的突出优势就是低成本。低启动成本，即发起人仅拥有自己的创意（设计图、成品、策划等）即可将该项目提交给众筹平台进行审核；低营销成本，即发起人将众筹项目发布在众筹平台上，任何浏览该网站的人喜欢该项目便可支持或者帮助推广该项目；低交易成本，即项目发布、信息沟通、交易执行等环节都是在互联网上进行，大大降低了交易成本。

（6）高效率。基于互联网的众筹消除了传统融资的中间环节，通过互联网众筹平台将投资者和融资者直接连接起来，双方可以直接、频繁地进行沟通、交流与反馈，使得支持者能够更加便捷地了解项目，从而能够更加快速地做出支持决策，提高了融资效率。此外，交易的执行也是通过互联网平台完成的，大大提高了交易效率。

四、众筹的模式

以筹资人（项目发起人）向投资者（支持者）提供的回报类型为基准，可以将众筹划分为捐赠众筹、回报众筹、债权众筹和股权众筹4类。

（1）捐赠众筹（Donate-based crowd-funding）。捐赠众筹是指投资者以捐款、慈善、赞助的形式为项目或企业提供财务资助，不求实质性的财务回报。捐赠众筹可以简单地理解为“我给你钱，你什么都不用给我”。捐赠众筹主要用于公益事业领域，捐赠众筹模式下支持者对某个项目的出资支持更多表现的是重在参与的属性或精神层面的收获，支持者几乎不会在乎自己的出资最终能得到多少回报，他们的出资行为带有明显的捐赠和帮助的公益性质。在国内做得比较多的是募捐制和奖励制项目，不管是书、电影、演唱会，还是课程、手表等，项目的支持者一般就是项目的推动者，参与感很强。捐赠众筹的典型代表平台包括创意鼓、积善之家和新公益等。

（2）回报众筹（Reward-based crowd-funding）。回报众筹是指投资者对项目或公司进行投资，获得产品或服务。回报众筹可以简单地理解为“我给你钱，你给我产品或服务”。回报众筹一般指仍处于研发设计或生产阶段的产品或服务的预售，与团购（已经进入销售阶段的产品或服务的销售）有所不同，回报众筹面临着不能如期交货的风险。回报众筹的目的主要是募集运营资金、测试需求，而团购主要是为了提高销售业绩。回报众筹鼓励个人和小型创业团队的创意和创新行为。这些创意或创新经常充满失败的风险，很难利用传统融资渠道，在熟人圈子中获得充足的启动资金。而众筹平台汇集了一批支持创新、鼓励创意的人群，普遍具备宽容、乐观、慈善精神，其投资兼具商品预购与资助、捐助性质，旨在帮助普通人实现梦想，显著降低了创业团队的心理与经济压力，有助于促进其实现创意，促进整个社会创新氛围的营造。回报众筹的典型代表平台包括Kickstarter、点名时间和爱创投等。

（3）债权众筹（Lending-based crowd-funding）。债权众筹是指投资者借钱给一个项目或企业，取得其一定比例的债权，以期获取利息收益并收回本金。债权众筹可以简单地理解为“我给你钱，你之后还我本金和利息”。由于出借人是大量的个人，借款人也是个人，这种借贷模式通常称为P2P借贷。债权众筹的典型代表平台包括玖富、宜人贷和人人贷等。

（4）股权众筹（Equity-based crowd-funding）。股权众筹是指投资者对项目或公司进行投资，获得其一定比例的股权，可以简单地理解为“我给你钱，你给我公司股份”。随着互联网金融的发展，股权众筹逐渐成为众筹的一种主流模式。证监会在《关于对通过互联网开展股权融资活动的机构进行专项检查的通知》（证监办发[2015]44号）中，对股权众筹做出了明确界定：股权众筹是指创新创业者或小微企业通过股权众筹融资中介机构互联网平台（互联网网站或其他类似的电子媒介，下称股权众筹平台）公开募集股本的活动，具有“公开、小额、大众”的特征。股权众筹的主要参与主体包括：①筹资人，又称发起人，通常是指融资过程中需要资金的创业企业或项目，他们通过众筹平台发布企业或项目融资信息以及可出让的股权比例；②出资人，又称投资者，出资人往往是数量庞大的互联网用户，他们利用在线支付等方式对自己觉得有投资价值的创业企业或项目进行小额投资，待筹资成功后，出资人获得创业企业或项目一定比例的股权；③众筹平台，是连接筹资人与出资人的媒介，其主要职责是利用网络技术支持，根据相关法律法规，将项目发起人的创意和融资需求信息发布到网站上，供投资人选择，并在筹资成功后负有一定的监督义务；④托管人，为保证各出资人的资金安全，以及出资人资金切实用于创业企业或项目和筹资不成功的及时返回，众筹平台一般都会制定专门银行担任托管人，履行资金托管职责。股权众筹对资金供需双方都起到了积极作用：一方面，对于筹资人来说，可以帮助其解决项目或者企业的资金短缺问题，促进小微企业的创立和发展；另一方面，对于普通个人投资者而言，增加了一种投资渠道即投资于项目或企业，使得其也能通过小额投资分享初创企业的成长收益。当然，由此引起的风险也值得关注，但专业人士认为股权众筹是众筹模式中最具有魅力的一种，也代表着众筹的发展方向。股权众筹的典型代表平台有 Upstart、人人投、大家投和天使街等。

[做中学 5-1] P2P 网贷与股权众筹的比较

P2P 网络借贷与股权众筹被喻为互联网金融创新的“双雄”，许多人都是通过 P2P 或众筹开始了解互联网金融的。在完成了 P2P 与众筹原理的学习任务后，请大家在以下步骤引导下对二者做进一步的比较，以加深对 P2P 和股权众筹概念的全面理解。

步骤 1：比较 P2P 与股权众筹的基本要素。

在学习了二者的定义后，某学员设计了表 5-1，但其中有一行是错误的，请你找出来并更正。

表 5-1　　P2P 与股权众筹基本要素对比

比较要素	P2P 网络借贷	股权众筹融资
A. 性质	债权间接融资	股权直接融资
B. 融资方与用途	主要用于个人消费、经营和小微企业等	主要用于小微企业创业创新项目
C. 收益分配	按事先确定的利率获取利息	根据经营成果获取项目分红
D. 监管机构	银监会	证监会

步骤 2：比较 P2P 与股权众筹投资的期限结构。

P2P 投资通常有确定的投资期限，短的投资标的期限在 1 个月、3 个月，而长的有 1～2 年，但总体而言要短于股权众筹投资，同时 P2P 投资的收益往往与期限成正比。而股权众筹投资的投资期限存在不确定性，一般需要 1～5 年，同时项目回报与期限没有必然联系。请大家分别选择一款熟悉的 P2P 和股权众筹产品，将其期限结构填入表 5-2。

表 5-2　　P2P 与股权众筹期限结构对比

类　别	平　台	产品/项目	期限/回本周期	利率/分红率
P2P				
股权众筹				

步骤 3：比较 P2P 与股权众筹的增信措施。

从增信措施来看，P2P 不少标的是有抵押的债权标，一旦投资失败，在法律上可变卖抵押物来保障投资者债权。而股权众筹通常没有抵押，一般项目方会以一定比例的保证金设置回购条款，以部分保障投资者的入股本金。请各选择一家你熟悉的 P2P 与股权众筹平台，了解其主要增信措施，并加以比较。

步骤 4：比较 P2P 与股权众筹的风控流程。

在实践中，P2P 平台一般采取线下风控人员调查、搜集借款人所处行业和经营数据，以及个人家庭信息等综合因素，进行交叉验证和信用审核，然后上报审核人员决定是否放款。股权众筹平台则由项目经理调查搜集行业企业信息，并由投委会做出决策。请进一步了解你在步骤 3 中选择的两家平台的风控流程，并加以比较。

步骤 5：比较 P2P 与股权众筹的人才需求。

一般而言，P2P 平台需求的人才以大专和本科居多，同时营销类岗位占比较高。而股权众筹平台需求的人才以本科和研究生居多，一般高端岗位需要具备特定行业与金融的复合背景，因为许多众筹平台都深耕几个特定行业，并以此为特色。请你从智联招聘（www.zhaopin.com）网站上检索目前正在招聘的 P2P 与众筹平台，并各选择一家对其人才需求进行对比，然后结合自身情况，筛选出适合自己的岗位并明确努力方向。

步骤 6：比较 P2P 与股权众筹的平均收益。

股权众筹能使投资金额成倍增长，但也可能颗粒无收，甚至背上一身债务；而 P2P 属于类固定收益，平均收益要高于银行理财产品。请你分别登录以下 P2P 与股权众筹的门户网站，了解行业的平均收益及主要平台的最新排名情况。

P2P 行业门户网站：网贷之家 http://www.wdzj.com/

股权众筹行业门户网站：种财网 http://zcw114.com/

步骤 7：P2P 与众筹的关注“热度”大数据比较。

由于 P2P 与股权众筹不同的风险收益特征和行业发展情况，二者的网络关注“热度”也存在差异。通常而言，股权众筹的风险和收益与 P2P 相比更高，因此也相对“小众”，而 P2P 更具有普惠金融特征。

请你运用在项目一中学习的百度大数据工具，选择合适的关键词或关键词组合，生成搜索指数及其对应的曲线，并与图 5-4 相对比，分析 P2P 与众筹关注“热度”的变化情况。

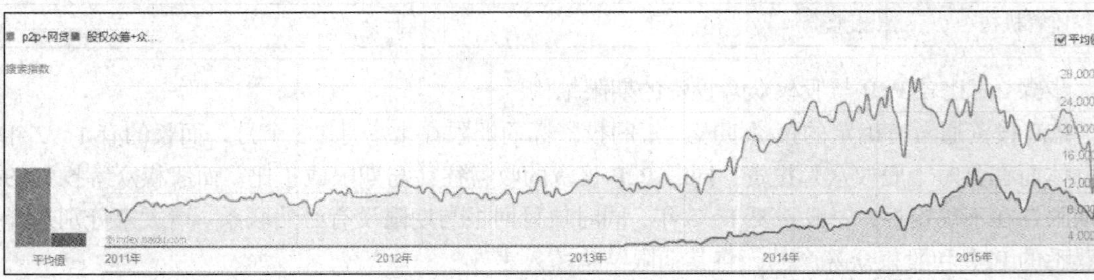

图 5-4　P2P 与众筹搜索指数曲线

[随堂测试 5-1] 理解与比较互联网众筹的 4 种模式

请对 4 种众筹模式的运作进行归纳总结，并思考这 4 种模式对于发起人来说在什么样的项目或是什么样的情况下适用？可以在互联网检索与讨论的基础上，完成表 5-3。

表 5-3　互联网众筹模式比较

互联网众筹模式	运作的模式	获得的回报	适 用 情 况
捐赠众筹			
回报众筹			
债权众筹			
股权众筹			

任务二　股权众筹投资

扫一扫看微课

一、股权众筹投资的含义与特点

股权众筹投资是指投资者采用股权众筹形式进行的投资，即投资者通过购买互联网股权众筹平台上的项目份额，获得一定的股权，以股东的身份获得投资回报。

股权众筹投资从投资者角度看，具有以下典型特点。

（1）本质属于股权投资。股权众筹投资本质上仍然属于股权投资，具有股权投资的性质，投资者因出资而享有财产权和经营管理权，不要求偿还本金，但要求较高的投资收益。

（2）基于互联网平台，在线操作，投资便利。该种投资方式与传统定向、线下股权投资有所区别，它是基于互联网众筹平台才能完成的投资，投资者必须在股权众筹平台上注册会员，才能投资。投资者进行项目浏览、与项目方进行沟通交流、预约、认购、支付、收到分红等都通过互联网进行在线操作，甚至不需要到当地企业进行多次实地考察，操作十分便利，交易成本低。

（3）投资门槛相对较低。传统股权投资金额大，大众投资者难以对企业进行投资，但是股权众筹投资因投资者数量多，降低了单人投资金额，且因互联网众筹平台的开放性，使得这些股权投资项目对大众投资者敞开。因而，大众投资者也可以进行小额的股权投资，从而对传统企业的股权投资成为可能，对于大众投资者来说也因此增加了一种投资渠道。

（4）投资风险相对可控。因为众多投资者共同投资股权众筹项目，投资额低，而且有较为专业的项目方进行项目经营管理，专业的领投人领投项目。众多对项目感兴趣的跟投人支持项目、为项目出谋划策，跟投人投资项目的风险比一般的股权投资风险小。

二、股权众筹投资的流程

从投资者的角度来看，股权众筹投资的一般流程主要包括以下步骤。

（1）投资者选择股权众筹平台，注册会员。股权众筹平台的选择对于投资者至关重要，直接关系到投资的成功与否、风险大小。投资者首先应仔细研究、比较各家股权众筹平台，如成立时间、所在地域、平台创立者背景与理念、投资的项目类型、投资人数量、融资期限、成功融资和成功分红的项目数等，尤其是从风控措施方面，平台是否对发起人、对项目、对领投人详细审核，法律文件是否齐全明晰，投后管理是否科学合理，投资资金保障措施是否合规等。通过比较分析，投资者可选择一至两家运作流程合理、风控体系好、管理完善、信誉度高的股权众筹平台，在该平台上注册会员，成为该平台的意向投资人。

（2）投资者登录股权众筹平台，浏览自己感兴趣的众筹项目，并进行认真研究。投资者在研究的过程中重点应关注项目创意、市场前景、财务预测、发起人简历、融资方案、最低投资额、收益分配机制、退出机制、项目主要风险点等内容。必要时，投资者可以进行一些简单的市场调研分析，辅助自己完成对市场前景、项目收益和风险的判断。通过分析后，投资者可根据自身的风险承受能力，选择风险相对较小、收益相对较好、退出机制较为通畅的项目作为意向项目。

（3）投资者就自己有意向的项目约谈项目方，预约认购项目份额。投资者可以通过股权众筹平台的在线约谈、私信、项目评论和群聊等方式就其关心的问题与项目发起人进行详细沟通，若约谈后觉得项目值得投资，可在股权众筹平台上预约认购该项目的份额，等待项目路演。

（4）投资者参加项目路演。当项目预热期结束后，一般项目方会邀请预热认购的投资者参加项目路演，此时投资者可以面对面听取项目方的路演现场介绍，观察与评价项目的管理团队，深入了解项目，并且还可向项目方现场提问，获取投资决策需要的个性化信息。

（5）投资者根据了解到的项目综合情况，结合自身的风险承受能力，进行投资决策。投资者通过股权众筹平台披露的项目情况、约谈项目方、参加路演活动等渠道了解到项目及项目方的综合情况后，再次评估项目的投资风险和收益，并结合自身的资金、风险承受能力，做出是否投资的决策。如果可以进行投资，确认投资份额。

（6）投资者在线认购投资项目，完成款项的支付。投资者可提前将投资款项充值到账户，了解项目开始融资的具体时间，待项目融资一开始，立即认购项目份额，完成款项的支付。需要注意的是，有许多优秀项目，上线的第一天融资目标就已经完成，如人人投上线的桃花源记项目13秒内就被投资者抢购一空，如图5-5所示。因此，对已看好的项目可尽早完成认购，防止被抢购造成认购失败。

图5-5 “桃花源记”苏州泉屋众筹店

（7）签订投资协议，或退还认购资金。等项目融资结束，若项目融资成功，则投资者可在股权众筹平台的协助下完成项目公司的成立或股份转让，签订投资协议和投后管理协议等。若项目融资失败，认购资金将会退回给投资者，投资者稍后可查看自己的账户认购资金是否到账，到账后可提现，也可以重新选择其他股权众筹项目进行投资。

（8）投资者投后应经常关注项目的进展情况，可通过项目股东QQ群等方式保持与项目方的沟通联络，等项目分红后可查看项目分红情况。在项目运营过程中，当满足投资协议约定的退出条件时，如持股满一定期限，投资者可将其所持股份转让给第三方，或者回售给项目方，以实现投资退出。

三、股权众筹平台

1. 股权众筹平台的含义

股权众筹平台是指通过互联网平台（互联网网站或其他类似的电子媒介）为股权众筹投融资双方提供信息发布、需求对接、协助资金划转等相关服务的中介机构。

2. 股权众筹平台的运作

目前，国内股权众筹平台的运作主要包括项目获取及筛选、项目推介及投资、项目投后管理及项目退出4个阶段。

（1）项目获取及筛选阶段。股权众筹平台需广泛搜集标的项目，并依次通过项目初选、约谈创业团队、尽职调查、估值议价以及投资框架商讨等步骤对标的项目进行系统性、科学性筛选，选出安全性高、投资回报稳定的优质项目。

（2）项目推介及投资阶段。从线上启动股权众筹，确定领投人和跟投人，协助项目完成融资并根据项目投资总人数成立一个或多个有限合伙企业，让有限合伙企业成为融资企业的股东。

（3）项目投后管理阶段。企业可引入内部或外部基金管理公司作为投资管理顾问进入上述有限合伙企业，并代表有限合伙企业对融资企业的日常经营情况的搜集汇编、财务规范管理、公司治理结构、未来战略规划、项目再融资等方面提供咨询服务。

（4）项目退出阶段。投资人可以通过股权转让、融资企业回购、被投企业IPO或被兼并收购等方式进行退出。

3. 股权众筹平台的盈利模式

目前，股权众筹平台主要通过以下3种模式获利。

（1）中介费/佣金模式。这是现阶段最常用的收费模式。具体操作方式是：平台在项目融资成功之后，向融资者收取一定比例的成交中介费（或称为佣金、手续费等），通常是融资额的3%～5%，视各家平台实际情况而定，没有固定比例。人人投、众众投、众投天地等实体店股权众筹平台是这类模式最典型的代表。该模式的优势在于能够获得现金回报，收益明确。但由于现阶段众筹的项目数量和融资规模都十分有限，仅仅依靠收取佣金、中介费，平台的收益都很少。可以说，这种收费方式其实浪费了众筹的好模式。

（2）股权回报模式。这种模式是众筹平台获得在其平台上成功融资的项目的部分股权作为回报收益，实际上是股权投资行为。有的平台不仅收取融资顾问费，还要求获得融资项目的部分股权；也有的平台仅仅只获取股权回报，而不收取其他中介费用。大部分服务于种子期、天使期的平台往往采取这种模式。该模式的优势在于，不仅能够在佣金之外增加回报收益，而且能够以此分析企业的预期，项目一旦成功做大，平台获利空间就比较大。但由于采用此模式的平台多是类似初创型的公司，退出股权获得收益往往无法短期内兑现，平台的现状还是难以改变。实际上，现在大多数平台的普遍做法是将佣金模式和股权回报模式结合起来，收取佣金后将部分或者全部佣金作为资金投入到项目之中，获取比例不等的股权，以此来增加收益。但实质上的大改观还是未能出现。

（3）增值服务费模式。所谓增值服务费模式，其实是股权众筹平台为众筹融资方提供各项创业的增值服务并对这些服务收取费用，主要包括创业孵化、财务、法务等服务。该模式的优势在于，这部分交易匹配、撮合之外的增值服务，能够真正解决创业企业和项目的痛点。这种模式的收费可以算是未来股权众筹平台的主要收入来源和盈利点。该模式的劣势在于，创业孵化服务的成本较高，现阶段平台难以支持。目前，足以支撑此成本的只有资本雄厚的大平台。

[做中学 5-2] 搜索浏览股权众筹网站，并分析其特点

步骤 1：利用搜索引擎，找出若干家股权众筹平台网站。

方法一，直接在百度中搜索关键词“股权众筹平台官网”，就可以出现一个个股权众筹平台网站链接，单击进去可以浏览该平台的内容。方法二，目前国内已有信息门户网站将众筹平台进行了搜集和整理，如爱众筹、众筹之家等，搜索并进入该类门户网站，就可以链接到大部分股权众筹平台网站。

例如，采用方法二，百度搜索“众筹之家”，打开其中的“平台导航”，会出现多家众筹平台，如天使客、第五创等，如图 5-6 所示。简单浏览一下各股权众筹网站，选择你感兴趣的 5 家平台，将其名称写在表 5-4 中。

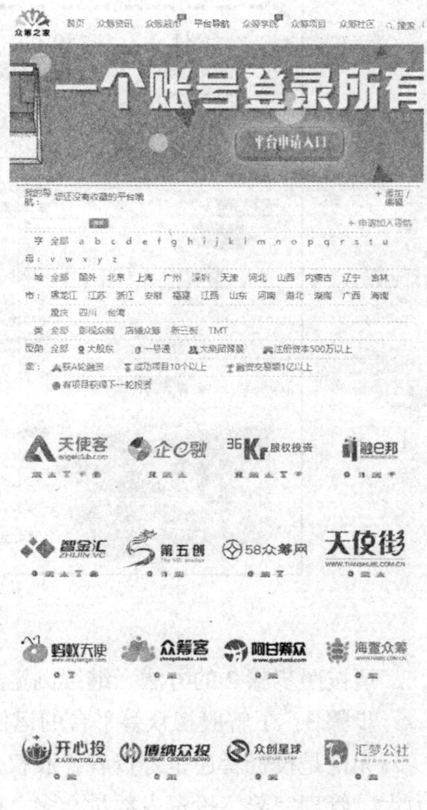

图 5-6　众筹之家网站众筹平台导航图

表 5-4　　股权众筹平台主要信息表

平台名称	成立时间	位列城市	创始人	主要投资方向	成功融资项目数	成功融资项目金额	投资人数量

步骤 2：打开股权众筹平台网站，了解基本信息。

在众筹之家网站中找到“人人投”图标并单击，进入“人人投”股权众筹网站。“人人投”首页如图 5-7 所示，里面有“人人投”介绍、按不同投融资阶段的项目展示、投资指引、诚信搜索等内容。单击图 5-7 右下角的“新手指引”，你可以了解更多关于“人人投”的信息，此外，你还可以在公司网站下方的“关于我们”中找到公司简介。

图 5-7 上方虚框内介绍了“人人投”目前众筹的项目数、成功众筹金额、投资人数等信息，请将上述内容填入表 5-4 中。

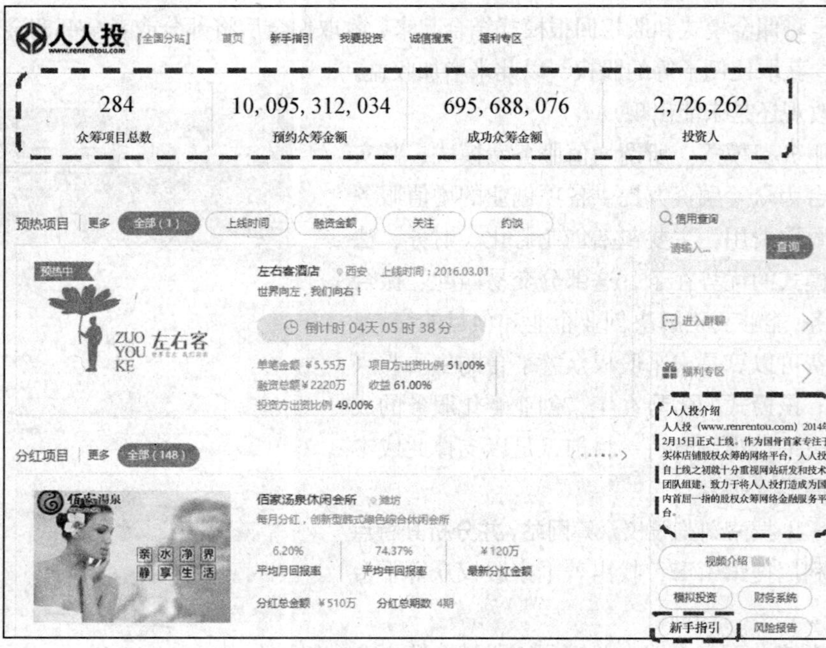

图 5-7 “人人投”网站首页

请按照步骤 2 的方法，继续浏览其他众筹平台，将平台的主要信息填入表 5-4。

步骤 3：了解股权众筹平台的运作流程与安全保障措施。

无论是投资者还是筹资者，股权众筹平台的优劣都至关重要。对筹资者而言，平台如果影响力大，管理完善，投资人数量众多，则其融资更有可能成功；对投资者而言，平台的风控机制越好，项目质量越高，则投资风险越低。

下面仍然以“人人投”为例，了解平台的具体运作模式和流程，并初步了解投资该平台众筹项目的安全保障机制。“人人投”的运作模式为项目方通过“人人投”平台展示项目的基本情况、发布融资需求与回报机制，投资人在平台上注册后即可了解项目的相关情况并决定是否进行投资。项目融资成功后，第三方机构将协助“人人投”参与项目风控并负责投后管理，提供全方位的专业服务。“人人投”的安全保障措施包括：一是项目本身的风险控制，二是资金保障，三是财务监管，四是技术保障。

步骤 4：浏览股权众筹项目，分析投资方向。

打开股权众筹平台官网的首页，一般可以看到项目按照所处的不同阶段进行分类展示，有预热项目、融资项目、成功项目、分红项目等，每个栏目下显示有不同的项目，分别浏览各项目的名称和介绍，找出平台的主要投资方向，填入表 5-4。

四、股权众筹投资实际操作

对投资者而言，股权众筹降低了股权投资的门槛，丰富了投资渠道。但股权投资本质上属于专业的风险投资，投资前需多做调研和分析，识别投资风险，谨慎地做出投资决策。下面通过做中学 5-2 来详细介绍股权众筹投资的实际操作过程。

[做中学 5-2] 股权众筹投资的操作

步骤 1：选择优秀的股权众筹平台，并申请注册成为会员。

通过前面对股权众筹平台的调查和分析，我们发现“人人投”是行业中实体店铺股权众筹的知名平台。下面以“人人投”为例，带领大家一起进行股权众筹投资实操。

投资项目前，首先需在股权众筹平台上注册会员。请打开“人人投”股权众筹网站，使用手机号进行注册，输入网站发送至手机上的验证码，并且设置好密码，勾选“我已阅读并同意《人人投网站服务协议》”，单击“注册”即可。接下来进行实名认证，填写用户真实姓名、身份证号、邮箱号、地址等信息。最后进行邮箱验证即可完成注册。如图 5-8 所示。

图 5-8　股权众筹网站的注册

步骤 2：同步易宝支付。

登录网站，单击左侧的“我的账户”，再单击“同步易宝”，完成第三方互联网支付机构易宝账户的同步，此后在“人人投”的资金收付均需通过第三方易宝完成，以防控道德风险。

步骤 3：浏览项目情况，选择优质项目。

选择你感兴趣的项目（只有正在融资中或者预热的才可以投资，其他项目已经完成融资），如济南丁豪全季综合体项目。接下来，你需要详细了解该项目。“人人投”网站对项目内容的披露包括店铺简介、预算及退出、风险点评、电子协议等几个部分，如图 5-9 所示。下面，以济南丁豪全季综合体项目为例，介绍在众筹投资时如何详细考察投资项目。

1. 项目基本情况

济南丁豪全季综合体项目选址于济南市高新区丁豪广场，7～18 层为全季酒店，3～6 层为酒店公寓，1～2 层为门面出租。项目位于济南市高新区的核心位置——高新区一号地，正对济南国际会展中心及银座商城，背依高新区政府及齐鲁软件园，北临高新区大动脉工业南路，东至高新区政务大道舜华路及高新区万达广场，西邻崇华路及济南 CBD 中央商务区，30 分钟直达济南遥墙国际机场。交通发达，且周边配套齐全，生活便利，银行、学校、医院一应俱全。

图 5-9 “人人投”平台股权众筹项目

2. 市场分析

（1）济南市高新区酒店市场分析。济南市高新区知名品牌的中档酒店缺乏，仅有一家小品牌中档酒店——书香世家，连锁快捷酒店在 20～30 家。济南市高新区高科技产业云集，同时也是各类演唱会、比赛、会展的首选之地。济南市平均收入最高的区域就是高新区，且江北最大的金融中心——汉峪金谷入驻高新区。2016 年，高新区 CBD 开建。高新区丁豪广场总建筑面积达 32 万平方米，其中商场建筑面积近 10 万平方米，涵盖品牌名店区、美食广场、休闲娱乐区、横店影视城、华润万家生活超市、大型停车场等与酒店业配套的业态。

（2）全季酒店市场定位及前景分析。全季酒店选址主要在中国一、二线城市的商业中心，让客人无需支付五星级酒店的价格，即可享受五星级酒店的地段优势，是国内发展速度最快的中档酒店品牌之一。

目前，中档酒店市场可以说处于相对空白阶段。经历了“节俭风”后，消费者正逐渐从疯狂追求豪华到回归理性，使更多客源流向中档酒店。越来越多的国际酒店管理集团正在将其中国市场布局的重点转向在二、三线城市开发中档酒店，包括万怡、美居、诺富特、洲际智选假日等品牌已经进入中国市场。经济型酒店的发展逐步涉入“红海”，新一轮兼并或重组已在眼前，中档酒店成为企业以及资本角逐的热点，未来 10 年将可能是其“发展黄金期”。

济南泉城路全季酒店面积为 10 000 平方米，195 间房，出租率达 85%以上；泺源大街全季面积为 13 000 平方米，305 间房，出租率达 80%以上。预测丁豪广场店全季面积为 9 500 平方米，168 间房，保守估计出租率达 80%以上。

（3）酒店公寓市场定位及前景分析。酒店公寓的实质是酒店，是一种既吸收了星级酒店较好的服务功能和管理模式，又吸收了住宅、写字楼的某些特点，既可居住，又可办公的综合性很强的物业。

目前，酒店式公寓市场相对空白，自主品牌发展潜力巨大。首先，市场容量大，72%的流动人口通过租房居住，目前中国租房居住比例很高。其次，租房痛点多，据相关调研得知，74%的人在租房中出现各种问题导致权益受损。第三，白领时代到来及“90 后”个性需求，《社会蓝皮书》指出 2015 年我国将进入“白领时代”，《赶集网租房报告》显示租房者近七成是“85 后”，近半为“90 后”，“90 后”有可能成为“不买房一代”。第四，政府方面，政府出台房地产将房源向社会出租的政策。最后，资本市场方面，投资更加多元化，VC 投资减少，PE 投资渐多。本项目所在地济南的流动人口在 200 万以上，目前没有集中式公寓，且租金接受程度高。

3. 项目方简介

（1）发起人简介。马勇，酒店业资深专家，2011 年成立济南正泓酒店管理咨询有限公司；2011

年 6 月，开设格林豪泰济南大明湖店；2013 年开设海友酒店大明湖北店；2014 年，与“人人投”合作后，加速酒店业布局：2015 年 5 月，海友酒店济南大明湖店开业；2015 年 9 月，汉庭酒店济南奥体中路店开业；2015 年 10 月，海友酒店德州火车站店开业；2015 年 10 月，开设潍坊第一家中档连锁酒店——丽枫酒店；2016 年，成立济南正泓酒店集团，创立自主中高档酒店式公寓品牌。

（2）正泓酒店集团简介。正泓集团主营酒店投资和管理，注册资金为 5 000 万元，股权架构如图 5-10 所示。目前，其运营的酒店包括济南格林豪泰大明湖店、济南海友大明湖北店、济南汉庭奥体中路店、德州海友火车站店、潍坊丽枫酒店等。下属子公司有山东天钰健康管理咨询有限公司，注册资金为 1 000 万元，以中高端连锁养老机构为主营；山东诺威文化传媒有限公司，注册资金为 1 000 万元；山东金世祥网络科技有限公司，为酒店提供硬件和软件的服务，注册资金为 1 000 万元。

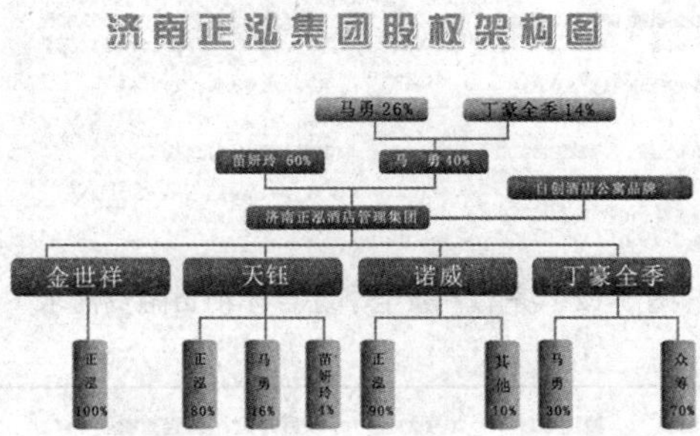

图 5-10　正泓酒店集团股权架构图

4. 融资需求与财务预测

（1）现有酒店运营数据。项目方正泓酒店集团旗下正在运营的其他酒店的相关经营与财务数据可以在众筹平台的“现有店铺概况”中查询，投资者在投资前应仔细浏览与分析，从而为判断此次众筹的新建酒店的盈利前景作参考。

（2）新筹建酒店运营计划。本项目计划筹资开两家店铺——全季酒店与酒店公寓，预期店面地址为济南市丁豪广场，开店筹备期为 120 天，预计开业时间为 2016 年 5 月底。第一年预计盈利 650 万元，预期分红时间为融资成功后 30 日，如图 5-11 所示。

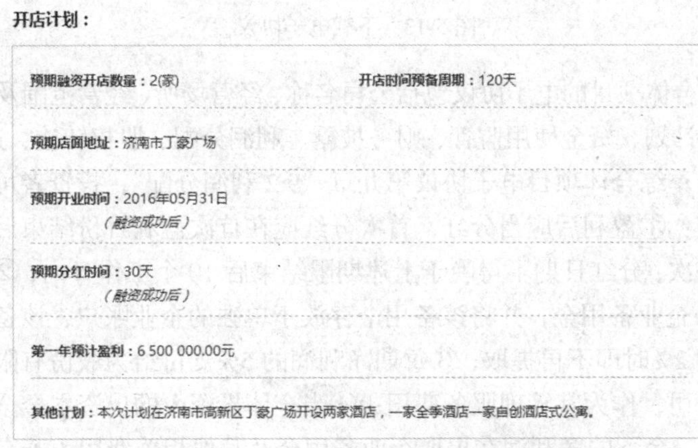
开店计划：

预期融资开店数量：2(家)　　开店时间预备周期：120天

预期店面地址：济南市丁豪广场

预期开业时间：2016年05月31日
（融资成功后）

预期分红时间：30天
（融资成功后）

第一年预计盈利：6 500 000.00元

其他计划：本次计划在济南市高新区丁豪广场开设两家酒店，一家全季酒店一家自创酒店式公寓。

图 5-11　济南丁豪全季综合体项目开店计划

（3）新筹建酒店融资需求。济南丁豪全季综合体项目预计融资金额为 2 590 万元，其中项目方出资金额为 777 万元，出资比例为 30%；投资人出资金额为 1 813 万元，出资比例为 70%。投资者个人按份认购，每份金额为 9.25 万元，如图 5-12 所示。

5. 收益分配机制

股权众筹投资者投资的目的主要是获得丰厚的投资回报，因此项目收益分配机制对于投资者来说十分重要，在投资前一定要认真分析。收益分配机制最好直接从具有法律效力的协议或者合同中获得。“人人投”平台可以从项目网页上“电子协议”栏目中下载该项目的电子协议，如图 5-13 所示。

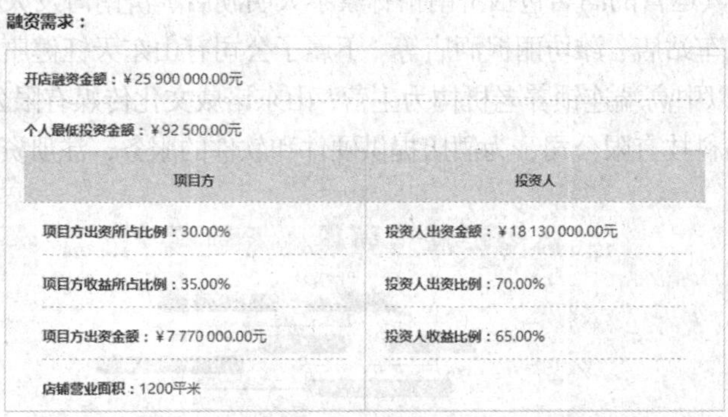

图 5-12　济南丁豪全季综合体项目融资需求

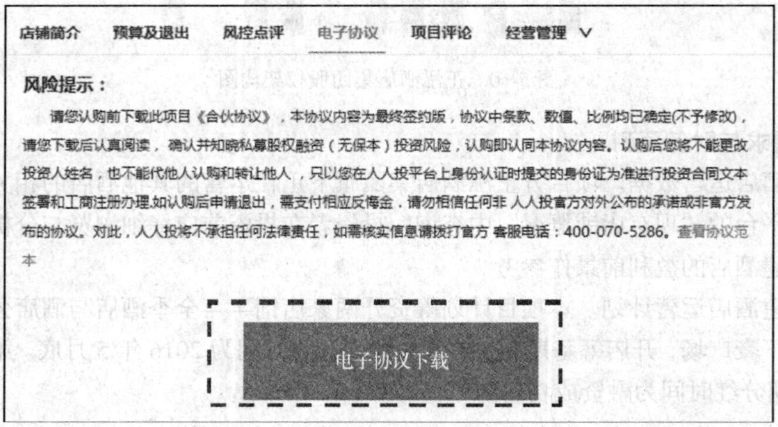

图 5-13　下载电子协议

济南丁豪全季综合体项目的电子协议包括公司名称、经营场所、经营范围及期限、投资人信息、出资方式、资金使用计划、资金使用监管、财务披露、利润分配、股权转让、违约责任等内容。

打开济南丁豪全季综合体项目电子协议第九章“9.2 利润分配”，投资者可以详细查看该项目利润分配的有关规定：①盈利后应当分红，首次分红应在首次盈利月份结束后 1 个月内进行，其后应每 3 个月分红一次，分红日期不得晚于上述期限结束后 10 个工作日内；②盈利后可以每月提取净利润的 10%作为企业备用金，并将该备用金存放于单独的企业账户，该备用金金额达到股份有限公司注册资本的 2%时即不再提取；③每期净利润的 5%支付给为股份有限公司提供融后管理服务的第三方管理公司，作为其管理服务费用；④当全体投资人的出资本金全部收回后，项目方收取 5%的管理分红，余下的净利润在提取企业备用金及其他相关费用（若有）后按各投资人对股份有限公司的实际出资比例进行分红。

6. 退出机制

一般而言，股权众筹投资者有以下几种投资退出方式。

（1）并购退出。并购退出是指通过其他企业兼并或收购风险企业从而使风险资本退出。

（2）回购退出。回购退出是指通过风险企业家或风险企业的管理层购回投资人手中的股份，使风险资本退出。

（3）首次公开上市退出（Initial Public Offerings，IPO）。首次公开上市退出是指通过风险企业挂牌上市使风险资本退出。

（4）股权转让退出。股权转让退出是通过股权转让的方式使风险资本退出。股权转让是指公司股东依法将自己的股份让渡给他人，使他人成为公司股东的民事法律行为。具体可以分为 2 种情况：一是单个投资人转让，即投资人投资项目满一年，且已寻找到合适的股权受让方的前提下，可以办理股权转让手续；二是有限合伙集体转让，即有限合伙企业找到合适的股权受让方（VC/PE 机构、战略投资机构、战略并购机构、场外市场、证券市场等）可实现集体转让。

（5）清算退出。清算退出是针对投资失败项目的一种退出方式。风险投资是一种风险很高的投资行为，失败率相当高。对于投资人来说，一旦所投资的风险企业经营失败，就不得不采用此种方式退出。

济南丁豪全季项目与退出机制有关的规定位于该项目电子协议的第十一章“11.2 股权转让”：①投资人自本股份有限公司成立之日起 24 个月内，不得转让其在股份有限公司的财产份额；②若甲方在本协议第 9.2.3 款中约定的时间到期时未能实现股份有限公司盈亏平衡预期目标，则乙方及其他投资人有权转让持有的股份有限公司的股份，此前若获得分红，该分红所得应计入退还的款项中； ③本项目正式运营满 24 个月后，投资人有权转让本项目的股权，由发起人受让投资人的股权，发起人受让的额度不低于投资人出资金额的 110%，投资人转让的权力行使截止日期为上述约定期限到期后的 30 个自然日内，此前若获得分红，该分红所得应计入退还的款项中； ④股份有限公司正式运营满 25 个月后，乙方及其他投资人若转让股权，则在不给股份有限公司事务执行造成不利影响的情况下，提前 30 日通知其他投资人，可以转让，乙方及其他投资人转让股权时，由转让方自己寻找受让人。

7. 风控点评

“人人投”平台对每个项目都进行风控点评，单击项目页面中的“风控点评”即可看到。对于济南丁豪全季综合体项目来说，“人人投”的主要点评如下：①全季酒店在济南东部只此一家，周边配套设施完善，与济南市政府及大型企事业单位驻地相邻；②经工商、人民法院、百度查询，项目方均无负面信息；③项目方负债情况是房贷、车贷都已结清，无其他银行贷款，信用卡总额度为 60 万元，现已使用额度为 36 万元，还款记录良好；④该项目方有多年酒店从业经验，且加盟的都是国内知名连锁酒店品牌，现已开业 5 家酒店，都是全托管经营模式，管理风险较低，且项目方从 2011 年至今保持每年 1 家的新开店速度，发展稳健，目前 5 家酒店每年可产生现金流约 2 000 万元，营业数据稳定。

资料来源：上述济南丁豪全季综合体项目案例部分内容节选自“人人投”网站 http://www.renrentou.com/project/detail/project_id/16755。

步骤 4：约谈项目方，预约认购项目份额。

投资人在浏览项目内容页时，若对此项目感兴趣，想加深对项目的了解，可以单击“约谈”，给融资者发送站内或站外信，告知融资者其想了解此项目，融资者接到信息后，会根据投资人的投资资质结合自身需求进行约谈。约谈有利于双方的深入了解，降低投资人的投资风险，同时也提高了融资者融资成功的概率。

投资人可以通过众筹网站线上约谈，也可以在线下约谈项目方。此外，投资人还可以单击项目页面中的“项目评论”给项目方留言，或者单击“群聊”，进入平台上预热融资项目讨论群，如图 5-14 所示，与项目方和其他投资者沟通项目的具体情况。

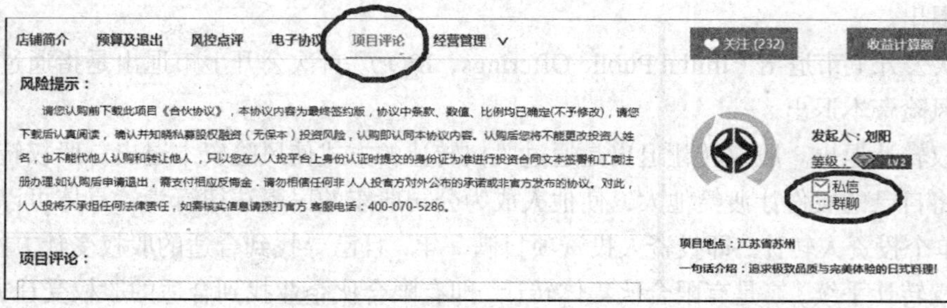

图 5-14　投资人与项目方的沟通渠道

投资人如果对该项目很感兴趣，并且经过综合分析和权衡后，很想投资某个项目，可以单击项目页面中的“预约认购”，选择预约认购的份数，提交自己的认购意向，如图 5-15 所示。预约认购仅代表投资人的认购意向，并非正式认购。

图 5-15　投资者预约认购界面

步骤 5：参加线下路演，面对面沟通交流。

当项目预热结束后，项目方会根据自己的需求邀请已提交认购意向的投资方参加线下路演，此时投资人可以参加线下路演，对项目和筹资人进行更加深刻的了解和认知，并对有困惑的问题向项目方当面提问，以降低投资风险。

步骤 6：进行投资决策。

股权众筹虽然披着互联网的外衣，但其本质上仍属于金融投资活动，因此投资人做决策时仍然需要考虑投资的回报和风险。投资人可以从项目商业计划书中找出开店计划、预计盈利、利润分配方案、投资人最低投资额、已有店铺运行数据，简单计算或者验证众筹项目预计年净利润，每年利润分配额，投资人单份投资持股比例和年利润分配数据，然后再计算投资人的投资回收期（假设投资人长期持有），计算方法如下。

投资人的投资回收期=投资人最低投资额/投资人单份投资年利润分配数

=投资人最低投资额/（年净利润 × 投资人利润分配比例/总份额）

投资人年投资回报率=投资人单份投资年利润分配数/投资人最低投资额 × 100%

经过分析后，如果觉得投资回收期、投资回报率以及投资风险可以接受，投资人便可以投资该项目；反之，则放弃对该项目的投资。

步骤 7：认购项目份额。

投资人可根据自己的资金状况，按照单份投资额，确定投资份数和总投资额。

投资人的总投资额=单份投资额 × 投资份数（其中投资份数为自然数）。

投资人投资前，需要先在“会员中心-账户资金-账户充值”中进行充值。充值完成后，进入项目页面，单击“认购”按钮，选择认购的份数，进行支付，完成项目的投资。

步骤 8：签订投资协议，或退还认购资金。

筹资期结束后，融资成功的项目，由股权众筹平台组织签订投资协议，办理好设立企业、增资或股权转让等手续。

若筹资期满，融资失败的项目，则股权众筹平台将投资人认购的款项退回给投资人账户。

步骤 9：投后关注项目进展，查看项目分红情况。

项目投资成功后，投资人可以通过股权众筹平台和股东交流群等渠道继续关注项目进展情况，也可与筹资人进行沟通交流。

项目盈利后，根据投资协议的利润分配条款，投资人可以获得一定数额的分红，分红信息可以在项目页面中的“经营管理”-“分红报表”中查看，如图 5-16 所示。

店铺简介 预算及退出 风控点评 电子协议 项目评论 经营管理 ∧

分红条件及金额：

1.当月合伙企业已累计盈利，

2.（截止当月合伙企业自有货币资金）减去（一个月的房租+人员工资+材料所购费用）

TIME儿童摄影

2015年度 第2期分红

分红时间: 2015.06.01 - 2015.08.31 回本率 84.09% 本次回本率 14.46%

分红明细

编号	姓名	投资额	占股比例	分红金额
1	徐**	30000.00	5.000%	6504.798
2	张**	30000.00	5.000%	6504.798
3	李**	25000.00	4.167%	5420.665
4	沈**	24000.00	4.000%	5203.838
5	涂**	24000.00	4.000%	5203.838
6	侯**	20901.00	3.483%	4531.893

图 5-16 “人人投”股权众筹项目分红报表

五、股权众筹投资风险

1. 股权投资活动的固有风险

风险与收益，是投资活动中相伴相生的产物，只要参与了投资，就必然要承担某种程度的风险。股权众筹作为一种投资渠道，具有以下风险。

（1）盈利能力风险。由于众筹目标公司大多处于初创期，其发展前景不明朗、盈利能力无保障，所以投资者是否有回报就存在着高度的不确定性。出于法律的安排，股东只有在公司盈利的前提下才能请求分配利润，因此项目的盈利前景对于投资决策往往起着重要的作用。

（2）众筹资金监控问题。目前的众筹平台一般都把自己定义为中介平台，不参与实际的投融资活动。然而，由于融资不确定性和时间差等原因，众筹资金总是先汇集到平台并且沉淀下来，平台实际上发挥了管理人的作用去管理、划拨相应的款项，如融资成功则把相应的融资款划拨到目标公司，如融资失败则把认缴款退回给相应的投资者等，这都有赖于平台的业务水平、管理能力、风险控制等因素。此外，作为融资中介的平台对融资公司的后续监管也受制于成本、专业、资质等因素。公司融资后，其资金运用是否合理以及资金的实际流向，我国目前尚没有完善的法律制度与监管规定要求项目方披露，因此众筹平台与投资者都很难监控，面临着资金被挪用的风险。

（3）大股东利用控股地位侵害小股东权益。这一类风险或许是大多数缺少投资经验的投资者容易忽视的。一般而言，股权众筹的投资者在公司中所占的股份比例都不高，创业团队是公司的实际控制人，类似于公司发展、利润分配、收购合并等这类重大的议题几乎都由实际控制人决定，小股东如果与大股东意见相左，是很难实现自己的主张的。控股股东一方面通过出任管理层获取高额薪酬，另一方面又利用大股东的地位左右股东会，导致长期不分红或只是象征性分红，小股东们进退维谷、处境艰难。当然，法律制度上有小股东退出的机制安排，但这是一种救济手段，不仅需要满足法定条件，而且交易成本高。

（4）股东退出机制不畅。在有限责任公司中，由于其闭合性的特点，股东要退出公司并不容易。一是股东股权转让受限于法律规定，如《公司法》规定向股东以外的人转让股权，须经其他股东过半数同意；二是受限于公司章程，如公司章程对股权转让设定其他条件，转让股权时须遵守；三是有限公司股权流动性弱，上市公司股票可以通过交易所便利地交易，流动性强，而有限公司股权交易有诸多不便，现实中最大的困难就是找到合适的股权受让方。股权众筹在公司治理、股东权益保护等方面较有限责任公司和上市公司面临着更为尴尬的局面：一方面，与传统有限责任公司的股东不同，众筹投资者之间不存在较高的信任度，较难彼此制衡；另一方面，融资公司又不像上市公司那样处于监管部门的监管之下，承担信息公开、接受审计等义务。换言之，参加股权众筹的投资者既没有基于社会人情关系的自力救济，也没有国家强制力的全面保护，这使得本来欠缺保护的投资者权益更加脆弱。

2. 众筹操作模式的特定风险

股权众筹除了具有股权投资的一般风险外，还具有众筹操作模式的特定风险。

（1）有限合伙制限制投资者主张权利。目前，部分众筹项目的投资者并不直接成为公司股东，而是协议成立有限合伙企业，对内将众多投资者集合在一起，对外以单一意思表示主体身份，加入目标公司。这种利用法律技术设计出来的模式是符合程序正义的，但选择制度的合理与否更要看该制度的宗旨与其适用环境的目标是否一致。合伙企业是区别于公司法人的一类组织，以合伙人彼此信任为基础，具有明显的人合性，其特征是共同出资、共同经营、共负盈亏、共担风险。合伙企业强调合伙人之间的意思自治。换言之，合伙企业得以存在和发展，最大的基础在于合伙人之间的紧密联系和高度信任。在股权众筹中，投资者订立合伙协议组成有限合伙企业成为有限合伙人，不仅彼此间无信任基础，更因有限合伙人的地位而对外没有执行合伙事务的权利，而必须由特定的普通合伙人执行合伙事务，这样对内缺少信任基础、对外难以主张权利的合伙企业，生命力不足。

因此，有限合伙人的地位成为了投资者主张其股东权利的最大障碍。“皮之不存毛将焉附”，如果无法主张股东权利，对于投资者而言股权众筹也将失去意义。有限合伙形式近年来频频被运用到融资领域中，一方面可以解决《公司法》关于股东数量的限定，另一方面可以保证新增股东不至于过于分散从而有利于公司的治理。但股权与债权最大的区别在于，债权到期后债权人享有还本付息的请求权，而股东一旦出资则资金成为公司的财产，股东只享有利润分配的请求权，而有限合伙的形式恰恰限制了投资者主张股东权利。

（2）领投“陷阱”。在融资需求发布后，融资方往往会寻找有投资经验的专业投资人士，即领投人，先行认购部分股权，待其他投资者认购满额后，领投人牵头成立有限合伙企业并成为普通合伙人，其他投资者为有限合伙人，领投人对外代表有限合伙人执行事务。这样的操作思路是以领投人的信用（包括投资经验、工作经历、个人资产等）为项目进行“信用增级”，以增强投资者的信心，解决融资方资信不高的问题，推进融资的顺利完成。在金融领域，信用增级是在融资中经常运用的手段，功能是降低风险和提高偿付能力。但在众筹中，领投人既没有降低项目的风险也没有提高偿付能力，实际上对项目的资信无实质性提高。也许领投人更多的是一种宣示功能，向投资者展示该公司在某个领域被认可的程度。但必须要指出，在我国社会征信体系尚不完备的情况下，个人信用的功能非常有限，仍不足以支撑实体中的风险管理需求。部分众筹平台要求领投人对融资方进行担保，但从已有的 P2P 经验来看，这种担保的功能亦非常有限。

另一方面，领投人的角色也容易诱发道德风险。融资开始后，融资方与领投人事实上已经达成了某种紧密联系，领投人不但对融资是否能如期完成起到重要作用，而且在以后的公司管理中也代表众多投资者实际履行其在公司的股东权利，是否能忠实地代表投资者利益而行使权利实则有赖于领投人的个人品质。然而，在整个过程中对领投人的行为并无太多的约束，相反其得到的现实利益却是量化可见的。一些众筹网站明确建议融资方给予领投人股份回报，则把此种利益公开化、固定化。虽然没有法律禁止这类行为，但领投人优先实现或多获得的利益，在某种程度上来源于其他投资者，这对于投资者而言是不公平的，甚至有可能融资方和领投人恶意串通，那么投资者将面临着严重的道德风险。

[随堂测试 5-2] 给大众投资人的投资建议

虽然股权众筹投资具有众多优势，其市场具有巨大的发展潜力，但是对于大众投资人来说，其中的投资风险很难辨别和把控。请以金融专业人士的角度给意欲进行股权众筹投资的大众投资人几点投资建议。

答题参考：

（1）作为一名投资人，应有投资风险意识，任何投资都有风险。

（2）投资人应选择资质好、风控体系好、管理完善的股权众筹平台。

（3）投资人应尽量选择有基本认知和了解的项目，如项目方为餐饮店、教育、娱乐行业等接近大众消费层面，投资人作为消费者应有识别项目盈利模式的基本能力，从而对项目的可行性做出判断。

（4）投资人应仔细研究项目内容、投资协议和投后管理协议，包括项目的商业模式、财务预测、管理团队、融资方案、利润分配、退出机制等内容，在自己风险承受范围内进行投资。

（5）在股权众筹领域，投资金额不应该超过家庭金融资产的 10%。

（6）尽量不要把资金都放在一个项目里，可以分散投资股权众筹平台上合适的项目，以此降低投资风险，拓宽收益渠道。

任务三 股权众筹融资

扫一扫看微课

一、股权众筹融资的含义与特点

1. 股权众筹融资的含义

股权众筹融资主要是指通过互联网形式进行公开小额股权融资的活动，具体而言，是指创新创业者或小微企业通过股权众筹融资中介机构互联网平台（互联网网站或其他类似的电子媒介）

公开募集股本的活动。

2. 股权众筹融资的特点

股权众筹融资的特点如下。

（1）公开性。股权众筹融资是融资者筹集资金，不是私下向特定的投资者进行融资，而是通过互联网形式公开向投资者进行展示并融资。这与通过互联网形式进行的非公开股权融资或私募股权投资基金募集行为不同。

（2）大众化。股权众筹融资是面向普通大众投资者的，任何人对众筹项目感兴趣并且有能力支持该项目，都可以申请对项目进行支持。

（3）小额度。股权众筹融资一般解决初创期项目的资金问题，筹集的资金规模较小，适用于创业企业和小微企业的融资。

（4）快捷高效。股权众筹融资通过互联网众筹平台申请发布项目，与众多投资者直接沟通，设定的融资期限时间也较短，单份融资金额小，因此融资目标十分容易达成，且融资效率高。

3. 股权众筹、天使投资与风险投资比较

通过将股权众筹、天使投资与风险投资（Venture Capital，VC）比较，可以进一步了解三者的异同。三者之间的共同点为都是创业者融资的主要渠道，都属于股权融资方式；不同点主要体现在以下 4 个方面。

（1）从行业偏好上看，天使投资和 VC 相对更侧重于科技行业，特别垂青 TMT、新能源、新材料等行业；股权众筹则适用的行业更广泛，并不局限于科技行业，还包括许多传统行业，如连锁店、实体店等。

（2）从投资阶段上看，天使投资往往发生在创业企业或项目的早期阶段，VC 则多数发生在创业企业的成长阶段；通过众筹融资的项目绝大多数都处于早期，这是因为一旦创业企业发展过程中引进了其他机构投资，受制于复杂的股权结构和公司治理结构，一般就很难再通过众筹进行融资。

（3）从对企业的控制程度上看，天使投资一般很少对企业进行控制，大多只是参加一年一度的股东会；VC 则不然，对企业的控制比例较大，往往会要求在公司董事会中拥有重大事项的一票否决权；通过众筹方式融资，对企业的控制权基本不受影响，参与众筹的投资人并不实际参与被投企业或项目的管理，创始人仍然对企业享有较大的控制权。

（4）从带给企业的附加值上看，天使投资带给企业的主要是资本；VC 带给企业的附加值最大，除了资金外，其往往还会为企业提供战略、营销、团队等一系列增值服务；众筹则不同，创业者在获得一定资金的同时，主要是获得了一大批投资者的支持，这些支持者可能会成为企业产品的顾客，也可能给创业企业带来“智力资源”。

二、股权众筹融资的流程

一般来说，股权众筹融资流的程主要分为融前、融中和融后 3 个阶段，下面从融资者的角度来分别阐述这 3 个阶段中的具体融资环节。

1. 融前阶段

融前阶段，融资者首先要编制商业计划书，论证项目的可行性，确定融资需求。其次，融资者要根据项目类型、融资额，结合各股权众筹平台的项目偏好、融资额度、投资人数量、项目成功融资数等信息，选择适合自身项目融资的股权众筹平台，并在该平台上注册成为项目方会员。第三，融资者在选定的股权众筹平台上发起项目，将商业计划书的内容按照平台的要求填写在网站上，尽量上传一些项目的照片、视频，使得项目介绍更加形象、直观、友好，项目内容填好后即可提交，等待平台审核。第四，根据平台的运作机制，平台方将对项目进行多层次的审核，包括项目类别、融资额度、项目内容与形式、项目方资质等，此时融资者需要配合平台方面甚至投资者方面的审查、尽职调查、估值等，对不符合要求的项目内容进行修改与完善。如果该项目通过审核，则可进入项目预热和路演；如果项目不能通过审核，则项目无法在该平台上融资。第五，在项目预热阶段，融资者应通过各种渠道积极与投资者沟通，使投资者更加了解项目情况，进而确立预约认购意向，项目预热期结束后，平台对于预约认购意向高的项目安排下一步路演。最后，在路演前，融资者应做好路演准备，制作能突出项目优势的路演 PPT，做好路演宣传工作，邀请预约认购的投资者参加路演活动。在路演过程中，融资者应表现得自信又谦逊，内容阐述简单明了、重点突出，并注意与投资者互动，听取投资者的意见与反馈。路演结束后，仍需保持与投资者的沟通和联络，根据投资者反馈的内容适当对项目商业计划书做修改，将项目路演视频上传到平台网站上，让更多投资者了解项目，以便其做出合理的投资决策。

2. 融中阶段

项目顺利进行路演后，按照约定的上线融资时间，便可以在众筹平台上融资。在此过程中，融资者应该及时关注融资进度，回答投资者提出的问题，并且积极与投资者进行沟通，推动融资目标顺利完成。

3. 融后阶段

融资期限结束时，如果项目融资目标未达成，则根据大多数平台的规定，项目融资失败，将款项退回给投资者；如果项目融资目标达成，则融资者需要与投资者签署投资协议，按照协议的内容进一步完成公司注册、项目施工、经营管理等工作。在此过程中，融资者需要配合平台的监管要求，将日常运营流水数据、运营动态等情况及时在投资者信息沟通平台中进行披露。待到项目盈利后，融资方需要根据协议约定的收益分配机制给投资者分红。在经营过程中，如果投资者满足协议规定的条件需要退出公司，则项目融资方应予以配合办理股份转让或者股份回购等相关事宜。如果项目经营期满、解散或破产，项目融资方也需要做好相关清算工作，将剩余权益分配给投资者。

三、股权众筹融资的优势

1. 融资速度快

对于项目细节完善、可落地性强，且优质的项目一旦发布，很容易得到项目支持者的认可，融资效率远高于传统金额渠道。传统的融资渠道不仅耗时，而且往往因为信息不通畅的原因导致了很多优质的项目消失。而现在项目方可以通过股权众筹平台发起自己的项目，让更多的投资人了解，在线上就可以快速得到资金。

2. 增强了项目支持者的参与感

相对于传统金融方式来说，众筹模式更加透明，项目支持者能够亲身经历项目完成前的所有流程，增加了对项目的认同感。通过参与股权众筹投资，投资人因为项目成为志同道合的合伙人，互利共赢。

3. 有利于项目的宣传推广

通过股权众筹平台，项目的受关注群体加大，这样不仅扩大了宣传，还增强了项目的市场竞争力和品牌竞争力。例如，“人人投”线下吃喝玩乐实体店铺项目，投资人在投资店铺项目成为股东的同时也无形中成为了该项目的忠实粉丝和消费者，为投资的实体店铺进行宣传。

四、股权众筹融资的作用

1. 创新性的融资模式，推动普惠金融发展

在传统的融资体系中，由于高不可及的门槛和信息不对称等因素，普通个人投资者被排除在初创企业股权投资之外，也无法分享初创企业的成长收益。与此同时，初创企业多囿于风险投资单一的融资渠道，成功的概率较低。具有明显普惠价值的互联网金融的发展为缓解小微企业融资难问题提供了一条新途径。2013 年 8 月，国务院办公厅发布的《关于金融支持小微企业发展的实施意见》中指出，要“充分利用互联网等新技术、新工具，不断创新网络金融服务模式”。股权众筹作为互联网金融的核心模式之一，是一种依托众筹平台、针对高成长预期的小微企业初创期的、独立于正规金融体系之外的新兴投融资形式，其最大的创新在于，完全打破了传统证券融资的体系和流程，初创企业借助众筹平台通过互联网直接融资，其融资渠道被有效拓宽，融资成功率明显提高。由此可见，股权众筹对有效促进金融公平、推动普惠金融发展、增进社会公平感，具有重大社会价值。

2. 扶持小微创新企业发展，提高国家竞争力

我国正处于经济结构调整和转型升级的特殊时期，“用好增量、盘活存量”的金融业方针和政策引导大量民间金融资源转向支持实体经济的发展，特别是新经济的发展。小微企业是新经济增长点的重要潜在元素，更是深化改革的主要推动力量。但是，由于小微企业的先天性缺陷，很难从银行等正规金融渠道以合理的价格获得融资。股权众筹作为一种专门针对创新型小微企业的互联网权益融资形式，打开了“微天使”的大门，给予普通群众投资创新型小微企业的权利、机会和渠道。股权众筹由于极大地降低了初创企业的准入门槛，必定引发小额民间资金的投资热情，极大地提高了小微企业股权融资的成功率。同时，由于股权融资不需要定期支付利息和本金，小微企业没有负债压力，能将全部募集的资金投入产品创新之中，有利于自身快速发展，提高创业的成功率，进而促进经济结构转型升级。

3. 解决初创企业融资难题，推动大众创业、万众创新

创业者在创业初期的融资尤其困难。通常创业者虽然拥有很好的商业思路，但商业计划和融资需求只能在行业内的天使投资人和风险投资等圈子里小范围传播。受困于融资渠道的匮乏和高额的融资成本，许多创业项目在吸引到资金前就已经夭折。而股权众筹借助互联网技术成为更加迅速、直接和社会化的融资方式，既能拓宽创业者的融资渠道，有效解决初创企业“融资难”和“融资贵”的困扰，也让每一个普通人都可以基于情感、喜好或商业眼光参与创业投资；同时，让更多的投资人为创业企业提供除资金以外的其他资源（智力资源、客户资源、人力资源等），有效降低创业风险，提高创业的成功率。显然，股权众筹能明显地改善创业环境，也将造就一大批新的创业企业家，新的企业家自然会感染、鼓励和支持年轻一代创新与创业，进而逐渐构建出一个创新创业的良性循环生态，最终推动大众创业、万众创新的实现。

五、股权众筹融资的局限性

（1）股权众筹的融资额普遍较低。这个融资额度可满足部分小型初创企业的实际需求，但对于许多初期投入较高的科技类、制造类企业来说，显得力不从心。此外，许多国家对股权众筹的融资上限有规定，如美国就硬性规定不得超过 100 万美元。

（2）股权众筹只适合从未进行过融资，或者只进行过少量对外融资的企业。股权众筹模式决定了企业在众筹之前必须建立清晰的股权结构，如果初创公司在此之前已经接受过风险投资，股权结构相对复杂，往往会对后续股权扩充和转让附加一定的约束，因此很多平台明确规定不接受已有风险投资的公司进行股权众筹融资。

基于以上两点，股权众筹的应用范围局限于种子期、尚未拿到投资的企业，或者已经拿到天使投资，但还需要进一步融资的创业企业。事实上，很多公司都是通过天使投资获得启动资金（通常这部分资金也不会很多）后，再去股权众筹平台进行新一轮的宣传和融资。

六、股权众筹融资的操作步骤

既然股权众筹融资为创业者、小微企业开辟了一条可行的融资之路，那么下面我们将从创业者（融资者）的角度，一起来学习如何进行股权众筹融资操作。

[做中学 5-3] 创业者股权众筹融资实操

步骤 1：撰写商业计划书，明确融资需求和方案。

创业者有了创业想法后，编写商业计划书可以帮助创业者理清思路，做好企业发展计划，预测资金的缺口，分析创业目标实现的可行性，提高创业的成功概率。此外，商业计划书的作用还在于帮助创业者向投资人展示能力素质及其创业项目，进而帮助创业者融得足够的资金以完成创业项目。因此，创业者在创业融资前，应认真做一份高质量的商业计划书。

传统的商业计划书应包括公司基本情况、公司管理层、产品或服务、行业及市场情况、营销策略、管理、融资方案、财务预测、风险分析与控制、项目实施进度等内容。因股权众筹融资具有公开、小额、大众等特点，且项目融资需借助股权众筹平台完成，因此股权众筹商业计划书与传统的风险投资商业计划书有一些差别，发起人在撰写时应注意。

（1）应尽量浅显、易懂、美观、形象。目前，在股权众筹平台上的投资方一般以个人投资者为主，他们大都缺乏专业的投资知识，也不愿意看严肃专业的商业计划书，而是更乐于对自己感兴趣或者原本比较熟悉领域的项目进行投资尝试。毕竟众筹投资门槛低，一旦成功，会带来较高回报。因此，股权众筹商业计划书的结构要简单，具有去权威化的特点，最好将商业计划书的核心关注点和精髓抽取出来，做成可读性和视觉效果更好的材料，注重移动阅读和“美术”体验，增强投资者阅读的趣味性。

（2）具有招股说明书的性质。招股说明书是就融资或发行股票中的有关事项向公众做出披露，并向非特定投资人提出入股要约的邀请性文件。可以说，股权众筹的商业计划书，从某种意义上说就是一份招股说明书。传统意义上，商业计划书是向少数特定投资人进行融资或因其他目的而制作的文件，而招股说明书则是用于公开融资招募股东而制作的文件。股权众筹是不能避讳招股的属性的，招股说明书的结构、要点、披露范围等对股权众筹商业计划书来说，具有重要的参考价值。

（3）适合股权众筹特点的交易结构。在股权众筹商业计划书中要设计适当的交易结构，主要如下。

① 融资额及出让股权比例。股权众筹是面向大众的，因此项目方应合理确定融资额及拟出让的股权比例，并根据企业发展要求确定融资成功目标，一般多为达成目标融资资金的 80%；同时，也应对融资的上限做出规定，超出部分不再接受，因为涉及股权稀释问题。

② 众筹时间。实践中，众筹期限一般为项目商业计划书正式对外公布后 2 个月内，如果提前完成融资目标则及时终止；如果时间到期而融资额未完成时，是否支持延长众筹时间、延长多久，最好都要有明确说明。

③ 领投人和跟投人的要求。一般项目通过众筹融资，往往很少对领投人和跟投人提出要求，

但考虑到项目所处阶段以及项目发起人众筹融资的综合想法，有时项目发起人也会对领投人的行业经验、相关职务、产业链关系等提出要求，另外发起人还会根据实际情况对领投人和跟投人各自的认购范围做出专门约定。

④ 投资人的特定权益。投资人投资股权众筹项目，往往也有志于成为前期种子客户或 VIP 会员客户，或者提供特别的资源对接与帮助，这是股权众筹除了“筹资”外的“筹智”与“筹资源”功能。因此，对于投资人的特定权益安排，也是众筹项目设计结构的一个关键部分，争取既能打动投资人，又能巧妙地利用不同投资人的资源。

（4）需要符合众筹平台的要求与规范。股权众筹可以充分利用众筹平台的标准化服务和广泛资源，但项目方必须遵从众筹平台对商业计划书的特定要求与规范。众筹项目是否能够融资成功，一方面取决于项目本身，另一方面取决于平台的传播与背书属性。做股权众筹的商业计划书，不但要方便在线浏览，还要方便传播，而前提是要通过众筹平台的审核。

（5）融资过程中要不断进行内容更新。传统的商业计划书通过纸质或者文件来传递，只要发出来就已经过时，而企业一直在变化和成长中。发布在股权众筹平台的商业计划书，项目方可以随时更新、补充项目资料，保持重要事项的更新和同步。补充的信息可以是产品进展、团队变化、市场反馈，也可以是融资过程中其他投资人的反馈与评价、最新融资进度等。具有时效性的资料和及时的互动，往往是产生信任感、促进投资人做出投资决定的重要因素。

“大家投”股权众筹平台对创业者商业计划书的内容撰写做出了详细规定，大家可以通过扫描图 5-17 所示的二维码进一步了解。

图 5-17 股权众筹商业计划书写作要点二维码

资料来源：“大家投”股权众筹网站《创业者必看——项目商业计划书撰写指南》http://www.dajiatou.com/help-14.html

步骤 2：选择股权众筹平台，注册用户。

项目发起人根据创业项目类型、融资金额，以及股权众筹平台的资质、影响力、投资项目类型偏好、风险控制、对创业者的支持等情况，选择在合适的股权众筹平台上进行融资。例如，天使街项目审核标准如下：①行业——大消费、连锁、互联网、移动互联网、在线教育、健康医疗、节能环保、新媒体、文化传媒、游戏；②融资阶段——天使期、A 轮；③融资规模——30～1 000 万元；④一般项目所处行业应属于朝阳产业，商业模式具有可行性，对潜在风险和问题具有可行的解决预案。

若你的项目满足天使街的融资要求，同时对天使街平台的资质、影响力、风控较认可，则可以选择在该平台上进行股权众筹融资。

选好股权众筹平台后，项目发起人需在平台上注册成为项目方会员，并完善项目方相关个人信息（具体填制过程省略，请按平台网站要求填写）。

步骤 3：发布股权众筹融资项目。

创业者（项目方）单击“发布项目”，即可发布其众筹项目。天使街既可以发布实体店铺类项目，也可以发布非实体店铺类项目。以发布实体店铺类项目为例，一共分为 3 步。

（1）填写项目基本信息，包括项目情况、企业概况等，如图 5-18 所示。

（2）进行公司认证，上传公司法定代表人身份证、个人信用报告、营业执照、税务登记证、组织机构代码证、公司照片、场地租赁合同、财务报表等文件，一方面作为风控审核使用，另一方面也可以增加投资人对项目的信任。

图 5-18　填写项目基本信息

（3）进入项目预览，如图 5-19 所示。除了前两步已经填写的信息外，还需要增加融资计划、已有店铺运营情况、项目简介、项目详情和团队介绍，如图 5-20 所示，其中项目详情就是创业者的商业计划书，前面已经阐述过，在此不再赘述。

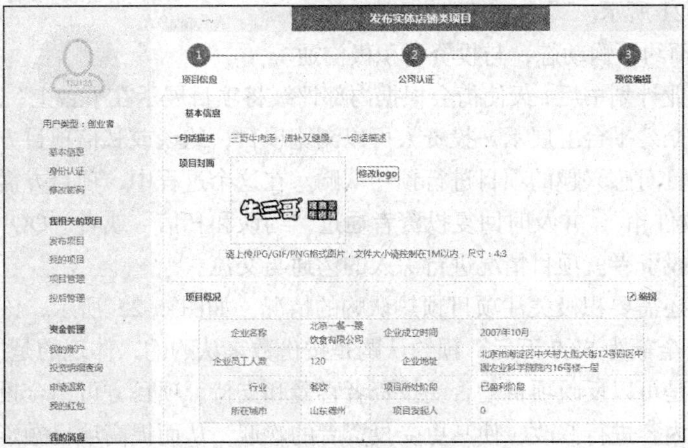

图 5-19　项目预览界面

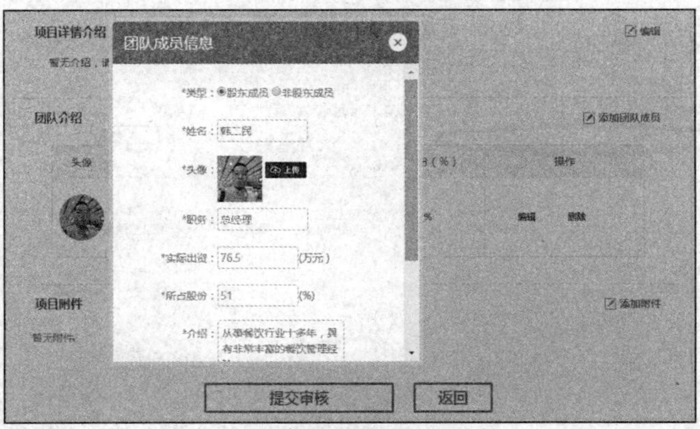

图 5-20　填写项目详情与团队成员信息

项目内容都填写完成后，单击“提交审核”，等待股权众筹平台审核。

步骤 4：等待审核，根据审核结果修改完善商业计划书。

项目方发布项目后，等待天使街审核结果。审核标准如下。

（1）项目信息完整。

（2）团队全职专注经营本项目。团队成员信息完整、明确，具体到时间节点、单位、职务、毕业学校、专业等，主要看求学背景和职业背景，有哪些具体的工作业绩等。

（3）商业模式或技术方案清晰，有市场可行性。把市场需求聚焦到一个点才有成功的可能性，且项目的市场需求不能是伪需求，应是客观存在的、有商业价值的需求。

（4）融资额度合理。资金用途清晰明确，开支预算比较合理。

如果项目通过天使街的审核，则项目方与天使街投资经理签订咨询服务协议，并根据天使街的要求进一步修改完善商业计划书。如果项目未通过审核，则项目方将会收到天使街客服代表告知的原因，项目方可以据此修改商业计划书并尝试重新提出融资申请或者终止在该平台融资，如图 5-21 所示。

图 5-21　天使街项目审核结果

步骤 5：关注预约认购动态，与投资者积极沟通。

项目方完善商业计划书后，天使街会根据内部评级将项目展示在平台上，进入项目预热阶段。在此阶段，项目在众筹平台上展示，投资人可以浏览项目，约谈或私信项目方，咨询关于众筹项目的具体情况，并且对感兴趣的项目进行预约认购。在这个过程中，项目方需要登录众筹平台，查看“我的消息-收件箱”，并及时回复投资者通过“约谈和私信”或者“QQ 群、微信群”等提出的问题，与潜在投资者就项目情况进行深入的沟通与交流。

此外，项目方还需要积极关注项目预热认购的情况。如图 5-22 所示，该项目已认购份数为 74 份，已预约筹资金额为 53.7 万元。预约认购是按份数来认购的，体现的是投资者的投资意向，并非正式认购，但是可以反映项目是否受投资者喜爱和支持。项目方可结合投资者约谈的情况，适当再对项目展示内容进行修改，使其更受投资者的欢迎，从而提高项目融资的成功率。

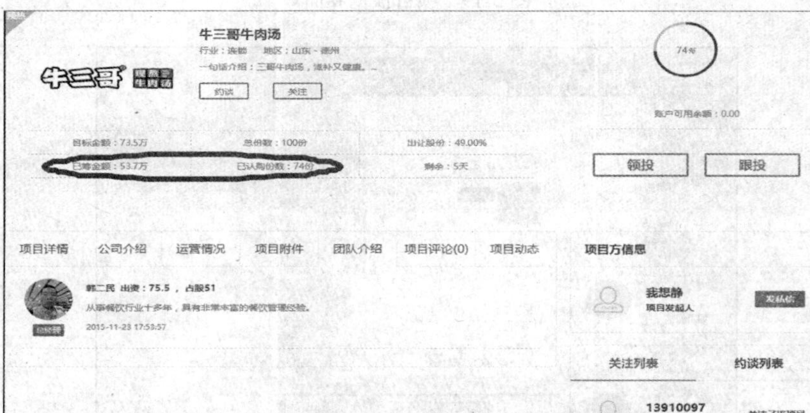

图 5-22　查看项目预约认购情况

步骤 6：进行路演，宣传推介项目。

在项目预热过程中，股权众筹平台一般都会组织项目方进行路演，可以采用现场路演方式，也可以采用网上路演方式。通过路演可以更好地展示项目的亮点，也能够让融资方与投资人零距离接触，帮助投资人更好地了解项目。

对于项目方来说，提前准备好项目路演 PPT 至关重要，PPT 要逻辑内容清晰，并且多用图表和数据表述，主要涵盖以下内容。

（1）公司名、Logo 和核心理念。

（2）公司愿景：给出能说明你的公司为何会存在的最有说服力的理由。

（3）解决的问题：你打算为用户解决什么问题，用户的痛点在哪里？

（4）用户：你的目标用户是谁，你怎样获得这些目标用户？

（5）解决方案：你提供了什么解决方案，为何现在是解决这个问题的最佳时机？

（6）目标市场：预测目标市场的规模并加以说明或者论证。

（7）市场形势和现状：包括竞争对手、宏观的趋势等。你是否拥有别人没有的洞察力？

（8）当前的亮点数据：列出关键统计数据、发展计划和未来用户获取计划。

（9）商业模式：你如何将用户转化为利润，目前的实际数据、计划和未来的希望。

（10）团队情况：创始人和创始团队成员介绍，身上所具有的能保证成功的特质，详细介绍各个角色。

（11）总结：3～5 个关键点（市场规模、关键产品和亮点数据）。

（12）融资：包括之前已经完成的融资和此轮融资的目标，还可以包括财务预测或者加入产品路线图来说明投资的价值。

在进行路演时，应注意以下事项。

首先，做项目展示时要尽可能地简单明了、抓住核心。讲清楚核心团队、商业模式、技术门槛、市场渠道，不要过分地强调企业的技术与产品；以实际数据说话，真实地阐述企业的目前现状，包括产品和运营状况等，不要以成功学的角度去讲述；了解市场的具体细节，竞争对手是谁，以及他们的产品、经营模式等；在有限的时间内，采用通俗易懂的语言，让听众了解项目，不要运用一大堆专业术语。

其次，讲解过程中要与听众有所交流，认真听投资者给出的反馈。如果你能让投资者说的话比你说的话还要多，那么融资成功的可能性就会大大提高。

第三，有特色地介绍自己和讲述自己创业背后的故事是非常重要的。投资人都喜欢那些能力足够强的创业者，这些创业者通常有一个可行度比较高的梦想，并知道该如何一步一步将梦想变成现实。在和投资人谈话的过程中，要找到最适合你自己的叙述和讲故事的风格，要尽可能完美地向投资人展示你的项目。

第四，在和投资人见面沟通的过程中，要尽可能地表现得既自信又谦逊，在两者间做到平衡。一定不要表现地太过傲慢自大，也不要让人感到你有很强的防御性；与此同时，也不要让人觉得你非常容易受人控制和缺乏气场。一场项目路演的参与者中，总有一些“吐槽”的投资人，不要为他们的评论而苦恼，太过于情绪化。对于明智的见解质疑，要学会坦然接受。对于你自己坚信的东西，一定要坚决维护，并尽可能地去说服对方投资人接受你的观点。

最后，在路演即将结束时，对项目特点、优势等内容进行总结，并一定要表现出对达成融资的希望，争取投资人路演结束后继续关注、研究、投资自己的项目。

路演结束后，可将路演视频上传到众筹平台，让更多投资者了解路演现场情况，以及更加深入地了地解众筹项目和项目方团队等情况。此外，项目方也可就投资者反馈的信息，进一步完善项目展示信息，从而使更多的投资者对项目感兴趣，并加以投资。

步骤 7：上线融资，及时关注融资动态。

到了预先确定的融资时间，众筹平台上该项目的状态会变更为“融资中”。在项目融资过程中，项目方仍然需要关注项目页面，查看目前的融资进度，并保持信息沟通渠道通畅，积极与投资者进行沟通，宣传推广自己的项目，促使项目尽快达成融资目标，如图 5-23 所示。

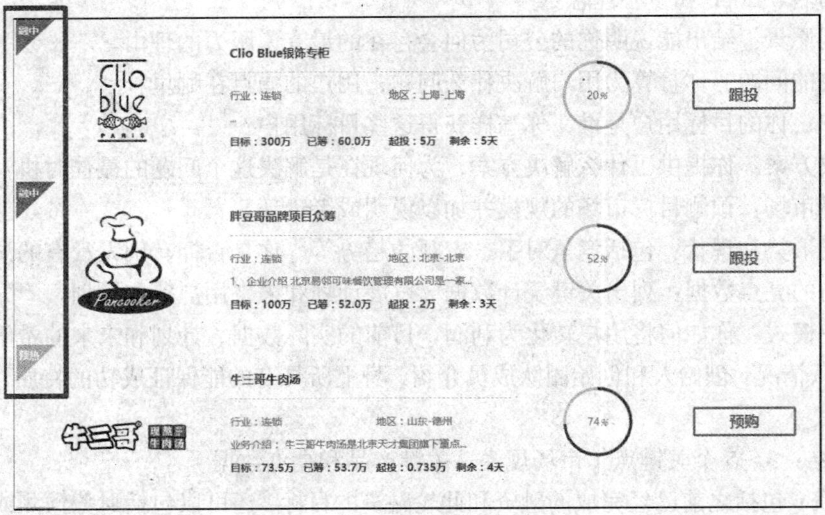

图 5-23　项目处于融资中的状态

步骤 8：融资成功，签订投资合伙协议。

如果项目筹资期限结束前，项目达到预定的融资目标，则项目融资成功。天使街会主持召开投资确认会议，成立投资人的有限合伙企业后，投资者的认购资金便可汇入项目方企业账户。接下来，天使街主持签订投资协议，如图 5-24 所示。项目方在这个过程中，根据众筹平台的运作模式、具体要求，以及项目的商业计划书约定的条款，完成公司成立、协议的拟定和签订等事项。

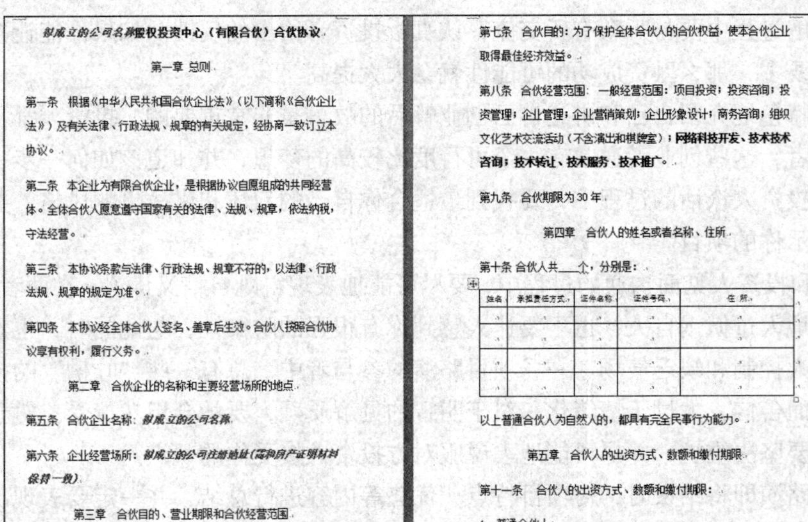

***拟成立的公司名称*股权投资中心（有限合伙）合伙协议**

第一章 总则

第一条　根据《中华人民共和国合伙企业法》（以下简称《合伙企业法》）及有关法律、行政法规、规章的有关规定，经协商一致订立本协议。

第二条　本企业为有限合伙企业，是根据协议自愿组成的共同经营体。全体合伙人愿意遵守国家有关的法律、法规、规章，依法纳税，守法经营。

第三条　本协议条款与法律、行政法规、规章不符的，以法律、行政法规、规章的规定为准。

第四条　本协议经全体合伙人签名、盖章后生效。合伙人按照合伙协议享有权利，履行义务。

第二章　合伙企业的名称和主要经营场所的地点

第五条　合伙企业名称：***拟成立的公司名称***

第六条　企业经营场所：***拟成立的公司注册地址（需和房产证明材料保持一致）***

第三章　合伙目的、营业期限和合伙经营范围

第七条　合伙目的：为了保护全体合伙人的合伙权益，使本合伙企业取得最佳经济效益。

第八条　合伙经营范围：一般经营范围：项目投资；投资咨询；投资管理；企业管理；企业营销策划；企业形象设计；商务咨询；组织文化艺术交流活动（不含演出和棋牌室）；**网络科技开发、技术技术咨询；技术转让、技术服务、技术推广。**

第九条　合伙期限为 30 年。

第四章　合伙人的姓名或者名称、住所

第十条 合伙人共____个，分别是：

姓名	承担责任方式	证件名称	证件号码	住所

以上普通合伙人为自然人的，都具有完全民事行为能力。

第五章　合伙人的出资方式、数额和缴付期限

第十一条　合伙人的出资方式、数额和缴付期限：

1、普通合伙人：________________。

图 5-24　天使街股权众筹项目投资合伙协议

科学的投后管理，可以有效地避免项目投后“失控”。融资者、投资者和股权众筹平台三方在签订协议前就要对投后管理事项高度重视，就公司治理、定期召开股东会议、定期向股东代表汇报公司运转情况、披露财务数据等核心事项做出约定，并且需要建立沟通机制，以保障股东们和公司之间的信息沟通是对等和畅通的。

步骤 9：投后项目运作与收益分红。

签订好投资协议后，项目方便可以按照商业计划书和项目投资协议约定的内容，负责项目的运营和管理，开始进行项目装修施工、人员招聘与培训、试运行、正式运营管理等事务。在经营过程中，项目方应该就项目进展、经营信息等情况在 QQ 群和平台披露，与投资者积极沟通交流，并针对投资者反馈的信息，及时改进项目的经营。

项目方必须接受融后管理服务协议中约定的第三方融后管理机构的监督管理。项目方的财务支出需遵照项目资金使用计划表，确保每项费用支出真实、合法、合理、有据可循，并且应及时向投资者和第三方监管机构汇报资金使用信息并妥善保管各种票据。项目方应将每个月的月度营业报表上传给第三方监管机构。项目产生净利润并提取企业发展基金后，按各投资人实际出资比例进行分红。每次分红后，将分红详情也上传给第三方监管机构，由第三方机构通过“天使街”众筹平台向投资人展示。

此外，还需注意项目方禁止的行为：①不得以项目名义对外贷款；②不得有将对项目的出资份额用于抵押、出质等行为；③应当诚实经营，不得有玩忽职守、怠于履行经营义务等行为；④在项目设立及经营过程中不得弄虚作假，不得有提供虚假经营数据，如采购物品价格虚高、故意隐瞒经营收入等虚假经营行为以及伪造账目、提供虚假的票据等行为。

[随堂测试 5-3]　股权众筹融资成功的秘诀

项目方如何做才能使股权众筹融资更容易成功呢？请综合运用本任务所学知识，进行思考与讨论。

答题参考：

（1）选择优质的项目并做好对项目各项经营风险的预案是股权众筹融资成功的基础。

（2）一份优秀的商业计划书，良好的筹资、管理方案设计能更好地吸引投资者。

（3）选择资质好、影响力大、风控好的股权众筹平台有助于成功众筹融资。

（4）精彩的路演，加强与投资人、平台方的沟通交流能为众筹融资加分。

知识自测题

一、单项选择题

1. 众筹门户的网络平台和后台系统不完善导致的风险属于（　　）。

   A. 操作风险　　B. 流动性风险　　C. 道德风险　　D. 经营风险

2. 以下哪个平台不属于股权众筹平台？（　　）

   A. 人人投　　B. 天使街　　C. 大众投　　D. 点名时间

3. 筹资者能否通过众筹平台发起股权众筹项目，取决于（　　）。

   A. 该项目能否通过审核

   B. 该项目的融资规模是否达到监管机构规定的标准

   C. 股权众筹的筹资者与投资者之间是否订立书面合同

D. 众筹平台是否向某些特定类型的客户提供相应的投资分析结论

4. 个人以捐款、慈善、赞助的形式为项目或企业提供财务资助，不求实质性财务回报，属于（　　）。

A. 捐赠众筹　　B. 回报众筹　　C. 债权众筹　　D. 股权众筹

二、多项选择题

1. 众筹融资的过程一般由以下（　　）主体共同协作得以完成。

A. 融资者　　B. 监管机构　　C. 众筹平台　　D. 投资者

2. 众筹的特点包括（　　）。

A. 门槛高　　B. 多样性　　C. 高效率　　D. 低成本

3. 以筹资人向投资者提供的回报类型为基准，可以将众筹划分为（　　）。

A. 捐赠众筹　　B. 回报众筹　　C. 债权众筹　　D. 股权众筹

4. 股权众筹模式的行为构造一般包括（　　）。

A. 项目发起　　B. 项目审核　　C. 项目推荐　　D. 项目投资

E. 项目完成

5. 以下融资方式中属于股权融资方式的有（　　）。

A. 股权众筹　　B. P2P　　C. 天使投资　　D. 风险投资

三、判断题

1. 根据众筹融资的普遍规则，若融资数额未达到预定目标则视为失败，资金将返还投资者。（　　）

2. 股权众筹是适用于初创企业的小额融资模式。（　　）

3. 项目方选择通过股权众筹平台融资，可以扩大项目的受关注群体，有利于项目的宣传推广。（　　）

4. 领投人可以由非专业投资者充当。（　　）

5. 股权众筹的投资人不可以通过融资企业回购的方式退出投资。（　　）

6. 预约认购仅代表投资人的认购意向，并非正式认购。（　　）

四、简答题

1. 简述股权众筹投资的流程。

2. 简述股权众筹融资的流程。

技能实训

[实训项目]

“藤之屋”众筹项目全流程案例分析。

[实训目的]

通过完成本项目的学习，大家已经了解了选择股权众筹平台的方法，以及股权众筹投融资的操作流程和注意事项。本实训要求通过对“藤之屋”众筹项目案例的全流程分析，进一步掌握作为投资者如何在众筹平台上完成项目投资，以及作为融资者如何在众筹平台上发布融资项目筹集资金，以提高对互联网股权众筹投资和融资的理解及实践应用能力，为后续创业融资和股权投资打下坚实的基础。

[实训内容]

本实训以“人人投”平台上已融资完成的“藤之屋”项目为例，请你根据平台上披露的项目信息和素材，首先以项目方的角色模拟演练藤之屋文化料理店股权众筹融资的流程，然后以投资者的角色模拟对该项目进行投资。详细实训操作步骤如下。

步骤 1：融资者（项目方）撰写商业计划书，提出融资需求。

从网站上我们可以了解到项目的大致情况为：“藤之屋”是由人人投江苏省分公司推荐上线众筹的一个明星项目。藤之屋文化料理作为一家以传统料理为基础，结合中华烹饪的多样手法，融汇了东方的美食文化，创新出健康、时尚、美味的新型料理，在日料细分市场中具有良好的口碑。融资者（项目方）打算在苏州开一家分店，根据以往的经验，结合苏州当的地市场情况，估算出开店融资总额为 90 万元，其中项目方出资 30%，剩下 70%的资金缺口打算通过股权众筹融资筹集。

你可以模拟融资者，根据项目情况和商业计划书写作要求，完成一份简单的商业计划书。

步骤 2：选择股权众筹平台，完成用户注册。

融资者准备好商业计划书，明确股权众筹融资需求后，就需要选择一家合适的众筹平台，然后便可在该平台上发布项目。藤之屋文化料理项目属于美食类实体店铺，并且位于江苏省，通过比较各平台的资质、偏好、风控等情况，特别是美食类为人人投的主打行业，如表 5-5 所示，最终选择在该平台上融资。请打开该平台注册页面，输入手机号，设置密码，单击“注册”。然后继续完成关联邮箱、同步易宝支付、设置个人信息等内容。

表 5-5　人人投成功众筹项目分行业统计表（截至 2015 年 12 月 31 日）

行　业	众筹成功项目总数	融资金额范围（万元）	已分红项目数	已分红项目所占比例（%）	举　例
美食	125	18.68～380	41	32.8	龙虾阁餐饮有限公司
生活服务	58	16.57～2 400	24	41.38	永乐母婴
休闲娱乐	12	30～2 057.4	4	33.33	福晶园
教育培训	8	30～300	5	62.5	小小天才教育机构
合计	203	18.68～2 400	74	36.45	—

步骤 3：发布股权众筹项目。

登录“人人投”平台，单击“会员中心”→“发布项目”，便会出现项目申请的界面，请以藤之屋文化料理为例，完成项目基本资料的填写，如图 5-25 所示。单击“下一步”，进入“股权设置”界面。

根据藤之屋文化料理的具体情况，设定融资总额、项目方出资、投资人认购份数、单笔投资人最低投资金额、项目方收益比例和投资方收益比例等信息，如图 5-26 所示。完成后，单击“下一步”，进入“草稿状态项目编辑”界面。

草稿状态项目编辑实际上是填写项目的商业计划书，主要分为“店铺简介”和“预算及退出”两部分。店铺简介部分需要增加项目视频、项目介绍、上传证件；预算及退出部分需要填写现有店铺运营情况、此次开店计划和退出机制等，如图 5-27～图 5-29 所示。

请以藤之屋文化料理为例，在“人人投”平台上进行模拟填写。

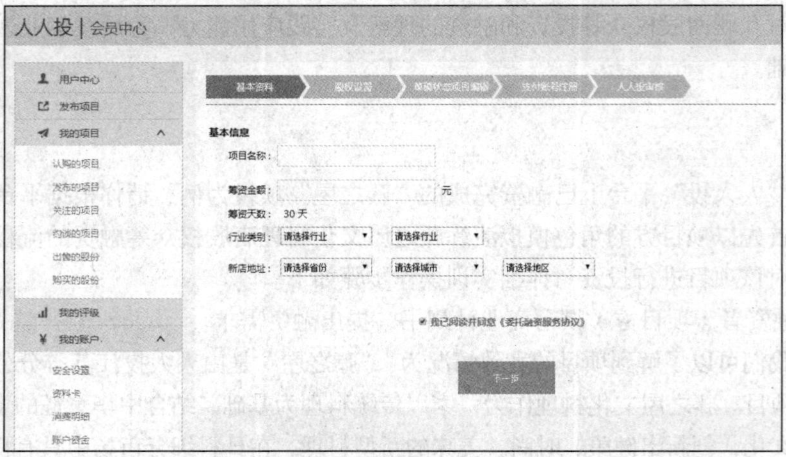

图 5-25　项目基本资料填写界面

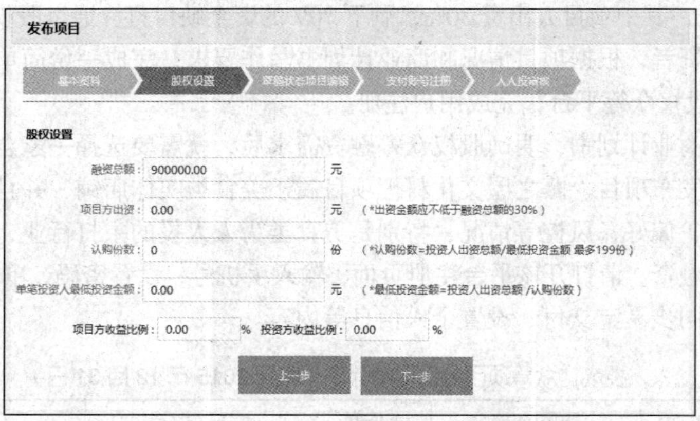

图 5-26　项目股权设置界面

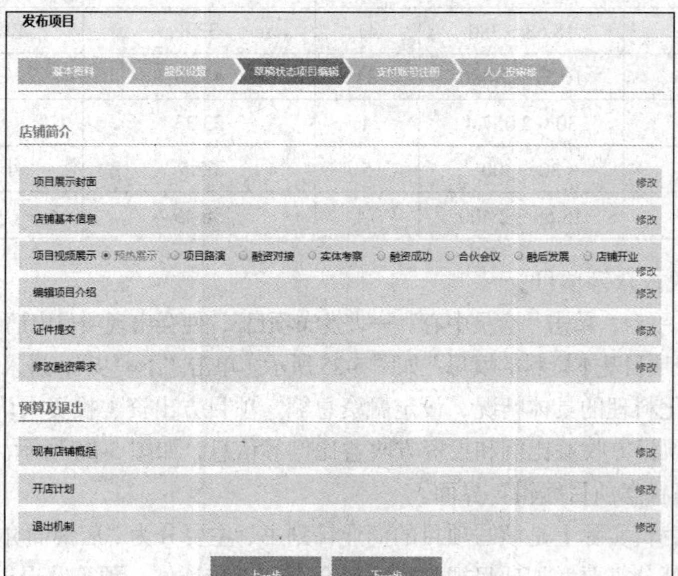

图 5-27　编辑项目介绍界面

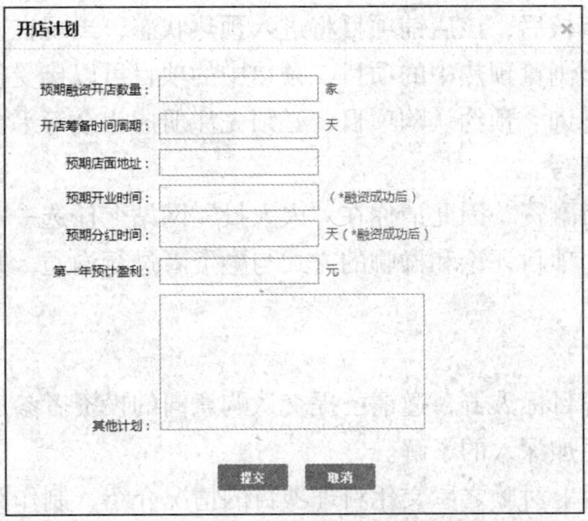

图 5-28　项目开店计划编辑界面

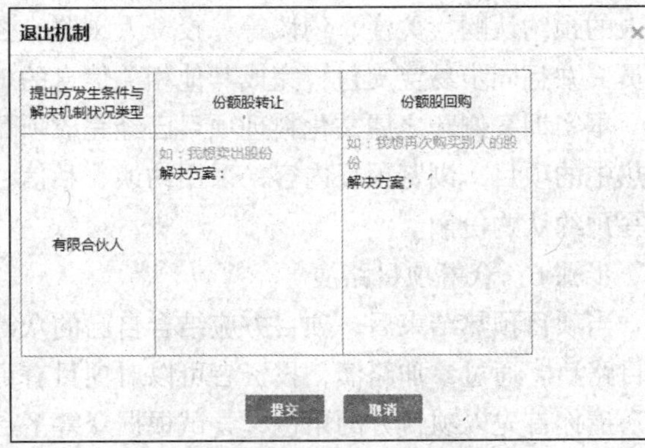

图 5-29　项目退出机制编辑界面

填写完整后，单击“提交”，在弹出的界面中单击“下载《合伙协议》”，详细阅读并认真填写协议内容。最后，单击“提交审核”，等待众筹平台审核项目，如图 5-30 所示。（提醒：这是模拟练习，了解该步骤即可，不需要实际提交审核，防止给平台造成困扰。）

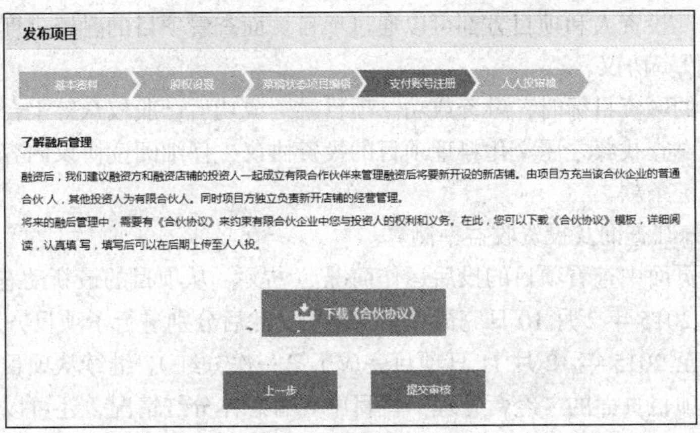

图 5-30　项目发布界面

步骤 4：等待审核，根据审核结果修改完善商业计划书。

融资者提交后，由人人投对项目进行审核，首先经由人人投分站初审后，会由人人投总部分站管理部门做进一步审核，再经过风控审核和评委委员会审核。在项目上线之前，人人投总部文影部门会前往已经营业的店铺，对实际情况进行拍摄，然后反馈给投资人。最后，人人投总裁对项目进行最后的确认，准其上线，如图 5-31 所示。

在该过程中，融资者需要根据项目审核情况，修改完善商业计划书。

图 5-31　人人投 7 级风控审核体系

步骤 5：投资人注册会员和预约认购。

当项目方发布的店铺融资项目通过人人投的审核后，该店铺项目将进入预热状态，出现在人人投“预热中项目”的列表中。投资人可在平台上浏览预热中的项目，预热中的项目可以接受投资人的预约认购、关注、约谈等。投资人浏览、咨询、预约认购项目，必须先注册成为众筹平台会员，并且同步易宝支付，完成其他相关信息的填写。

本实训案例藤之屋文化料理项目已经完成项目融资，因此请你在“人人投”网站上任选一家预热中的项目，浏览项目内容，采用约谈、私信、项目评论和群聊的方式与融资者进行沟通，并填写预约认购份额。

步骤 6：众筹项目路演。

当项目预热结束后，项目方应结合自己的众筹目标人群，邀请已提交认购意向的投资者参加项目路演。通过参加路演，投资者可以对项目有更加深入的了解。

请你首先以项目方的角色，尝试根据众筹平台上对藤之屋文化料理项目的情况介绍，制作路演 PPT；然后，再以投资人的角色尝试提出 3～5 个自己关心的问题。

步骤 7：投资决策与项目认购。

请以投资人的角色，简单地对项目的风险和收益进行分析，做出投资决策。

假设投资人认为项目值得投资，请进行项目的认购。由于本案例藤之屋文化料理项目已经完成融资，因此请你在“人人投”网站上任选一家预热中的项目，单击“认购”，进入认购界面，填写认购份额等信息。投资人和项目方都可以通过项目页面查看项目的融资进度情况。

步骤 8：签订投资协议。

项目达到预定的融资目标时，融资成功。项目融资成功后，股权众筹平台、项目方和投资人需要签订投资协议。查找藤之屋文化料理项目的投资协议，仔细阅读协议内容，找出涉及投资者和项目方利益的关键条款。

步骤 9：项目分红查询及投资收益率测算。

请大家从项目页面中查看项目的投后运作简况。（提示：从项目的最新动态中可以看到，藤之屋文化料理项目在 2015 年 2 月 10 日完成项目的融资，此后分别进行了项目方选址、装修、采购、开业经营等活动，至 2015 年 12 月 11 日项目完成了第一次分红）。继续从项目页面中查找项目的分红情况：可以从项目页面的“经营管理”栏目中查看总体分红情况，还可以选择分红时间进一步查看对应时间的分红金额。根据上述投资及分红情况，请你进一步计算藤之屋文化料理项目案例的股权众筹投资收益率。

[实训思考]

1. 请以藤之屋文化料理项目为例，思考股权众筹融资方式对项目方来说具有哪些优势。
2. 请以藤之屋文化料理项目为例，思考股权众筹投资方式对投资者来说具有哪些优势。
3. 藤之屋文化料理除了以上作为实训案例的苏州店外，还有多家连锁门店在“人人投”平台上成功众筹，如南昌店、南京店和常州店等。请你自行检索并比较相关门店的众筹、经营及分红情况，综合运用本项目所学知识，重点分析影响各家店分红回报率的因素，进一步把握股权众筹的收益与风险。

项目六
网络银行应用

学习目标

[知识目标]

1. 认识网络银行与传统银行各自的优势与劣势。
2. 熟悉网络银行的主要贷款业务与产品。
3. 了解网络银行的特色理财服务，并将其与P2P理财等相比较。

[能力目标]

1. 能够运用所学知识，独立完成网络银行的远程开户、贷款申请、资金管理、转账结算等业务的实际操作。
2. 能够运用网络银行的特色理财服务，完成个人收入、支出和投资规划，实现资金利用效益的最大化。

提到办理贷款、理财等金融服务，人们首先想到的就是去银行。而随着信息技术和互联网的发展，这些传统银行业务均已能在网上完成。与此同时，互联网金融的创新发展，使网上银行从仅仅是传统银行的附属电子渠道发展为互联网金融的一种独立业态，甚至出现了没有实体网点，通过互联网平台向用户提供各种金融服务的“纯网络银行”。新型网络银行的出现会给传统银行带来怎样的冲击？网络银行的贷款、理财、转账等业务是如何实现全流程互联网化的？我们如何应用这些创新金融产品更好地满足自身投融资地需求？让我们通过项目六来共同探究这些问题吧！

导入案例　首家互联网民营银行——微众银行

深圳前海微众银行是在我国互联网金融创新的背景下诞生的首家民营互联网银行。

微众银行可谓是“含着金钥匙出生”。事实上，早在2014年7月，银监会公布首批获准筹建的3家民营银行中，就包括首家纯网络银行——微众银行。微众银行注册资本为30亿元人民币，由互联网巨头腾讯、百业源投资、立业集团为主发起人，其中腾讯出资9亿元，占30%的控股比例，是其第一大股东；百业源投资和立业集团分别控股20%和10%。其经营范围包括吸收公众主要是个人及小微企业存款，并主要针对其发放短期和中长期贷款；办理国内、外结算以及票据、外汇、银行卡、债券等业务。经银监会批准，微众银行于2015年1月18日试运行，于4月18日正式对外营业，成为国内第一家互联网银行，如图6-1所示。

微众银行英文名为“We Bank”，该行 LOGO 中的“We”代表的是一种群体创新精神，希望通过互联网连接广大的消费者、个人、中小微企业、优秀金融机构，形成一个良好的金融生态圈，通过彼此之间的资源合作、支持和调配，打造银行、金融领域的创新共同体，为更多个人和中小企业及创业者提供特色服务，如图 6-2 所示。

图 6-1　微众银行正式开业

图 6-2　深圳前海微众银行标志

微众银行主要服务个人客户，通过大数据信用评级分析每一个客户积累的数据，并利用语音验证、人脸识别等技术进行“远程服务”，没有营业柜台和营业网点，不需要财产担保，只需要依托互联网平台和大数据风控进行银行金融业务的交易，这样一来不但降低了金融交易成本，而且大大提高了金融交易的效率以及银行业务的处理效率。微众银行的出现对于传统银行而言，一个最大的创新亮点就是完全在互联网线上，不落地就可以经营一切经监管部门准入的银行金融业务。

目前，微众银行主要有消费金融、财富管理（平台为微众银行 APP）和平台金融 3 大业务线。其中，财富管理主要是吸引存款，消费金融主要是通过“微粒贷”发放贷款。据深圳银监局披露，截至 2015 年 12 月末，微粒贷贷款余额 74.95 亿元，共开通白名单客户 2 034 万人，授信客户 352 万人，累计 66 万人在线贷款 128.17 亿元；财富管理方面，“微众银行”APP 客户数累计逾 32 万人，产品代销规模接近 150 亿元；平台金融方面，截至 2015 年年末，微众银行已为平台商户完成资金清算 94 万笔、总交易金额 19 亿元，为近 2 万平台消费者提供小额贷款逾 2 亿元。

深圳前海微众银行作为首家没有物理网点、仅依靠互联网的新型银行，不仅吸引了市场关注的目光，也引发了外界对于互联网银行在监管、技术、产品等方面的好奇。以微众银行为代表的互联网银行的诞生，正在逐步打破现有的市场格局，融合新技术和互联网化思维打造的金融产品将可能撼动此前传统的监管范式。由此可见，网络银行服务普罗大众、支持小微企业、发展普惠金融，不只停留在理论层面，在实践上也是可行的。随着“互联网+金融”的深度融合，网络银行将进一步凸显便捷高效、成本低廉、无时空限制等优势，具有广阔的发展前景。

任务一　比较网络银行与传统银行

了解了微众银行的基本情况，我们来总结归纳一下网络银行的演进历程与优、劣势，并将其与传统银行进行对比，以此加深对网络银行特色的理解，为进一步学习网络银行业务打下基础。

一、网络银行的演进历程

扫一扫看微课

网络银行萌芽于传统实体银行对网络应用和渠道电子化的探索，并随着互联网的发展而呈现出不同的阶段特征。由于网络银行发展速度快，其标准、发展模式等都处于演变之中，因此目前很难对其基本内涵进行规范的理论界定。在实践中，网络银行的演进大致经历了“水泥银行”→“鼠标银行”→“指尖银行”→“手表银行”等阶段。

1. 水泥银行阶段

在这一阶段，钢筋水泥筑成的实体银行仍然占据绝对主导地位，网络银行的萌芽仅仅是这些实体银行试图利用互联网实现渠道电子化的一种探索。例如，中国银行于 1996 年 2 月在互联网上建立了主页，首先在网上发布信息，随后于 1997 年搭建了“网上银行服务系统”。

2. 鼠标银行阶段

这一阶段，各银行经过前期的开发与探索，纷纷推出网上银行服务。1998 年，招商银行率先推出“一网通”品牌，提供网银服务；2003 年，工商银行推出“金融@家”个人网上银行；2006 年，农业银行推出“金 e 顺”电子银行品牌。

3. 指尖银行阶段

随着移动互联网金融的发展，网上银行业务重点从 PC 端向 WAP 端转移，各银行纷纷推出个性化的指尖银行 APP。如图 6-3 所示中国建设银行新一代手机银行 APP。2015 年，随着互联网金融的发展和银监会民营银行试点的“开闸”，微众银行、网商银行等没有物理网点的纯网络银行相继成立，从而拉开了我国真正意义上的“网络银行”的序幕，如图 6-4 所示。

图 6-3　中国建设银行新一代手机银行 APP

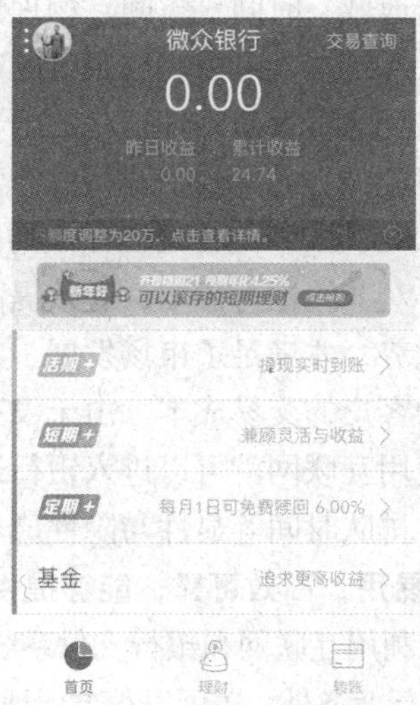

图 6-4　“微众银行”APP

4. 手表银行阶段

随着 Apple Watch 等新型移动可穿戴智能设备的发展，华夏银行等推出了基于智能手表的网络银行应用，进一步提高了网络银行服务的覆盖面和可获得性，如图 6-5 所示。

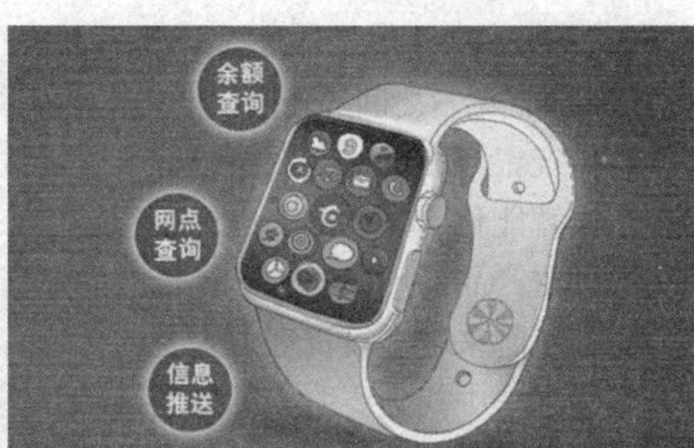

图 6-5　华夏银行推出“手表银行”

综上所述，为区别传统银行与网上银行，本项目所指的“网络银行”是指在互联网金融背景下，经金融监管部门批准，不设立实体网点，以信息技术和互联网技术为依托，完全通过互联网平台和移动金融应用向用户提供各种金融服务的新型银行业金融机构。

[随堂测试 6-1] 互联网金融背景下的网络银行主要是指哪种形态的银行？（ ）

A. 水泥银行 B. 鼠标银行 C. 指尖银行 D. 手表银行

二、网络银行的优势

1. 充分利用“互联网+”和大数据技术，提高盈利能力

网络银行不设物理网点，充分利用“互联网+”和大数据技术，全面实现无纸化交易。银行无需派人到实地去查账缴费，业务往来都通过互联网信息平台进行操作，在国内有一个支付网接口就可以在网上向几乎全国的客户提供银行业务服务。开放的互联网技术，使顾客可依靠任意一个网络入口点接入网络银行。网络银行可以通过与其有关联关系的互联网金融信息门户网站获取更多客户信息，更便于发现潜在客户和满足客户的潜在需求。在放贷方面，网络银行能够利用大数据风控进行客户信用评估，做到成本低、速度快、投向准，从而提高盈利能力，拓展业务空间，发展普惠金融。同时，提前掌握客户信息可以节省银行办理业务的审核时间，简化审核过程，提高业务办理效率，方便客户。

2. 节约银行的经营成本和客户的交易成本

（1）节约银行的经营成本。网络的虚拟性和超地域性，使网络银行没有建筑物地址，只有网址，也就不受地域、时间、空间、物理性网点等限制，随时随地、无时无刻在互联网上甚至通过一个移动互联网终端就可以完成银行的存款、贷款、支付结算、销售理财产品等主要业务，整个运作空间就是互联网带来的虚拟化的电子空间，这样一来不仅节省了人力投入和硬件设施，还远离了繁茂的商业中心，降低了银行的经营成本，大大提高了工作效率。据初步测算，一笔柜面业务的成本是 3.06 元，一笔在网上完成的同类业务的成本仅为 0.49 元。因此，大力发展低成本的网络银行业务，对节约银行成本，有效提高股东回报具有重要作用。也正是由于网络银行具有柜面难以比拟的优势，才满足了市场发展、客户需求和银行业务转型的迫切需要。

（2）节约客户的交易成本。由于没有实体经营地点，主要利用公共网络资源，所以对广大客户来说只要使用互联网就可以进入银行进行业务操作，不需要像在传统银行办理业务那样额外付出交通费用、排队时间等显性与隐性成本，从而为客户省下了一笔开支，节约了交易成本。

3. 简单易用，高效可靠，能够提供“3A”服务

网络银行利用互联网和银行支付系统，容易满足客户咨询、购买和交易多种金融产品的需求，客户除办理银行业务外，还可以很方便地进行网上买卖股票、债券等业务。在资本市场，时间就是金钱。网络银行具有能在任何时间、任何地方、以任何方式提供账务管理、查询转账、网上支付、缴交各类费用等服务的综合功能，即 AAA 服务模式（Anytime、Anywhere、Anyhow），每年 365 天，每周 7 天，每天 24 小时全球范围经营。因此，人们又称网络银行为“3A 银行”。加之通过网络可以容易地进行不同语言之间的转换，也为其拓展国际业务提供了条件，最大限度地满足了客户的需求。

与传统银行相比，在网络银行申请贷款往往能较快获得资金，部分“极速贷”产品利用大数据和工作智能化、自动化技术，甚至能实现“秒到”；通过网络银行购买股票、基金、外汇、黄金、期货等理财产品，不仅省去了排长队的烦恼，而且用户操作界面十分人性化、申购手续费也有优惠，受到了越来越多投资理财人士的青睐。此外，不少网络银行还能实现挂单预约功能，用户只要在基金列表中找到要购买的基金，单击“购买”，即可完成操作，过程十分简单，提高了服务效率，为客户节省了时间，满足了客户随时随地享有高品质金融服务的需求。

4. 产品更具差异化，能够满足客户的个性化需求

网络银行能根据“互联网+”的定制化思维特征，基于客户的理财目标、家庭财务状况、风险承受能力并借助完善的交易记录等众多因素，分析客户的交易行为和内容，从而进行数据挖掘，发现有价值的客户，并站在客户需求的角度，为客户量身定制理财计划和理财资讯，设计资产配置方案，为不同的人配置最为适合的理财产品以及提供持续的产品跟踪和资产配置的检视修正。同时，网络银行通过行为偏好的分析，细化服务市场，利用互联网交互性特点，运用定向联系（即定向营销），掌握各个客户群体的不同要求及客户资金的拥有数量、投资意向等，通过定向服务（包括一些优惠条件），利用网络系统建立固定客户制，制定投其所好的营销策略和服务内容，对产品进行金融创新，为客户提供设计独特的理财方案。例如，日益受西方商业银行重视的金融工程就是一种向特定用户提供能满足其需要的服务方案，该方案包括尖端金融产品的设计、证券承销安排、资金的吸收与分流、产品开发与信息处理等。这种方案是标准化的投资机会如基金、信托等方式，配合用户独特的需要而组合成的最低成本方案，即“独家顾客”方案，从而建立客户与特定银行间的相互依存关系，使银行可以最大限度地利用客户信息资源，发掘潜在的客户，波浪式地发展客户网络，同时也可加深银行与客户的定向信息交流关系，为客户提供更加合适的个性化金融服务。

三、网络银行的劣势

1. 缺乏有效监管和法律规范

由于互联网的开放性，而网络银行又属于新兴行业，处于起步阶段，法律的不完善与监管的不到位会造成网络银行开展业务时无法可依，现有的法律严重滞后于网络银行的发展，客户和银行的权利和义务都还没有明确的法律界定，这也使网络银行业务的参与各方都存在一定的法律风险，同时缺乏相应的网络消费者权益保护管理规则及试行条例。即使各国有相关的法律、法规，但网络是跨越国界的，在网络银行的跨国交易业务中，难免会产生国与国之间法律问题上的冲突。目前，国际上尚未就网络银行涉及的法律问题达成共同协议，也没有一个仲裁机构，客户与网络银行很容易陷入法律纠纷之中。另外，在网络银行的虚拟世界中,交易双方的身份辨认、违约责任的追究等方面存在较大的困难。

2. 不可预知的信息安全风险隐患

（1）计算机黑客攻击。随着黑客（Hacker）攻击技术的提高，他们可能通过因特网侵入银行专用网络或计算机系统，修改或删除服务程序，窃取银行及客户资料，盗用他人身份接管客户的储蓄或信用账户，甚至直接非法进行电子资金转账。银行、金融机构是网络黑客攻击的重点，全国每年因遭受网络攻击造成的损失就高达百亿元，每年有近千个网站，甚至包括政府网站被“黑”，黑客攻击的数量每年都在成倍递增。全球已形成“黑色产业链”，国外一个普通的黑客一年可收入十几万欧元，远远超过在现实生活中劳动的回报，因此网络黑客已从最初的个人行为发展为有组织的犯罪。

（2）用户缺少安全意识。网络支付安全是一个系统工程，需要银行、支付机构、安全厂商、商户、网络管理部门以及消费者共同努力。目前现行的网络支付安全技术和手段已经比较成熟，绝大部分网络支付安全事件更多的是由于用户缺乏必要的安全防范意识和技能所致。有很大一部分用户使用与自身信息关联度大的信息作为密码，没有真正起到保护的作用，容易被不法分子窃取或猜中。这类信息容易让用户记住，可是也很容易让人猜出或者发现。重要的是有些网络银行网站允许用户使用低密级的密码，这会大大降低网络银行的安全系数。

（3）网络诈骗。利用网络克隆某官方网站的页面，或者通过电子邮件、发放免费资料等方式，假冒网站管理人员向网民发布虚假的中奖信息，当用户进入经修改的网站时，修改后的软件就会自动将用户账号上的钱转移到不法分子的账号上。当接受他们提供的电子邮件或免费资料时，不法分子编制的病毒也会随之进入用户的计算机中，并偷偷修改用户的金融软件。

（4）计算机硬件和软件问题带来的运行风险。网络银行所依赖的计算机硬件系统停机、磁盘列阵破坏、操作不当等不确定性因素都会形成网络银行的系统风险。根据对发达国家不同行业的调查，各国普遍存在因计算机系统停机造成损失的记录。计算机系统软件或应用软件的不够完善，如存在某种设计缺陷、容错能力差、兼容问题等引起系统故障，甚至导致系统崩溃，也带来了系统的运行风险。

3. 技术门槛高，复合型人才储备不足

网络银行需要拥有强大的技术团队，技术能力和创新思维是网络银行的两大支柱，是其与传统银行业竞争的利器。网络银行尤其要重用技术人员，持续开展前沿技术研究，以技术能力支撑其运营能力和管理能力。但事实上，金融市场人才较缺乏，真正从事民营网络银行业务的复合型人才更为稀缺，缺少人才储备。

4. 网上操作具有条件限制

受体制束缚和传统业务规范的制约，我国网络银行目前的业务功能还比较单一，无法突破传统的业务种类。其次，部分客户，特别是农村地区的客户互联网运用能力较弱，可能不清楚操作流程，且只能依赖在线客服而无法面对面地交流解决。最重要的是，一旦没有了电和网络，就无法办理网上业务，使得网上操作具有条件限制。另外最普通的取现业务网络银行也是无法办理的。

四、传统银行的优势

1. 具有较高的安全性和社会声誉

传统银行经过长时间的经营实践，建立并不断完善风险控制指标体系，具有一套完备的法律准则与审批制度，具有较高的安全性、稳定性、可靠性，在广大客户中具有良好的口碑和社会声誉。

2. 具有长期积累的数据，客户资源丰富

传统银行通过长时间的发展运营，积累了大量客户，存量客户资源丰富，获客成本较低。同时，传统银行的数据积累和人才储备充足，有助于其充分利用大数据技术进行数据挖掘，发挥规模经济优势。此外，传统银行较早涉足了高端私人银行业务，其积累的高净值客户忠诚度较高，成为其利润的重要来源。

五、传统银行的劣势

1. 无法满足小微企业的融资需求

传统银行出于对信贷资金的安全考虑，将信贷重点放在资产规模大、盈利能力强、偿债有保证的国有大中型企业及其他大型民营企业；而对小微企业不够重视，信贷条件设置得过高，同时金融机构创新不足、产品单一，缺乏适合小微企业的信贷产品。而小微企业作为我国企业的重要组成部分，在国民经济发展中具有不可替代的作用，应当引起各金融机构的重视与扶持。

2. 服务成本高，手续繁琐，难以完全满足公众金融服务需求

传统银行实体运营，具有钢筋水泥的营业大厅和众多的分支机构，所以银行运营不可避免地会产生资金投入与运营成本，且经营又受地域和时间限制，这种情况不能满足客户随时随地以任何方式享受服务的需要，再加上客户在交易时又会产生中介费、票据工本费、交易手续费等费用，还要排队操作，这对客户来说耗时又耗钱。

3. 贷款流程较冗长，效率不高

传统银行贷款业务虽然模式比较清晰，但环节复杂、周期较长、流程单一、差别化服务较弱、风控管理和技术系统尚不完善，如图 6-6 和图 6-7 所示。主要的传统贷款业务包括抵押贷款、保证贷款和信用贷款 3 类。传统的抵押贷款通常以房地产（需要房产评估）等固定资产作为抵押，贷款的期限往往也比较长。一般需要至少前往银行网点 3 次，从申请到放款往往需要 1 个月时间，有时甚至需要等待数月方能实现放款。如借款人申请的是信用贷款则相对较快，但一般也需要等待一周以上。保证贷款是一种引入第三方作为担保方的融资方式，要求实力强、风险水平低的第三方提供商业担保，在融资企业不能偿还贷款本息时，担保方承担连带责任。对于中小企业而言，引入第三方担保公司，成本较高。

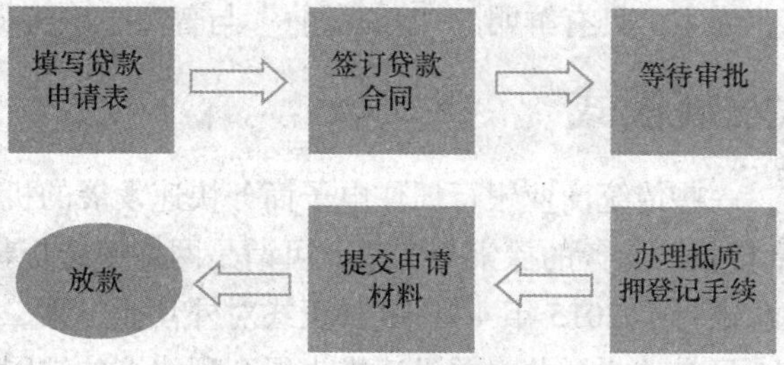

图 6-6　传统银行贷款业务流程图

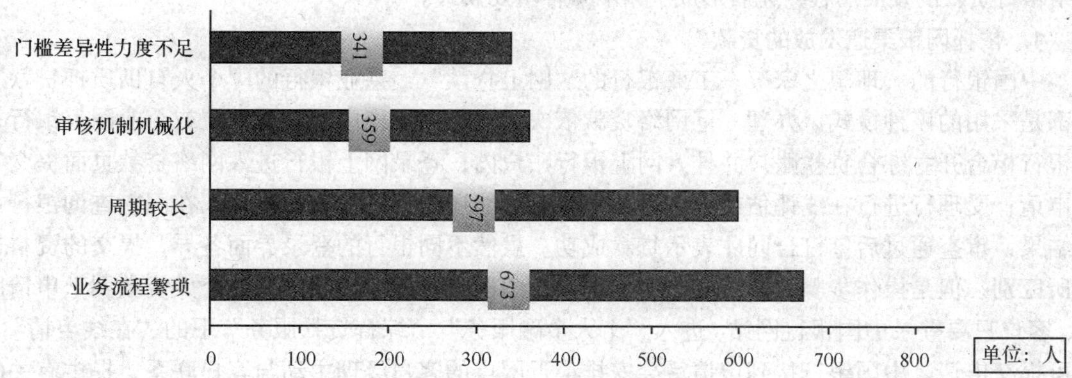

图 6-7　银行传统贷款业务难点调查

综上所述，网络银行是一种新型的银行服务方式或渠道，虽然可以有效解决小微企业融资成本高的问题，还能节约时间和人力，但是缺乏传统银行的正规性、可靠性和安全性，而具有丰富客户资源和完备法律的传统银行因为更偏爱大型企业，使得大部分小微企业的融资需求难以满足，从而限制了其发展。由此可见，无论是网络银行还是传统银行都有相对的优势，也有不可避免的劣势。因此，传统银行应当在“互联网+”的思维下转型升级，促进与网络银行的合作。

[随堂测试 6-2]　网络银行与传统银行优、劣势总结

请将本任务的学习成果与收获通过表 6-1 进行总结和整理，从而进一步把握网络银行与传统银行的优、劣势。

表 6-1　　网络银行与传统银行的优、劣势比较

比 较 项 目	要 点 概 括
网络银行的优势	
网络银行的劣势	
传统银行的优势	
传统银行的劣势	

任务二　网络银行贷款业务

通过任务一的学习，我们已经了解了传统银行与网络银行的优势和劣势，接下来让我们一起通过行动学习来掌握网络银行的主要业务。贷款业务是商业银行最主要的资产业务，也是网络银行实现资金运用和支持实体经济的主渠道。与传统银行的贷款业务相比，网络银行的贷款对象以个人和小微企业为主，具有鲜明的“互联网+”与普惠金融特征。

扫一扫看微课

一、网络银行贷款发展模式

在网络银行正式成立之前，一些传统商业银行抓住电子商务快速发展的机遇，紧贴借款人的网络习惯，已经开始了“网络贷款”业务的探索与实践，可谓是网络银行贷款业务的“雏形”。随后，我国第一家网络银行微众银行于2015年4月18日正式对外营业，第二家网络银行阿里旗下的网商银行于2015年6月25日在杭州开业，并迅速推出了全程线上的纯网络银行贷款。纵观网络银行贷款的发展历程，先后形成了以下4种主要模式。

1. 依托网银渠道发放的贷款

中国银行的“理想之家”、工商银行的“网上贷款”、兴业银行的“个人自助质押贷款”等都是采用的该种模式。办理一笔网络贷款依次要进行以下程序：开通个人或企业网上银行；在银行柜台开立综合贷款账户并挂入网上银行账户内；登录网上银行进入网络贷款页面提交贷款申请；受理行进行在线评估或人工评估，有时可能还需现场考查；申请人在网上查询银行审查结果，审查通过后签订合同才表示贷款成功。虽然不同银行的登录界面各异，提交的资料也有所区别，但是操作步骤大同小异。例如，通过中国银行的“理想之家”个人贷款网上申请服务，客户只要登录中国银行网站，进入“个人金融服务”“综合贷款服务”下的“在线申请”，即可提交申请。中国银行接到申请后会安排最近网点的客户经理主动与客户联系，提供有关的咨询并安排贷款事宜。

2. 专属平台网络贷款

采用该模式最典型的是交通银行的“e贷在线”。“e贷在线”是交通银行专为个人用户及各类合作中介设计开发的综合性贷款服务申请平台。其特色在于：个性设计，客户在线输入相关信息，系统便会为其度身定制最优贷款解决方案，供客户即时选择；在线申请，客户轻轻一按鼠标即可在线申请，完成贷款预申请过程；网上预审，系统在获知客户还款能力后进行网上预审，客户足不出户即可知道贷款预审批结果；即时查询，在银行审批期间，客户可随时登录系统查询贷款办理进度；贴心服务，在贷款流程中，交行工作人员将及时致电，实时通知。用户还可以根据交行贷款产品的特点，选择最适合自己的贷款、还款方式。

3. 银行与电子商务平台合作贷款

该模式的特点是银行借助电子商务平台的现有资源及诚信控制机制，为中小企业提供融资服务。例如，中国建设银行与阿里巴巴合作推出的“网络联保”贷款就是该模式的代表。虽然“网络联保”贷款不需要任何抵押，但是需要由3家或3家以上企业组成一个联合体共同来申请贷款。该贷款模式实现了网络贷款业务全流程不落地操作，客户仅需登录阿里巴巴或建行网站进行贷款申请即可，贷款合同的签立，放、还款等均在网上操作。阿里巴巴所有会员都可以申请“网络联保”贷款，会员的网络商业信用纳入信用记录，将作为获得贷款的评价指标之一，为其申请贷款加分。

4. 全程线上的纯网络银行贷款

严格来说，网络银行贷款业务的放款主体，必须是没有物理网点的纯网络银行，实行全程互联网化，贷款业务的所有流程均在线上完成，上述传统银行在“网络贷款”领域的尝试，为以微众银行和网商银行为代表的新兴互联网银行开展纯粹的“网络银行贷款”打下了基础。这两家网络银行推出的第一款产品“微粒贷”与“网商贷”均为纯线上的网络贷款。前者主要面向个人消费者，属于微众银行消费金融板块的“主打产品”，而后者依托阿里巴巴集团的电商平台上大约1 000 万个卖家，利用阿里巴巴电商平台优势，即阿里巴巴 B2B、淘宝、支付宝等电子商务平台上积累的信用数据及行为数据，向无法通过传统金融渠道获得贷款的客户发放金额小、期限短的纯信用小额贷款。

二、网络银行贷款业务种类

综合传统银行的网络贷款实践和新兴互联网银行的纯网络贷款创新，目前，网络银行贷款业务主要包括以下 3 类。

1. 个人消费网络贷款

具有大量、高频、小额特征的个人消费贷款领域，传统银行往往受制于成本和人力的限制，并不会将其作为贷款投放的重点领域，但消费金融却正好能够发挥网络银行大数据技术的优势，成为网络银行开展差异化经营、发展普惠金融的首选领域。首家网络银行微众银行便将消费金融列为 3 大业务线之一，并推出了首款主打产品“微粒贷”。“微粒贷”依托腾讯在社交领域的垄断地位，依托海量社交数据，于 2015 年先后在手机 QQ 和微信端低调上线。与传统银行产品不同的是，“微粒贷”初期采用“白名单”制筛选用户，贷款额度由互联网大数据风控模型确定，最高20 万元。同时，该行在个人消费网络贷款领域还积极推进平台金融战略，合作的互联网平台包括二手车电商平台“优信二手车”、家装平台“土巴兔”、生活消费平台“大众点评+美团”、物流平台“汇通天下”等。截至 2016 年年底，该行已为平台完成商户资金清算 94 万笔、总交易金额 19亿元，为近 2 万平台消费者提供小额贷款逾 2 亿元。

2. 小微企业网络贷款

传统银行偏好大中型企业，使小微企业很难获得正规金融的信贷支持，融资难、融资贵一直是小微企业发展的重要制约因素。互联网金融与网络银行的发展，为破解面广、量大的小微企业融资难题提供了一条可行的新路，小微企业成为网络贷款的重点投放领域之一。小微企业网络贷款的一个突出优势便是“端口前移”。“端口前移”外化在信贷业务方面，实现的是申请渠道、审批渠道、放款方式等的多方位前移。银行开通电话银行、网上银行、手机银行等渠道让客户申请贷款业务，也在手机 APP 中增加小微企业贷款的宣传模块、在线申请模块、财务软件及流水单据模块。同时，银行还建立起预审批机制、搭建预审批系统，通过标准的审批机制和评分模型，实现快速预审批，在移动银行端还能实现随借随还，让客户自主操作，并提供银企电子对账单功能，让客户随时随地获取其银行交易流水信息，也让银行动态监测客户的合理信贷资金额度，防止客户过度负债和过高成本负债。为准确评估小微企业授信风险和确定合理的贷款额度，“端口前移”还与政府及社会公共信息平台对接合作，从税务、工商、海关、人行、社保、劳动、环保、质监、法院、融资担保等部门获取借款企业的非财务信息和财务信息，全面、准确地判断其真实的资信状况。

目前，网商银行的“自营+平台”模式，一头连接着小微企业的资金需求，另一头则有包含一系列传统银行在内的资金供给方。该行将贷款上限定为 500 万元，一些小微企业发展壮大，超出了网商银行服务的能力范围后，网商银行便会把这些客户推荐给其他银行，这样的制度安排，进一步确认了网络银行小微企业金融服务的专营定位。此外，工商银行的小企业网络循环贷款（网贷通）业务，也是业内具有广泛影响的小微企业网络贷款业务种类。

3. 互联网商户网络贷款

随着电子商务和跨境电商的快速发展，阿里巴巴、天猫、淘宝、京东、苏宁易购等主流电商平台上互联网商户的资金需求，包括自身的周转贷款需求和上下游的供应链金融需求日益增长。而同样具有“互联网+”属性的网络银行，凭借着对互联网商户海量交易数据和行为数据的积累与挖掘，推出的网商贷款产品，能够有效地满足这些商户的融资需求。互联网商户网络贷款需要强大的系统支持，由于整个过程都要在网络平台上进行，所以必须建设一个强大的信贷系统来支撑网贷，这个系统必须能接受贷款申请、进行对客户的综合分析，以及最终发放贷款。由于C2C平台每天发生海量交易，这个强大的系统需要基于主流电商平台强大的数据处理和挖掘能力来构建，从而随着“大数法则”的应用，每笔贷款的边际成本逐渐下降，最终的贷款成本会比常规贷款具有明显的优势。

这类贷款的典型代表，便是网商银行整合蚂蚁金服旗下的淘宝贷款、天猫贷款、1688 阿里信用贷款等推出的“网商贷”品牌业务。此外，中国建设银行依托自建的“善融商城”平台推出的网络商户贷款也是其典型代表。

由图 6-8 可以看出，网络银行贷款与传统银行贷款相比，在交易成本和交易效率方面具有明显的优势。但是，当前网络诚信机制还不健全，网络银行贷款仍面临着信用风险较高、存在信息安全隐患、监管机制不完善等弊端。根据阿里巴巴披露的统计数据也显示，2009 年仅阿里巴巴网站上，就有 1 219 个欺诈账户被终结，占比 1.1%；2010 年有 1 107 个欺诈账户被终结，占比 0.8%。此外，目前网络银行贷款还没有涉足个人住房按揭贷款、并购贷款等传统银行的优势领域。

图 6-8　网商银行的网络贷款产品

[随堂测试 6-3] 下列各项最适合由网络银行贷款提供的是哪一项？（　　）

A. 个人住房贷款　　B. 企业并购贷款　　C. 个人装修贷款　　D. 技术改造贷款

[做中学 6-1] 网络银行创新贷款产品融资实践

“鹰眼网”是国内具有独特视角与鲜明个性的专业化新闻资讯门户网站，网站规模中等，网站流量在同类网站中排名居前。该网站希望于 2017 年升级系统和建立分站，为此正在寻求一笔 50 万元的贷款，但由于缺乏合格固定资产抵押，且细分行业较为小众，多家传统银行都拒绝给该网站提供贷款。请你通过寻找、分析和应用网络银行贷款产品，尝试解决该网站的融资难题。

步骤 1：通过客服电话，向网络银行咨询有无合适的贷款产品能满足自身需求。

经咨询和比较，我们发现网商银行提供的“流量贷”产品比较符合“鹰眼网”的融资需求。网商银行是中国首批民营试点银行之一，由蚂蚁金服、复星、万向等 6 家股东发起设立，注册资本为 40 亿元，也是首批两家纯互联网银行之一，不设物理网点、不做现金业务。

步骤 2：初步了解“流量贷”产品，分析产品基本模式和业务种类，判断其是否适合“鹰眼网”。

"流量贷"是网商银行与全球最大的中文网站流量统计机构 CNZZ 合作，面向中小规模的创业型网站推出的一款信贷产品，旨在帮助中小网站解决创业过程中融资难、融资贵的问题。流量贷产品的特点是申请、审批、放款全部在线完成，简单便捷。

据了解，网商银行将根据 CNZZ 平台上网站的流量统计数据，综合考量网站的经营状况、网站经营者的个人信用等因素，向网站提供单笔最高 100 万元的贷款，首批授信总体额度为 100 亿元。据了解，流量贷产品也是网商银行首次向阿里巴巴平台之外的小微企业发放贷款。CNZZ 是国内互联网最权威的流量统计网站，目前有 500 万家网站采用 CNZZ 的流量统计服务，覆盖全国 90%以上的上网用户。CNZZ 方面相关人士介绍，使用 CNZZ 流量统计服务的网站有很多是创业型的中小网站，它们为广大网民提供吃、穿、住、行、玩各个方面的信息服务，但是其自身的发展却很少得到关注，很难从金融机构得到融资。网商银行推出"流量贷"就是为了帮助创业阶段的中小网站解决融资难问题，满足其发展过程中的资金需求。

根据初步了解，可以判断"流量贷"的基本模式和业务种类，以及其是否适合"鹰眼网"，请将你的分析结果填入表 6-2 中。

表 6-2　　"流量贷"基本分析

判断项目	你的结论
基本模式	
业务种类	
是否适合"鹰眼网"	

步骤 3：进一步了解"流量贷"的申请条件、申请步骤和产品要素。

据网商银行介绍，拥有注册域名、在 CNZZ 平台上有流量统计数据，并且信用记录良好的个人或者公司均可以申请流量贷。申贷者登录 CNZZ 网站，就可以看到自己网站的初始授信额度，单击"信+"标签进入申贷页面后，登录支付宝实名认证账户发起申请即可，无需提交其他额外资料。网商银行将基于大数据风控模型对申贷者进行身份、信用、流量以及经营状况等要素的审核，审批过程最快能在 1 分钟之内完成。而在审核通过后，最快 3 分钟款项就能打入申贷者的支付宝账号内。

此外，网商银行推出的流量贷的贷款期限最长是 1 年，每个申贷者的申贷额度在 2 000 元～100 万元，贷款日利率为 4.5 ‱，申贷者可以选择分 12 个月每月等额还本金的方式，也可以随时提前还款且无任何手续费或者服务费。更重要的是，流量贷面向包括阿里巴巴体系内外的所有符合条件的创业型中小网站，扶持对象首次走出阿里巴巴体系内的中小商家。根据对"流量贷"的进一步了解，填写表 6-3。

表 6-3　　"流量贷"产品要素详细分析

要素项目	具体内容
借款主体	
申请条件	
申请步骤	
审核过程	
放款速度	
贷款期限	
贷款额度	
贷款利率	
还款方式	

步骤 4：根据以上分析结果，结合自身融资需求，完成应用上述贷款产品的融资方案。

根据以上对“流量贷”业务模式和产品要素的全面了解与详细分析，结合自身融资需求，包括 50 万元的融资额度、资金用途、网站流量等情况，确定贷款期限和还款方式，按申请条件和步骤完成应用上述网络银行创新贷款产品的融资方案。

三、微众银行“微粒贷”

在了解了网络银行贷款的模式与种类之后，我们接下来通过“解剖麻雀”的方法，详细介绍典型网络银行贷款产品的应用，以帮助大家进一步掌握网络银行贷款业务。首先，我们来看微众银行的主打产品“微粒贷”。由于该产品是微众银行的第一款产品，微众银行又是银监会试点开业的第一家民营银行，“微粒贷”的推出无疑具有标志性意义。其登录界面如图 6-9 所示。

2015 年 5 月 17 日，“微粒贷”首先在手机 QQ 上低调上线，随后于 2015 年 9 月 21 日正式推出微信钱包版本。“微粒贷”属于全程线上的纯网络银行贷款，具体业务种类为个人消费网络贷款。作为微众银行消费金融板块的主打产品，与传统银行产品不同，“微粒贷”业务的特色主要体现在“白名单”邀请准入机制、基于互联网大数据风控模型的贷款额度确定、低于信用卡的差别化利率、秒间到账与“3A”服务等 4 个方面。

图 6-9 “微粒贷”登录界面

1. “白名单”准入机制

作为一款纯信用产品，“微粒贷”采用邀请机制，邀请限于最符合“微粒贷”客户定位的“白名单”用户，其申请入口只对这部分用户开放。如果用户在 QQ 钱包或微信钱包中发现“微粒贷借钱”的图标，则证明其已受邀进入了微众银行的“白名单”客户。但对于 QQ 或微信端未显示“微粒贷借钱”图标的用户，说明微众银行并未放开对其自主申请入口。

“微粒贷”的潜在客户以个人和小微企业主为主，如刚毕业的年轻白领、普通餐馆的老板、理发店店长等，都是“微粒贷”重点关注的群体。此类用户的“长尾价值”固然明显，但大多没有完整的信用记录，尽职调查成本高，轻资产、无网点的微众银行如何筛选出“白名单”用户发放信用贷款呢？关键之处就在于数据。

微众银行的数据来源大致分为两大方面：一是个人或小微企业的征信记录，这些数据相对易得，只是数据内容有限；二是来源于公安机关、互联网公司等合作的数据平台，这是微众银行重点开拓的数据渠道，相当部分来自于腾讯生态体系，如由腾讯 QQ、微信产生的大量社交数据、“饿了么”订餐平台上的餐馆经营流水……这些正是一般金融机构无法获取的。此外，不是信用状况良好就一定会在受邀请之列。以个人用户为例，微众银行会先从传统渠道了解其信息，即使用户征信情况良好，但只要已和多家银行保持信贷关系，就不会出现在微粒贷的“白名单”中；相反，信用记录不多，但数据分析认定具有高潜力的用户，“微粒贷”便愿意敞开大门。

2. 贷款申请与额度确定

如果已在微众银行的“白名单”中，只要用任一银行卡绑定 QQ 或微信，单击“微粒贷”，无需任何抵押物，根据相应提示填写信息，就能在线完成贷款申请。随后，“微粒贷”对每一笔申请均采取线上审核的方式，因此申请人的信用状况对于申请“微粒贷”成功与否及额度高低至关重要。无论微信还是手机 QQ 上的“微粒贷”，在授信时都会充分参考用户在整个腾讯体系产品内的数据，重点包括这两个平台的社交数据。不过，在不同的渠道上，额度的评判标准会有侧重。例如，手机 QQ 上的“微粒贷”在对用户设置授信额度时，会更多地参考其手机 QQ 的活跃程度；而微信上的“微粒贷”，则会更多地参考其微信的活跃程度。因此，社交数据是“微粒贷”评定个人用户信用的重要因素，毕业院校、用户机制、朋友圈品质都将成为评定条件。确定贷款额度时，会用数千个变量去分析社交数据。例如，如果用户在上海，3 年中朋友圈的稳定性相对较高，就说明用户在上海有固定工作，社会地位比较稳定，履行还款责任的可能性也会高。总体来看，个人用户越稳定，微众银行愿意给出的贷款额度相应越高。虽然整个授信额度的确定，背后有一套基于海量社交数据的复杂风控模型，但系统均会自动完成，并会在几秒钟之内判断个人信用情况，给出一定的授信额度，如图 6-10 所示。目前“微粒贷”个人贷款总额度在 500 元～20 万元，单笔最高可借 4 万元。

图 6-10 “微粒贷”可借额度的确定示意图

3. 低于信用卡的差别化利率

“微粒贷”小额信用贷款产品具有“无抵押、无担保，随借随还、按日计息”的特点，在贷款利率方面实行差别定价。例如，如果是一个蓝筹企业的员工，享受的借款利率会比平均值低；如果是一个信用记录缺乏的年轻用户，利率则会相对提高，单笔贷款额度为 500 元～20 万元，贷款期限分为 5、10、20 个月，贷款日利率区间大体在 0.02%～0.05%，而一般信用卡的日贷款利率平均在 0.05%，因此“微粒贷”的平均日利率低于信用卡贷款。

4. 秒间到账与“3A”服务

微众银行脱离物理网点运营，相比线下借贷，快速放款是“微粒贷”的一大特色，可以实现秒间到账，到账速度加快，潜在的风险也随之加大，在制定风控措施时，如何防范欺贷风险被排在首位需要考虑。基于线上、线下的区别，二者防范风险的做法自然有所不同，这也正是微众银行设立“邀请制度”的关键原因——潜在用户经过事先筛选，邀请入口也限于手机 QQ 和微信两处，非受邀“不得入内”，这样就能屏蔽大量居心叵测者主动进来骗钱。同时，“微粒贷”还充分体现了网络银行“3A”服务的优势，能够提供每年 365 天、每周 7 天、每天 24 小时不间断地高效服务。

[做中学 6-2] “微粒贷”贷款操作实践

在了解了“微粒贷”业务的主要特色之后，下面请根据步骤引导，完成“微粒贷”贷款的实践操作，以进一步熟悉业务流程，体会网络银行贷款的实际应用。

步骤 1：确认是否被纳入“白名单”，具备“微粒贷”申请资格。

打开微信，单击“微信钱包”，查看是否显示“微粒贷借钱”图标，如图 6-11 所示；打开手机 QQ，单击“QQ 钱包”，找到“资金·理财”并单击，在弹出的页面上查看是否显示“微粒贷·现金贷款”图标，如图 6-12 所示。只要以上两个图标有一个出现，即表示你已被微众银行纳入“白名单”，具备“微粒贷”申请资格。

步骤 2：确定借款期限和金额，提出借款申请。

单击“微粒贷”图标，系统会基于大数据风控模型，在数秒内给出如图 6-13 所示的“可借额度”界面，然后单击“借款”，在弹出的页面中选择借款期限，随后在不超过可借额度的范围内输入借款金额，并单击“下一步”。

图 6-11　微信钱包“微粒贷”申请入口

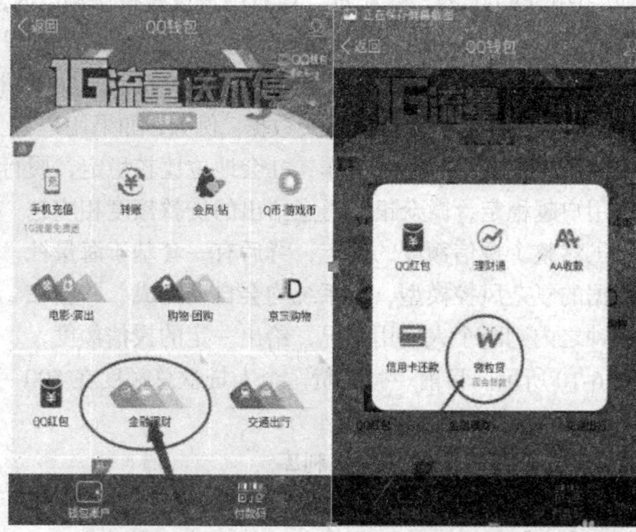

图 6-12　手机 QQ“微粒贷”申请入口

图 6-13　借款申请

步骤 3：添加用于贷款发放和归还的银行借记卡。

选择一张本人的用于贷款发放和归还的银行借记卡，在“添加银行卡”页面中输入本人真实姓名和卡号，单击“下一步”，然后确认收款信息，再单击“下一步”，如图 6-14 所示。

步骤 4：完成身份信息的验证。

在图 6-15 所示的对话框中输入财付通支付密码，然后微众银行客服很快会致电你的手机，与你核对各种身份信息以及是否是本人申请借款、本次借款的主要用途等，如实回答完成身份验证即可。

步骤 5：确认收到贷款。

等待片刻，一般不超过半个小时，你刚才添加的银行卡上便会收到贷款，同时会收到微众银行发来的官方确认短信。随后，你可以进入微信或者手机 QQ 的“微粒贷”，单击右上角的“借还记录”，查看借款记录与还款记录，如图 6-16 所示。

图 6-14　填写贷款银行卡

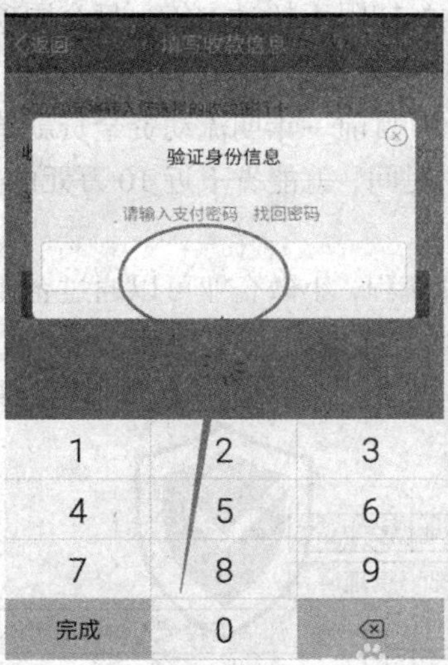

图 6-15　验证身份信息

图 6-16　“微粒贷”借还记录

四、中国工商银行小企业网络循环贷款（网贷通）

中国工商银行小企业网络循环贷款（简称“网贷通”）是一款具有广泛影响力的网络贷款产品，也是中国工商银行在互联网金融领域的一次重要探索和实践。“网贷通”业务是该行凭借网络优势和风控技术向小企业提供的一种网络自助式循环贷款服务。小企业只要一次性签订循环贷款借款合同，在合同规定的有效期内，即可通过网上银行自助进行合同项下提款和还款业务的申请，使企业足不出户即可完成贷款的申请、提款和归还等过程。小企业网络循环贷款“随时随地、随借随还”的特性打破了时间和空间上的限制，特别适合小企业融资“短、频、快、急”的需求和特点。

1. 贷款申请

“网贷通”的借款对象为符合中国工商银行认定标准的小型或微型企业。小微企业可以通过企业网银系统在线提交贷款申请，并以附件形式提交以下材料。

（1）小企业循环贷款申请书。

（2）经年检的企业营业执照、技监局代码证书、税务登记证书（特殊行业提供特殊行业经营许可证）。

（3）开户许可证、贷款卡、人民银行征信系统信息查询授权书。

（4）企业法定代表人、负责人或代理人的身份证复印件。

（5）企业最新公司章程、验资报告或非独资企业的各股东有关出资协议、联营协议或合伙人的合同或协议等。

（6）企业或经营者个人相关自有资产的权属证明，抵（质）押物（权）权属证明材料及我行认可的评估机构出具的评估报告。

（7）企业最近一期的财务报表和近两年的财务报表，开业不满两年的提供近一年的财务报表。

（8）企业法定代表人、负责人或代理人签字和公司公章样本，预留印鉴卡。

（9）经办行要求的其他资料。

2. 贷款额度、期限、利率

"网贷通"最高额度不得超过 3 000 万元（低风险业务部分除外），并纳入客户统一授信。循环贷款额度使用期限最长不超过 2 年，合同项下单笔贷款的期限不超过 1 年，且合同项下单笔贷款的到期日均不得超过额度使用期限到期日。"网贷通"贷款利率一般执行基准利率上浮 30%，但由于具有足额授信、高效自主、不提款不计息的特点，以目前一年期流动资金贷款基准利率计算，一笔 1 000 万元的贷款如果一年中能节约 60 天的使用时间，就能省下近 10 万元的融资成本。

3. 贷款流程

"网贷通"在实现风控优化的基础上，简化了业务办理流程，小微企业可以通过企业网上银行系统在线提交贷款申请，也可以通过网银提取和归还贷款，"随借随还"，既实现了信贷受理全流程网上操作，又降低了客户的融资成本，满足了小微企业融资"短、频、快、急"的需求。其业务流程如图 6-17 所示。

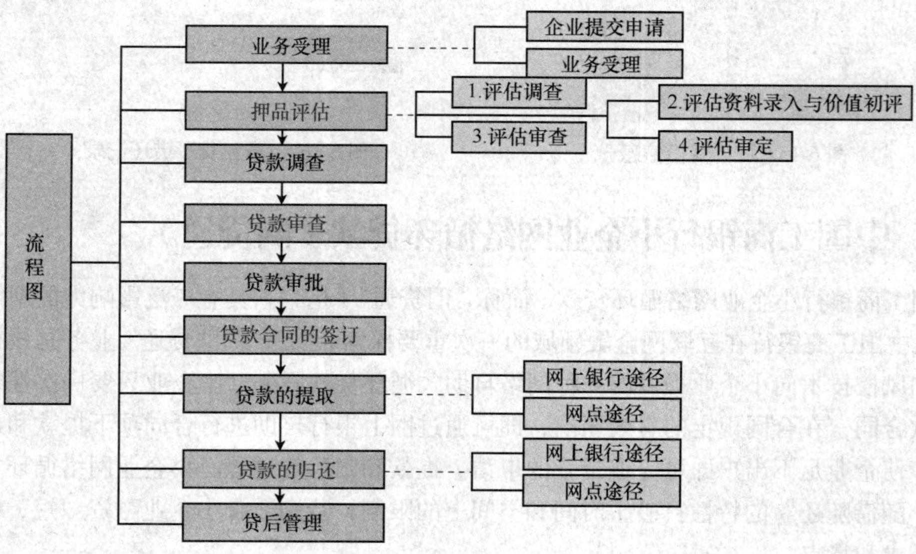

图 6-17 "网贷通"贷款业务流程图

4. 贷款调查

贷款行在收到借款人的申请资料后，应对借款人提供的资料进行调查核实，保证资料的真实性、合法性和齐全性，并分析客户的管理水平、经营情况（含盈利能力、偿债能力）、担保能力、信用状况、发展前景，以及在本贷款行融资风险的基础上，判断该笔贷款的风险程度，填写“网贷通评级授信贷款申报审批表”，提出评级、授信、贷款调查意见。以下几项为贷款重点调查内容。

（1）借款人和担保人主体资格和准入条件是否符合规定。

（2）借款企业经营者素质和公司整体管理水平。

（3）调查与核实企业经营情况，判断企业的盈利能力和偿债能力。

（4）可用于贷款抵（质）押担保的权属、财产价值，以及预计变现的难易程度。

（5）调查借款人的融资情况，判断企业信用状况和还贷意愿。

（6）调查并判断企业的发展前景。

（7）调查并判断企业综合金融业务的需求情况。

5. 贷款审查

贷款行应重点审查以下内容，以保证审查内容的真实性。

（1）申报的客户是否符合“网贷通”业务办理条件。

（2）申报的客户信用等级、最高综合授信额度和各分项授信额度是否符合规定、是否合理。

（3）拟用来作为贷款抵（质）押的财产是否合法、有效、充足、可变现能力较强。

（4）申报的客户融资情况是否合理，信用状况是否良好。

（5）申报客户的财产风险及业务风险情况。

（6）其他需要着重审查的内容。

6. 贷款提取

在合同有效期内，借款人通过网上银行申请提款，在登录网上银行并进入自主循环贷款页面后，应选择对应的循环借款合同，准确、完整地填写提款申请要素，确认后提交。经银行 CM2002 系统接收借款人的提款申请，自动进行准贷与否的判断。

（1）提款金额不超过剩余循环额度、提取时间在循环借款额度使用期限内、客户在本贷款行融资无违约及欠息的，系统自动将借款人申请的提款金额划入借款人在贷款行开立的结算账户。

（2）提款金额大于剩余循环额度、提款期限超出循环借款额度使用期限截止日、客户在本贷款行融资出现违约及欠息的，系统将返回拒绝贷款通知并说明拒贷理由。

客户提款成功后，系统将自动触发短信通知管户客户经理。管户客户经理也可通过 CM2002 系统查询客户提款信息。

7. 贷款归还

（1）贷款到期日前 15 天，系统自动触发短信通知客户和客户经理到期信息。客户经理也可通过 CM2002 系统预警信息模块查询客户 15 日之内的还款信息。

（2）贷款到期前（日），借款人可通过网上银行申请提前或到期还款，在登录网上银行并进入循环贷款页面后，应选择对应的循环借款合同及借据，准确、完整地填写还款申请要素，确认后进行提交。系统实时接收还款申请信息，发送扣款指令从合约约定的还款账户扣款。

（3）贷款到期日，如未收到借款人还款申请指令，系统按日对借款人还款账户中的资金按照先本金、后利息的顺序进行扣收。借款人在循环借款合同项下有多笔贷款的，按借据先后顺序进行扣收。如果借款人还款账户金额不足的，系统将先行扣收账户全部余额，不足部分由客户经理向客户催收。

（4）循环借款合同终止且借款人结清借款合同项下所有本息，采取抵押担保的，贷款经办行信贷操作人员与抵押人一起到原登记部门办理注销登记，并办妥交接手续，向抵押人退还抵押物和相关单证；采取质押担保的，对质押物进行解冻并办妥交接手续，向出质人退还质物凭证。

8. 贷后管理

（1）“网贷通”业务的贷后管理工作执行信贷管理的有关制度规定，其中，对“网贷通”的用途检查可按每个间隔期集中检查一次，发现贷款用途不合规的，按借款合同采取违约措施。

（2）对于仅办理“网贷通”业务的小企业，贷后检查间隔期最长不超过 6 个月。在区域房地产市场出现剧烈波动或规划、环境发生重大调整等可能影响抵押物押品价值大幅下降的情况下，经办行应按照现有规定启动押品价值重评流程，视情况及时补充抵押或压缩授信。

（3）如在贷后检查过程中发现借款人出现逾期、欠息、抵押物被查封扣押、产权纠纷及其他重大风险事项，管户经理须立即通知放款中心相关人员或由管户经理或客户经理助理经授信后按要求在 CM2002 系统中修改客户的操作权限，然后评估重大风险事项性质、特点和影响程度，及时采取追加可靠担保、调减授信程度、终止循环借款合同、收回存量融资、实行资产保全等各种必要的应急措施。

[随堂测试 6-4]“网贷通”业务的实际应用

1. 你作为银行信贷审查人员，正在审查某客户的“网贷通”贷款申请，下列哪一项不应该作为重点审查的内容？（　　）

A. 申报客户是否被列入准入“白名单”

B. 申报客户的信用等级、最高综合授信额度和各分项授信额度是否符合规定、是否合理

C. 申报客户的融资情况是否合理、信用状况是否良好

D. 申报客户的财产风险及业务风险情况

2. 运用本任务所学的网络银行贷款模式与种类的相关知识，下列关于中国工商银行网络循环贷款（“网贷通”）的说法最准确的一项是（　　）。

A.“网贷通”是通过网络专属平台发放的小企业网络贷款

B.“网贷通”是全程线上的纯网络银行贷款

C.“网贷通”是银行与第三方电子商务平台合作发放的小微企业贷款

D.“网贷通”是通过网银渠道发放的小微企业网络贷款

任务三　网络银行特色理财业务

除了贷款业务外，网络银行的理财业务也充分体现了“私人定制”的个性化特征与“随时随地”交易的良好客户体验，成为百花齐放的互联网金融理财市场上的“正规军”，具有鲜明的特色。本任务将引导大家通过比较，了解网络银行特色理财业务，在操作实践中把握网络银行理财的具体步骤，并综合应用网络银行理财产品与 P2P 产品完成投资理财规划。

一、网络银行理财的定义与特征

2005 年以来，随着商业银行大力发展理财服务、创新理财产品，以及居民投资理财观念的形成和投资理财需求的增加，我国银行理财产品得到了快速发展，到 2013 年 6 月，“余额宝”的横空出世，对传统银行理财市场造成了巨大冲击。为应对互联网金融的冲击，银行作为理财市场的“正规军”，推出了一系列“宝宝类”理财产品，如交通银行依托交银施罗德基金公司开通了货币基金 T+0 实时提现业务；浙江工行联手工银瑞信基金管理有限公司推出了“银行版余额宝”天天

益等。这些传统银行的“触网”尝试成为了网络银行理财产品的“雏形”。直到2015年，随着微众银行和网商银行等真正的网络银行的成立，并推出独具特色的网络银行理财业务，网络银行理财才真正成为在互联网金融理财市场中占有重要地位的“正规军”。

综上，网络银行理财是指由银监会批准设立的不设物理网点的网络银行在其自身互联网平台（包括官方网站和手机 APP）上销售各类理财产品，并由符合条件的投资者自主在线认购的业务活动。网络银行理财业务全程在互联网上开展，包括开户、客户风险评估、认购、查询、赎回等环节都通过直营银行网络平台完成。与其他理财产品，特别是与传统银行理财产品相比，现阶段网络银行理财具有以下6个方面的特征。

1. 以代销产品为主

由于网络银行成立时间较短，当前在网络银行APP上销售的理财产品大多投向其他非银行金融机构的金融产品，即网络银行实际上成为了这些金融机构重要的互联网销售渠道。因此，网络银行理财产品大多为代销产品，网络银行本质上具有“平台”性质而非“自营”。例如，微众银行销售的一款“短期+齐鲁稳固21号”，特别提示本产品由齐鲁证券（上海）资产管理有限公司发行并进行管理，微众银行仅作为网络平台，不参与投资，不承担投资风险。目前，网络银行上代销的理财产品涵盖了货币基金、万能型保险、资产管理计划、债券型基金、股票型基金、混合型基金等，甚至包括一些金融机构为网络银行平台量身定制的“互联网化”产品。因此，虽然现阶段网络银行理财产品以代销为主，但实际上推动了整个理财市场的网络化与个性化发展。“微众银行”APP部分代销理财产品如表6-4所示。

表6-4　“微众银行”APP部分代销理财产品

产品分类	产品名称	年化收益率	起购金额	流动性
货币基金	国金通用众赢货币市场证券投资基金	3.32%（2015年11月20日）	0.01元	活期（提现实时到账）
资产管理计划	齐鲁稳固21天集合资产管理计划	4.25%（预期利率）	5万元	定期（封闭21天）
万能险	国华理财宝两全保险（万能型）	6.00%（历史利率）	1万元	定期（期限3年，每月1日可免费赎回）
养老保障理财	太平金中金A款养老保障管理产品	6.10%（历史利率）	1万元	定期（封闭119天）
股票基金	嘉实腾讯自选股	浮动变化	100元	基金封闭期过后可随时赎回，T+4日到账

2. 灵活性强

与传统银行相比，网络银行理财最突出的优势便是灵活性强。网络银行理财产品利用网络平台进行电子支付，申购和赎回均不需要实际的交易场所，只需耗费少许网络流量，交易快速便捷、成本低。网络银行理财产品的流动性极强，部分理财产品开启了“T+0”模式，可用电脑、手机通过互联网随时交易，随时申购和赎回，并可立刻将赎回的资金通过理财产品的支付平台进行购物和其他消费，相当于收益率高的活期存款。第三方支付平台长期储存了大量网购用户的备付金，通过网络银行理财概念，将这些闲散零碎的资金集合起来，进行了充分利用，推进了资金的合理优化配置，使用户得到收益的同时，也不影响客户对于备付金的使用，客户能够随时转出并进行消费支付，真正实现了投资零门槛、大众化。另外，即使是定期产品，网络银行往往也提供了更强的灵活性。例如，设立每月中的固定一天为开放赎回日，允许投资者在当天提前赎回；对部分短期产品设置自动续存功能，投资者既可选择到期预约赎回，也可以自动续存下一期，这种相对灵活的赎回机制的设计，兼顾了投资者的流动性和收益性。

3. 收益较高

就整体而言，银行理财产品是年化收益率，收益率水平相对稳定，尤其是固定收益率产品，其收益是固定无风险的，收益率也相对较低。而网络银行理财产品的收益则平均要高于同期限传统银行理财产品。首先，网络银行活期理财产品收益水平紧盯货币基金，采用的是七日年化收益率。七日年化收益率的波动性更强，多随着市场环境的改变呈现出波段式的变化。货币基金由基金管理人运作，专门投向以短期的银行存款以及有固定票息的债券为主的风险小的货币金融工具，区别于其他类型的开放式基金，属于稳健型理财产品，具有高安全性、收益稳定的特点。从实际表现来看，“微众银行”APP 的“活期+”产品万份七日年化收益稳定保持在银行活期收益的 10 倍以上，且略高于余额宝。其次，网络银行定期理财产品由于投向资管、万能险等创新产品，平均收益也比传统银行同期限产品高。

4. 安全性较好

网络银行虽然属于民营银行，但也是有银监会准入批准的银行业金融机构，拥有银行牌照，自成立起就需要符合《商业银行法》的各项规定，这与过去几年野蛮生长的 P2P、众筹等互联网金融并不相同。因此，网络银行开展理财业务面临银监会和相关监管部门的严格监管，安全性和合规性均有保障。同时，网络银行作为互联网金融的“正规军”，非常注重自身声誉风险防控，对其销售的理财产品往往严格把关，不希望因为个别产品影响自身形象。另外，从我国目前成立的两家网络银行来看，控股股东腾讯和阿里均有强大的实力和出色的运营团队，这也有利于提升其整体抗风险能力。

5. 信息披露及时、完整

与传统银行相比，网络银行理财业务特别注重客户体验与信息披露的公开透明。网络银行往往会通过手机 APP 或者官方网站实时披露理财产品的收益率曲线以及投资运作情况，投资者也可以随时打开 APP 查看自己所认购产品的“总资产”“每日收益”“累计收益”“分红派息”等信息，并可以将其与其他各类产品的利率变化进行对比，数据保持实时更新。同时，如果遇到理财产品开放申购、预约赎回、提前终止等重要信息需要披露，网络银行 APP 往往会通过手机发布推送通知，并同时下发官方提醒短信，确保信息披露的及时性与完整性。

6. 投资者年轻化，投资期限短期化

网络银行理财产品是产生仅一年多的新事物，目前客户群多为第三方支付平台的老客户，接受并适应网络支付和消费模式，客户群为相对年轻、愿意接受新事物的时尚网络人士。从长远来说，网络银行上发售的那些理财产品，基本属于流动性强的短期投资，因此非常适合投资股票、期货和商场上的生意人等经常拥有大量短期现金流的客户。网络银行与传统银行比较如表 6-5 所示。

表 6-5　网络银行与传统银行理财比较（五星评价）

比较项目	网络银行理财	传统银行理财
产品丰富度	★★★	★★★★
收益性	★★★	★★
流动性	★★★★★	★★★
安全性	★★★★	★★★★★
购买便捷性	★★★★★	★★★★

资料来源：深圳银监局银行业监管工作调研报告（2015 年第 17 期）。

二、微众银行特色理财产品

微众银行依托 APP 平台，推出了一系列特色理财产品与理财计划，构成了该行的财富管理业务条线，满足了公众的个性化理财需求。

1. “活期 + ”产品

“活期 + ”是微众银行的活期特色理财产品，本质是 T+0 货币基金，与余额宝同类，因此我们可以通过将其与余额宝对比，深入了解该产品的特色。

首先，从流动性来看，“活期+”是微众银行为用户提供的资产增值服务，具有与活期存款一样的高度流动性。资金可以从“微众卡”或绑定的其他银行卡随时转入“活期+”，即向基金公司购买货币基金，并且能够随时到账，而要使用时，也可以随时转出，而且几乎是“秒到”。与之相对应，余额宝也是支付宝打造的余额增值服务，随时可把钱转入余额宝购买由天弘基金提供的余额宝货币基金，实时到账，余额宝内的资金还能用于网购支付，灵活提取，不过一般在 2 小时内到账。因此，“活期 + ”的流动性和灵活性要略高于余额宝，而且通过“活期+”跨行转账手续费全免；但余额宝的支付场景应用，特别是 NFC 近场通信方面要强于“活期+”。

其次，从投资标的来看，“活期+”投向国金通用众赢货币市场证券投资基金（简称“众赢货币”），是契约型开放基金，由招商银行股份有限公司托管。众赢货币主要投资银行存款和短期债券等具有良好流动性的固定收益产品，不以任何形式参与股票类资产，不受股票市场波动影响，力求在满足安全性、流动性需要的基础上实现更高的收益率。客户转出“活期+”相当于赎回货币基金，实时到账，可用于还房贷或者投资。而余额宝投向国内首只互联网基金——天弘增利宝（余额宝），天弘基金是余额宝服务的产品提供者，用户将钱转入余额宝，即为购买天弘增利宝，而用户如果选择将资金从余额宝转出或使用余额宝进行购物支付，则相当于赎回增利宝基金份额，可随时用于网上购物、支付宝转账、还信用卡、缴水电煤气费等支付。

第三，从收益性来看，目前“活期+”的收益率要高于其他同类可比产品的收益率，一般为银行活期存款的 10 倍以上，且略高于余额宝的收益率，具体如图 6-18 和图 6-19 所示。

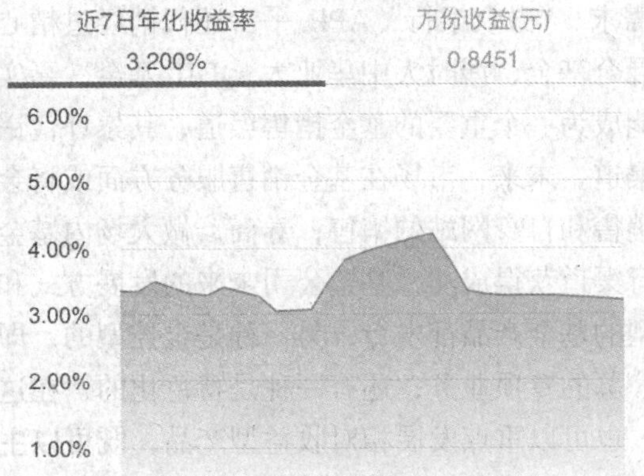

图 6-18　“活期+”收益率曲线

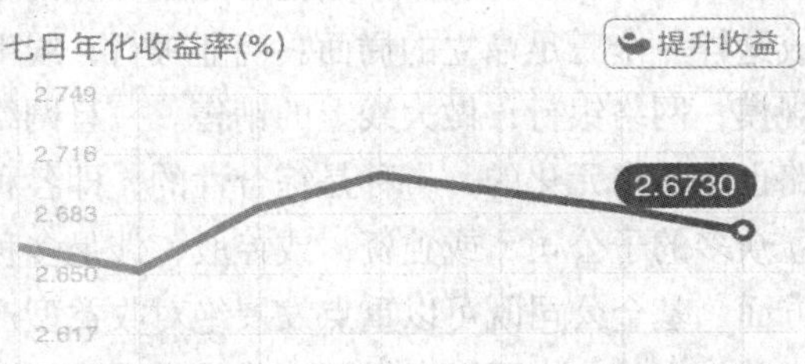

图 6-19　余额宝收益率曲线

最后，从收益规则来看，“活期+”与余额宝是相同的，如表 6-6 所示。

表 6-6　　　　“活期+”收益规则

买入时间	开始计算收益	看到收益
周一 15:00～周二 15:00	周三	周四凌晨
周二 15:00～周三 15:00	周四	周五凌晨
周三 15:00～周四 15:00	周五	周六凌晨
周四 15:00～周五 15:00	下周一	下周二凌晨
周五 15:00～下周一 15:00	下周二	下周三凌晨

2.“短期+”产品

微众银行的“短期+”产品为兼顾流动性与收益性的特色理财产品，具有期限短、收益高、有保障、稳健增值的特点。例如，其中一款“齐鲁稳固 21 天集合资产管理计划”，投资期限为 21 天，预计年化收益率为 4.25%，起购金额为 50 000 元，可以随时通过“微众卡”或其他绑定的银行卡认购，也可以直接从“活期 +”转入，操作便捷。该产品投资于低风险的短期金融工具及中长期金融工具，在追求本金安全的基础上，为组合资产创造稳定收益。产品到期可以预约赎回，也可以自动转入下期，在满足流动性的同时，尽可能提高资金的利用效率。

3.“定期 +”产品

微众银行的“定期 +”产品以理财类保险产品为主，包括万能险、养老险等互联网保险产品。例如，一款上线的太平养老产品，投资周期为 91 天，预期收益率为 7%，投资范围为货币市场工具、固定收益类资产、不动产类资产及其他金融资产，申购起点为 1 000 元，无法提前赎回。我们认为可以将这类产品对标传统银行的理财产品，比同期限的理财产品收益率高大约 200BP。另外，还有一款“定期 + 国华月月盈”产品，本质为国华理财宝两全保险（万能型），预计年化收益率达 6%，起购点为 1 000 元，犹豫期为 10 天，每月 1 日可以免费赎回，3 年后可随时免费赎回，最长可持有至 5 年，持续享有高收益。由此可见，网络银行的定期理财产品与传统银行相比，往往更具有灵活性。

4. 基金理财产品

为满足进取型投资者“追求更高收益”的理财需求，“微众银行”APP 平台还代销经过精心筛选的各种类型的基金理财产品，如安信安盈保本混合基金、博时大中华亚太 QDII 基金、嘉实腾讯自选股大数据股票基金等。纯网络银行将来可能成为一个重要的基金销售渠道，其累计代销的基金数量和规模都能够接近甚至超越传统的银行渠道。未来，市场在基金销售服务方面或将会形成这样一个三足鼎立的局面：商业银行，线下的销售和自身网站的销售；券商，做大场内基金的规模；网络银行，做大线上的销售。一旦网络银行渠道获得成功，基金公司未来的发展方式和道路也将是多元化的，一种是综合性的，即各种类型的基金产品都发行；另一种是金控型的，即设立众多的子公司，或独资，或控股，涉足多种非公募的专项业务；还有一种是特色化的，在这个方面，基金公司既可以重点发展绝对收益型产品，也可以重点发展相对收益型产品，既可以主做权益类产品，也可以主做固定收益类产品。

[做中学 6-3] 网络银行理财产品认购操作实践

下面，我们以认购微众银行销售的一款特色理财产品——“定期+众享华通 30”为例，介绍网络银行理财产品认购的具体操作，请大家根据以下步骤引导，完成相关操作实践，进一步体验网络银行理财产品的特征与流程。

步骤 1：打开“微众银行”APP，在理财界面找到“定期+众享华通 30”产品。

“微众银行”APP 是该行推出的销售各种特色理财产品的财富管理平台，打开 APP，单击“理财”按钮，便可在理财界面中找到“定期+众享华通 30”产品，如图 6-20 所示。若是首次登录，还需要完成远程开户与银行卡绑定操作，具体步骤请参见本项目最后的“技能实训”。

步骤 2：了解该款理财产品的详细信息。

单击“众享华通 30”，仔细阅读产品说明，此产品是一款微众银行认可的产品发行人通过交易所发行的定向融资计划产品，产品特点是周期短、收益高、稳健增值。了解完相关信息后单击“立即购买”，如图 6-21 所示。

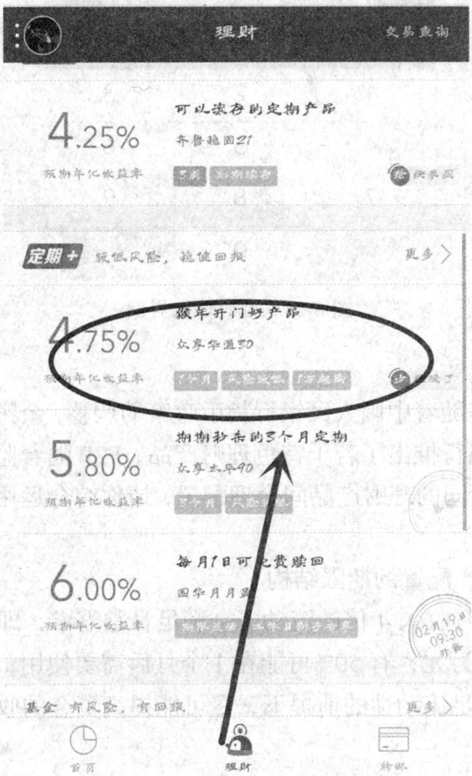

图 6-20　“定期＋”理财产品选择界面

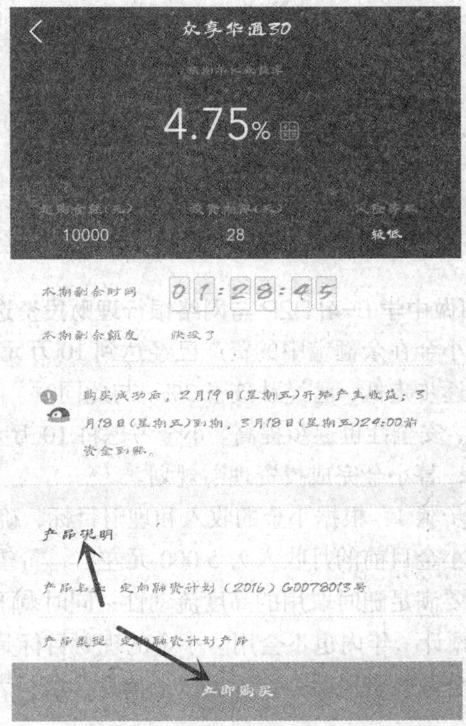

图 6-21　“众享华通 30”产品页面

步骤 3：完成客户风险评估测试。

根据银监会的规定，客户首次购买任何非活期理财产品，均需完成客户风险评估测试。请根据软件引导，认真、如实地回答完所有测试题，然后系统会自动给出风险评估结果，单击“确认”按钮，如图 6-22 所示。

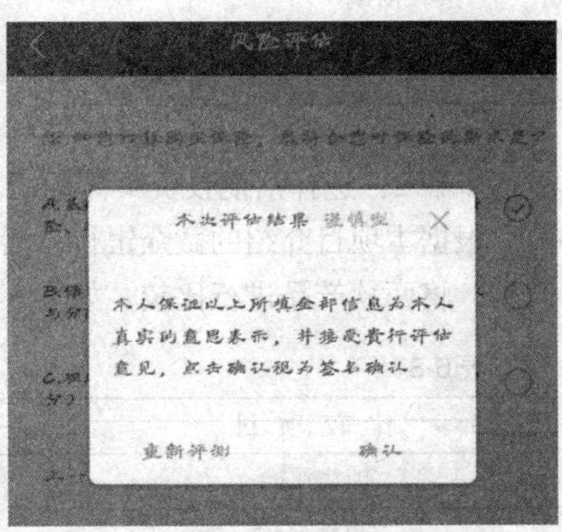

图 6-22　风险评估

步骤 4：在购买页面输入认购信息。

在购买页面输入买入金额，选择付款账户，勾选“同意服务协议及风险提示”后，单击“立即购买”，如图 6-23 所示。

步骤 5：输入支付密码，完成认购。

在弹出的对话框中输入正确的支付密码，完成理财产品的认购，如图 6-24 所示。

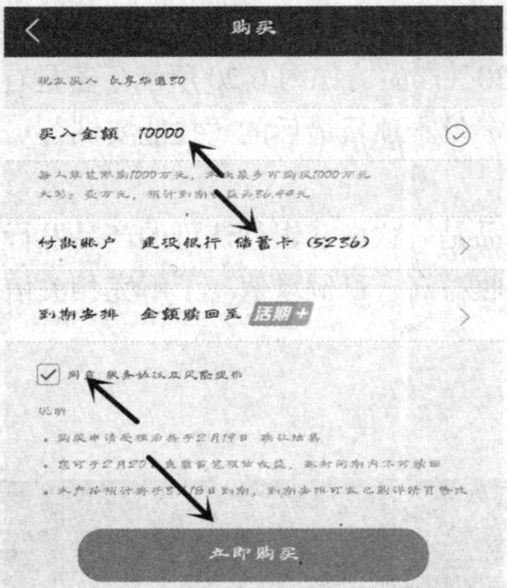

图 6-23　购买信息输入页面

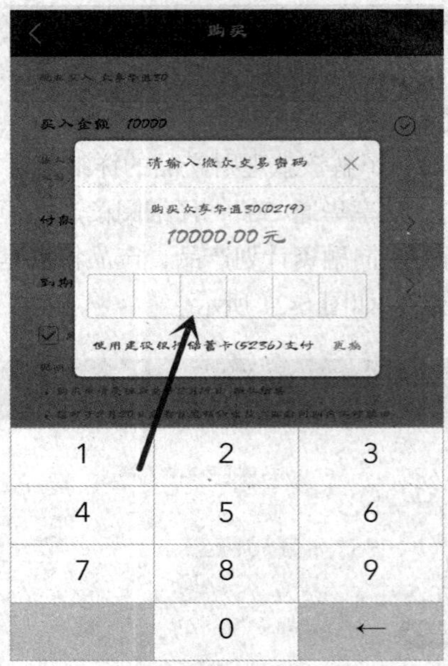

图 6-24　密码输入界面

[做中学 6-4] P2P 与网络银行理财投资选择

小金在余额宝中的资产已经达到 10 万元，但是随着中国人民银行货币政策的调整，余额宝的收益逐步走低，已经跌破了 3%。与此同时，网络银行推出了若干特色理财产品，P2P 随着监管的规范，安全性也逐步提高。小金考虑将 10 万元在不同的理财产品间合理配置，请你综合运用所学知识，替小金完成投资理财规划。

步骤 1：根据小金的收入和理财目标，确定资产配置的期限结构。

小金目前的月收入为 5 000 元左右，希望保留月收入 4 倍的流动资金满足日常需求，即 2 万元需要满足随时取用的高度流动性；同时剩下的 8 万元，有 50%可能在 1 个月后需要使用，还有 50%预计一年内也不会用。小金的理财目标是在满足流动性的前提下，尽可能提高资金的收益，同时分散投资风险。请根据以上信息，填写表 6-7。

表 6-7　　小金投资资产的期限配置

类　别	具 体 期 限	资金配置金额	配 置 比 例
活期			
短期			
定期			

步骤 2：选择活期投资具体标的。

根据本项目介绍的微众银行“活期＋”产品，以及从主流 P2P 中平台中选择一款“类活期”产品，将两款产品进行比较，如表 6-8 所示。

表 6-8　　活期理财产品比较

比 较 项 目	网络银行活期理财	P2P 活期理财
销售平台	微众银行	宜信投米网
产品名称	“活期＋”国金货币基金	随心宝
收益性	3%～4%	5.8%

续表

比 较 项 目	网络银行活期理财	P2P 活期理财
安全性	极致分散投标，降低风险	固定收益产品，安全性高
流动性	随时取用	提现 3 日内到账
购买便捷性	随时认购	有额度时方能购买

分析表 6-8 可知，虽然 P2P 产品“随心宝”的收益率要高于网络银行活期理财产品，但小金活期理财的首要目标是确保“随时取用”的高度流动性，而“随心宝”提现需要 3 个工作日到账，因此小金活期理财应该选择微众银行的“活期 + ”产品。

步骤 3：选择短期投资具体标的。

根据小金的具体理财需求，短期投资应能在投资满 1 个月时方便退出。结合所学内容和网络检索，我们选择以下两款产品进行比较分析，如表 6-9 所示。

表 6-9 短期理财产品比较

比 较 项 目	网络银行短期理财	P2P 短期理财
销售平台	微众银行	点融网
产品名称	“短期 + ”齐鲁稳固资管	“节节发”团购产品（图 6-25）
收益性	4.25%	4.5%～8%
安全性	投资低风险金融工具	自动分散投标，多重保障
流动性	21 天到期可赎回	持有 30 天后随时赎回
购买便捷性	认购期内随时认购	每天两次认购时间窗口

根据表 6-9，参照步骤 2 的分析思路，你觉得小金应该投资的短期理财产品是哪一款？为什么？

图 6-25 “点融网”P2P“节节发”团购产品

步骤 4：选择定期投资具体标的。

小金定期投资的目标是期限一年以上，尽可能实现资产的长期增值。请你参照步骤 2 和步骤 3 的思路，通过互联网检索，选择合适的网络银行理财产品与 P2P 理财产品，填写表 6-10。

表 6-10 定期理财产品比较

比 较 项 目	网络银行定期理财	P2P 定期理财
销售平台	网商银行“蚂蚁聚宝”	宜信宜人贷
产品名称		
收益性		
安全性		
流动性		
购买便捷性		

根据表 6-10，你觉得小金应该投资的定期理财产品是哪一款？为什么？

步骤 5：综合以上分析结果，完成小金 P2P 与网络银行理财投资方案，填写表 6-11。

表 6-11 小金的 P2P 与网络银行理财投资方案

类 别	具 体 期 限	资金配置金额	配 置 比 例	投资具体产品
活期				
短期				
定期				

三、微众银行特色理财计划

除特色理财产品外，为帮助普通投资者做好理财规划，实现“绝不浪费一天收益”的目标，还推出了“转账+理财”的特色存取计划。在 APP 的转账界面，可以设置以下 3 项理财计划。

1. 存工资

对于每月固定日期获取工资报酬的在职人士，这是一项方便的工资理财规划工具，能够实现工资到账立即理财，不浪费一天收益。具体操作方法为：选择存取计划中的“存工资”，在出现的界面中，选择您的工资卡，设置每月存工资的日期，输入每月存取金额（建议 100 元以上），确定后输入支付密码即可。此后，工资在约定的日期到达工资卡后，便会自动转入“活期 +”理财，享受增值收益；若要支取，可以随时转出、实时到账，在满足流动性的同时，充分利用了货币的时间价值。

2. 还房贷

该工具可以用来轻松地制订计划自动还房贷，具体操作方法为：选择存取计划中的“还房贷”，在出现的界面中，选择还房贷的银行卡，设置每月还房贷的日期，输入每月还款金额，确定后输入支付密码即可。例如，小张每月 5 日发工资，每月 25 日还房贷，在“微众银行”APP 中提前设置好存取计划，“微众银行”APP 会根据设置的日期，在发薪后自动将工资转入“活期+”账户，从下个交易日开始产生收益，并在房贷还款日之前准时将所需金额转出到房贷银行卡上，用于归还当月房贷月供。妥善设置“还房贷”计划，就不用再担心因错过还款日而逾期，影响个人征信记录了。

3. “益点心意”

“益点心意”是由腾讯公益与微众银行发起的一项公益理财捐赠计划，目的是通过践行“微小收益，众在参与”的理念，鼓励投资者用“活期+”理财每日收益的零头，参与支持免费午餐公益项目，3 元就可以让小朋友得到一份午餐。具体操作方法为：单击“存取计划”中的“益点心意”，在出现的如图 6-26 所示的界面中，设置捐赠规则。例如，你昨天“活期+”理财收益为 12.34 元，若选择每天捐几分，则当日捐出 0.04 元；若选择每天捐几角，则当日捐出 0.34 元；若选择每天捐几元，则当日捐出 2.34 元。选择完毕后，单击图 6-26 中所示的“我要捐赠”按钮，即完成了设置。通过设置该计划，能够在理财的同时，帮助贫困儿童实现自身社会价值。

图 6-26　“益点心意”公益理财捐赠计划设置

[随堂测试 6-5] 关于微众银行特色理财计划应用的操作，下列说法中正确的是哪一项？（　　）

A. 在设置“还房贷”时，为确保按时还款，最好选择还房贷的后一天转出

B. 在设置“存工资”时，为了确保转入成功，最好选择发工资的后一天转入

C. 小明在“益点心意”计划中设置的捐赠规则为“每天捐几角”，昨日“活期 + ”理财的收益为 21.81 元，则当日小明捐出了 0.8 元

D. 在设置“还房贷”时，为确保按时还款，最好选择还房贷的前一天转入

知识自测题

一、单项选择题

1. 网络银行的特色理财计划与传统银行相比，最突出的优势是哪一项？（　　）

A. 收益率高　　B. 灵活性好　　C. 安全性高　　D. 流动性强

2. 以下哪项业务不能在网络银行办理？（　　）

A. 申请贷款　　B. 购买理财产品

C. 提取现金　　D. 票据、债券、外汇等业务

3. 网络银行贷款主要有哪些形式？（　　）

A. 以网银用户为基础的网络贷款服务主要针对的是本行的客户

B. 网络贷款专属平台与直接页面申请这两种业务形式较为近似，主要依托在线提交信息后，进入常规传统贷款流程

C. 与第三方电子商务平台合作，则是借助电子商务平台的现有资源及诚信控制机制，为中小企业提供融资，如建行的“e 贷款”系列与阿里巴巴等平台合作展开

D. 以上全部都是

4. 以下哪项不属于网络银行的优势？（　　）

A. 监管完善　　B. 节约交易成本

C. 能够提供“3A 服务”　　D. 能够满足客户的个性化需求

5. 信息安全风险是网络银行面临的主要风险之一，下列各项不属于信息安全风险的是哪一项？（　　）。

A. 黑客攻击　　B. 网络诈骗　　C. 操作不当　　D. 硬件故障

6. 2015年2月12日，华夏银行与深圳前海微众银行在北京签署战略合作协议。根据协议内容，两家银行将在资源共享、小微贷款、信用卡、理财、同业业务、生态圈业务等多个领域开展深入的合作。此次合作开启了现代商业银行与新兴网络银行合作的大幕。下列关于网络银行的说法，不准确的一项是（　　）。

A. 网络银行也是经银监会批准设立的正规银行业金融机构

B. 网络银行可以降低银行的经营和服务成本，从而降低客户的交易价格

C. 网络银行面临更大的网络信息安全风险，但信用风险较低

D. 网络银行与传统银行的合作，不仅有利于网络银行业务的拓展和公信力的提高，也有利于传统银行转型升级

随着互联网金融的创新发展，为我们办理传统银行业务带来了新途径，请回答以下两题。

7. 小明打算通过“微众银行”APP完成“远程开户”，下列哪项条件不是必须的？（　　）

A. 带自拍功能的智能手机　　B. 其他银行借记卡

C. 其他银行信用卡　　D. 安静的环境

8. 网络银行与传统银行相比，突出的优势是能提供“3A服务”，下列哪项不属于3A？（　　）

A. anywhere　　B. anytime　　C. anyhow　　D. anyone

二、讨论题

1. 有人说，随着网络银行的发展，传统银行终将成为“恐龙”。你认为网络银行是否会最终取代传统银行？为什么？请通过互联网搜集相关资料，谈谈你对网络银行发展前景的看法。

2. 小明因做生意周转需要，急需一笔10万元的融资，预计20天后就可以通过回收的应收账款归还。现有两种融资方案可供选择：一是通过网络银行申请信用贷款，日利率为5‰，随借随还，申请当天贷款即可到账；二是向某传统银行申请应收账款质押贷款，贷款利率为9%，最短借款期限为1个月，且自提出申请起约需等待一周方能获得贷款，在等待期间，小明每天需承担100元的延期付款损失。试通过计算和分析，替小明做出融资方案选择。

答题参考：根据上述方案，网络银行贷款的年化利率为0.05%×365=18.25%，而传统银行贷款年利率为9%，因此从表面上看，传统银行具有明显的利率优势。但考虑到小明的具体融资需求，需要进一步分析两个方案的实际融资成本。网络银行由于当天放款、随借随还，没有额外的成本；而传统银行则需要承担借款等待的成本、利息支出和资金闲置成本。因此，需要计算出传统银行的综合融资成本，再与网络银行相比较，才能选出合适的融资方案。

3. 结合项目一和本项目的学习收获，分析网络银行特色理财业务具体体现了哪些“互联网+”的特征与互联网金融运行新规则？

技能实训

[实训项目]

网络银行的远程开户与特色理财操作实践。

[实训目的]

通过完成“网络银行应用”项目的学习，我们已经对网络银行的发展和业务有了一个全面的

了解。本实训要求学生通过对网络银行业务的探索与实践，熟悉操作流程，完成“远程开户”，制定特色理财计划，体会“3A 服务”，为后续项目的学习打下坚实的基础。

[实训内容]

本实训要求以国内已经营业的网络银行——微众银行和网商银行为例，完成网络银行的远程开户、特色理财设置等业务操作，并将操作记录填入表 6-12 中。其中，微众银行的实训操作给出了详细的操作步骤供大家参考。

表 6-12　　实训操作记录一览表

业 务 环 节	微 众 银 行	网 商 银 行
注册		
登录		
身份验证		
开户与绑卡		
查询		
转账		
特色理财计划设置 A		
特色理财计划设置 B		

步骤 1：扫描图 6-27 中的二维码，下载并安装“微众银行”APP；打开 APP，使用微信或 QQ 号登录“微众银行”APP，如图 6-28 所示。

图 6-27　“微众银行”APP 二维码

图 6-28　“微众银行”登录界面

步骤 2：浏览“微众银行”APP 首页，单击“开户”按钮，如图 6-29 所示。

步骤 3：阅读“账户服务协议”说明，填写姓名、身份证、手机号等开户基本资料，设置交易密码，然后单击“下一步”如图 6-30 所示。

步骤 4：绑定一张已有的银行借记卡，填写卡号等信息，并根据提示完成人脸识别与语音验证环节，如图 6-31 和图 6-32 所示。

图 6-29　微众银行“开户”界面

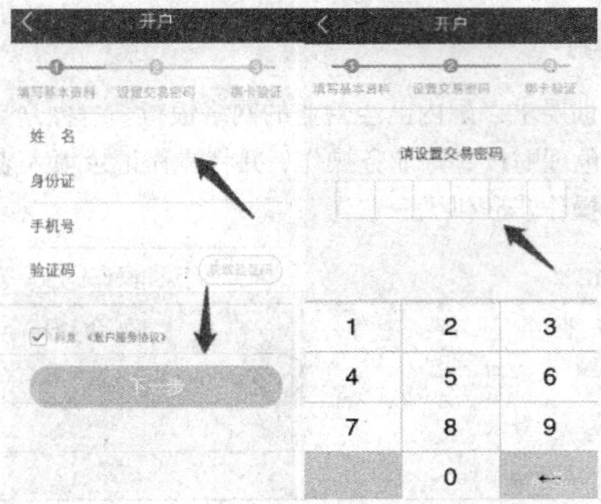

图 6-30　微众银行开户流程

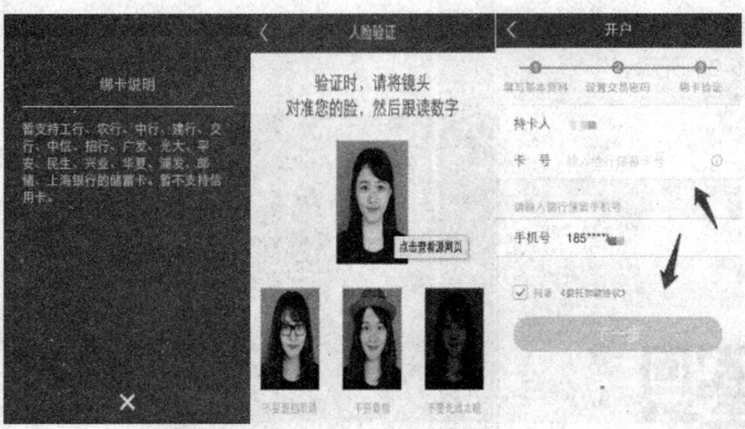

图 6-31　微众银行人脸验证与绑卡设置

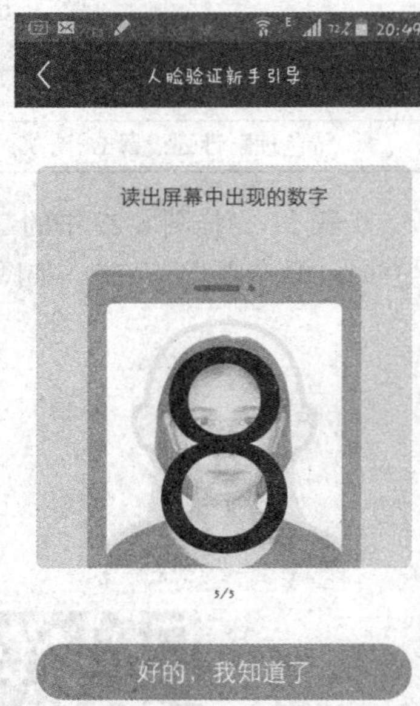

图 6-32　微众银行语音验证

步骤 5：完成开户，系统会自动为你分配一张具有 19 位银行账号的“微众卡”。

目前，微众银行没有实体卡，但“微众卡”支持全国 1 600 多家银行的银行卡免费转入或转出。请进入如图 6-33 所示的“转账”页面，单击“管理银行卡”下的“微众卡”，查看并记录你的微众卡卡号，同时还可以查询已经绑定的其他银行卡信息。

步骤 6：在“转账”页面中单击“存工资”“还房贷”等，如图 6-34 所示，制定特色理财计划。

自带互联网属性的“微众银行”APP 能从生活场景着手，帮助用户合理规划，实现“不错过每一天收益”。例如，小明每月 5 日发工资，每月 25 日还房贷，在“微众银行”APP 中提前设置好存取计划，微众银行就会根据设置的日期，在“发薪日”将工资转入“活期+”账户，从下个交易日开始产生收益，并在房贷还款日之前准时将所需金额转出到房贷卡上，不用再担心逾期，影响个人征信记录。这对于资金灵活性要求高的用户来说，真正实现了个人资产的灵活流转和每天增值。

图 6-33　微众银行“转账”界面

图 6-34　微众银行的特色理财计划页面

步骤 7：有条件的同学，还可以尝试将绑定银行卡中的资金转入“微众卡”，并根据自身流动性偏好，购买“活期＋”“定期＋”“短期＋”及基金等网络银行理财产品。

[实训思考]

阅读以下材料，结合对网络银行的操作实践，思考如何完成“手表银行”的基本操作。有条件的同学可利用智能手表，实际完成相关业务操作，进一步体会网络银行的最新发展趋势。

随着电子和通信技术的发展，可穿戴设备将成为下一个深刻影响人们生活方式的产业，它的普及和应用将引领新的业务创新。由于可穿戴设备具有使用频繁、携带方便的特点，基于可穿戴设备的软件应用也正在成为未来互联网金融发展的新方向。

未来银行将从“身边的银行”升级到“身上的银行”。不管你准备好了没，智能可穿戴式银行将会逐步变为现实。

苹果手表（Apple Watch）是可穿戴设备向主流市场推进的重要产品，通过与苹果手机搭配使用，它可以方便地为客户提供实时、简洁的应用服务，受到市场的高度关注。记者了解到，近期华夏银行依托苹果手表的应用特性，为客户提供余额查询、网点查询、信息推送等金融服务，成为国内首家推出的真正具备金融服务功能的手表银行。

华夏银行手表银行的操作十分方便。客户只需添加“华夏银行移动银行”APP，绑定设备就可以使用。绑定成功后，单击“华夏银行”标识即可进入手表银行服务页面。单击“余额查询”，可轻松查询移动银行中已添加的华夏卡账户余额；单击“网点查询”，可以查询到离自己最近的网点地址，以及所在城市的所有华夏银行网点信息，并可使用从所在位置到网点的交通路线导航功能。此外，客户还可接收到华夏银行最新业务介绍及营销活动信息，方便及时了解银行产品动态。

华夏银行电子银行部负责人表示，将传统金融服务与智能可穿戴设备结合是手表银行的一大亮点，也是华夏银行布局智能可穿戴设备应用领域的重要举措。可穿戴设备应用将引领互联网时代的创新潮流，同时也为金融领域版图再拓提供了新的契机。

资料来源：陆舜.华夏银行国内首推手表银行 布局智能可穿戴领域[EB/OL].[2015-10-20]. http://www.js.xinhuanet.com

项目七 互联网金融信息门户

学习目标

[知识目标]

1. 了解互联网金融信息门户网站的概念、作用与分类，并能将其与 P2P 平台、股权众筹网站等相区别。
2. 熟悉常用的第三方资讯平台和金融垂直搜索模式。
3. 熟悉在线金融超市的概念与优势，并了解相关的金融产品。

[能力目标]

1. 能够运用第三方资讯平台检索所需的各种互联网金融信息，并用于指导投资理财。
2. 能够运用金融垂直搜索，寻找并选择满足特定需求的贷款或融资产品。
3. 掌握通过第三方平台开设在线金融超市或线上理财门店的基本方法。

互联网金融信息门户作为第三方金融中介服务平台，利用互联网提供金融产品、金融资讯的搜索、汇聚及比较，为金融产品销售提供服务，其最大的价值在于渠道价值。互联网金融门户是互联网金融 4 类业态中的“支持业态”，其既不负责金融产品的实际销售，也不承担任何风险，而是充当金融中介角色，通过提供中介服务，解决服务信息的不对称问题。那么，互联网金融信息门户主要分为哪些类别？每类的具体作用是什么？我们应该如何充分利用各类信息门户，更好地进行理财规划或融资决策？让我们通过本项目一起来探索。

导入案例 最有看点的互联网金融门户——未央网

互联网金融信息门户作为互联网金融“支持业态”中的信息整合者与提供者，其提供的信息质量和内容特色是门户网站生存和发展的关键。未央网（www.weiyangx.com）是一家具有鲜明特色的互联网金融门户网站，于 2014 年 3 月 1 日正式上线，在业界以个性化与学术性著称，具有良好的口碑。未央网由清华大学五道口金融学院互联网金融实验室创办，是依托清华大学五道口金融学院深厚的教育资源背景和领先的金融理念，立足于前沿性、交叉性、高起点和开放式、国际化、与市场紧密对接的思想设立的促进互联网与金融交叉融合的网络资讯平台，为互联网金融的企业家、管理者和从业者提供行业数据研究报告、行业资讯、监管借鉴、会议交流与探讨等实用信息，为中国互联网金融创新提供智力与知识支持。

目前，未央网主要包括以下五大功能栏目。其首页如图 7-1 所示。

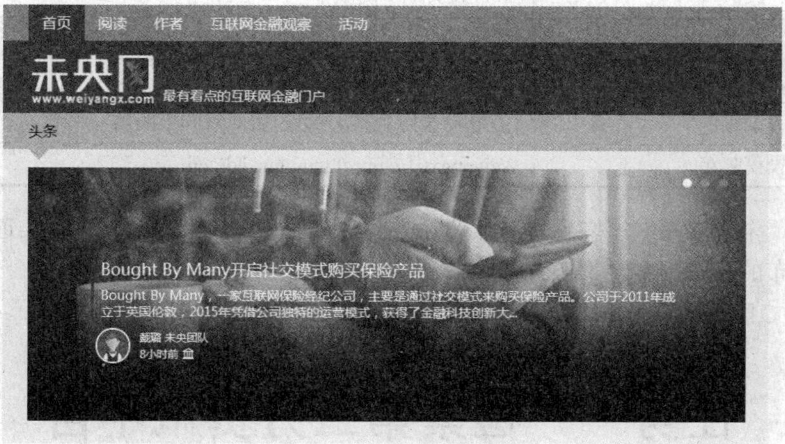

图 7-1 “未央网”首页

1. 阅读

这是未央网整合与提供信息资讯的核心栏目，主要包括国际资讯与国内资讯。国际资讯以国外互联网金融的最新资讯和评论为特色，采用中英双语对照模式，捕捉互联网金融焦点问题和发展趋势，深度挖掘和报道国外互联网金融相关新闻和实用资讯。国内资讯以全新视角开发和探索国内互联网金融相关资讯及观察评论，关注影响互联网金融环境的各种因素及互联网金融增长情况，聚焦传统金融的互联网化、基于互联网平台的金融业务、全新的互联网金融模式、金融信息服务、互联网经济、监管与政策等模块。

2. 作者

这是未央网作者招募与作者专栏发布平台。只要您关注、喜爱互联网金融领域，有热情、有精力并且有信心定期投送保质保量的稿件，就可以申请开通专栏或者申请微专题。这里有推荐作者、新进作者，还有各位作者的文章关注度排名。

3.《互联网金融观察》

《互联网金融观察》是一本让读者得到视野的拓展和灵感的启发的杂志，未央网刊载该刊的电子版。该杂志由清华大学互联网金融实验室未央团队出品，设有“聚光灯”“新鲜事”“观察者”“深思辨”“红绿灯”“全球搜”6 个栏目，解读业界权威数据，呈现国内、外行业案例分析，聚焦 P2P、直销银行、互联网券商、众筹、大数据、移动支付、电子货币等新兴互联网金融热点问题。

4. 未央学术研究

未央网集中整理并在线刊发清华大学五道口金融学院互联网金融实验室研究团队的研究成果，主要包括发表在《经济研究》《金融研究》等国内、外重要期刊的互联网金融领域学术论文、各类国家级重大课题的研究成果，以及较为优秀的工作论文及行业研究报告。

5. 活动

未央网发布其定期举办的线上、线下活动的信息，汇聚金融、IT、互联网、政府、法律等业界的行业精英，为互联网金融从业者和研究者创造一个高端对话窗口，搭建一个企业与互联网金融商务互动、资源共享的活动平台。

未央网除了以网站为主体外，还向移动端和纸媒延伸，搭建了多渠道、广覆盖的资讯平台，如表 7-1 所示。

表 7-1　　“未央网”资讯平台

官 方 网 站	未央网（www.weiyangx.com）
微信公众号	互联网金融（iefinance）
纸媒	《互联网金融观察》，电子版同时刊于网站
投稿邮箱	Weiyangx01@pbcsf.tsinghua.edu.cn

综上所述，未央网是一家内容有看点的互联网金融信息门户，也是注重多渠道信息搜集、整合、分析与发布的互联网金融第三方资讯平台。

资料来源：整理自未央网官方网站（www.weiyangx.com）及“互联网金融”微信公众号。

任务一　检索第三方资讯平台

互联网金融信息门户按照提供服务内容及方式的不同，可以分为第三方资讯平台、金融垂直搜索门户和在线金融超市，其中第三方资讯平台是最早出现的互联网金融“支持业态”。检索第三方资讯平台已经成为获取互联网金融投融资信息的主要基础渠道之一，也是人们选择互联网金融平台与产品的重要渠道。

一、互联网金融信息门户概况

扫一扫看微课

互联网金融信息门户是指利用互联网提供金融产品，金融资讯的搜索、汇聚及比较，为金融产品销售提供服务的第三方金融中介服务平台，其最大的价值在于渠道价值。

图 7-2 完整地呈现了本书所涉及的互联网金融各类业态的全貌及相互关系，从中我们可以看到，随着第三方被引入进投融资过程，在金融中介服务中衍生出了一类“支持”各类互联网金融交易的新业态，即互联网金融信息门户，此类门户一般具备“导购网站”的功能，能够实现金融流量分发、各类金融产品搜索与展示等。其中，第三方资讯平台主要提供信息供应与分析工具，为互联网金融投融资双方提供最新的行业信息，并为其搭建互动交流平台。

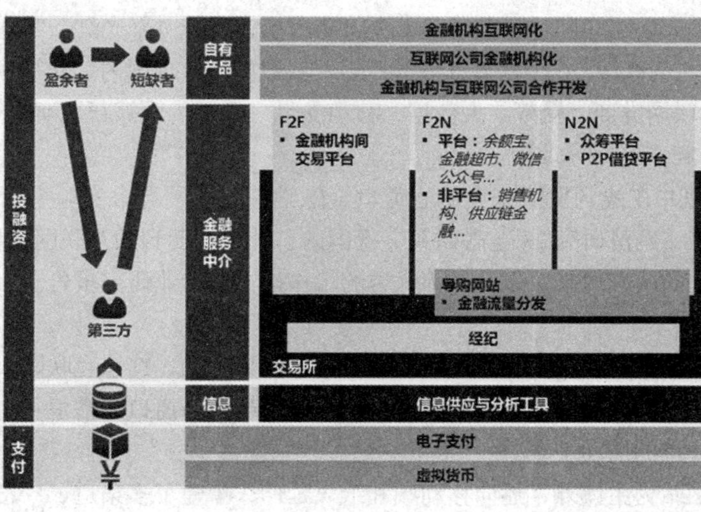

图 7-2　互联网金融信息门户的地位

二、互联网金融信息门户的分类

1. 根据提供的互联网金融服务的内容及方式的不同分类

根据提供的互联网金融服务的内容及方式的不同，互联网金融信息门户可以分为第三方资讯平台、金融垂直搜索平台和在线金融超市 3 大类，而这也是业界最主流的分类方法。

（1）第三方资讯平台。此类平台是为客户提供全面、权威的金融行业数据及行业资讯的门户网站。典型的代表有网贷之家、种财网、和讯网和网贷天眼等。

（2）金融垂直搜索门户。此类平台聚焦于实现相关金融产品的垂直搜索和匹配比价功能，通过提供丰富的资金供需信息，满足双向自由选择的需求，从而有效地降低了互联网金融交易的搜索和匹配成本。简单来说，金融垂直搜索门户利用互联网进行金融产品的销售以及为金融产品的销售提供第三方服务的平台。它的核心是“搜索+比价”的模式，即通过采用金融产品垂直比价的方式，将各家金融机构的产品放在平台上，供用户对比以挑选合适的金融产品。其典型的代表有融 360、好贷网和大家保等。

（3）在线金融超市。在线金融超市包括传统金融机构互联网化开设的各类产品集成销售平台，如中国银行的“中银在线”、软交所科技金融服务平台等；还包括新兴的第三方机构汇聚其他机构的各类产品搭建的代理销售平台，如 91 金融超市、大童网等。在线金融超市往往汇聚了大量的金融产品，提供在线导购以及购买匹配，并在利用互联网进行金融产品销售的基础上，还提供与之相关的第三方专业中介服务。

从产业链的角度分析，第三方资讯平台充当外围服务提供商的角色，提供行业资讯及相关数据。金融垂直搜索平台充当媒介角色，提供产品信息。两者均为产业链下游客户服务。而在线金融超市充当代理商角色，位于互联网金融产业链的中游。处于 3 类互联网金融信息门户上游的企业是金融机构，如图 7-3 所示。3 类互联网金融信息门户的比较如表 7-2 所示。

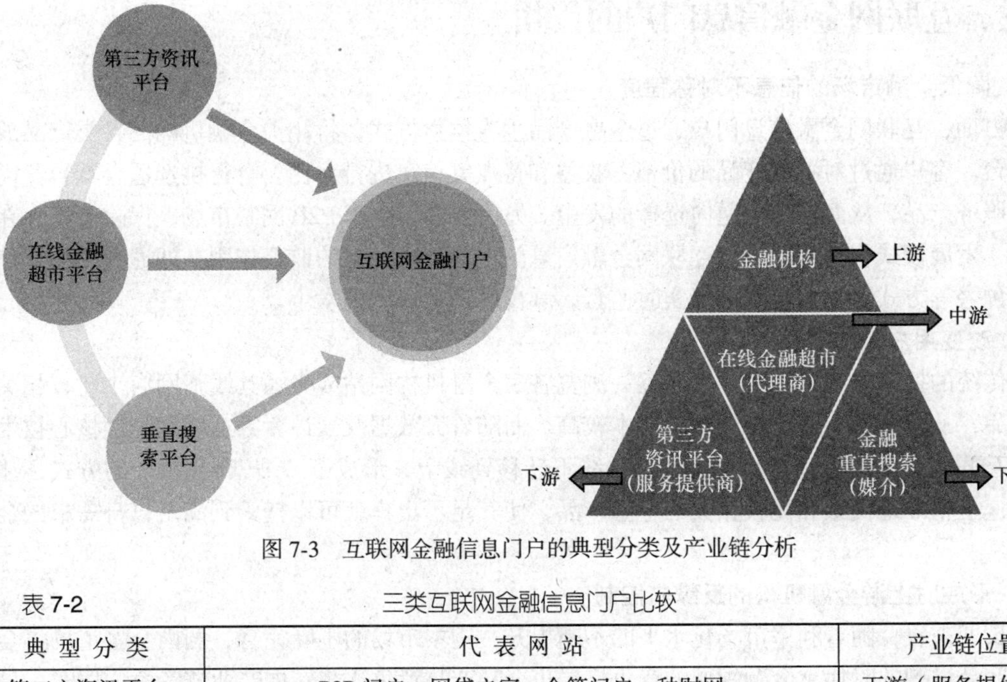

图 7-3　互联网金融信息门户的典型分类及产业链分析

表 7-2　三类互联网金融信息门户比较

典型分类	代表网站	产业链位置
第三方资讯平台	P2P 门户：网贷之家；众筹门户：种财网	下游（服务提供商）
金融垂直搜索	融 360、银率网	下游（媒介）

续表

典型分类	代表网站	产业链位置
在线金融超市	传统金融互联网化：中银在线； 第三方平台：财富云	中游（代理商）

2. 根据互联网金融信息门户专注的细分领域的角度不同分类

根据互联网金融信息门户专注的细分领域的角度不同，互联网金融信息门户又可以细分为P2P网贷类门户、信贷类门户、保险类门户、理财类门户和综合类门户5个子类。其中，前4类互联网金融信息门户主要聚焦于单一类别的金融产品及信息，而第5类互联网金融信息门户则致力于金融产品、信息的多元化，汇聚不同种类的金融产品和服务信息。

目前发展较快的细分领域是理财类门户。伴随着金融市场化的进程，金融创新步伐加快，各类投资理财产品层出不穷，如各类信托产品、私募基金等。与此同时，这些投资理财产品的合约条款复杂，投资收益高低不一，加上投资者受专业知识和投资技术等限制，使其在面对大量多元化的投资理财产品时，往往很难做出明智的选择，形成最佳的投资组合，甚至有时会遭受损失。在这样的背景下，不同于银行、信托机构的第三方理财专业机构及其开展的第三方投资理财网上服务平台应运而生。这类金融门户网站作为独立的第三方理财机构，通过提供理财产品的投资顾问服务，满足了投资者的理财需求，未来将会进一步发展。信托理财类门户“壹财富”界面如图7-4所示。

图7-4　信托理财类门户“壹财富”

三、互联网金融信息门户的作用

1. 降低金融市场的信息不对称程度

一方面，互联网金融信息门户通过金融产品垂直搜索方式，将相关金融机构的各类产品放在网址平台。客户通过对各类产品的价格、收益和特点等信息进行对比，自行挑选适合其自身需求的金融服务产品，从而减少了逆向选择的发生。另一方面，由于P2P网贷市场、保险市场存在管理滞后、发展模式粗犷等问题，互联网金融信息门户起到了一定的监督作用，即通过企业征信以及风险预警等方式对相关企业进行实时监督，减少了道德风险的发生。

2. 改变用户习惯

在传统的搜索方式下，客户只能逐一浏览各家金融机构网站或光顾其线下网店来比较相关的金融产品，从搜索到购买花费的时间成本较高。而随着大数据及云计算等互联网金融核心技术的发展，互联网金融信息门户将金融产品从线下转移到线上，形成了“搜索+比价”的方式，让客户能快速且精准地搜索和比较相关的金融产品，使其足不出户就可以搜索到满足自身需求的金融产品。

3. 形成对上游金融机构的反纵向控制

从长期来看，随着利率市场化水平的不断提升，资本市场的不断完善，国内金融市场将会进入金融产品过剩的时代，金融领域的竞争格局也会从产品竞争逐步转向产业链竞争。届时，最稀缺的资源就是稳定的客户资源，当互联网金融信息门户积累了庞大的客户资源，拥有了强大的渠道优势后，势必会像零售商一样，通过反纵向控制推动互联网金融行业的发展。

[随堂测试 7-1] 融 360 公司 CEO 叶大清表示："两三年内在线搜索申请产品的比例有望上升到 50%以上，先去搜一搜、比比价会成为网民购买金融服务的一种普遍习惯。"他的讲话本质上阐述了互联网金融信息门户对现有金融业态产生的影响之一是（　　）。

A. 降低了金融市场信息不对称程度　　B. 改变了用户习惯

C. 形成了对上游金融机构的反纵向控制　　D. 搜索方便快捷、匹配快速精准

四、第三方资讯平台

1. 定位

第三方资讯平台是为客户提供全面、权威的金融行业数据及行业资讯的门户网站。目前，我国第三方资讯平台大致还可以细分为以下两类。

（1）专注细分行业的第三方资讯平台。此类平台聚焦于互联网金融中的某个具体行业，通过深耕该细分市场，逐渐成为该领域的"信息枢纽"与"风向标"。例如，"网贷之家"与"网贷天眼"聚焦于 P2P 网贷行业，并不涉及银行等金融机构的传统信贷业务。P2P 网贷平台是通过 P2P 公司搭建的第三方互联网平台，进行资金借贷双方的匹配，是一种"个人对个人"的直接信贷模式。而该类第三方资讯平台的核心定位是 P2P 网贷行业的外围服务提供商，通过第三方资讯平台对投资人提供最新的行业信息，并为其搭建互动交流平台。同时，通过对该细分行业的长期积累，逐渐退出了"第三方评级"服务，评级结果往往成为互联网金融投融资的重要参考。

（2）综合性，特色化的第三方资讯平台。此类平台提供全局性或区域性的互联网金融综合资讯，并在竞争中差异化、特色化发展。例如，银财苏州是苏州有广泛影响力的综合性金融信息门户，该网站通过与各家银行、保险、证券、小贷等各类金融机构合作，发布合作金融机构的贷款及理财产品，为小微企业及个人提供金融服务指南。银财苏州还实时更新金融行业信息及国家对金融行业的政策解读，引导消费者树立正确的理财观念。不仅如此，该平台还展示了合作金融机构的招聘信息，为招聘单位提供了一个很好的招聘平台，也为求职者提供了求职平台。同时，银财苏州在坚持综合性资讯平台的基础上，逐渐形成了"消费金融"的特色，提出了"连接金融与生活"的理念，推出了"银财咖啡""消费地图""银财书院"等特色栏目与活动，成为大众获取专业、及时的互联网金融消费资讯的重要平台。

2. 运营模式

第三方资讯平台专注于互联网行业和金融产品的最新信息的供应与分析，同时也提供品种丰富的互联网金融投融资产品的具体信息。该类平台对互联网金融信息资源进行汇总、整理，并具备一定的风险屏蔽及预警功能，起到了对 P2P、众筹等平台投融资活动的监督作用。

以网贷行业第三方资讯平台为例，客户可以搜索到大量的 P2P 网贷行业资讯与行业数据。同时，第三方资讯平台以客观中立的立场，通过门户工作人员的各种考察方式，将全国各地具备资质且运营状况良好的 P2P 平台纳入到网站的导航栏中，为客户提供平台相关的信息参考，解决 P2P 投资"选平台"时的信息不对称问题。第三方资讯平台的运营模式如图 7-5 所示。

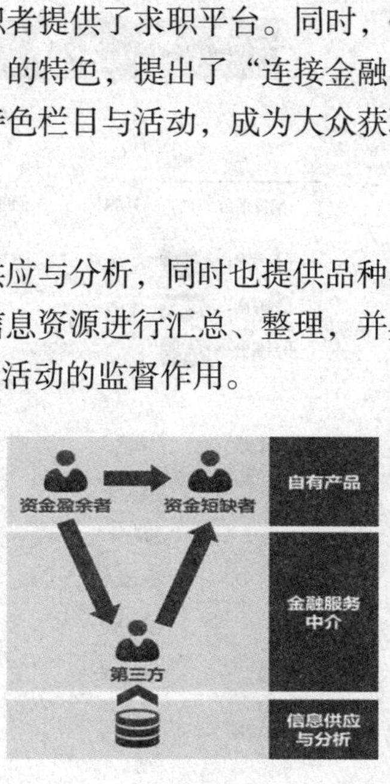

图 7-5　第三方资讯平台的运营模式

3. 盈利模式

目前，第三方资讯平台类互联网金融门户的盈利模式与

传统资讯类网站的盈利模式相比并无太大差异，依然主要是通过广告联盟的方式来赚取利润。不难看出，该盈利模式的核心在于流量，依靠网站的流量、访问量和点击率来吸引广告。门户日均访问量越多，越容易吸引企业投放广告，从而获取更多的利润。

此外，专注于某个细分行业的第三方资讯平台还可以通过提供专业培训以及相关的咨询服务，收取培训费及服务费，从而实现营业收入。例如，P2P 行业门户网站“网贷之家”、众筹行业门户网站“众筹之家网”除了提供大量的行业资讯外，还提供收费的专业培训服务、会务服务，以及对平台的第三方评级服务，以拓宽收入来源。

[做中学 7-1] 通过第三方资讯平台（以“网贷之家”为例）选择合适的 P2P 网贷平台

王先生工作两年，是一名公司白领，想拿出积蓄中的 2 万元用于投资。作为他的投资顾问，请你根据以下步骤引导，帮助他通过第三方资讯平台寻找一家合适的 P2P 投资平台。

扫一扫看微课

步骤 1：了解王先生具体的投资偏好。

王先生希望本金越安全越好，投资期限在半年左右，期望的年化收益率在 8%～10%。王先生特别嘱咐，选择的网贷平台一定要可靠，千万不能出现“跑路”或者提现困难的情况。

步骤 2：通过第三方资讯平台了解主流 P2P 网贷平台。

“网贷之家”是专注于 P2P 领域的著名第三方资讯平台，于 2011 年 10 月上线，被喻为“中国首家权威 P2P 网贷门户”，其核心优势在于对客户需求的精准把握以及强大的行业协会数据资源整合能力和独立评级能力等。目前，网贷之家导航栏中的 P2P 网贷平台数量已达 1 000 多家，涉及国内 29 个省、直辖市与自治区。

打开“网贷之家”的官网，单击“导航”，了解目前国内主流的 P2P 网贷平台，如图 7-6 和图 7-7 所示。

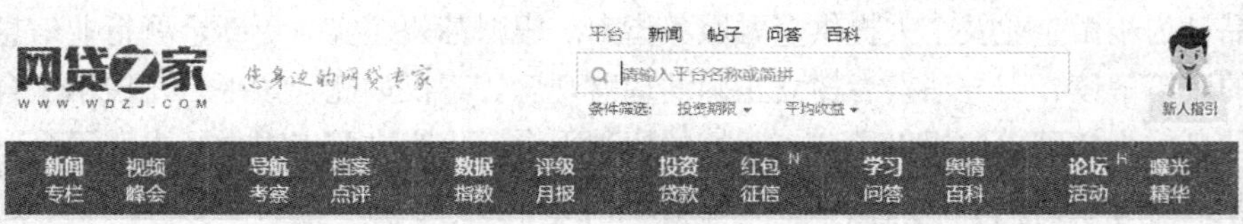

图 7-6 “网贷之家”首页

图 7-7 “网贷之家”导航栏（部分）

步骤 3：根据投资偏好对 P2P 网贷平台进行搜索。

返回“网贷之家”首页，单击“档案”，根据王先生的要求，选择搜索条件：平均收益为 8%～12%、投资期限为 3 月标或 4～6 月标、注册省份不限、注册资金 3 000 万元以上、上线时间为 2007～2011 年、保障模式不限、资金托管不限、债权转让不限、自动投标不限、平台背景不限、平台特征加入第三方征信，进行平台搜索，如图 7-8 所示。

图 7-8 设置搜索条件

步骤 4：对搜索结果进行比较分析，选择符合客户要求的网贷平台。

根据以上设置的条件，一共找到了两家网贷平台，如图 7-9 所示。

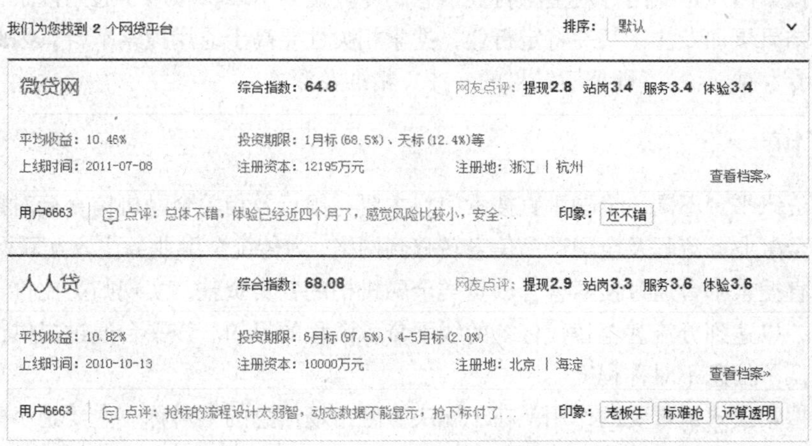

图 7-9 搜索网贷平台结果

对“微贷网”和“人人贷”这两家网贷平台，通过列表的方式，结合王先生的投资偏好，详细比较其优、劣势，如表 7-3 所示。

表 7-3 “微贷网”与“人人贷”平台比较

平台名称	微贷网	人人贷
平均收益	10.46%	10.82%
投资期限	1 月标（68.5%）等	6 月标（97.5%）、4～5 月标（2.0%）
注册资金	12 195 万元	10 000 万元
自动投标	支持	支持
债权转让	随时	3 个月后

续表

平台名称	微贷网	人人贷
资金托管	无托管	用户资金托管，托管机构为民生银行；风险准备金托管，托管机构为招商银行上海分行
逾期处理	抵押标和推荐标当天偿付本息，信用标逾期 30 天偿付本金	逾期 30 天，信用认证标垫付本金，其他标垫付本息
保障模式	风险准备金（3 531.78 万元）	风险准备金（12 085 万元）
平台评级及排名	64.8，排名第 6	68.08，排名第 3

通过比较两家 P2P 网贷平台，从投资期限、资金托管、保障模式和平台发展评级等方面看，“人人贷”网贷平台均优于“微贷网”；同时“人人贷”以 6 月标为主，也更符合王先生的投资偏好，因此最终选择向王先生推荐“人人贷”网贷平台。具体投资的产品与标的，请大家登录“人人贷”官网，运用项目三中的“选产品”与“选标的”的方法，为王先生提供具体的投资建议。

任务二　金融垂直搜索门户

金融垂直搜索门户是专门针对金融行业信息的专业搜索引擎，相对于通用搜索平台的信息无序化，其搜索结果更加专注于某一特定行业，搜索相关性要高于通用搜索平台。因此，其最显著的特点就是“专、精、深”，即搜索结果的专业、精准及深入。

一、定位

与第三方资讯平台不同，金融垂直搜索门户主要与银行及相关金融机构直接对接。该平台是将传统的线下金融业务流程及金融产品信息转移到网络，为传统金融业务注入互联网基因。例如，信贷类金融垂直搜索平台通过搜索整合放贷类金融机构的各类贷款，实现归类比价，并协助申请办理贷款事项，以达到分流甚至替代传统的线下贷款流程的目的。该平台通过提供信息的双向选择，有效地降低了信息不对称程度。

金融垂直搜索模式最重要的作用就在于解决金融市场信息的不对称（主要是小微企业与银行金融机构之间的信息不对称）。金融服务与市场需求之间产生差距是由于信息不对称，客户对金融产品不了解，同时金融产品也很复杂。这在某种程度上造成了中小企业融资贷款难，也让银行等金融机构获取客户的难度加大、成本高昂。

因此，旨在解决信息问题的金融垂直搜索平台在国内拥有巨大的市场潜力。通过金融垂直搜索平台申请而获得金融机构贷款，已成为最近两年新兴起来的一种融资贷款服务方式，其特点是迅速、方便、安全、免费。

金融垂直搜索模式在国外成熟金融市场早有先例。根据国外机构的调查，欧美市场有超过 88%的网民在选择金融产品时，会先通过网络进行搜索和调研，其中 66%的用户在查询后，会通过网站直接申请或与银行进行联系。而目前在国内，前者的比例还不到 20%。截至 2015 年 9 月，我国出现了超过 2 000 家合作金融机构、1.3 万种融资贷款产品，这为互联网金融门户网站发挥信息整合和垂直搜索等功能提供了广阔的市场空间。

二、运营模式

金融垂直搜索门户既不参与资金借贷双方的具体交易，也不做属于自己的信贷产品，其核心就在于通过“垂直搜索+比价”来实现信息整合。根据用户的金融需求和自身的实际情况，金融垂直搜索门户会在数据库中找到可以满足客户需求的金融产品（目前主要覆盖贷款、信用卡、理财产品、P2P 等），并在搜索结果中予以显示。用户可以选择适合他们的产品并留下联系方式，客户经理将进一步与用户联系，以完成交易。如图 7-10 所示，申请人（小微企业）通过在金融垂直搜索平台中对所需要的金融产品进行搜索比价申请，而金融垂直搜索平台根据申请人的需求进行匹配和推荐，在申请人确定产品之后联系信贷人员，线下完成交易。而对于银行、小贷公司、P2P 贷款机构来说，其在金融垂直搜索平台上发布自己的产品并且由信贷人员联系申请人。

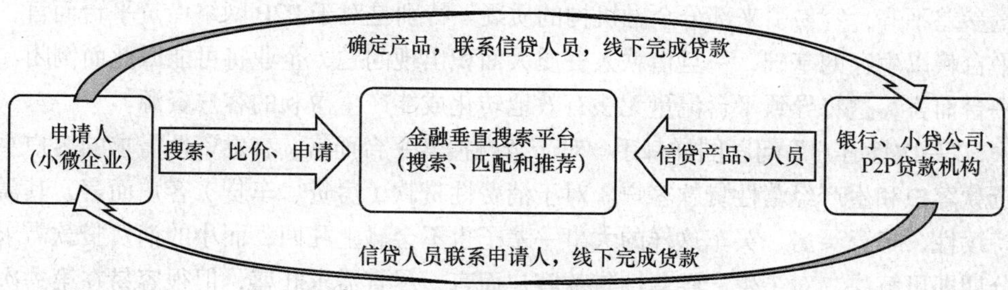

图 7-10　金融垂直搜索模式图

以信贷类金融垂直搜索为例，在该类平台上，客户可以搜索到不同金融机构的信贷产品，并通过各类产品间的横向比较，选择出一款适合自身贷款需求的信贷产品。具体的贷款流程如图 7-11 所示。在信贷产品信息采集方面，金融垂直搜索平台通过数据采集技术及合作渠道提供的信息建立数据库，汇聚各类信贷产品信息，并对产品信息进行实时的更新，以确保客户搜索到的产品信息真实、可靠。

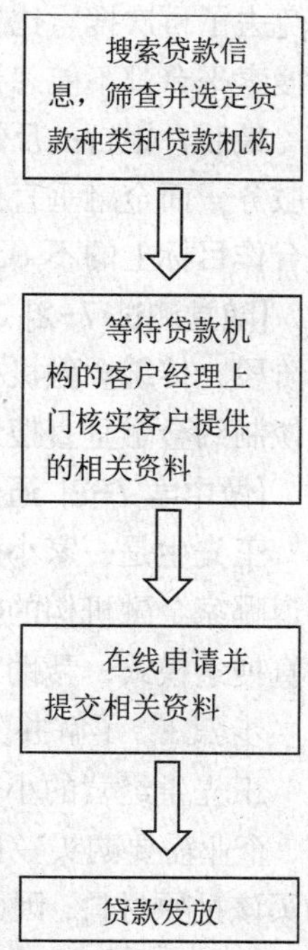

图 7-11　金融垂直搜索贷款业务流程图

三、盈利模式

金融垂直搜索平台涉及具体的金融产品，而不是行业资讯及行业数据，因此，该门户的盈利模式与第三方资讯平台有所不同。现阶段，其收入来源主要以推荐费和佣金为主，广告费、咨询费及培训费等收入相对占比较低。

具体来看，金融垂直搜索的盈利模式主要包括以下 4 种。

一是该类平台通过向金融机构推荐贷款客户，向各家机构收取相应的推荐费。这构成了金融垂直搜索门户最主要的收入来源，在某些门户上，其所占收入比重甚至达到了 80%以上，但这一部分盈利来源需要平台的细致匹配来支持。

二是撮合交易收取佣金也是该类门户主要收入来源之一。在客户申请贷款的过程中，该门户帮助其完成全部贷款流程，并在贷款获批后，根据贷款额度，向客户收取一定比例的费用作为服务费用，或从相关贷款机构收取一定比例的金额作为返佣。例如，融 360 帮助用户完成整个贷款流程，贷款获批后，收取贷款额的 0.5%～3%作为返佣。

三是金融机构投往该网站的广告费，需要依托海量流量产生，但广告收益并不是现阶段金融垂直搜索门户收入的重点。

四是为传统金融机构提供客户信用评估的收费服务，或者是协助金融机构风险定价，对用户行为数据进行挖掘和分析，再将其出售给对口的金融机构。例如，融 360 指出，风险定价并不是新概念，银行的核心就是风险定价，但是做得不够好，很多拿不到贷款的中小企业资质其实很好，而金融垂直搜索门户通过“互联网+”思维去解决信息不对称问题，并为传统金融机构服务，未来该部分有望成为重要的收入来源。

以上 4 种盈利模式是现阶段金融垂直搜索门户持续发展的重要保障，但同时也存在一定的风险。

首先，流量并不等于客户，尽管大部分金融垂直搜索门户流量都不在少数，但真正能转化成有效客户的流量仅仅是其中一小部分。金融垂直搜索门户对客户的信用无法实施调研，引入借款人的质量参差不齐，容易引来部分金融机构的质疑。特别是对于 P2P 网络借贷平台而言，优质借款人是平台赖以生存的基础，一旦借款人资质大面积出现问题，企业将可能因此而倒闭。对于金融搜索平台而言，这将导致平台流量无法有效地转化成能产生盈利的客户资源。

其次，“一次性客户”问题同样棘手。对于金融搜索平台而言，有融资性需求的客户主要分为消费性贷款客户和生产经营性贷款客户。对于消费性贷款（房贷、车贷）客户而言，其需求并不具备可持续性，毕竟买房、买车这样的大事一辈子也不会碰上几回，而小的消费贷款需求只需要信用卡分期即可解决。对于生产经营性贷款客户而言，尽管需求旺盛，但很容易在第一次搜索比价成功后即和发放贷款的传统金融机构之间产生黏性，接下来的贷款需求可以直接与该机构对接，而免去了再次搜索比价递交贷款申请的繁琐步骤。因此，如何处理这些“一次性客户”，是每个金融搜索平台都不能忽视的问题。

最后，银行的反馈并不积极。在旧有的金融利益格局下，传统银行并不十分重视小微企业金融服务，而金融垂直搜索门户正是主要致力于解决个体、小微企业的金融需求，这就导致了二者在合作目标上的不一致。

[随堂测试 7-2] 在平台成长初期，大多数金融搜索网站还处于“烧钱砸市场、赔本赚吆喝”的阶段，传统金融机构的电子化程度相对较低，且在意识和形态上都处于转型之中，你能对此谈一谈制约金融垂直搜索平台发展速度的因素有哪些吗？

[做中学 7-2] 通过金融垂直搜索平台选择合适的信贷产品

王先生是一家小微企业的负责人，最近企业因资金周转问题需要一笔贷款。但是王先生并不知道哪家金融机构的哪款贷款产品能够满足自身的融资需求。请你根据以下步骤指引，利用金融垂直搜索模式，帮助王先生寻找合适的贷款产品。

步骤 1：了解并分析王先生的融资需求。

王先生经营的小微企业盈利能力在行业中处于中上游位置，每年净利润在 150 万元左右。目前，企业需要购买一批原材料，预计扣除成本之后利润在 50 万元左右，但企业的流动资金不足以购买该批原材料，因此王先生希望向金融机构寻求 30 万元贷款，期限不超过一年。王先生信用记录良好，平时注意风险保障，购买过互联网保险产品。

步骤 2：检索并选择合适的金融垂直搜索平台。

通过百度搜索金融垂直搜索模式的平台，我们可以看到，在金融垂直搜索的贷款领域中，有融 360、好贷、贷小秘等平台。我们可以通过其官网，了解各平台的功能，并选择一家适合王先生融资需求的金融垂直搜索平台。

经比较，可以发现：融 360 是中国领先的金融垂直搜索平台，为个人消费者和小微企业提供金融产品的搜索、推荐和申请服务，业务范围涵盖贷款、信用卡与理财。融 360 因其便捷性、划算性、安全性的金融信息服务特点，成为目前覆盖城市最广、服务用户最多的金融搜索平台，特别是其“一站式贷款流程”，非常适合王先生这样的小微企业主，如图 7-12 所示。因此，王先生可以选择融 360 作为搜索平台。

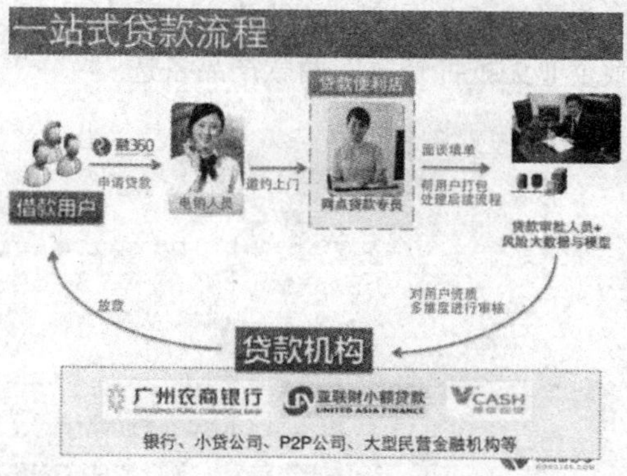

图 7-12　融 360 一站式贷款流程示意图

步骤 3：注册并登录融 360 官网。

首先，通过链接（www.rong360.com）打开融 360 官网，然后用手机号及短信验证码注册，注册成功后登录融 360 网站，如图 7-13 所示。

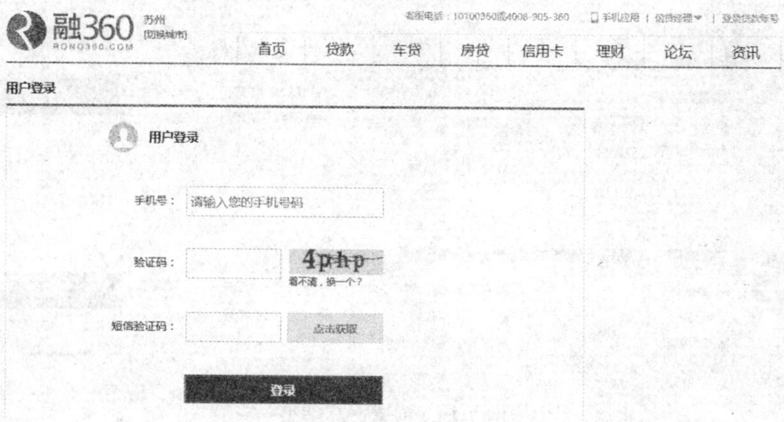

图 7-13　融 360 登录界面

步骤 4：根据融资需求对贷款产品进行搜索。

在融 360 官网首页，找到“个人/企业贷款”检索框，根据王先生的融资需求，输入搜索条件：贷款金额 30 万元、贷款期限 12 个月、职业身份不限，然后单击“搜索贷款”，进行贷款产品搜索，如图 7-14 所示。

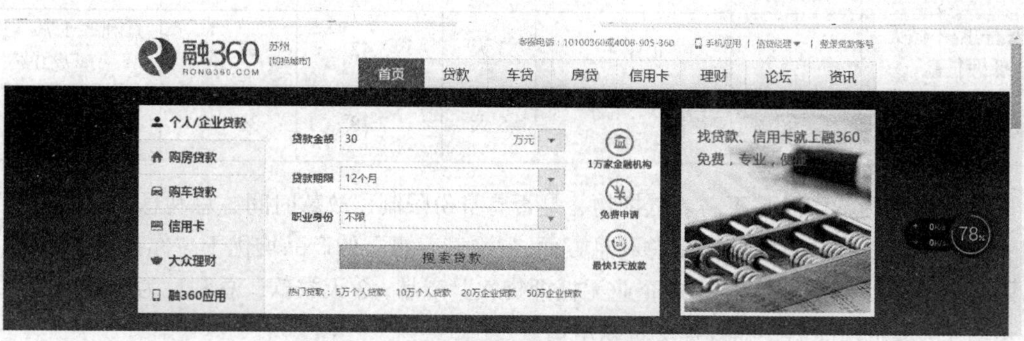

图 7-14　融 360 产品搜索界面

步骤 5：对搜索结果进行初步筛选。

在上述条件设置下，一共搜索出了 4 款产品，如图 7-15 所示。由于王先生对此次流动资金贷款并不想使用房屋或汽车作为抵（质）押，因此可以初步排除房易贷和车易贷产品；同时，王先生购买过商业保险，且经营流水远大于 20 万元，因此筛选出“你我贷-嘉保贷”和“平安普惠-小微企业无抵押贷款”两款产品备选。

图 7-15 搜索产品结果

步骤 6：对符合要求的产品进行详细比较，选出最合适的产品。

对上述两款备选产品，通过列表的方式，详细比较产品要素，如表 7-4 所示。

表 7-4 产品要素对比表

贷款产品	是否需要抵押物	是否有身份限制	放款时间	总利息（万元）	月供（元）	利率说明
平安普惠-小微无抵押贷款	否	企业主	3 天	3.42	27 848	月利率 1.7%+月管理费 0%
你我贷-嘉保贷	否	企业主、个体户、上班族	5 天	7.78	31 480	月利率 0%+月管理费 2.16%

通过比较这两款产品是否需要抵押物、是否有身份限制、放款时间、总利息、月供等要素后可以看出，无论是在放款时间还是总利息方面，“平安普惠”的产品均优于“你我贷-嘉保贷”产品，因而最终选择“平安普惠-小微企业无抵押贷款”产品，3 天放款，总利息为 3.42 万元。

步骤 7：选定产品后，在线提交贷款申请。

根据选定的“平安普惠-小微企业无抵押贷款”产品的具体要求，在线填写表单提交贷款申请，然后线下联系客户经理完成贷款。

[随堂测试 7-2] 垂直搜索模式优势总结

通过本任务的学习，请你从搜索功能与渠道价值两个角度，总结垂直搜索模式作为互联网金融信息门户的重要组成部分，具有哪些独特的优势。

答题参考：

1. 搜索+比价：采用金融产品垂直比价的方式，将各家金融机构的产品放在平台上，用户通过对比挑选合适的金融产品。

2. 反搜索：用户只需提出需求，反向搜索比较，选择合适的金融产品，事先无需逐一了解各产品的功能。

3. 充分利用其提供的渠道价值：互联网金融信息门户的最大价值在于其渠道价值，当融 360、好贷网、软交所科技金融超市这些互联网金融渠道发展到一定阶段，就成为了各大金融机构、小贷、信托、基金的重要渠道。

任务三　在线金融超市

在线金融超市是在线金融产品导购和销售的平台，通过免费、定制化的顾问式服务，帮助客户以最快速度、最低成本获得最适合自己的各类金融产品。在线金融超市位于互联网金融产业链的中游，是上游众多金融机构的“代理销售商”，被喻为“金融百货公司”，体现了金融业的“无界经营”与混业发展趋势，满足了金融消费者的多样化需求。

一、定位

与金融垂直搜索门户不同，在线金融超市是为客户和金融机构搭建的“一站式”在线导购平台，通过各种渠道（如 PC、移动 APP、电话等）为客户提供各类金融产品信息、比较购买推荐、消费决策依据以及直接购买等服务。同时，产品种类丰富，涵盖了投资理财、贷款、保险、车险、证券、基金等各类业务与模式。

在线金融超市存在的价值主要体现在金融产品的多样化和差异化上。互联网金融市场差异化巨大。首先是地域上的差异，其次是不同风险偏好的客户的差异，这些差异催生了在线金融超市的繁荣。另外，当前我国的个人金融业务市场尚处在初级阶段，个人客户的金融需求远未得到有效满足。各类“宝宝”的茁壮成长和备受追捧，已经反映出市场对理财的巨大热情与渴求。对于理财端，金融产品的多样化与差异化能够满足不同层次的客户需求，这无疑加大了市场的灵活性。相对于单一的理财产品，多元化的理财方式将会得到更大的市场，也为在线金融超市的发展增添了砝码。

以中国银行的在线金融超市为例，该平台在符合监管要求的前提下，基于互联网移动终端为客户提供理财账户在线签约、风险评估、基金开户等在线开通理财服务，满足客户足不出户的在线理财投资需求，同时为客户提供理财产品、基金、贵金属等多种理财投资选择，通过其卓越的使用体验、丰富的投资种类和专业的理财服务帮助客户轻松地实现财富保值、增值。

二、运营模式

在线金融超市本质上是一种中介升级的思路，将线下类似于金融中介的服务搬到线上来，利用互联网大数据技术和标准化服务思维，为客户提供一步到位的金融产品服务方案。与第三方资讯平台和金融垂直搜索不同，金融超市的主要运营模式是“在线导购”，不提供信息的双向选择，只提供直接的购买匹配及导购服务，解决的是服务不对称的问题，如图 7-16 所示。具体而言，在线金融超市将银行、券商、保险公司、信托公司等传统“线下金融中介”互联网化，通过标准化、透明化、高效率、免费的互联网模式，直接将上述机构供应的金融产品与商户、个人、小微企业等需求方有效对接，解决了传统金融中介服务模式存在的收费高、不透明、服务参差不齐等弊端。

以软交所的科技金融服务平台为例，该科技金融超市通过线上网络平台与线下活动平台相融合的运营模式，为客户提供种类齐全的金融产品和服务。这些产品和服务分类明晰，并且与合作机构的信息对接非常顺畅，大大降低了客户的信息搜寻成本。另外，科技金融超市严格把关金融产品和服务质量，大大降低了客户的交易风险。同时，科技金融超市跟踪交易数据，在积累大量交易数据的基础上，对客户的特定需求实现精准匹配。

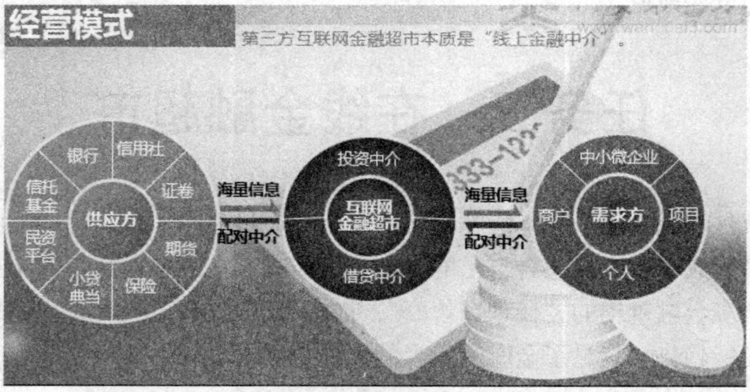

图 7-16　在线金融超市运营模式示意图

三、盈利模式

该门户的盈利模式和金融垂直搜索平台类似，主要有 3 种：首先，依托其流量价值，吸引在线广告的入驻，从而收取广告费用；其次，通过向金融机构推荐客户和交易量，从而收取相应的费用；最后，通过撮合交易，收取相应的佣金。

现阶段，在线金融超市能否吸引足够的“上游”金融机构入驻和“下游”客户流量，是生存与发展的关键，也关系到广告费收入与盈利水平。因此，在线金融超市要做好自身门户网站的营销工作，通过提供免费的“流量”入口，如赠送新颖的消费型互联网保险产品以吸引客户，并通过“交叉营销”将客户引导到投资理财等其他产品上，实现盈利的“上层变现”。在线金融超市在实施营销方略时，还需要特别关注以下 3 个细节。

1. 内容比域名更重要

对于在线金融超市而言，重要的是其实质内容能不能吸引客户，只要在某些方面做到可以吸引用户，如提供经有效筛选、归类明确、特色多样的金融产品，能够大大节约客户的搜寻与交易成本，那么哪怕域名很长、很难记，用户也会把该网站的地址加入“收藏夹”。所以，有好的域名固然好，但不应把太多注意力放在抢好域名上，而应主要思考如何用好的产品和服务吸引客户、留住客户。

2. 网站服务器是核心

好的服务器会大大提高自己网站的访问速度和空间质量，如果网站内容好但网速太慢，人的耐心是有限的，那么用户很可能会停止对网站的访问。

3. 广告不是广告，客户体验才是“王道”

在线金融超市通过广告能获得利润，但在运营广告时，要充分分析用户的上网习惯，最终目标是在网站上看不到广告，但是又处处体现出广告的内容，让广告成为网站的一个整体，是提升用户体验度的一个导向。例如，对于文字链接广告应尽量放在首页导航下面的位置，并且不能够让用户一眼就看出这是广告位，但是却要让用户知道这是可以单击的文字。

[做中学 7-3]“财富云”在线金融超市操作实践

“财富云”为中国首家 O2O 综合财富管理服务平台，拥有保险、基金、互联网金融产品等不同类型金融产品的销售资质，如图 7-17 所示。自然人或第三方机构均可以在线申请开设金融超市，授权通过后即为平台店主，具有销售平台产品的资格，也可以上架其他机构的金融产品，平台通过即可集成展示。下面，让我们根据以下步骤引导，熟悉在线金融超市的实际操作。

图 7-17　“财富云”在线金融超市的牌照资质

步骤 1：了解财富云的运营公司及平台运作模式。

通过搜索“财富云”找到该平台的官方网站（www.caifusky.com），仔细浏览网页了解运营公司的相关信息及平台运作模式。标准财富投资管理（上海）有限公司（简称标准财富）是新华商金控旗下的财富管理和资产管理旗舰企业，是服务于中国中、高端人群的综合财富管理平台，为客户提供子女教育计划、养老计划、债务管理、税务管理、遗产计划、财富传承等全方位的财富管理和资产配置服务。标准财富通过创新型的第三方理财服务网络平台——“财富云”，让客户可随时随地浏览研究成果、查看及预约购买理财产品、管理与跟踪资产投资；通过在线咨询、理财一线通、手机信息、邮件等多种渠道为客户提供互动服务及价值财富信息。“财富云”平台的基本运作模式如图 7-18 所示。

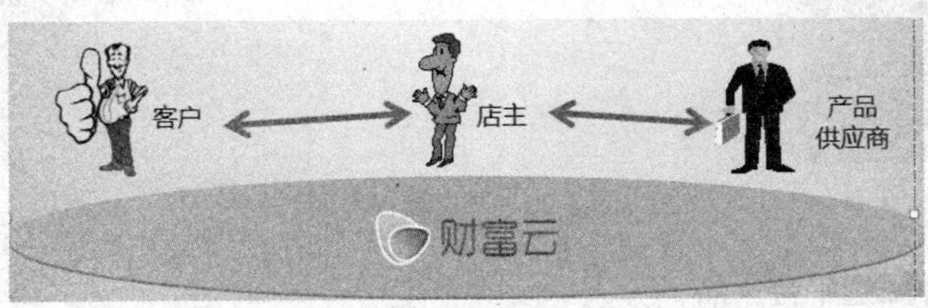

图 7-18　“财富云”平台的基本运作模式

步骤 2：注册并登录“财富云”。

通过“财富云”官网的注册界面，用手机号及短信验证码注册并填写推荐人号码（推荐人为平台店主），如图 7-19 所示。注册成功后登录“财富云”网站并进行实名认证，浏览推荐人的店铺信息。

步骤 2：推荐人授权开店。

推荐人登录自己的店铺，通过“个人中心”对注册的客户进行授权开店，如图 7-20 所示。授权通过后，您即可成为新店主，拥有自己的在线金融超市。

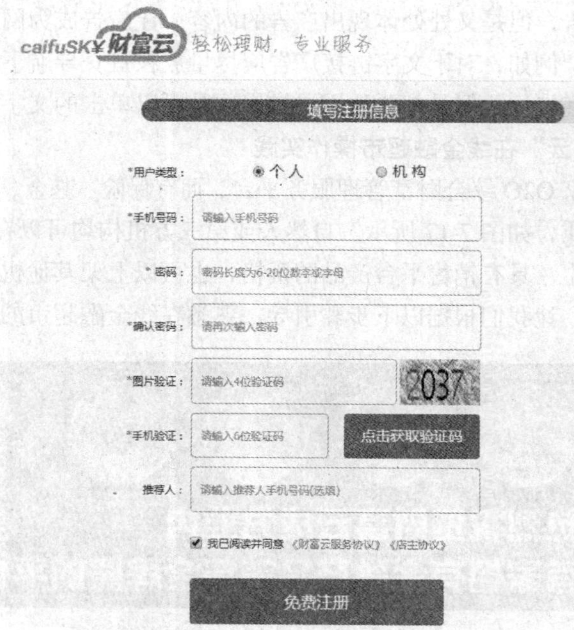

图 7-19 “财富云”注册界面

图 7-20 开店授权界面

步骤 3：浏览并筛选平台产品。

平台产品丰富，能满足各类人群的理财需求，包括保险、资管计划、公募基金、阳光私募、互联网金融等。小额产品可以线上自主成交，大额产品需线上预约，线下签单。可以首先浏览了解平台的特色产品。

① 公募基金——金汇活宝 · 银华货币 A，如图 7-21 所示。

金汇活宝是金汇金融推出的一款针对优选货币基金的理财工具。购买金汇活宝（即购买优选货币基金-银华货币 A180008），收益远超银行活期存款，并能随时取现。金汇金融是由华创证券有限责任公司和证联支付有限责任公司等金融机构共同建设的第三方互联网综合金融服务平台，由金汇财富金融服务公司运营管理。

金汇活宝资金用于投资国债、银行存单等安全性高、稳定的金融工具，收益率较高且收益每天可见；同时，支持快速提现（T+0），可实时到账，每日限 2 笔，每笔限 5 万元；超过限额可使用普通提现，3 个工作日内到账。

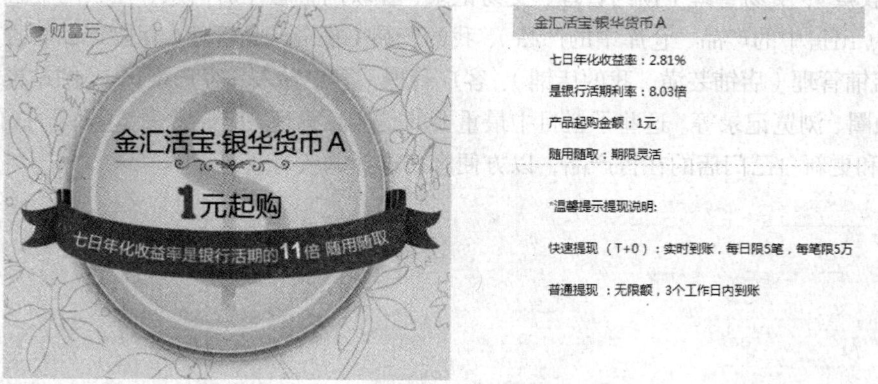

图 7-21　金汇活宝·银华货币 A 产品介绍

② 复星保德信 e 生守护年金保险，如图 7-22 所示。

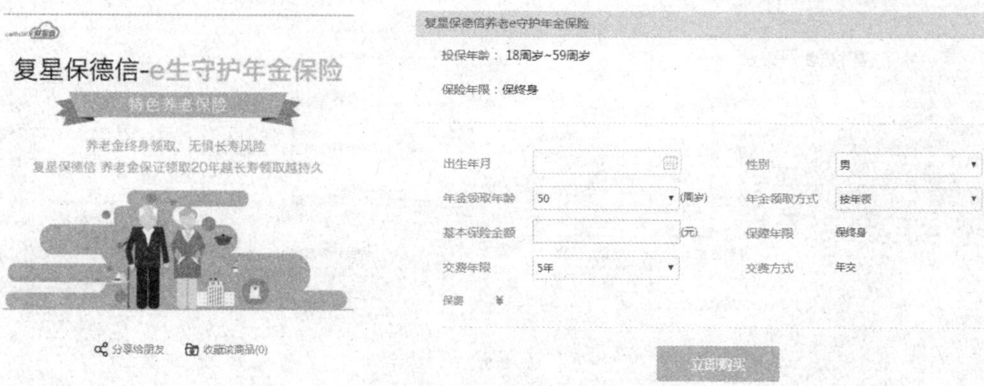

图 7-22　复星保德信 e 生守护年金保险介绍

“e 生守护年金保险”产品自年金领取日起第 12 年初即可拿回本金，而且保证领取 20 年，若投保人于此期间身故，其家人可代领养老金，直至 20 年期满，共计可领养老金 60 万元，是所交保费的 1.78 倍。投保人越长寿，可以领的养老金越多。例如，德先生今年 35 周岁，是一名公司白领，目前月薪 10 000 元，购买“养老 e 守护”，每年交纳 1.68 万元（合 1 398 元/月），交费年限为 20 年，起领年龄为 60 周岁，每月领取 2 520 元，领取年限至终身，保证领取 20 年。

通过浏览平台产品，店主可以自主筛选符合自身店铺定位的产品，并下架不适合的平台产品，以实现个性化的产品展示，如图 7-23 所示。

步骤 4：自主上架第三方机构产品。

店主可以自主上架第三方金融机构的产品，如保险产品、资管产品等，填写完整产品的基本信息后，提交“财富云”平台审核，总部审核通过后即可在自己的店铺中展示浏览，如图 7-24 所示。但出于风控要求，第三方机构的产品需要通过“线下面签”成交。

步骤 5：店铺日常管理。

金融门店店主的日常管理职责主要包括：负责金融门店的开拓和维护；负责金融门店客户的服务和资料保密；负责金融门店产品的推广；合规经营，遵纪守法，接受公司的业务指导。具体管理操作是店主在线登录门店后，通过“精选理财师”栏目进入后台，然后通过以下子栏目进行日常管理操作：个人中心（个人基本资料、修改密码、隐私保护）、我的账户（账户总览、融资管理、我的收藏）、交易管理（预约管理、交易记录、互联网金融注册信息、互联网金融交易记录）、产品管理（出售中的产品、仓库中的产品）、我的产品（投资产品管理、保险产品管理、其他产品管理）、店铺管理（店铺装潢、我的店铺）、客户管理（客户导入、客户维护）、网站推广（推广链接）、金融圈、浏览记录等。这些子栏目中最重要的是产品管理，应经常去“仓库”中了解新产品，及时筛选和更新自己门店的在售产品，以方便客户选择购买。

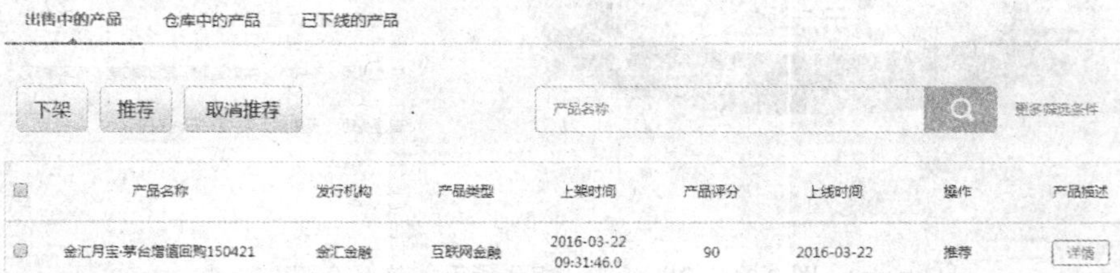

图 7-23　产品筛选

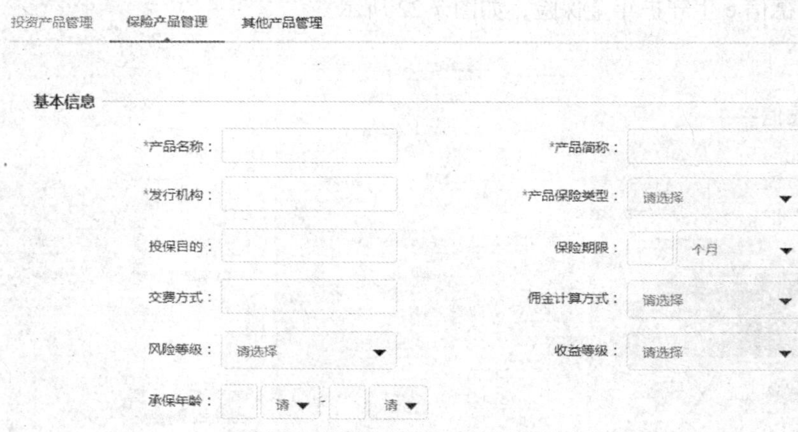

图 7-24　上架第三方机构产品

步骤 6：产品销售与佣金结算。

在线金融超市店铺如有产品成功销售，“财富云”平台会根据不同产品的相应佣金比例发放给店主成交佣金。后台系统会自动计算佣金数值（总部人员确认审核），并将其在工资结算日打入店主银行账户，店主在提供身份证复印件和银行卡信息后，可自主提取。“财富云”销售佣金计算方法如表 7-5 所示。

表 7-5　“财富云”销售佣金计算方法（截至 2016 年 3 月）

门 店 级 别	年化业绩积分（万分）	推 荐 费 用
普通级	0≤YBC＜3 000	月累计 YBC×10‰
星级	3 000≤YBC＜6 000	月累计 YBC×10.5‰
钻石级	6 000≤YBC＜10 000	月累计 YBC×11‰
皇冠级	10 000≤YBC	月累计 YBC×12‰

注：年化业务积分=$\sum$服务或产品销售额×YBC 系数。YBC 系数是产品的标准折算率，由“财富云”平台根据不同产品设定并发布。金融门店根据年化业务积分（YBC）分为普通级、星级、钻石级和皇冠级 4 个级别，一个自然年度为一个考核周期，计算当年度年化业务积分，并据此确定等级。

步骤 7：总结实践操作经验，分析“财富云”平台的优势与不足。

通过以上操作实践，我们可以发现：“财富云”平台是综合金融理财平台，能满足各类人群的理财需求，产品安全系数较高；是零成本创业平台，可以在线开设金融店铺，销售平台产品，获得相应佣金；是优质产品展示平台，可以自主上架其他类产品作为展示，丰富产品种类；是一个以金融为主体的生态圈，可以做到最大限度的资源整合，形成以自己为中心的资源圈。

但是，作为在线金融超市，目前产品有待丰富。“财富云”上架的产品主要有信托/资管、公募基金、阳光私募、互联网金融产品、保险等，股权众筹类的产品存在空缺，所以金融产品种类有待丰富。同时，合作的公司还较少，目前主要与云南信托、国民信托、平安财富等建立合作关系，但是作为一个信息门户，其合作关系网有待进一步拓展。

[随堂测试 7-3] 金融垂直搜索门户与在线金融超市的区别

将金融垂直搜索门户与在线金融超市进行对比，并填写表 7-6，以进一步理解和掌握本项目学习的内容。

表 7-6　　金融垂直搜索门户与在线金融超市的区别

比　较　项	金融垂直搜索	在线金融超市
产品种类		
充当的角色		
在产业链中所处的位置		
解决的主要问题		

知识自测题

一、单项选择题

1. “财富云”是标准财富为了切入互联网金融领域而推出的 O2O 互联网平台，为客户提供全方位的财富管理解决方案。“财富云”每月对 300 款产品进行初评后，精选 30 款产品进入复评，最后上架 3 款。所以，很多公司以有产品上架到“财富云”平台来衡量公司的实力。这从根本上体现出了互联网金融信息门户平台对（　　）的管理。

A. 交易流程　　B. 风险控制　　C. 产品准入　　D. 资金流

2. 91 金融超市 CEO 许泽玮说：“现在到年底很多银行都不放房贷了，因为额度已经用完，但是银行不会告诉用户，可能会拖到明年一月份再放房贷。但其实还有一些小银行是在继续放房贷的，而很多用户了解的只是 4 大商业银行，对这些小银行并不熟悉。在我们的平台上，就可以解决这样的问题。”这样的问题具体是指（　　）。

A. 服务不对称　　B. 专业知识不对称

C. 信息不对称　　D. 地位不对称

3. 下列哪一项不属于互联网金融信息门户的主要分类？（　　）

A. 第三方资讯平台　　B. 垂直搜索模式

C. 在线金融超市　　D. 股权众筹平台

4. 互联网金融信息门户最突出的功能定位是哪一项？（　　）

A. 提供金融中介服务　　B. 提供信息中介服务

C. 提供自有产品　　　　　　　　　　D. 提供资金中介服务

5. 下列关于第三方资讯平台的配对关系，正确的一项是（　　）。

A. P2P 行业门户网站：和讯网　　　　B. 众筹行业门户网站：种财网

C. 网络银行门户网站：网贷之家　　　D. 信托产品门户网站：好贷网

6. 导入案例中的未央网（www.weiyangx.com）具体属于哪一类互联网金融信息门户？（　　）

A. 第三方资讯平台　B. 金融垂直搜索模式　C. 在线金融超市　D. 网贷行业门户

7. “中国有几百家商业银行、上千家村镇银行，未来还有民营银行也将授权开放，再加上 7 000 多家小额贷款公司，越来越多的金融机构意味着机构间的竞争将异常激烈。而高效、低成本、精准化对接的互联网金融销售，将成为未来金融机构争夺用户的一个新入口。”这里的“新入口”是指（　　）。

A. 第三方资讯平台　　　　　　　　B. 金融垂直搜索模式

C. 在线金融超市　　　　　　　　　D. 网贷行业门户

8. 下列关于各类互联网金融门户盈利模式的说法，不准确的一项是（　　）。

A. 在线金融超市能否吸引足够的“上游”金融机构入驻和“下游”客户流量决定了盈利水平

B. 为传统金融机构提供客户信用评估的收费服务，有望成为金融垂直搜索门户收入的重要来源

C. 互联网金融信息门户作为信息服务平台，应避免行业潜规则，防止出现类似“二手房网”上的恶性竞争、虚假信息等问题

D. 第三方资讯平台的盈利模式与传统资讯类网站差异较大，主要是通过广告联盟的方式来赚取利润

二、综合分析题

1. 中国互联网金融知名人士罗明雄根据互联网金融门户聚集产品类别的分类方式，将互联网金融门户分为 P2P 网贷类门户、信贷类门户、保险类门户、理财类门户和综合类门户，在线金融超市属于其中的哪类门户？为什么？你能根据自己的理解在表 7-7 中对这几类门户分别做简单的分析并相应举出一个典型的门户网站吗？

表 7-7　　互联网金融门户网站分类

门 户 类 别	典型门户网站
P2P 网贷类门户	
信贷类门户	
保险类门户	
理财类门户	
综合类门户	

2. 互联网金融门户网站作为互联网金融“大数据”的枢纽，面临着一项重要风险，就是互联网金融信息安全风险。互联网金融信息安全风险是指基于互联网金融业务所产生的不确定性和不可控性，以及发生损失的可能性。从博弈论的角度看，网络攻击者想要利用最低成本成功攻击目标，而系统本身的相关人员则试图采用成本最低、速度最快的防御方法使系统损失减小到最低限度。网络上的攻防就是典型的博弈，如表 7-8 所示。试分析如下问题。

表 7-8　　互联网金融信息安全风险博弈模型

信息门户 \ 黑客	高端攻击	低端攻击
强化防控	(–3，2)	(–3，–2)
忽视安全	(–2，2)	(–2，1)

（1）该博弈模型的纳什均衡是什么？此时信息门户与黑客分别会选择什么策略？为什么会形成上述均衡结果？

（2）综合运用所学知识，进一步思考如何提高互联网金融门户网站对互联网金融信息安全风险的防范能力？

答题参考：

（1）对互联网金融门户网站来说，由于其尚处于发展初期，资源有限，往往忽视网络安全建设，但是网络攻击的手段却越来越高明。由于互联网金融企业的漏洞及其对信息安全的忽视，使得攻击方有机可图，通过非法手段获得远大于其付出成本的收益。这直接导致了数据安全风险和技术操作风险频频发生。根据表 7-8 所示的博弈支付矩阵，纳什均衡为（–2，2），即信息门户网站的占优策略为忽视网络安全建设，此时网络攻击者（黑客）会选择高端攻击，博弈结果为信息门户因受到网络攻击而损失 2 个单位，网络攻击者非法获利 2 个单位。

（2）要提高互联网金融门户网站对互联网金融信息安全风险的防范能力可以从以下几个方面着手：加强对互联网金融终端设备的信息安全风险的防范；加强对互联网金融数据传输中的信息安全风险的防范；促进互联网金融信息安全技术标准的制定；强化新兴技术在互联网金融信息安全风险防范中的应用；创新保险产品在信息安全风险防范中的新应用。

技能实训

[实训项目]

利用互联网金融信息门户进行个人投资理财规划实践。

[实训目的]

综合运用本项目所学知识，实践利用第三方资讯平台获取信息，通过金融垂直搜索门户与在线金融超市选择 P2P 网贷平台、理财产品和互联网保险产品的方法和步骤，为客户制定特色理财计划，实现客户的投资理财目标，并最终制定一套个人投资理财规划的具体方案。

[实训内容]

本实训要求在对客户投资的相关信息以及客户需求进行分析的基础上，了解客户期望的投资目标，综合运用第三方资讯平台、金融垂直搜索、在线金融超市等互联网金融信息门户，帮助客户选择合适的理财产品和保险产品，制定个人投资理财规划。

作为一名理财规划师或投资顾问，需要从整体上把握整个投资规划的流程。对于各个阶段要做的工作和要实现的目标要有清晰的认识，以便开展具体的投资规划活动。一般来说，完整的投资规划可以分为客户分析、资产配置、产品选择、投资实施和投资评价 5 个步骤。本实训的主要任务是对投资规划中的产品选择做具体的指导，以帮助客户选择合适的 P2P 理财产品和互联网保险产品，最终实现客户期望的投资目标。

步骤 1：了解客户的基本信息及主要需求。

通过对客户信息（包括客户现有投资组合、客户风险偏好、客户预期收入和客户投资目标等相关信息）的收集与整理，完成 KYC（了解你的客户），初步明确客户的主要需求和理财目标。例如，某客户的基本信息如表 7-9 所示。

表 7-9　　客户基本信息表

家 庭 情 况	单　身
工作情况	刚踏入社会、白领
月薪	8 000 元
月支出	大约占月工资的 50%（包括日常开支、房租等）
现有投资情况	余额宝 5 万元
现有保障情况	除社保外并未购买商业保险
风险偏好状况	稳健型
未来的需求	不做“月光族”，3 年内攒够买房的首付

步骤 2：确定个人理财规划拟配置的产品类别。

根据客户的基本情况，以及通过和客户交谈了解到该客户起初想购买银行理财产品，但大部分银行理财产品收益较低且灵活性较差。由于该客户的主要需求为攒钱买房，因此可以考虑为其配置收益较高的 P2P 网贷产品；同时，该客户的风险偏好为稳健型，且尚未购买商业保险，故可以考虑适当配置互联网保险产品。

下面以 P2P 网贷产品为例，重点介绍如何运用第三方资讯平台、金融垂直搜索或在线金融超市为该客户选择合适的理财产品。

步骤 3：利用第三方资讯平台选择合适的 P2P 网贷平台。

该步骤与[做中学 7-1]中的类似，这里不再赘述，请大家自己探索操作。最终可以选择第三方评级较高、年化收益率适中的 P2P 网贷平台，如红岭创投、陆金所、宜人贷等。

步骤 4：利用金融垂直搜索门户来比较具体的理财产品。

请大家选择合适的金融垂直搜索门户网站，通过“搜索+比价”操作来比较具体的理财产品。下面以融 360 为例，给出操作步骤供大家参考。

（1）打开融 360 官方网站（www.rong360.com），单击网页上的“大众理财”，可以看到可供选择的产品类型有“网贷投资”“银行理财”和“宝宝理财”，如图 7-25 所示。

图 7-25　融 360 提供的 3 类理财产品搜索服务

（2）根据该客户的情况，选择“网贷投资”，单击“查看详情”，弹出如图 7-26 所示的页面。

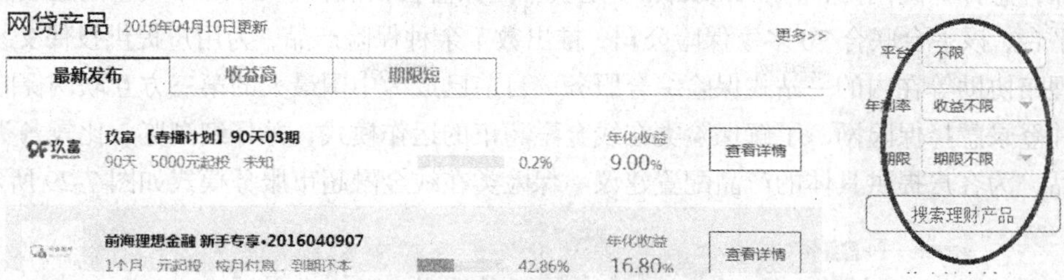

图 7-26　垂直搜索理财产品

（3）根据客户对收益率和期限的要求，设置搜索条件，检索 P2P 理财产品。例如，可以选择“平台不限、年利率 8%～10%，期限 6～12 个月”，单击“搜索理财产品”，进入下一页，如图 7-27 所示。

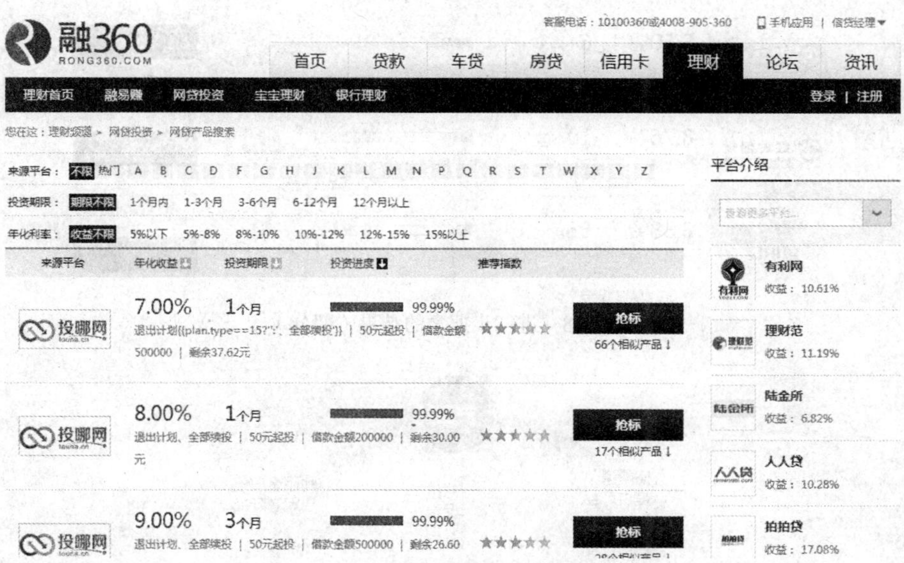

图 7-27　具体理财产品的介绍（部分）

（4）查看初步搜索结果页面，发现所列平台过多，比价工作量大，且部分平台“推荐指数”不高，风险较大。因此，进一步设置筛选条件，选择“来源平台”中的“热门”，在弹出的如图 7-28 所示的页面中可以缩小选择的范围。

步骤 5：选择合适的 P2P 理财产品或投资标的。

通过第三方资讯平台与金融垂直搜索了解了各平台的基本情况以及具体产品的收益风险情况后，为该客户选择合适的 P2P 投资理财产品。例如，经比较，可以选择“红岭创投”平台，期限为 6 个月，年化收益为 8.5%。随后，可以直接在“融 360”平台上抢标，也可以到“红岭创投”官网（www.my089.com）中选择 “我要投资”来购买对应的理财产品。采用这两种方式来购买理财产品的具体步骤在前面已经做了详细介绍，这里不再一一赘述，具体还可以参照项目三中的[做中学 3-2]来操作。

步骤 6：完成互联网保险产品的配置规划。

可以参照步骤 3～步骤 5，选择合适的第三方资讯平台和金融垂直搜索门户，为该客户完成互联网保险产品的配置规划；也可以通过专注于保险领域的在线金融超市选择合适的互联网保险产品。例如，慧择保险网（www.huize.com）是获中国保监会批准，于2006年成立的互联网保险电子商务平台，该平台联合70多家保险公司，推出数千余种保险产品，为用户提供投保交易、风险评估、理赔协助等在内的一站式保险综合服务，目前已成为中国最大的第三方互联网保险平台。请注册并登录慧择保险网，了解保险类在线金融超市的运作模式，并仔细浏览、比较各类互联网保险产品，为客户提供具体的产品配置建议。保险类在线金融超市服务模式如图7-29所示。

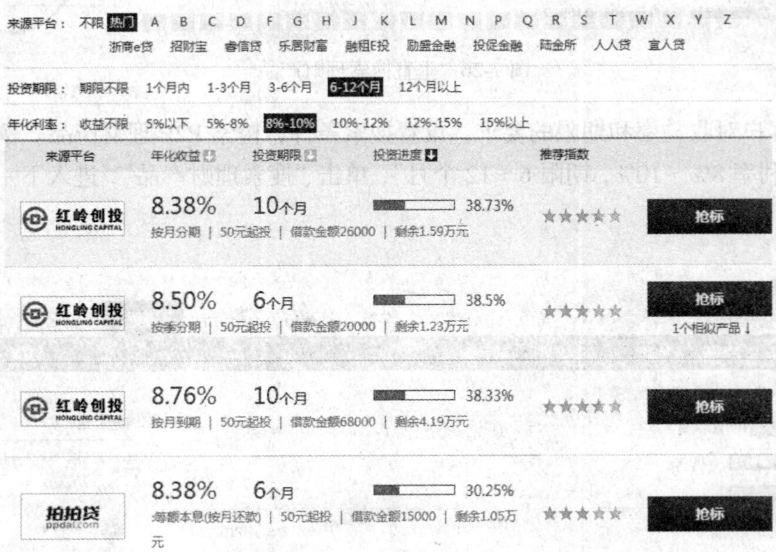

图7-28 进一步搜索的结果（部分）

图7-29 保险类在线金融超市服务模式

步骤7：完成个人投资理财规划。

综合以上步骤中获取的客户信息、理财目标、资产配置、资讯获取、垂直搜索、产品选择及投资步骤建议，尝试从理财顾问的角度，为该客户完成投资理财规划。

[实训思考]

阅读以下材料，并登录91金融超市官方网站（http://www.91jinrong.com），仔细浏览、了解该互联网金融信息门户的主要板块及功能。有条件的同学可以通过该在线金融超市完成投资或融资的实际操作，进一步体会互联网金融信息门户网站的最新发展趋势。

九一金融信息服务（北京）有限公司（简称“91 金融”）成立于 2011 年 9 月 1 日，2011 年获得经纬创投的首轮投资；2013 年 9 月，获得田溯宁旗下宽带资本等多家机构的第二轮投资；2014 年 7 月，完成新一轮投资人引入，领投方为海通证券直投子公司海通开元，前期投资人宽带资本、经纬创投等跟投。经过 4 年的发展，91 金融已经从单纯的在线金融产品导购和销售平台，逐步升级为中国最大的互联网金融服务提供商，同时也是最大的创新金融服务公司之一。91 金融超市致力于建立最具价值的金融消费者数据库和最丰富的金融产品数据库，帮助消费者以最快的速度、最低的成本获得最适合自己的金融产品，并在消费过程中享受 7×24 小时免费定制化的顾问式服务。

91 金融在 2013 年已经实现盈利，其创新的互联网金融模式，以及高速成长，获得了资本市场、金融机构及媒体的高度关注。结合全球金融发展与互联网技术创新，91 金融一直致力于平台建设，通过互联网方式不断创新，积极帮助银行和金融机构延伸业务、升级服务体验，同时为金融消费者提供“安全、可靠、便捷、专业”的贷款、保险、理财等普惠金融服务，让最优质的金融产品和服务，惠及每个人。

在十二届全国人民代表大会第三次会议上，政府工作报告中首次提出“互联网+”行动计划。站在“互联网+”的风口，互联网金融行业迎来了重大的发展机遇。作为位于行业领先地位的 91 金融，将全力解决融资难、融资贵的问题，全面提升融资效率，将普惠金融切实落实在实处。在四年的实践中，91 金融充分意识到了企业与金融机构的真实需求，更注重本地化金融服务，致力成为衔接本地企业与本地金融机构的桥梁。目前，91 金融在北京、上海、深圳、天津、厦门设有运营中心，业务遍及全国 87 个重点城市。团队成员主要来自中国农业银行、北京银行、民生银行、浙商银行、海通证券、中投证券、招商证券、新浪、搜狐、百度等公司，超过一半为金融数据及互联网金融产品研发人员，员工总数超过 200 人。

资料来源：91 金融超市官方网站 www.91jinrong.com.

项目八 传统金融业务的互联网化

学习目标

[知识目标]

1. 了解互联网保险的概念与特征、基本业务与运营模式，掌握互联网保险产品创新的主要方法和重点方向。

2. 了解互联网证券的概念与影响、主要模式、传统券商的互联网化转型路径，掌握互联网证券远程开户、申购交易、增值服务的主要流程。

3. 通过有代表性的“宝宝类”产品，了解互联网基金的概念、特征、主体架构、主要创新点及未来发展趋势。

4. 了解互联网信托的概念、分类与监管，以及信托100的探索实践。

[能力目标]

1. 能够运用所学知识，独立完成互联网保险、互联网证券和互联网基金等业务的实际操作。

2. 能够探索区块链、大数据、云计算等新技术在传统金融业务的互联网化转型中的应用。

随着互联网金融时代的到来，一方面P2P网贷、股权众筹等投融资创新模式不断发展；另一方面，为应对互联网金融新业态的挑战，原本只存在于线下交易的传统金融业务也逐渐走上了互联网化的道路，依托大数据、云计算、区块链等新技术，保险公司、证券公司、基金公司、信托公司纷纷推出了互联网保险、互联网证券、互联网基金、互联网信托等新业务。本项目将带领大家分别探索上述金融业务的互联网化创新模式，了解这些业务的具体操作和实际应用。

导入案例　淘宝保险推出“中秋赏月险”

淘宝保险隶属于阿里小微金融服务集团，上线3年来，淘宝保险平台上完成的交易量超过10亿笔。目前，已有众多保险公司和保险经纪公司开展了与淘宝的合作，其中包括中国人民保险、平安保险、太平洋保险、泰康人寿、安联保险、开心宝等。淘宝保险销售的产品种类繁多，涉及车险、旅行险、少儿险、健康险、财产险、意外险、理财险等，还包含一些特色服务。例如，在售后服务方面，可实现24小时内闪电赔付、365天全年无休；在投保服务方面，1分钟内可完成投保手续，2 天内可实现保单送到家；在价格方面，针对不同级别的天猫会员设置优惠，购买特定互联网保险产品赠送集分宝，集分宝可直接在淘宝上当成现金使用。

2013 年中秋节前夕，淘宝保险宣布与安联财险（中国）有限公司合作推出互联网保险创新产品——“中秋赏月险”。赏月险，全称“赏月不便险”，是安联财险通过分析国内多个城市近 20 多年的气象数据，建立风险模型后，所推出的国内首款既与节日相关又与天气相关的互联网保险产品，它是我国首个“中秋赏月险”。依据该保险设定，被保险人如中秋看不到月亮，则可获赔。

赏月险的保费设置分为两档：一档投保保费为 20 元，若被保险人在特定赏月城市（上海、广州或深圳）由于天气原因看不到月亮（即阴天或雨天），可获 50 元保险理赔；第二档保费价格为 99 元，赏月城市也从 3 个增加到北京、西安、乌鲁木齐等 41 个，依照保险内容，如果被保险人所在城市由于天气原因看不到月亮，即可获得 188 元保险理赔。此外，无论被保险人能否看到月亮，购买赏月险后，在中秋节当日都能获得 10 万元的人身意外伤害保障。

对于理赔条件，赏月险以“月亮不陪你，我赔你”为主要卖点，如图 8-1 所示。赏月理赔以 2013 年 9 月 19 日中秋节当天中国天气网在北京时间 18:00 发布的 20:00 至次日 02:00 的天气信息为准。如果 18:00 的天气播报显示 20:00 至次日 02:00 时段内赏月城市为阴、雨等“不便赏月”的天气，则界定为看不到月亮，即可获得理赔。据新华网公布的相关数据显示，此次共有 5 154 名投保人购买了赏月险，获得赔偿的投保人约占总数的 9%。据估算，安联财险（中国）有限公司从赏月险营销中获得的保费收入超过 40 万元，去除赔偿金额 8.7 万元，获利可达 32 万元。

图 8-1 “月亮不陪你，我赔你”中秋赏月险

赏月险是专门为互联网渠道销售设计的保险创新产品，充分利用了互联网的优势。如果换成线下渠道，赏月险这种区域属性异常明显的险种肯定无法销售。只有在互联网上，保险公司才能推广这种创新险种。然而，赏月险的互联网精神不仅体现在产品的创新上，还表现在充分考虑对投保人的售后理赔上。安联财险于中秋当晚启动“闪赔流程”，整个理赔流程通过互联网完成，不需要客户再提交理赔申请，通过零单证审核方式主动理赔，实现了全流程线上闭环操作。符合理赔条件的投保人均会在 9 月 20 日之前收到短信通知，理赔款于 9 月 24 日前支付到购买赏月险的支付宝账户中。

任务一 认识互联网保险

互联网保险颠覆了保险营销员与客户面对面交流沟通的传统经营模式，开创了全新的保险销售方式和渠道，以及全新的经营理念和管理模式。随着互联网金融的发展，我国互联网保险发展迅猛，2015 年全年数据显示，我国互联网保费占据行业总保费收入的 6.4%，同比增长 315%。本任务将带领您全面认识互联网保险，了解互联网保险的业务模式、产品创新与操作流程。

一、互联网保险的概念与特征

互联网保险是指实现保险信息咨询、保险计划书设计、投保、交费、核保、承保、保单信息查询、保全变更、续期交费、理赔和给付等保险全过程的网络化。互联网保险伴随着电子商务在保险业的渗透应运而生，但并不同于保险电子化，而是强调互联网的创新精神，利用大数据、云计算、区块链等互联网技术革新服务模式、销售模式和商业模式，其中包括产品开发模式、资金支付模式等的创新，而保险电子化只是单纯地把保险搬上互联网。从互联网保险产品和服务的提供者和接受者来看，目前产品和服务主要由保险公司和第三方保险平台等提供，而接受对象可分为企业客户和个人客户两大类。传统的保险业务主要通过柜台交易及通过代理人、经纪人等中介人交易保险商品。与此相比，互联网保险表现出下列主要特征。

1. 虚拟化

开展互联网保险业务不需要具体的场所和地址，只需要申请一个网站建立一个服务器并与相关交易机构做连接，就可以通过互联网进行交易。它没有现实的货币交易，一切金融往来都是以数字化形式在互联网上进行。通过开展这类互联网保险业务，保险公司只需支付低廉的网络服务费，可免去代理人、经纪人等中介，个人保险的网上推销方案能比传统方式节约12%左右的成本。

2. 直接化

互联网没有时间限制，客户随时都可以实现自己的投保意愿。互联网上没有地理限制，在世界任何角落都可以登录网站咨询、投保、理赔等。互联网省去了代理人等中间环节，消除了传统条件下双方活动的时间、空间和规模限制，可以深入到不同年龄、不同性格的人群，接触到那些保险代理人不易联系到的人群。客户和保险公司的相互作用更加直接。

3. 电子化

互联网保险采用电子保单、电子支付等方式来完成投保业务，基本上实现了无纸化交易。这样就克服了传统保险活动中书写任务繁重、保险单据保存量大且传递速度慢等缺点，不仅简化了整个流程，而且方便了相关数据的管理和开发。

4. 信息透明化

互联网保险减少了客户与保险公司之间的信息不对称。通过网上快速查询，消费者可以发现一系列保险信息，如险种介绍、保险费率、自动计算保费等。互联网保险超市更是直接为客户提供了比较不同公司类似产品的机会，客户可以根据自己的需要选择性价比最高以及最合适的保险产品。由于这些特性，互联网保险具备三大优势，分别是信息完全、成本降低和市场扩张，这些是互联网模式迅速发展起来的最主要的原因。

综上所述，与互联网金融相类似，我们可以将互联网保险的内涵概括为：保险为本、创新为魂、互联为器。互联网保险的本质仍然是保险，同样具备保险产品风险保障与管理的核心功能，但在渠道、场景、商业模式等方面实现了创新，并充分利用了互联网新技术，满足了投保人个性化、定制化的需求。

二、互联网保险的基本业务

1. 网络宣传推广业务

一般保险公司的网站主要通过网络针对个人客户和企业客户介绍保险的相关产品、服务、投保信息、经营理念，并对保险公司、保险中介机构和业务员进行介绍和宣传，具有成本低、时间持续长、介绍清晰、个体需求针对性强的特点。另外，不同的保险公司、保险机构也可以相互链接、相互推介，公司内部也可以通过个性化的保险网页，展示业务员的素质和特长。

2. 信息咨询业务。

互联网保险可以向客户提供保险公司的历史沿革、经营管理理念、机构设置、财务数据报告、保险产品种类及费率等信息；向客户提供保险新闻、政策法规、监管机构要求等信息，以及保险知识和课题探讨等信息，使客户对保险机构和保险行业有基本了解和认知；在与客户的交流咨询中，可以通过网页文字说明，对客户的常见问题进行汇总解答，也可以通过网上在线交流，直接解决客户问题。

3. 网上投保和网上理赔

从核心业务来看，互联网保险与传统保险在保险业务的基本环节上并没有发生变化。消费者通过网络平台了解保险产品的特点和功能，并且在网上直接选购所提供的保险产品，计算保费，投保下单，联合多种网络银行支付方式，完成电子支付，获得电子保单或者纸质保单，从而实现全流程的网上投保。如果出险，客户可以获得网上报案、理赔单证下载和服务等理赔服务，由于网络的反应迅速，因此保险公司可以对客户出险之后的报案、理赔和给付及时做出反馈。

4. 其他业务

针对消费者，互联网保险流程涵盖了售前、售中、售后服务，还包括保单和产品价格等查询服务、保全服务、续期缴费和咨询投诉等业务处理等。针对保险业务员以及保险公司，互联网保险提供了系列管理工具和应用服务，以提高工作效率及管理控制能力，实现业务系统之间的网上连接。

三、互联网保险运营模式

随着互联网保险的发展，逐渐形成了保险公司直销官网、互联网企业电商网站、互联网保险公司和专业第三方互联网保险机构等运营模式。

1. 保险公司直销官网

该模式下，保险公司自建 B2C 电子商务网站，以保险客户为对象，将本机构设计的保险产品直接在线销售给保险需求客户。这种模式是一些传统的保险公司利用计算机网络技术对传统保险产业进行改造，全面提高企业整体素质，从而实现保险行业传统服务模式的互联网化。一般而言，该类网站拥有明确的业务和客户资源，有母公司的强力支持，为传统保险公司整合内部和外部资源实现跨越式发展提供了良好的条件。对于消费者来说，通过保险公司官网投保，感觉会更为可靠。中国人寿与中国人保的直销官司网平台如图 8-2 所示。

图 8-2　中国人寿与中国人保的直销官网平台

不过，目前各公司多将传统保险产品进行改装后搬到网上销售，并没有真正实现保险服务平台化。2016 年 4 月 26 日，经保监会批准，中国人保成立了国内保险系首家金融服务公司——人保金融服务（上海）有限公司。人保集团层面所有与互联网金融有关的业务都将由该平台统筹，推动互联网业务与保险业务相互促进，并建立完善的风险隔离制度、关联交易规则等各项内部控制和风险管理制度，防范风险的传递。

2. 互联网企业电商网站

该模式是指除保险公司自营网络平台外，以电商企业自身互联网渠道、场景为资源，为保险消费者和保险机构提供支持辅助销售的网络渠道式平台。此类互联网企业电商网站往往具备互联网场景和用户优势。互联网企业、电商网站参与互联网保险主要有两种方式：一种是以门户、行业分类信息网站为主的基础引流渠道，保险公司利用互联网企业频道资源进行产品宣传展示，将用户引流至平台交易，如和迅保险；另一种是以 B2C、O2O 电商平台为主的场景嵌入式渠道，借用互联网交易场景关联保险产品销售，如淘宝保险。

3. 互联网保险公司

互联网保险公司是指经保监会批准设立，依托互联网和移动通信等互联网线上技术，保险业务全程在线，完全通过互联网线上进行承保和理赔服务的保险从业公司。当前获得牌照的互联网保险公司包括众安保险、泰康在线、百安保险、易安保险、安心保险等。

4. 专业第三方互联网保险平台

此类平台属于互联网金融信息门户，是保险类网络平台，以独立第三方的角色，为保险消费者和保险企业提供产品销售和专业服务，能够起到中间制衡作用。平台聚合资源能力强大，具备专业服务优势，主要包括 O2O 模式、B2C 模式以及 O2O 和 B2C 相结合模式 3 种。

（1）慧择保险网是专业第三方互联网保险平台中 B2C 模式的典型代表，其本质是在线金融超市，它不同于保险公司的网络直销平台，而是将挑选好的各家保险公司的产品放在网络平台上，让客户自己选择。客户只要通过对不同保险产品的价格、内容等详细信息进行比对，逐步筛选、淘汰，就可以选出适合自身需要的保险产品。

（2）“大家保”是国内首家保险 O2O 平台，它本身并不从事保险销售，而是通过“客户需求导向模式”为客户提供保险机构、保险产品的深度信息“搜索+比价”服务，其本质类似于垂直搜索平台融 360。客户在进入“大家保”首页后，只需按提示输入相关信息，即可免费获取 5 家保险公司的产品报价及保险定制计划。在完成保险挑选后，即可进入相关保险机构购买。“大家保”在线选购流程如图 8-3 所示。

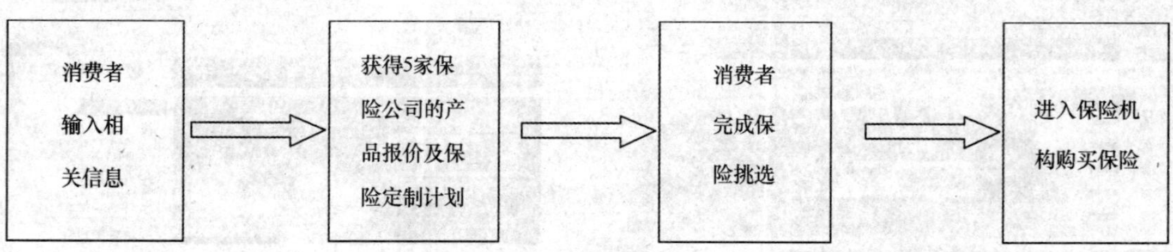

图 8-3 “大家保”在线选购流程

（3）2008 年上线的“大童网”是一家兼具 O2O 和 B2C 模式的保险产品平台，是我国规模最大、品种最全的网上保险超市。“大童网”的 O2O 模式主要用于预约现场服务的产品，首先客户选择具体的保险产品，单击“立即预约”进入信息填写栏，然后填写联系方式，预约下单，等理财顾问收到“相关信息”后，会致电客户回访，帮助客户分析投保需求，为客户量身定制投保方案，客户觉得满意后，便可签署保单，保险合同立即生效。“大童网”的 B2C 模式主要用于在线投保的产品，首先是客户通过保险计算器计算相关保费，接着单击“立即购买”进入信息栏，填写真实信息。当信息通过审核后，客户预览自动生成的保险订单，确认投保信息是否准确，确认购买后，通过网银在线支付。支付成功后，保单立即生效。预约现场服务流程如图 8-4 所示。在线直接投保流程如图 8-5 所示。

图 8-4　预约现场服务流程

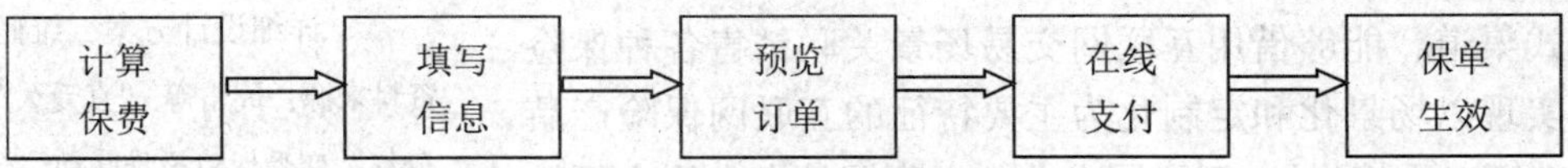

图 8-5　在线直接投保流程

四、互联网保险产品创新的“四重境界”

随着互联网保险的发展，各种创新产品层出不穷，本部分将根据各类互联网保险产品体现的“互联网 + 保险”结合的深度，试图探索互联网保险产品创新的“四重境界”，具体分析新产品研发中循序渐进的 4 个层次，以指导产品创新实践。

1. 第一重境界：渠道创新

将传统的线下销售渠道通过互联网来实现，改造传统产品或者开发适合互联网渠道销售的新产品，是互联网保险产品创新的“第一重境界”。在此基础上，互联网保险必须力求实现保险信息咨询、保险计划书设计、投保、缴费、核保、承保、保单信息查询、保单变更、续期缴费、理赔和给付等保险全过程的网络化，即包括售前、售中和售后的互联网化。2015 年 7 月 22 日，保监会出台的《互联网保险业务监管暂行办法》即主要从互联网销售渠道的角度，规范了互联网保险。该办法规定，互联网保险业务是指保险机构依托互联网和移动通信等技术，通过自营网络平台、第三方网络平台等订立保险合同、提供保险服务的业务。

由此可见，销售渠道的互联网化是互联网保险产品创新的第一个层次，保险公司在进行渠道创新时，可以考虑改造标准化的个险产品，或者开发新产品，并实现投保过程的全流程互联网化。例如，客户可通过公司网站或移动端 APP 提供的互联网保险产品和服务详细内容，或利用第三方互联网保险搜索引擎，选择适合自己的险种、费率等投保内容；依照官方网站或 APP 端的投保表单，依次输入个人资料，确定后通过互联网加密传输至保险公司；经核保后，公司同意承保，并以电子邮件的方式向客户确认，在客户正式完成数字签名后，则合同订立；客户通过网络银行转账系统或互联网第三方支付将保费转入公司，保单生效。客户在签订合同期间，还可利用网上售后服务系统对整个签订合同、划交保费过程进行监督，确保自己的利益不受侵害。互联网化渠道投保流程如图 8-6 所示。

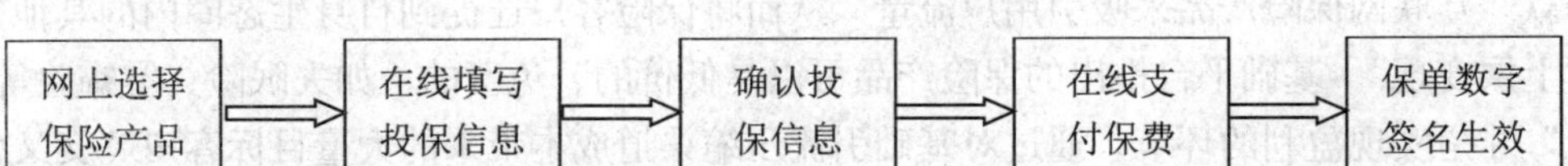

图 8-6　互联网化渠道投保流程

[随堂测试 8-1]“恋爱保障保险”是笔者指导的中国人保财险（PICC）第三届电商保险设计大赛的“最具创意产品”获奖作品，请您扫描图 8-7 所示的二维码，阅读该产品的详细设计方案，分析该产品是如何通过销售渠道创新，实现售前、售中和售后全程互联网化的？

图 8-7 “恋爱保障保险”详细设计方案二维码

资料来源：周雷等.“真爱久久，幸福分红”恋爱保障投贷联动综合保险方案[J].苏州保险前沿，2016（2）：2-21.

2. 第二重境界：场景创新

场景化是互联网保险产品创新的重要特征之一，互联网新的生态环境为保险公司产品设计提供了新颖的场景和丰富的标的。通过场景创新推出互联网保险产品，特别适合互联网企业电商网站模式。在该模式下，以 B2C、O2O 电商平台为主的场景嵌入式渠道，能够借用互联网交易场景关联销售各种保险产品，实现以场景化和定制化为主要特征的互联网保险产品创新的“第二重境界”。互联网企业、电商网站潜在用户更加多元，除消费用户外也覆盖平台商家。目前，“购物送险”逐渐成为电商标配，对于电商平台商家来说是一种低成本营销方式。退货运费险已成为淘宝的标志性产品，该产品和淘宝电商交易牢牢绑定，以其高性价比、高使用率受到消费者的喜爱。2015 年“双十一”当天，淘宝及天猫平台上共计 3.08 亿个包裹购买了退运险，较去年同期增长 70%。淘宝还针对特定人群、特定场景的不同需求，有针对性地推出创新产品，如单身人群、春运、高温、中秋节庆等主题产品。此外，随着智能可穿戴设备应用场景的增加，保险公司可根据“基础引流+场景嵌入”原理，与可穿戴设备商合作，在设备连接的 APP 端中嵌入保险服务，推出基于个体风险定量的健康险产品，采集用户健康运动数据，实现精准化定价和营销。中国首家互联网保险公司众安保险已在全国范围内推出一款重疾险，通过各种穿戴设备记录“天天慢跑”数据再上传至微信即可生成积分，积分则可转化成保费优惠。在“互联网 + ”时代，大数据、物联网、智能手机将广泛地拓展互联网保险的应用场景。由此可见，场景创新产品深度嵌入互联网背后的消费场景、信用体系和生态资源，改变现有的保险产品结构、运营和服务模式，实现了互联网保险产品从新渠道到新业态的进一步升级。互联网保险“场景创新”产品如表 8-1 所示。

表 8-1 互联网保险“场景创新”产品

渠　道	传统保险代销	电商平台销售	专业互联网保险平台
产品	意外险、健康险 车辆险、旅游险	退运险、物流破损险 账户资金安全险	春运回家保障险 高发癌症专属保险
场景	出行、旅游、健康	电商购物、物流安全 互联网支付	特定人群特定需求

3. 第三重境界：商业模式创新

互联网保险商业模式下，可以通过构建生态圈来实施跨界竞争、客户迁徙，通过基础平台推出“爆款”互联网保险产品来吸引用户流量，从而将保险客户迁徙到自身生态圈内的其他平台上实现“上层变现”。基础平台推出的保险产品可以是低价的、免费的，如失眠险、雾霾险等，“上层变现”才是实现盈利的环节，通过对基础引流压缩渠道成本带来的大量目标客户“交叉营销”其他产品来获取利润。同时，可以充分利用区块链等新技术改变传统定价模式，实现商业模式的升级，如推出精确定价、动态定价的 UBI 车险。UBI，即 Usage-based insurance，最初是基于使用量的保险，而后进化为基于驾驶行为的互联网车险。UBI 车险能够满足保险公司车险定价和还原事故现场等需求痛点，从而在市场上实现从驾驶行为数据到商业模式的完整闭环。

拓展阅读：我国第一款 UBI 车险——里程宝

请扫描图 8-8 中所示的二维码，阅读“我国第一款 UBI 车险——里程宝”产品介绍，了解 UBI 车险是如何通过大数据与个体风险定量技术实现商业模式创新的。

图 8-8　我国第一款 UBI 车险——里程宝案例二维码

资料来源：http://www.wtoutiao.com/p/12c8wdK.html.

4. 第四重境界：“云”端保险

2016 年，众安保险依托阿里云推出了云计算保险、数据安全险；依托腾讯金融云，安心保险成为国内第一家全业务系统都在“云”上的保险公司，实现了从营销、渠道、产品乃至运营的全业务链条的互联网化。“云”端保险运用云计算、云存储、区块链、大数据等创新技术与方法，有助于解决传统保险产品风险查勘和理赔环节互联网化的难题。传统风险查勘需人工实现，效率低下。金融云能提供一站式视频解决方案，零门槛构建一对一、一对多、多对多的高质量互动直播或点播服务，使企业通过客户手机端传送的视频和图片就可以实现风险查勘。同时，金融云提供了分布式对象存储技术，能帮助客户轻松地实现电子票据、档案影像的云端存储，使理赔更加便捷、高效。因此，“云”端保险真正体现了互联网保险服务互联网经济的目标，颠覆了传统保险产品的底层架构，实现了全线上流程闭环，构成了互联网保险产品创新的“第四重境界”。互联网保险的未来在“云”端。

拓展阅读：云计算保险与数据安全险产品

请扫描图 8-9 中所示的二维码，阅读众安保险的云计算保险与数据安全险产品介绍，了解保险公司对互联网保险产品创新“第四层次”的实践探索。

图 8-9　云计算保险与数据安全险产品案例二维码

资料来源：根据搜狐财经、南方日报相关报道资料整理。

综上所述，通过全面梳理互联网保险产品创新体系，可以将互联网保险产品创新的层次和路径总结为表 8-2。同时，还可以扫描图 8-10 中所示的二维码，观看本书主编在中国人保总公司（PICC）研讨会上对互联网保险产品创新的精彩演讲，以进一步把握产品的创新要点。

图 8-10　互联网保险产品创新演讲视频二维码

表 8-2　互联网保险产品创新的层次

层次	产品创新模式	主 要 特 征	技术与方法	产 品 举 例
1	渠道创新	售前、售中和售后的互联网化	改造或开发适合互联网销售的产品	网络直销标准化旅行险
2	场景创新	场景化、定制化、碎片化	基础引流＋场景嵌入	退货运费险
3	商业模式创新	基础平台上层变现、精确动态定价	区块链、大数据 个体风险定量	车联网 UBI 车险
4	“云”端保险	全线上流程闭环	云计算、云存储	云计算保险

[做中学 8-1]　互联网保险投保操作实践

在了解了互联网保险投保的主要流程后，让我们根据以下步骤引导，通过平安保险的官网平台进行在线投保，以达到熟悉和掌握互联网保险投保实际操作的目的，如图 8-11 所示。

图 8-11　平安保险网上商城首页

步骤 1：选择适合的投保计划。

登录平安保险商城，单击“在线投保”，在出现的分类列表中，选择适合自己的互联网保险产品，以及相应费率的投保计划。下面以“国内旅游-自驾游保险”为例，具体说明投保过程，如图 8-12 所示。

图 8-12　投保计划选择页面

第 2 步：填写投保信息。

根据网页上显示的“国内旅游-自驾游保险”填写投保信息表单，逐项填写投保人信息、被保险人信息等内容，填写完后，单击“下一步”，将上述信息通过互联网传输至保险公司，如图 8-13 所示。

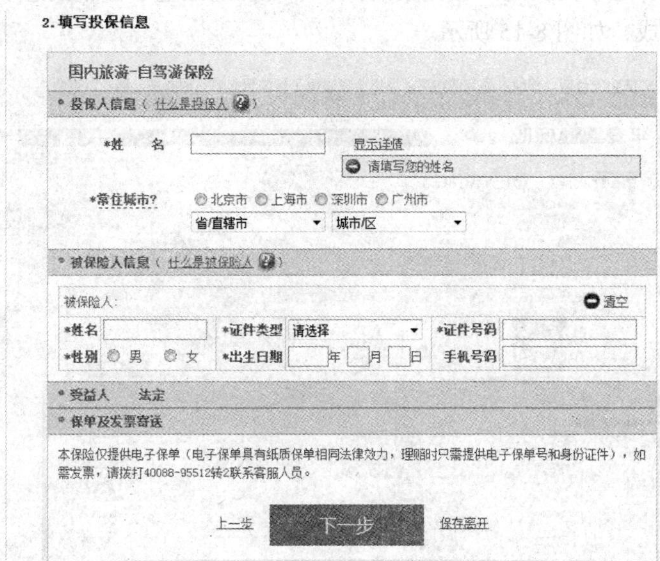

图 8-13　填写投保信息页面

第 3 步：签订保险合同。

经核保后，若保险公司同意承保，则以电子邮件的方式向客户确认，在客户通过电子邮件完成数字签名后，保险合同订立。

第 4 步：在线支付保险费。

确认投保信息，保险合同订立后，系统将自动生成保费订单，进入支付界面。您可以从信用卡、储蓄卡、第三方支付等方式中，选择一种适合自己的支付方式，完成保费的在线支付，并单击“下一步”，如图 8-14 所示。

图 8-14　保费在线支付界面

第 5 步：查收并确认电子保单。

成功支付保费后，互联网保险产品完成购买，系统会发送电子保单到您填写的邮箱，注意查收，整个投保过程完成，如图 8-15 所示。

图 8-15　支付成功与投保完成

五、完善互联网保险产品的重点方向

现阶段，完善互联网保险产品，首先应当立足于标准化个险产品的互联网化，因为此类产品最适合网上直销；其次要探索区块链等新技术在保险产品设计中的应用，积极开发动态定价的跨界创新产品；第三要积极开发个性化、定制化产品和投资理财类互联网保险产品，为客户创造新需求；最后要强化互联网保险产品创新中的风险防控。

1. 进一步完善标准化个险产品

标准化的个险产品（人身意外险、旅游险、健康险、车险等）的保险条款通俗易懂、保单标准化程度高，且保费低廉、无需核保或能够网络自动核保，与传统营销渠道没有明显冲突，因此适宜网上直销，应该成为互联网保险渠道创新，实现售前、售中、售后全程互联网化的主打产品。2016 年一季度，人身险公司互联网销售渠道实现保费收入 92.99 亿元，同比增长 554.86%。可以从以下方面进一步完善此类产品。一是拓宽保障范围。以旅游险为例，国内旅游险的营销产品多半采用与航空公司的机票捆绑营销的模式，然而在欧美国家，旅游险则更为多样化。例如，申请申根签证时必须购买的旅游险能够保障整个旅途的安全，不仅包括航班延时、取消，更包括旅途中东西被盗、丢失等多种情况，有些甚至还会包括申请签证失败的保险条款。这些都值得我们借鉴。二是开发创新产品，满足客户的潜在需求。例如，随着饲养宠物、喜欢健身的人群的增加，可以探索推出网络宠物保险、健身险等。另外，一些创新的财产险还可以通过网上询价和后续上门服务的方式加以推广。

2. 探索区块链技术在互联网保险产品交易中的应用

区块链起源于比特币的底层技术，是通过去中心化的方式集体维护一个可靠数据库的技术方案，在互联网金融领域具有广阔的应用前景。对于互联网保险产品交易来说，区块链技术通过“全网总账广播”和“竞争式记账机制”，使保险公司能够在实现身份认证的基础上，授权数据管理功能，使得投保人能管理自己的保险产品，构建保险公司和投保人之间更直接和透明的商业关系。这种由于技术所带来的信息优势将会大大降低互联网保险产品的交易成本。可以预见，区块链技术的运用对于互联网保险的发展将会起到革新作用。假设投保人拥有一个安全的、全球可用的区块链个人存储区域，那么被保险人的健康记录和驾车记录对于保险人来说会变得透明、可靠，从而投保人能获得费率更公平的寿险或车险。不仅如此，区块链技术使得一部分风险群体构建自身的风险池成为可能。通过区块链技术促进不同个体与群体之间的交流，互联网众筹保险也会得到进一步的发展。

3. 推进定制化产品设计和服务创新，满足网络客户的个性化需求

随着互联网金融的发展，以及区块链、大数据等新技术的兴起，消费者的行为、个体特征及由此产生的各类数据均能有效地被记录、分析，使得基于保险电子商务平台开展定制化保险产品设计成为可能，并能根据一类人群的各方面特征，精细化地推出与之相适应的产品，满足网络客户的个性化需求。互联网保险产品的个性化设计可以通过一个个标准化产品模块的组合来实现，从而提高产品创新的效率。同时，互联网保险不仅仅体现在前端产品设计上，还包括后端服务的革故鼎新。保险公司要始终贯彻网络品牌意识，以客户为中心，从产品设计、制定、销售到服务，实现全程互联网化。尤其是在服务端，精简前台环节和客户操作，降低人工干预，通过人脸识别等高科技来实现在线快速理赔，以优质的服务满足网络客户的需求。

4. 积极开发投资理财类互联网保险产品

投资理财类保险产品核保比较简单，适合通过互联网销售。目前，在多家险企针对个人消费市场推出的产品中，除了消费型的意外险、车险等外，销售火爆的产品多半是主打理财的投资连接型保险产品，而且电子商务平台营销的保险产品门槛都很低，这与很多金融机构动辄 5 万元起的理财产品形成鲜明对比。投资理财类互联网保险产品除了适合保险公司直销外，还适合通过第三方互联网保险平台销售，或者通过网上银保渠道展业，不仅满足了客户多样化配置资产的需要，而且有利于实现“交叉营销”，提高互联网保险的公众认知度。

[随堂测试 8-2] 请复习项目六所学内容，打开“微众银行”APP，找到一款通过“微众银行”APP 销售的投资理财类互联网保险产品，详细了解该产品的具体要素和交易结构，并分析其在网络银行特色理财产品组合中的作用。

5. 强化互联网保险产品的风险防控

互联网保险在产品创新的同时，要强化相关风险防控，从而实现可持续发展。一是要完善产品设计，防范逆向选择与道德风险。部分互联网场景化产品的交易结构与费率厘定设计过于简单，存在逆向选择与道德风险遗患。例如，退货运费险执行“收费按货物件数，赔付按快递包裹数”的规则，遵守了保险的损失补偿原则，但造成了消费者保费损失，在给买家提供利益保障的同时也给卖家带来了困扰。因此，要通过基于个体风险定量的交易结构设计和保费精算定价来完善产品。二是要加强网络安全建设，建立网络安全风险评估和监测体系，强化互联网保险的信息安全风险防控。经营互联网保险的公司应动态监测网络安全情况，加大信息技术投入，确保投保人、被保险人的隐私信息和网上支付安全。三是要加大互联网保险业务的监管力度，完善互联网保险监管法规，有效防控互联网保险产品创新活动的合规风险，严厉打击通过网络进行销售误导、非法销售假保单等违法违规行为，依法保护保险消费者的利益。

[做中学 8-2] 探索移动互联网保险功能

随着移动互联网技术的不断发展，智能手机的便捷性和定位性可以使保险公司在合适的时机向消费者提供他们所需的商品和服务。我国保险公司也高度重视移动保险市场的战略发展，互联网保险正逐渐由以 PC 端为主转为以 APP 移动端为主。下面，请通过步骤引导，探索移动互联网保险的主要功能。

步骤 1：信息查询。

这种功能主要为用户提供最新的产品信息，解答用户疑问等。请分别登录以下公司的手机 WAP 端网站：中国平安（wap.pingan.com）、人保财险（wap.epicc.cn）、泰康人寿（wap.taikang.com），查询保险市场资讯及产品信息，并使用其提供的“个税计算器”“天气预报”等小工具。

步骤 2：客服管理。

请通过手机网站或 APP 查询保单情况。例如，友邦中国的客户可通过登录“掌上友邦”查询自己的保单情况，包括保险合同的基本信息、缴费信息、尚存公司款项、个人基本信息、个人账户现金价值、借款信息及理赔信息等资料。

步骤 3：手机投保。

随着大数据时代的到来，手机投保越来越被保险公司所重视。近年来，我国保险公司纷纷推出手机投保业务，平安保险、人保财险、泰康人寿等均提供了这项服务。手机投保往往是电脑版的简化。以人保财险的“e-都市白领”为例，其电脑版网站上的投保功能提供 5 档保额和保障配置，保额从 4 万元到 6.7 万元不等，保障期限也从半年到一年不等。但是在手机投保网站上，则仅剩 4 万元意外伤害+2 000 元意外医疗的基本款。显然，使用手机投保是一种更便捷的方法，但是更详细、更丰富的产品介绍和营销还往往需要进入电脑版网站。

请打开支付宝，进入“我的”界面，单击“我的保险”，选择一款小额互联网保险创新产品，完成手机投保，如图 8-16 所示。

图 8-16　支付宝互联网保险产品（部分）

步骤 4：手机理赔。

近年，部分保险公司开始尝试在线手机理赔，利用智能手机的高网速来作为传统理赔文件传送的替代手段。在以往的理赔过程中，业务员收到投保人的理赔资料后还需要送至保险公司内部审核，途中要花去不少时间。而有了理赔功能后，业务员就可以将文件用手机拍照后直接传送至保险公司后台。目前，已经采用手机理赔技术的泰康保险已经可以实现当天予以理赔了。请通过网络检索了解新华保险“移动理赔服务平台”的功能，进一步体会手机理赔简化的理赔流程及提高理赔效率的作用。

任务二　认识互联网证券

证券业是重要的传统金融业务部门，承担着资本市场直接融资的重要职能，而证券交易的实时性、高频性和复杂性，又使得证券业对互联网和信息技术的需求比其他传统金融部门更为迫切，因此证券公司成为最早进行互联网化转型的传统金融机构。2014 年 7 月，中国证券业协会批准了第一批互联网业务试点资格券商，获准券商积极发行互联网金融产品、开发互联网金融平台以及尝试与大型互联网公司合作。国金与腾讯合作推出的佣金宝便是典型。本任务将带领大家了解互联网证券的概念与影响，剖析传统券商的互联网转型之路，并通过“做中学”帮助大家掌握互联网证券的远程开户、在线交易和新股申购等实际操作，提高“互联网+”时代的证券投资技能。

一、互联网证券的概念与影响

扫一扫看微课

互联网证券源于网上证券的发展以及“互联网+证券”的深度融合，是证券业以因特网，特别是移动互联网等信息网络为媒介，为客户提供的一种全新商业服务，是电子商务条件下证券业务的创新，具体包括远程开立证券账户、网上股票发行与新股申购、互联网证券交易、互联网证券投资资讯（国内外经济信息、政府政策、证券行情）、基于互联网的经纪业务增值服务（如网上证券投资顾问）以及在线一站式财富管理服务等。提供上述各类互联网证券业务的券商，既包括向互联网转型的传统证券公司，也包括网信证券等新兴的互联网券商，并日益展开激烈的市场竞争。

互联网改造传统产业和模式的核心在于其天然的“平等、开放、协作、共享”的价值观。随着互联网证券业务的不断推广，证券市场逐渐从“有形”市场过渡到“无形”市场，传统的证券交易营业大厅逐渐失去了其原有的功能，远程终端交易、网上用户体验及交易成为主流的证券交易方式，互联网证券业务成为互联网金融应用最为成功的领域之一。互联网证券发展对证券市场的影响主要表现在以下几个方面。

1. 证券市场的发展速度加快

证券市场是一个快速多变、充满朝气的市场。在证券市场的发展过程中，互联网证券作为证券市场创新的一种新形式，发挥了积极的推动作用。其表现是：第一，证券市场的品种创新和交易结算方式的变革，为互联网证券建设提出了新的需求；第二，互联网证券建设又为证券市场的发展创新提供了技术和管理方面的支持，两者在相互依存、相互促进的过程中得到了快速发展。

2. 证券业的经营理念在实践中发生变革

互联网时代的证券公司不再以雄伟气派的建筑为标志，富丽堂皇的营业大厅不再是实力的象征，单纯靠铺摊设点扩张规模的“粗放式”经营理念已显得黯然失色，取而代之的是依托最新的区块链、大数据等互联网新技术，积极为客户提供投资咨询、一篮子移动理财等新型金融服务。

3. 互联网证券营销和开户方式不断创新

营销方式在管理创新中不断地变化，市场营销将不再依赖于营销人员的四面出击，而将集中更多的精力用于网络营销。通过网络了解客户的需求，并根据客户的需求确定营销的策略和方式，再将自己的优势和能够提供的服务通过网络反馈给客户，从而达到宣传自己、推销自己的目的。例如，国金证券与腾讯合作，通过腾讯微信渠道、腾讯新闻客户端实现远程开户；华林证券、东吴证券等公司成立互联网金融营业部，通过同花顺、大智慧等交易软件“精准营销”增加开户客户数量。

4. 券商经营策略转向“协作共赢”

在网络互联、信息共享的互联网时代，证券公司不再单纯依靠自身力量来发展业务，而是利用自身优势建立与电子商务平台公司等行业的合作关系。各行业在优势互补、互惠互利的前提下联手为客户提供全方位、多层次的立体交叉服务。这种合作会给各方带来成本的降低和客源的增加，从而达到增收节支、扩大业务的目的。

5. 单一经纪业务向综合性资产管理转型

随着互联网证券时代的到来，以及开户数量限制的取消，证券投资者选择不同券商的转换成本不断下降，导致券商之间的市场竞争日益激烈，特别是传统券商与新兴的互联网证券公司大打“价格战”。价格竞争的直接结果是导致网上交易佣金费率的降低，当竞争达到一定程度后，仅靠减佣模式已不能维持下去时，全方位的服务模式就会出现。这时候，券商的收入将由单一的经纪佣金转向综合性的资产管理费用。

6. 传统证券业面临“金融脱媒”的严峻挑战

随着互联网金融的快速发展，部分企业可以绕过证券金融机构，通过股权众筹等方式，直接在互联网上公开发行股份来募集资金，甚至自己开展交易活动。例如，美国电子股票信息公司自 1996 年开始利用互联网为客户提供股票交易服务；又如，美国春街啤酒厂（Spring Street），作为全球第一个在互联网上发行股票的公司，直接在网络上向 3 500 个投资者募集了 160 万美元的资本，并在网络上发展出一套交易制度来交易该公司的股票。在信息技术与互联网金融快速发展的今天，传统证券机构如果无法适应网络技术的发展，无疑将成为最大的输家，很可能成为明日的“恐龙”。

总之，伴随着互联网金融的创新发展，互联网给证券业带来了挑战与机遇，如果能够充分利用新技术带来的积极效应，互联网证券布局将明显提速，证券行业整体实力将显著提升，基础功能将进一步完善，证券业务的国际化步伐将加快。伴随着创新业务的快速成长及其与传统业务的融合发展，互联网证券将对多层次资本市场建设带来深远影响。

[随堂测试 8-3] 请总结互联网证券的优势及其对证券市场发展的影响，并结合项目一所学内容，分析这些影响具体体现了互联网金融运行的哪些新规则。

二、互联网证券的主要模式

互联网证券交易是投资者利用互联网网络资源，获取证券的及时报价、分析市场行情，并通过互联网委托下单，实现实时交易。如果纯粹从交易过程来看，互联网证券交易与传统证券交易方法的不同主要是交易信息在客户与证券营业部之间的传递方式上。传统的证券交易方法包括投资者通过证券营业部柜台下单或通过电话委托等方式进行交易，其特点是：投资者的交易指令或是直接传递给证券营业部的营业员，或是通过封闭的电话专线传递，因此信息传递的安全性与可靠性都有保证。互联网证券交易与传统证券交易方法的最大区别就是：投资者发出的指令在到达证券营业部之前，是通过公共网络即互联网传输的，大大提高了业务处理的便捷性，但其安全性是依靠加密技术、区块链、分布式处理等信息安全技术得以保障的。互联网证券与传统证券交易流程的具体比较，如图 8-17 所示。

传统证券交易流程

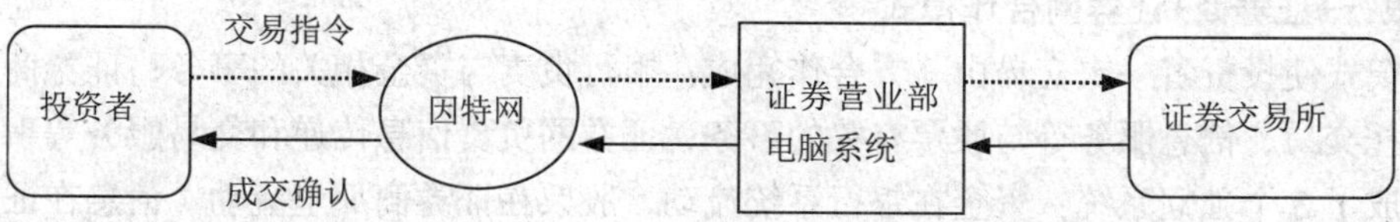

互联网证券交易流程

图 8-17　互联网证券与传统证券交易流程比较

目前，我国互联网证券的主要经营模式大致可分为证券公司主导模式、IT 公司参与发起模式、券商与银行合作模式以及银行+证券商+证券网合作模式。

1. 证券公司主导模式

证券公司主导模式即证券公司自己建立广域网站点，营业部直接和互联网连接起来，形成“投资者计算机-营业部网站-营业部交易服务器-证券交易所信息系统”的交易通道。在这种模式下，证券公司拥有自己的门户网站和交易平台，能够在全国公司范围内统筹规划、统一交易平台和品牌，有利于开展咨询、证券交易、理财等一切客户需要的信息服务，按照投资者的需求，提供有针对性、个性化的服务，而且可以直接在自己的网站上为客户提供各种特色服务，如股市模拟操作、市场分析讲解等。建立证券公司自己的网络交易平台，与券商实施营业部大集中的趋势是一致的，这种模式也比较符合国内券商的内部管理架构。

2. IT 公司参与发起模式

网上证券交易在国内开展，开始是由券商全权委托 IT 公司负责的，即 IT 公司（包括网上服务公司、资讯公司或软件系统开发商）负责开设网络站点，为客户提供投资资讯，而券商则以营业部为主在后台为客户提供网上证券交易的渠道。起初开展网上证券交易的券商基本采用了此种模式，但在《网上证券交易委托管理暂行办法》实施后，这类方式已经日益减少。目前，网上证券交易的技术系统解决方案也多由这些 IT 公司提出，比较典型的有赢时通（http://www.yestock.com）、中国证券网（http://www.cnstock.com）、证券之星（http://www.stockstar.com）、海融资讯（http://www.158china.com）等。这些网上证券交易平台的证券交易是由各券商营业部租用网上证券交易平台来实现的，如赢时通目前有 70 多家不同券商的营业部租用其网上证券交易平台。

表 8-3 所示为证券公司主导模式与 IT 公司参与发起模式的比较。

表 8-3　　证券公司主导模式与 IT 公司参与发起模式的比较

模　式	证券公司主导模式	IT 公司参与发起模式
网络技术的基础和积累	新兴业务，网络技术人才引进	网络人才集聚，技术成熟适用
电子化网上证券交易理解	经纪业务的主动性“坐商”	电子个性化被动性“行商”
发展和应变的能力	原创性的研究成果和“绝密”信息的吸引力强	海量信息和智能选股模型的多样化
平台建设和营销的成本	先期投入成本大，后期维护成本低	前期已经投入，但对租用平台无自主权，客户维护成本高
交易区域性的局限	各地电信、移动、银行等一系列的合作协议	网上证券交易平台，有 ISP 的优势

3. 券商与银行合作模式

这种模式使券商与银行之间建立专线，在银行设立转账服务器，可用于互联网证券交易资金查询，资金账户与储蓄账户合二为一，实现了银行账户与证券保证金之间的及时划转。采用这种方式，投资者只要持有关证件到银行就可办理开户手续，通过银行柜台、电话银行、网络银行等方式进行交易。

4. 银行+证券商+证券网合作模式

这种模式使投资者一次交易由 3 方合作完成：银行负责与资金相关的事务；证券商负责互联网证券委托交易、信息服务等与股票有关的事务；证券网负责信息传递和交易服务等事务。这种模式下形成了 3 个独立系统：资金在银行系统流动、股票在证券商那里流动、信息在证券网站上流动。

无论以哪一种模式开展互联网证券业务，以客户为中心，加强客户关系管理，满足客户不断变化的需求，使服务更加专业化，都应是其核心内容。

三、传统券商的互联网化转型

始自 2014 年的券商互联网金融热潮越来越深刻地影响着我国证券业的竞争格局。互联网证券业务的持续推广以及“一人多户”政策的放开，进一步加剧了行业平均佣金率的下滑和券商之间的竞争，也加速了券商经纪业务转型发展的进程。基于对互联网金融发展的前瞻性认识和向财富管理转型的战略目标，传统券商的互联网化转型一般包括以下方面：一是标准化业务向互联网平台集中；二是大力发展“轻型营业部”，使高端客户和个性化服务向线下平台集中；三是以国际化带动互联网化布局与发展。

1. 积极开展互联网金融产品、服务和交易方式创新

线上方面，各传统券商持续推进以移动互联网平台为核心的互联网发展战略，打造智能化的移动互联网终端 APP，实现通过互联网平台低成本、高效率地为客户提供标准化服务的目标。例如，华泰证券打造的移动互联网终端“涨乐财富通”成为公司大规模吸引客户、高效率服务客户、多元化沉淀客户的重要依托。截至 2015 年年底，“涨乐财富通”移动终端客户开户数 238.82 万，占公司全部开户数的 89.97%；公司 72.91%的交易客户通过“涨乐财富通”进行交易，日均活跃用户数超过 180 万，成为客户交易和开户的主要途径，引流效果显著，并直接大幅增加金融产品销售。为进一步优化客户体验，“涨乐财富通”正在向智能化方向寻求突破。2016 年 2 月，集智能新股申购提醒、一键打新、新股中签提醒等为一体的智能打新功能的推出为用户提供了全新的新股申购体验；升级的智能推送功能基于大数据分析和自建的个体特征服务系统，能为客户提供相应的个性化服务，推送更适合的产品和服务；全新上线的智能客服服务，运用智能语义技术和自然语言为用户提供 7×24 小时“3A”实时交互服务。

2. 适应互联网证券发展趋势，升级传统营业网点功能，大力发展“轻型营业部”

目前，几乎各大券商的官网、手机端都开设了网上营业厅，网上开户是基本功能，除此之外还有创业板转签、港股通、债券质押式逆回、OTC 业务等。线下方面，营业部逐步转变为高端客户综合服务平台、产品综合配置平台、互联网落地平台、区域资源整合平台，在提供标准化服务的基础上集中网点资源重点针对高净值客户、机构客户及企业客户提供个性化的综合金融服务。而传统营业部的现场交易功能却逐渐被互联网证券交易所取代。根据中国证券业协会在 2012 年 12 月发布的《证券公司证券营业部信息技术指引》，将券商营业部分为 A、B、C 3 种类型。其中，A 型营业部为一般传统营业部，提供现场交易服务；B 型营业部提供部分现场交易服务；C 型营业部既不提供现场交易服务，也不需要配备相应的机房设备，即“轻型营业部”。由此可见，与A型营业部动辄上百万的设立成本相比，C型营业部成本低，更像是社区营业部，适合于券商快速布点并就近提供增值服务。互联网证券的便捷性和灵活性，正好为大力发展轻型营业部创造了条件。例如，东吴证券从2013年开始布点轻型营业部，截至2015年年底已在全国设有52家轻型营业部，其中苏州大市范围内则达到了33家。虽然东吴证券的大部分客户均通过手机开户并在线完成交易，但仍有超过60%的客户会去身边的轻型营业部听讲座，及与投资顾问交流，这类营业部成为了提供精细化服务和发展普惠金融的重要抓手。

[随堂测试 8-4] 某互联网券商轻型营业部负责人说：“互联网证券依旧是券商要紧抓的一张牌，而全牌照的轻型营业部也不仅仅是一个就近服务点，还是券商品牌的展示，进行财富管理的一个载体。互联网和轻型营业部，两者缺一不可。”请你谈谈对这句话的理解。

3. 龙头券商通过海外并购等方式，以国际化带动互联网化布局与发展

金融市场国际化和不断增加的海外投资需求促使国内大型证券机构推进互联网化转型的同时，开始谋划尽早布局海外，以国际化带动互联网化发展。最新的做法是，通过并购国外著名的Fintech科技金融机构或互联网金融平台，前瞻性布局海外互联网证券市场，从而实现国际化发展与互联网化转型的双重目标。

四、互联网证券交易

互联网证券交易是指投资者通过互联网来进行证券买卖的一种方式，为股民提供网上股票交易的实际环境，使得股民通过互联网进行方便快捷的在线交易、管理及其行情查询。其业务涵盖股票买卖、新股申购、银证转账、账户余额、开户销户、密码修改等方面。

互联网证券交易是现阶段互联网证券的主要组成部分，已经成为证券公司最主要的委托交易方式，构成证券公司极为重要的业务渠道。随着“互联网+证券”的融合，新一代投资者已经习惯了通过PC端或者移动APP来完成证券交易，互联网证券交易有替代传统证券交易的趋势，并体现出其独特优势。首先，互联网证券交易以无所不在的互联网为载体，通过高速、有效的信息流动，从根本上突破了地域的限制，使得投资者能在全国甚至全球任何能上网的地方进行证券交易，并使那些有投资欲望但却无暇或不便前往证券营业部进行交易的人士进行投资成为可能。其次，互联网证券交易通过互联网和大数据技术，克服了传统市场上信息不充分的缺点，有助于提高证券市场的资源配置效率。第三，互联网证券交易可以降低交易成本。网上交易的全国引入，使得客户在普通的计算机或智能手机上就可以全面把握市场行情和交易的最新动态。另外，对券商而言，网上交易的大规模开展，可以大幅度降低营业部的设备投入和日常的运营费用。最后，互联网证券交易的安全性也能得到有效的保障。现在，网上交易系统通常采用对称加密和不对称加密相结合的双重数据加密方式，再加上证券公司本身的数据加密系统，大大提高了交易的安全性。

依照证券交易的一般流程，互联网证券交易也包括登记开户、委托交易、交易撮合和清算交割4个步骤。

1. 登记开户

与传统证券交易需要客户面对面登记开户不同，互联网证券支持客户在互联网上进行远程开户。投资者将自己的电脑或智能手机连接到证券公司的站点后，即可直接在网上登记和开户。目前，我国的大部分券商都已经通过官网、APP端、微信公众号等渠道提供了各种远程登记开户方式。下面，将通过“做中学”来详细介绍远程开户的具体操作步骤。

[做中学 8-3] 互联网证券手机远程开户操作

证券登记开户是证券交易的第一步，手机远程开户是目前互联网证券最主要的开户方式，已经逐渐取代了传统的交易柜台开户。手机远程开户又可以细分为 APP 端开户、微信开户、个人展业平台开户和交易软件开户等，其中最能体现移动互联网特点的是 APP 端开户。下面，请大家根据步骤引导，完成 APP 端开户操作，并在提示下自行探索掌握其他手机远程开户方式的操作方法。

步骤 1：下载并安装手机 APP。

选择你打算开户的互联网券商，从应用商城中搜索并下载该券商的 APP ，安装到手机中。打开该 APP，以华林证券为例，会出现如图 8-18 所示的开户提示界面。

步骤 2：完成手机验证与身份验证。

在以上界面中输入手机号，通过手机获取并输入验证码，单击“下一步”。在出现的身份验证页面中，通过智能手机的摄像头分别按要求拍摄开户人身份证正面与反面照片，并上传，然后单击“下一步”。此时，APP 后台系统会自动识别你上传的身份证信息，并与公安部系统匹配，如果通过了身份验证，APP 端会自动显示匹配的姓名、身份证号、联系住址等信息，并要求你选择职业、学历、营业部和客户经理（推荐人）。按实际情况选择填写后，单击“下一步”，进入风险评估程序，如图 8-19 所示。

图 8-18 手机 APP 开户提示界面

图 8-19 手机 APP 开户身份验证界面

步骤 3：完成客户风险评估问卷。

根据证监会的相关监管规定，所有开户的股民必须完成客户风险评估问卷，以明确自己的投资风格，并认真阅读相关风险提示，以此完成必须的投资者教育流程。例如，“华林证券” APP 开户的客户风险评估问卷包括如图 8-20 中所示的 8 个问题，开户的投资者需要逐一如实回答，然后单击“下一步”，完成投资风格的判定，阅读相关风险提示，从而接受开户前的投资者风险教育。

步骤 4：绑定银行卡。

根据 APP 提示，选择证券交易三方存管的银行，并输入卡号和银行卡密码，完成绑定，如图 8-21 所示。

步骤 5：签署开户协议与设置密码。

完成绑卡后，会出现签署开户协议界面，首先需要选择开通的账户，包括深 A 与沪 A，一般两者可以同时勾选，这样上海证券交易所与深圳证券交易所上市的股票均可以投资（创业板需要另行开通）。然后，阅读开户协议并同意，在出现的“设置密码”页面中设置好证券交易密码与银证转账资金密码，然后单击“下一步”，如图 8-22 所示。

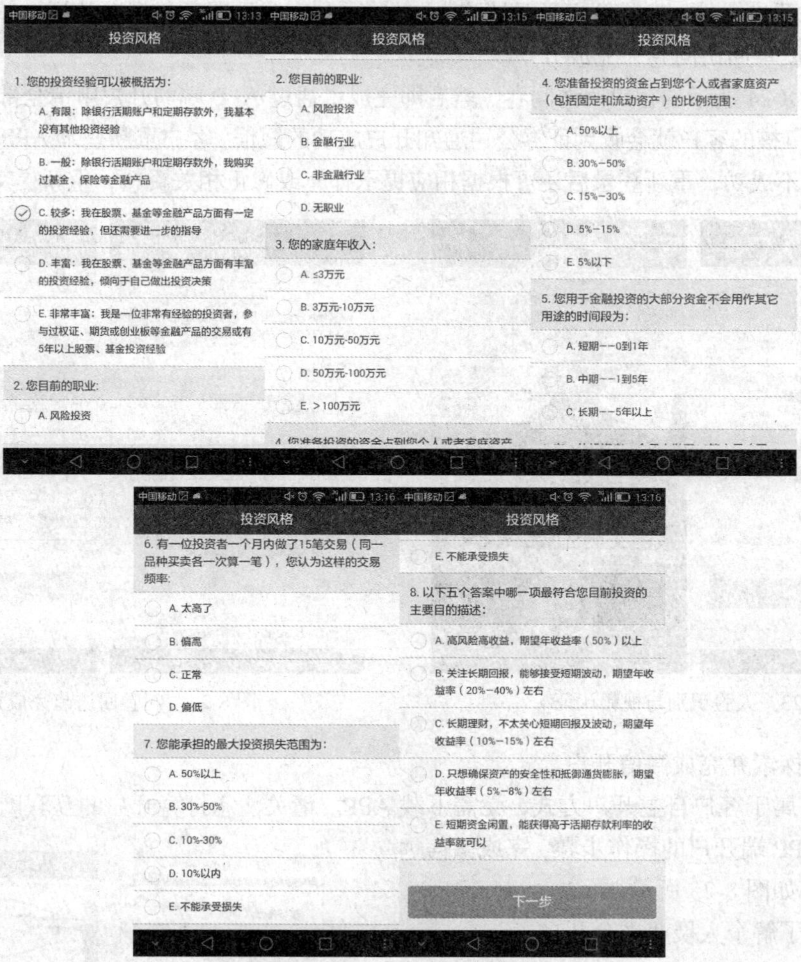

图 8-20　客户风险评估问卷

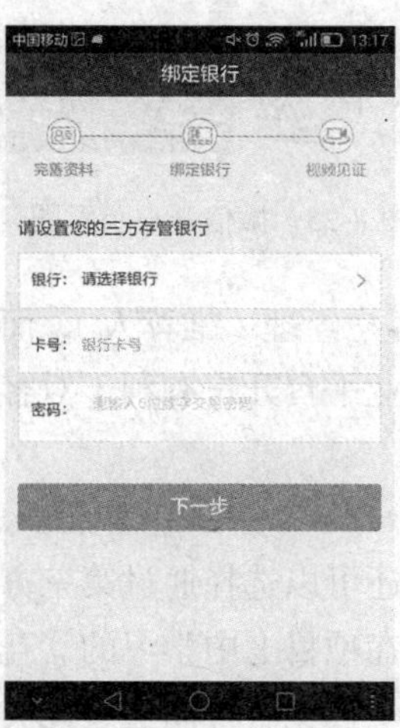

图 8-21　绑定证券交易资金三方存管银行卡

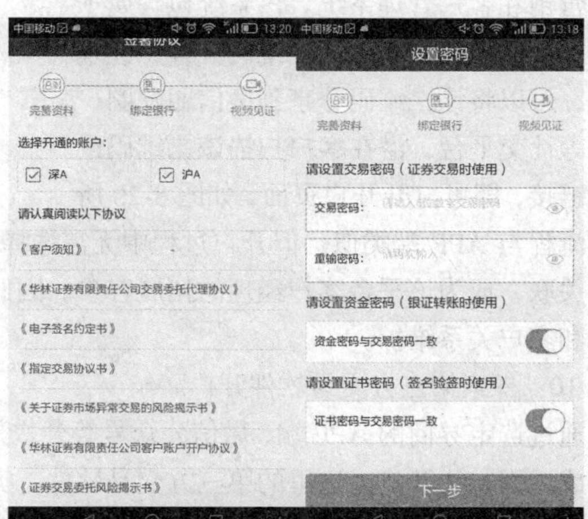

图 8-22　开户协议签署与密码设置

步骤 6：完成人脸识别与视频认证。

根据 APP 提示，在光线充足和安静环境中，打开手机摄像头，完成拍照人脸与身份证人脸的比对识别。然后要求录制一段个人视频，录制的过程中，按提示用普通话大声朗读："我叫 × ×，已阅读并签署开户文件，自愿开立证券账户……"，顺利完成后即通过视频认证，如图 8-23 所示。

步骤 7：填写回访问卷，完成开户。

填写如图 8-24 所示的客户回访问卷，然后即完成了通过 APP 端的开户申请全部流程。一个交易日后，通过审核的客户就会收到证券公司通知开户成功的短信。客户重新登录 APP 后可获取开户报告。若开户不成功，重新登录后还可根据相应提示补充或修正相关资料，重新提交开户申请。

图 8-23　人脸识别与视频认证

图 8-24　问卷回访与完成开户

步骤 8：探索并完成微信开户。

微信开户属于客户自主开户方式，无需下载 APP。请关注您打算开户的互联网券商的微信公众号，参照 APP 端开户的操作步骤，完成微信远程开户操作，如图 8-25 所示。

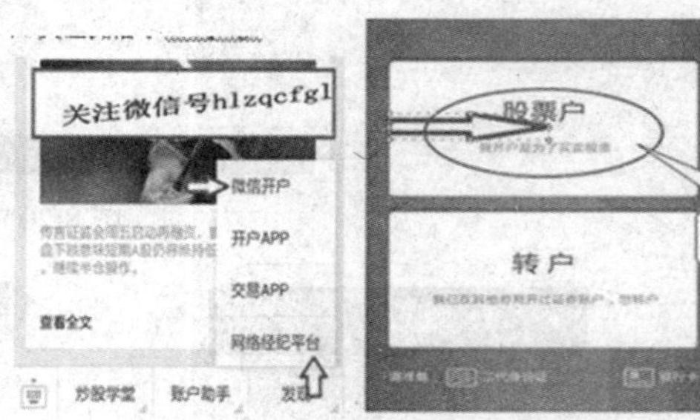

图 8-25　微信开户示意图

步骤 9：了解个人展业平台开户。

个人展业平台系统是证券公司为从业人员提供的个人营销和客户管理系统。该系统包含属于证券公司客户经理的专属个人二维码。客户经理在展业时，可以将该二维码分享到微信朋友圈、QQ 空间等社交平台，潜在客户扫描该二维码或单击对应链接，即可打开开户页面，如图 8-26 所示其开户流程与 APP 端类似，但开户过程中无需选择营业部和客户经理（推荐人），而是自动与展业平台关联，成为该平台客户经理的拓展客户。因此，通过展业平台开户有利于对客户经理的业绩考核和客户关系维护。

步骤 10：探索第三方交易软件开户。

除了通过选定券商的 APP 端、微信公众号等开户外，投资者还可以选择通过第三方交易软件的引导完成远程在线开户。这里的第三方交易软件，类似于我们在项目七中学习的"互联网金融信息门户"，具有行情咨询、搜索比价和整合开户交易等强大功能，投资者可以通过此类软件比较各券商的佣金和服务，并在引导下开立 A 股、港股甚至美股账户。请分别了解同花顺、大智慧等主流第三方软件的主要功能与操作方法，并尝试通过这类软件完成开户，如图 8-27 所示。

图 8-26 个人展业平台开户示意图

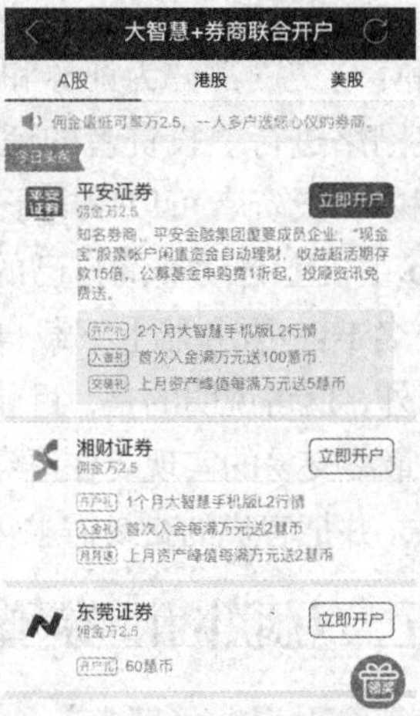

图 8-27 大智慧+券商联合开户界面

2. 委托交易

目前，我国投资者在互联网上进行委托交易的方式主要有两种：一种是安装并运行网上证券交易软件或 APP，然后上网委托交易；另一种是直接登录证券交易网站进行委托交易。由于前者集成了较多功能，日益成为投资者进行互联网证券委托交易的主渠道。如图 8-28 所示，某券商的 APP 端交易界面就集成了股票买卖、撤单、银证转账、融资融券、基金交易、持仓查询、当日委托、港股通等众多功能，投资者可以方便地进行在线交易操作。而图 8-29 是“涨乐财富通”推出的“一键智能打新”创新平台操作界面，该打新产品设计了 3 项核心功能，包括“申购新股”“借钱打新”和“我要还钱”，辅以申购额度、新股配号、新股中签、融资记录等系列信息查询支持，将投资者的打新需求形成了一个闭环，简化了投资者原有的新股申购流程。

图 8- 28 APP 委托交易功能集成界面

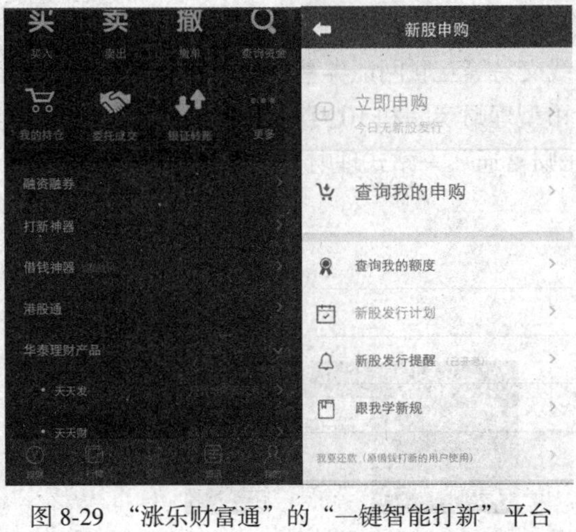

图 8-29 “涨乐财富通”的“一键智能打新”平台

3. 交易撮合

我国沪深二市均采用计算机撮合交易方式。在该方式下，交易所计算机主机与证券商的计算机联网，证券部本部及其分支营业机构通过终端机将买卖指令输入计算机。证券商经纪人在集中市场交易席的终端上接到其营业部传来的买卖申报后，确认无误，再输入交易所的计算机主机。买卖申报经交易所计算机主机接受后，按证券价格、时间排序，自股市开市时按“价格优先、时间优先”的原则撮合成交。

4. 清算交割

清算与交割都分为证券和价款两项。证券登记结算机构与证券经营机构之间的清算交割通过计算机网络进行。投资者的证券往往由证券经营机构自动划转。目前，随着互联网的发展，在清算交割中，投资者可以以电子邮件的形式接收证券商发送的通知单，可以通过浏览器连接到证券商 Web 主机上自动查询自己的交割单和对账单。投资者也可以通过远程文件传输的方式到证券商的非匿名 FTP 服务器上下载自己的成交回报信息。

另外，值得说明的是，目前我国的互联网证券交易是一种网上委托交易，因为证券经营业务的准入制，最终交易的实现要在证券交易所，网上券商所能做的是在网上提供界面和通道，汇集交易行情和信息，并把客户的交易需求传送到证券公司的服务器，然后打成数据包发到交易所才能真正成交。

五、互联网证券增值服务

随着金融混业经营趋势的确立以及互联网证券业务向纵深发展，互联网证券除了能够提供远程开户、在线交易等基本服务外，各券商也开始探索在线咨询与投顾、一站式综合财富管理等增值服务，甚至开始打造独立的互联网金融平台，以满足投资者日益增长的综合服务需求。

1. 在线投资顾问服务

因为互联网的透明性，各券商的佣金逐渐趋于一致化，特别是开户的放开，客户的选择也日益多样。投资者在相同佣金的前提下，开始追求券商的服务。部分券商推出了“在线投资顾问”，提供互联网投资咨询与服务，通过 APP、微信公众号等新媒体，每天推送最新的市场信息，同时提供针对客户的个性化咨询服务，包括账户诊断、炒股学堂等，如图 8-30 所示。

2. 一站式综合财富管理服务

很多人都认为经纪零售业务非常简单、标准化程度高，不过是拉人开户炒个股票罢了，但是，随着利率市场化及年轻受众受教育程度的提升，投资者对于综合金融服务的需求与日俱增，互联网证券也在从单一的经纪业务向一站式综合财富管理服务转变。例如，部分券商的 APP 除了满足远程开户、在线交易等互联网证券基本功能外，逐渐推出满足客户不同需求的理财产品，包含参与门槛较低的货币型理财产品和 10 万元、100 万元门槛的进取型理财产品等，提供综合财富管理服务。

“涨乐财富通”一站式理财平台界面如图 8-31 所示。

图 8-30　在线投资顾问服务示意图

图 8-31　“涨乐财富通”一站式理财平台

3. 打造独立的“券商系”互联网金融平台

随着互联网战略的实施，部分券商开始通过设立子公司、投资入股等方式打造独立的“券商系”互联网金融平台，从而更好地提供综合性互联网金融服务。例如，东吴在线（苏州）互联网金融科技服务有限公司（简称“东吴在线”）由上市券商东吴证券股份有限公司（股票代码：601555）牵头发起，于2015年6月成立，注册资金2亿元人民币，运营总部位于国际金融中心上海。东吴在线定位为有价值的金融科技综合服务商，跨界整合3大上市公司股东资源，并借助东吴证券全牌照综合金融业务优势，运用大数据、区块链等创新信息技术，从垂直细分领域切入，布局3大板块业务，包括在线理财业务、机构业务和资产管理业务，为个人提供低门槛收益稳健的理财产品；为各类机构提供高效、专业的金融资产交易服务；为高净值个人和机构提供独具特色的资产管理服务，并为机构输出技术服务。

任务三　从“宝宝”类产品了解互联网基金

2013年6月，余额宝的横空出世，使互联网口碑营销第一次战胜了传统银行历时数十载经营的品牌，开创了我国互联网金融的新纪元。随后，为应对市场竞争，各银行、基金公司等传统金融机构也相继推出了“宝宝”类活期产品，使互联网理财成为人们家庭资产配置的重要组成部分。这些“宝宝”类产品从本质上看都是货币基金互联网化的产物，本任务将带领大家通过认识以余额宝为代表的各类“宝宝”，了解互联网基金的概念分类、主体结构、主要创新与发展前景。

一、互联网基金的概念与分类

扫一扫看微课

目前，学术界对互联网基金没有明确的定义，但互联网基金属于互联网金融模式产品范畴，具有互联网金融产品的主要特征。谢平、邹传伟和宫晓林等学者提出了互联网金融及其模式的定义。我们认为，互联网基金是以云计算、大数据、社交网络等现代信息技术为支撑，通过互联网渠道实现交易，参与资金门槛低、费用低廉，并具有民主金融性质的新型基金销售模式。

在实践中，互联网基金一般指的是货币基金通过互联网化渠道创新开发的各类“宝宝”理财产品，具体分为互联网系、基金公司系及银行系“宝宝”三大类。

1. 互联网系“宝宝”产品

2013年6月17日，阿里巴巴旗下支付宝创造性地推出了第一款互联网系“宝宝”产品——余额宝。这是由国内首个第三方支付平台支付宝倾力打造的一项余额理财增值服务。余额宝与支付宝双方都支持转入转出，用户不但可以用余额宝获得远高于银行活期存款的理财收益，同时享受与活期存款相当的流动性，而且还可以随时随地进行网上购物，方便又快捷。余额宝依托支付宝强大的客户基础，迅速掀起了全民理财的热潮。随后，腾讯微信也联合华夏基金推出了微信理财通，苏宁金融推出了“零钱宝”，百度、京东、网易等纷纷推出了各自的“宝宝”。互联网“宝宝”产品以其低门槛、高便捷性及相对收益优势吸引了大批客户。

具体来看，互联网“宝宝”首先在购买的便捷性上明显强于银行系“宝宝”以及银行理财产品。互联网“宝宝”直接在网页注册后便可以购买。例如，只需要注册支付宝账号便可以直接开通余额宝，而微信通等“宝宝”产品基本只需要绑定银行卡便可以直接购买相关产品。在门槛方面，互联网“宝宝”低至1分钱的门槛也深受投资者青睐。作为投资者更为关心的收益，互联网

“宝宝”的收益比目前活期存款高 10～20 倍。除了收益高于活期存款外，互联网“宝宝”的流动性也在各类投资产品中居于首位，且仅次于银行活期存款。目前，互联网“宝宝”都可以随时申购赎回，当天到账。“余额宝”官方界面如图 8-32 所示。

图 8-32 “余额宝”官网界面

2. 基金系“宝宝”产品

基金系“宝宝”产品是基金公司、证券公司等传统金融机构为了应对互联网系“宝宝”的竞争而推出的互联网基金产品。由于“宝宝”系列产品的本质都是货币基金，货币基金是聚集社会闲散资金，由基金管理人运作、基金托管人保管资金的一种开放式基金，专门投向风险小的货币市场工具，因此基金公司通过改造自己旗下的货币基金，并通过直销平台销售，便可以推出基金系“宝宝”产品。与互联网系“宝宝”产品能够将理财与网购“无缝对接”不同，基金系“宝宝”产品则能够与基金公司旗下的股票基金、债券基金、混合基金等方便地转换，用“宝宝”类产品直接购买同一家公司的基金产品，还能享受费率优惠，因此赢得了“基民”的青睐。基金系“宝宝”产品的代表有汇添富基金的现金宝、嘉实基金活期乐等，如图 8-33 所示。

图 8-33 汇添富基金现金宝产品

3. 银行系“宝宝”产品

以余额宝为代表的互联网理财的迅速崛起，在短时间内吸引了大量资金，不仅抢走了曾经忠实的银行理财客户，还引发了存款“搬家”现象。为此，各家银行纷纷反击，民生银行“如意宝”、平安银行“平安盈”、兴业银行“掌柜钱包”和“兴业宝”、工行“薪金宝”、中行“活期宝”等陆续出炉。虽然互联网货币基金理财产品的收益水平在逐步下降，但银行系“宝宝”仍在踊跃诞生，如图 8-34 所示。例如，招商银行的“朝朝盈”与招商基金的招财进宝货币基金 B 对接，1 分钱起购，每日三点前申购，下一个工作日起算收益，T+0 赎回，最高限购 5 万元。在此市场环境下，货币基金的主要投资对象——银行协议存款利率也处于较低的水平，致使整体收益下滑。

银行系宝宝

产品名称	挂钩货币基金	7日年化收益率	万份收益（元）	购买门槛	单日取现额度	附加服务
渤海银行添金宝	诺安理财宝货币A	4.004%	0.8268	0.01元	无限额	ATM取现、刷卡消费、转账
民生银行如意宝	民生加银现金宝货币	3.764%	1.2860	0.01元	500万	----
	汇添富现金宝货币	4.492%	1.1227			
平安银行平安盈	南方现金增利A	4.575%	1.4961	0.01元	100万	----
	平安大华日增利	3.446%	0.9879			
兴业银行掌柜钱包	兴全添利宝货币	4.220%	1.1841	0.01元	3000万	----
中信银行薪金宝	信诚薪金宝	4.016%	1.0604	0.01元	50万	ATM取现、刷卡消费、转账
	嘉实薪金宝	3.912%	1.0821			
	华夏薪金宝	6.076%	2.0492			
	南方薪金宝	3.876%	0.8206			
广发银行慧存钱	广发天天红	4.113%	1.0167	0.01元	5万	——

图 8-34　主要银行系“宝宝”产品（截至 2015 年年底）

二、互联网基金的特征

1. 效率高、成本低

互联网基金以互联网平台交易和大数据分析为基础开展业务，比以商业银行为主要销售渠道的传统基金销售模式效率更高且成本更低，提高了投资人的收益率。

2. 操作便捷，人人参与

互联网基金业务操作过程便捷流畅，给予客户极佳的交易体验。互联网基金业务的资金交易门槛很低，有效地缓解了金融排斥，提高了社会金融福利水平。

3. 信息对称，供求匹配

互联网基金模式实现了基金销售的金融脱媒，基金公司通过互联网平台公司将基金产品直接送达海量的互联网客户群体面前；同时，互联网客户可以通过网络平台自行完成对基金信息的对比、甄别、匹配和交易，有效地激活了市场存量资金，提高了社会资金的使用效率。

三、互联网基金的主体架构和业务流程

1. 互联网基金的主体架构

互联网基金涉及 3 个直接主体：互联网平台公司、基金公司和互联网客户。互联网平台公司是掌握一定互联网入口的第三方机构，为其互联网客户提供基金购买的平台和接口；基金公司是基金的发行和销售者；互联网客户是互联网平台公司的注册客户，是基金的购买者。以余额宝为例，余额宝在运营过程中涉及 3 个直接主体：支付宝公司、天弘基金公司和支付宝客户。其中，支付宝公司是天弘增利宝基金的一个直销平台和第三方结算工具的提供者，与客户的接口是支付宝，与增利宝的接口是余额宝；天弘基金公司发行和销售货币基金增利宝，并将其嵌入余额宝直销，支付宝客户是基金的购买者，通过支付宝账户备付金转入余额宝或从余额宝转出到支付宝，实现对增利宝基金的购买和赎回交易。余额宝的主体架构如图 8-35 所示。

[随堂测试 8-5] 我们在项目六中学习过的微众银行“活期+”特色理财产品，本质上也是一款银行系“宝宝”产品。请您参照上图，画出微众银行“活期+”产品的主体架构。

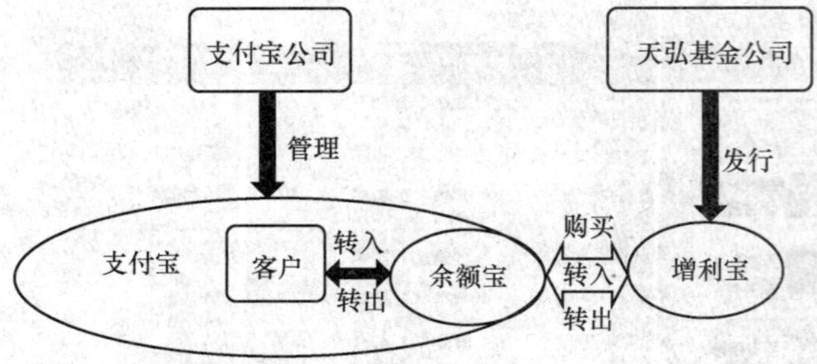

图 8-35　余额宝的主体架构

2. 互联网基金的业务流程

互联网基金的业务流程完全通过互联网平台操作实现，主要包括用户注册申请（对于非互联网平台公司的注册客户）、利用银行卡进行实名认证、绑定银行卡、用户申购、申购确定和用户赎回。在余额宝的业务流程中，余额宝为支付宝客户搭建了一条便捷、标准化的互联网理财流水线。其业务流程又包括实名认证、转入、转出 3 个环节。

（1）实名认证。支付宝是一个第三方电子商务销售基金的平台，根据监管规定，第三方电子商务平台经营者应当对基金投资人账户进行实名制管理。因此，未实名认证的支付宝客户必须通过银行卡认证才能使用余额宝。

（2）转入。转入是指支付宝客户把支付宝账户内的备付金余额转入余额宝。转入单笔金额最低为 1 元，最高没有限额，为正整数即可。在工作日（T）15:00 之前转入余额宝的资金将在第二个工作日（T+1）由基金公司进行份额确认；在工作日（T）15:00 后转入的资金将会顺延 1 个工作日（T+2）确认。余额宝对已确认的份额开始计算收益，所得收益每日计入客户的余额宝总资金。

（3）转出。余额宝总资金可以随时转出或用于淘宝网购支付，转出金额实时到达支付宝账户，单日/单笔最高限额为 5 万元。如果用快捷支付转出到储蓄卡，单日/单笔/单月最高金额可达 100 万元，对于实时转出金额（包括网购支付）不享受当天的收益。

四、互联网基金的创新点

互联网基金推出伊始，就获得了网民的高度认同和青睐。究其原因，是互联网基金在多方面进行了创新。

1. 互联网基金对基金业态进行了跨界创新

互联网基金摆脱了商业银行单一销售渠道的束缚，依托互联网平台进行直销，接近一般均衡定理描述的无金融中介状态，实现基金销售渠道的“脱银行化”，客户数量却呈现指数级增长。第三方互联网平台机构与基金公司并非简单的基金代销服务关系，而是一种深度跨界融合的状态，在符合监管部门的各种约束下，全面革新基金产品的服务体验。以余额宝为例，余额宝是第三方支付业务与货币基金产品的组合创新，开创了基金公司跨界电商平台直销基金的“触电模式”。目前，增利宝是余额宝唯一对接的基金产品。增利宝利用支付宝的渠道优势，在零推广成本下，将产品直接推送到 8 亿支付宝客户群体面前，独享近 200 亿元规模的市场。余额宝上线伊始，受到了违规争议。支付宝公司只有基金销售支付结算资格牌照而没有基金销售资格牌照，根据《证券投资基金销售管理办法》，支付宝公司不得代销基金。为了实现余额宝规避监管风险，支付宝公司和天弘基金公司合作并经过一系列的设计与安排，实现了支付宝利用余额宝直销增利宝基金的模式，从而成功地规避了监管风险。余额宝的另一大新亮点就是将基金融合成为客户电子商务整体解决方案的重要一环。通过支付宝平台，余额宝给客户提供了集现金管理、理财增值、购物交费、提现转账功能于一身的电子商务流动资金管理需求一揽子解决方案。

2. 互联网基金在产品服务和客户体验上的创新

基金公司通过共享互联网平台的客户资源信息，有效分析其互联网平台客户资金理财管理需求风险偏好，并通过互联网平台帮助客户构建理财方案，为特定客户群体定制产品并主动推送。互联网基金依托互联网平台完美地解决了困扰基金销售多年的“客户体验”难题。以余额宝为例，天弘基金公司准确地把握支付宝客户备付金的理财需求，即在保证备付金的安全性和流动性的条件下，尽可能获得收益。余额宝针对以上理财需求在产品服务和客户体验上进行了诸多创新。例如，余额宝首次将客户基金资产融入客户即时（T+0）消费场景，为客户提供理财增值的同时，又不影响客户的在支付体验；余额宝产品设计上突出为每一位支付宝客户服务的理念，余额宝转入资金门槛低至仅需 1 元，是所需资金门槛最低的一只基金。余额宝让客户每天看见备付金“每 1 元”按天复利增值，不少客户通过余额宝尝试了人生的第一次理财，享受到“人人理财”带来的魅力和增值感。在客户体验上，余额宝为客户提供了一个极佳的服务体验。支付宝公司和天弘基金公司在后台系统为余额宝提供了大量技术支持，为支付宝客户提供了“一键开户”流程，尽可能地利用其便捷的操作将每一个支付宝客户转化为余额宝客户。客户将钱转入余额宝，就及时购买增利宝；而客户如果选择将资金从余额宝转出或使用余额宝资产进行购物支付，则相当于赎回增利宝基金份额，所有流程操作即时生效，便捷流畅。

3. 互联网基金在技术应用方面的创新

目前，互联网基金主要是货币型基金。货币基金投资管理的核心是流动性管理，因为流动性会极大地影响到产品的收益性和安全性。互联网基金共享互联网平台积累的海量用户活动数据，利用大数据、云计算等信息科学技术建立流动性评估模型，对流动性进行科学预测，以实现流动性和收益性的高效匹配。以余额宝为例，余额宝的客户数已经突破 1 亿，客户全部为个人，每日交易量（转入、消费支付及转出）高峰时达 1 千多万笔（刚刚过去的 2015 年“双 11”当天处理余额宝支付交易 1 679 万笔，61.25 亿元巨额资金全部顺利支付，基金当日收益不降反升，余额宝毫发无损、挑战成功。从容应对单日赎回 61.25 亿），还有“大促”和节前消费等影响流量巨幅波动的节点，对货币基金流动性管理提出了更高的要求。天弘基金和支付宝公司合作，利用大数据、云计算建立量化流动性评估模型，对余额宝的流动性做出较准确的预测，实现了余额宝流动性和收益性的良好匹配，让客户的备付金增值得到充分的安全保证。

五、互联网基金的未来发展

基金行业作为金融行业的一分子，从最初建立自己的网上直销系统，到货币现金管理账号的推出，再到目前的货币基金 T+0 快速赎回，以及货币基金还信用卡、充手机话费、偿还水、电、煤气费乃至于以货币基金作为支付方式进行网络消费等功能的实现，基金行业互联网创新红红火火，短短半年间十几家基金公司已争相实现了 T+0 快速赎回功能。

1. 互联网基金对基金行业造成的影响

事实上，互联网给基金行业带来的影响主要有以下 3 个方面：首先是基金行业可能更重视客户体验，互联网的成功，是基于客户体验的成功，未来基金公司从产品设计、运作、售后来讲，都会考虑给投资者更大的便利，让投资者的体验更好；其次，对这个行业的市场化也会有推动，阿里是从完全竞争的状态下成长起来的，基金行业相对比较温和，这样的结合，可能会带给行业更多市场化的行为；最后，从管理层持股制度设计上，在治理结构方面，互联网对整个基金行业也会有一些推动。

2. 互联网对基金传统销售渠道的冲击

目前来看互联网对基金传统销售渠道的冲击还很有限。天弘的余额宝，以及其他基金与电商合作，其实更具有象征意义，不会对银行造成太大影响。用第三方支付的资金来对接基金，短期之内可能会有一定的规模，但长期来看，对银行的影响不是很大。例如，余额宝只是对支付宝客户提供一个增值服务；但商业银行的应对手段也很多，如柜台网银等，这些品种基金的投资者都可以买，其方便程度并不亚于余额宝。如果监管放宽的话，在银行客户便捷方面会逐步改进。

此外，银行在电商业务方面的发展也很快。银行业务很多，电商只是一部分；但对阿里来讲，电商就是它的全部。金融互联网和互联网金融有竞争学习的需求，关键是比拼服务的好坏、速度的快慢以及用户体验。

银行坐拥几十万亿的活期存款，倘若互联网的倒逼力度过大，活期存款搬家严重，银行肯定会推出相关举措。而实际上，现在互联网对银行的冲击还没有大到让银行退出货币基金的地步。因此，互联网金融虽火爆，但银行渠道依旧不能荒废。

[做中学 8-4]“宝宝”类互联网基金产品的比较与投资

通过本任务的学习，大家对互联网基金有了一个基本的了解，但面对种类繁多的“宝宝”类互联网基金，我们该如何通过比较选择最适合自己的产品呢？在实际投资中又该注意些什么呢？下面请根据步骤引导，对 3 款不同类型的“宝宝”产品进行全面比较，并从实战角度给出投资建议。

步骤 1：检索 3 款不同类型的“宝宝”产品的官网，并初步了解投资方法。

请通过互联网检索表 8-4 中 3 款“宝宝”类产品，找到其投资认购的官方网站，并浏览相关介绍内容，了解投资起点与投资方法，填入表 8-4 中。

表 8-4　　3 款“宝宝”类产品的基本比较

产品名称	运营机构	产品类型	官方网站	投资起点	投资方法
余额宝	支付宝公司	互联网系“宝宝”			从支付宝转入
活期宝	中国银行	银行系“宝宝”			中国银行网银认购
现金宝	汇添富基金	基金系“宝宝”			汇添富 APP 或官网认购

步骤 2：比较“宝宝”类产品的流动性。

流动性是“宝宝”类产品投资管理的核心，相比传统货币基金，“宝宝”类产品把原本需要 T+2 才能赎回到账的货币型基金改成 T+1 甚至 T+0 到账。T+0 就是当天发出卖出指令，当天资金到账，流动性更强。特别是随着移动互联网技术的发展，部分“宝宝”类产品买卖方便，转入转出几乎可以实时到账，流动性可与活期存款媲美。请通过网络检索或实际投资体验，比较上述 3 款产品的流动性，判断赎回时是否可以实时到账。

步骤 3：比较“宝宝”类产品的安全性。

投向货币基金的“宝宝”类产品一般安全性较强。货币基金资产主要投资于短期货币工具（一般期限在一年以内，平均期限为 120 天），如国债、央行票据、商业票据、银行定期存单、政府短期债券、企业债券（信用等级较高）、同业存款等短期有价证券。请通过仔细阅读上述 3 款“宝宝”类产品的详细说明，了解其关联的货币基金以及资金的实际投向，比较其安全性。

步骤 4：比较“宝宝”类产品的收益性。

“宝宝”类货币基金收益较稳健，一般在 2%～5%，高于银行存款利率。同时，“宝宝”类产品把过去按月结算收益变成按天结算，这对投资者的投资心理和实际投资效果都有很大的影响，时间越长，日复利和年（月）复利效果的差异就越明显。请比较上述 3 款产品的七日年化收益率、每万份收益以及收益结算规则，并画出收益率变化曲线，判断最近一年哪款产品收益性较好。

步骤 5：比较“宝宝”类产品的管理费用。

“宝宝”类产品的管理费用一般比传统货币型基金低，而且不少都免收销售服务费。请仔细了解并比较上述 3 款产品的管理费用情况。

步骤六：“宝宝”类产品的实际投资。

“宝宝”类产品是较好的现金管理工具，适合熟悉互联网的投资者管理自己的生活费和应急资金。请根据以上比较结果，结合自己的投资偏好，选择一款产品完成实际投资，并从实战的角度给出投资“宝宝”类互联网基金产品的具体建议。图 8-36 所示为“宝宝”类理财产品投资选择的漫画。

图 8-36　“宝宝类”理财产品投资选择

答题参考：

从实战的角度，投资“宝宝”类产品有以下几点建议。

（1）不要只盯着“七日年化收益率”和“每万份收益”，而要关注过去半年、1 年、2 年甚至 3 年的累计回报，能持续获得稳定高收益的才是好“宝宝”。

（2）不要频繁换产品，因为货币基金短期收益完全可人为操控，只要基金经理故意在一天或连续几天把高收益债券抛售兑现，这段时间的收益就会突然飚升。所以，建议每 3 个月到半年观察一次，若持续半年排名一直靠后，再考虑调换。

（3）作为低风险现金管理工具，不要选择收益率波动幅度大的“宝宝”类产品。

（4）不要在周四下午 3 点后购买，因为基金公司申购结束时间是工作日下午 3 点，若在周四下午 3 点后买入，只能算周五的申购，下周一才开始计息，会损失周五到周日这 3 天的收益。

拓展阅读：互联网信托与信托 100 的探索

信托业作为传统金融业的重要组成部分，在互联网金融的浪潮下，也开始了互联网化的探索与实践。请扫描图 8-37 所示的二维码，阅读并了解互联网信托的概念、分类与监管以及信托 100 的探索实践案例，作为本项目学习内容的重要补充。

扫一扫看微课

图 8-37　互联网信托与信托 100 的探索案例二维码

知识自测题

一、单项选择题

1. 2015 年 7 月 22 日，保监会出台的《互联网保险业务监管暂行办法》重点规范了哪一类互联网保险创新业务？（　　）

A. 渠道创新　　B. 场景创新　　C. 商业模式创新　　D. “云”端保险

2. 某互联网金融 APP 推出了免费的失眠险、雾霾险等互联网保险新产品，主要是为了（　　）。

A. 跨界经营　　B. 社会效益　　C. 基础引流　　D. 上层变现

3. 某券商采用"投资者计算机—营业部网站—营业部交易服务器—证券交易所信息系统"的交易通道，则该券商的互联网证券经营模式为（　　）。

A. 证券公司主导模式　　B. IT 公司参与发起模式

C. 券商与银行合作模式　　D. 三方合作模式

4. 当前最主要的互联网证券业务是以下哪一项？（　　）

A. 互联网证券交易　B. 在线投资顾问　C. 综合财富管理　D. 在线证券信息服务

5. 下列各项"宝宝"类互联网基金的对应关系中，不正确的一项是（　　）。

A. 现金宝—汇添富基金　　B. 余额宝—天弘基金

C. 薪金宝—工商银行　　D. 随心宝—众安保险

6. 下列关于互联网基金的说法中，不正确的一项是（　　）。

A. "宝宝"类互联网基金投资管理的核心是流动性管理

B. 互联网基金具有操作便捷、信息对称的特点

C. 互联网基金的发展会取代货币基金银行销售渠道

D. 通过支付宝平台，余额宝给客户提供了集现金管理、理财增值、购物消费、提现转账功能于一身的电子商务流动资金管理需求一揽子解决方案

7. 下列哪一项是制约互联网信托创新发展的最重要的因素？（　　）

A. 合格投资者标准　B. 信息安全风险　C. 基础资产收益率　D. 客户服务体验

8. 下列哪一项技术既是数字货币的底层架构，又在传统保险业和证券业的互联网化中具有重要应用？（　　）

A. 大数据技术　　B. 云计算技术　　C. 智能可穿戴技术　　D. 区块链技术

二、案例分析题

请认真阅读以下案例，综合运用所学知识，讨论并回答文后的 4 个问题。

"小蚂蚁"筑就"大帝国"

蚂蚁金融服务集团（以下称"蚂蚁金服"）起步于 2004 年成立的支付宝。2013 年，支付宝的母公司——浙江阿里巴巴电子商务有限公司，宣布以其为主体筹建小微金融服务集团，小微金融将服务人群锁定为小微企业和个人消费者。2014 年 10 月 16 日，小微金融服务集团以蚂蚁金融服务集团的名义正式成立，经过短短两年的发展，蚂蚁金服已经建立起全方位的小微金融业务体系，横跨银行、证券、保险 3 界，在第三方支付、个人征信、货币基金等金融领域独占鳌头。根据"爱分析"于 2016 年最新发布的中国第一份互联网金融企业估值排行榜，蚂蚁金服以 3 840 亿元成为互联网金融领域无可匹敌的"巨无霸"。它最早将于 2017 年登录 A 股，届时估值将跨上万亿门槛，与传统巨头工商银行争霸。"小蚂蚁"将真正筑起一个"金融大帝国"。

蚂蚁金服的核心利润来源于支付业务，但天弘基金、恒生电子等贡献利润比重正逐渐上升。在资本运作上，蚂蚁金服于 2016 年 4 月 26 日宣布已完成 B 轮融资，融资规模为 45 亿美元，这也创造了新的世界互联网行业单笔融资记录。此轮融资中，蚂蚁金服的估值已经达到 600 亿美元，蚂蚁金服的同门兄弟阿里巴巴市值在 2 000 美元左右。本轮融资新增战略投资者包括中投海外（中国投资有限责任公司子公司）和建信信托（中国建设银行下属子公司）分别领衔的投资团，而包括中国人寿在内的多家保险公司、中国邮政集团（邮储银行母公司）、国开金融以及春华资本等在内的 A 轮战略投资者也都继续进行了投资。

蚂蚁金服表示，携手中投海外，是基于双方对共同推进蚂蚁金服国际化战略的共识，而伴随着众多国内金融机构投资蚂蚁金服，包括此前蚂蚁金服入股中国邮政储蓄银行以及浙商银行，也表明蚂蚁金服践行“互联网推进器”战略，联合各机构共同打造共赢分享的新金融生态初见成效。

蚂蚁金服称，与以往其他行业中国企业多以国际巨头对标不同，在互联网金融领域，以蚂蚁金服为代表的中国模式已经成为全球其他国家的标杆。

蚂蚁金服总裁井贤栋表示，B 轮所融资金将重点用于继续提升安全能力，加大技术投入，继续强化国际布局，并吸引更多优秀人才加入。另一方面，蚂蚁金服还准备利用本轮融资所得，进一步推动新一轮的技术研发和运用，以构建全球范围内最值得信任的互联网金融技术安全保障，包括金融级云计算技术、生物识别、深度学习和机器学习等。

据介绍，目前蚂蚁金服的机器智能服务占比已经达到 94%，而运用的包括人脸、眼纹识别在内的生物识别技术在全球范围内的多项权威评测中保持领先。这些技术的运用不仅降低了金融服务的成本和门槛，更会成为助力其他金融机构的安全可靠的“互联网推进器”。

井贤栋表示：“蚂蚁是一家根植于中国的世界科技公司，未来我们希望在世界范围内以科技实现金融服务的机会均等，以绿色金融体系实现全球经济的可持续发展，并解决普惠金融的难题。”目前，蚂蚁金融服务集团旗下有支付宝、余额宝、招财宝、蚂蚁聚宝、网商银行、蚂蚁花呗、芝麻信用、蚂蚁金融云、蚂蚁达客等多个子业务板块。这些业务板块在中国的移动支付、互联网理财、互联网征信等领域均稳居前列。

资料来源：综合蚂蚁金服官网、网易财经、百度百科相关报道整合编写。

1. 根据以上案例材料，请概括蚂蚁金服完成 45 亿美元的 B 轮融资将对其下一步发展产生哪些积极作用？

2. 蚂蚁金服践行“互联网推进器”战略，引入了哪些传统金融机构作为战略投资者？蚂蚁金服在与这些传统金融机构的合作中，能在哪些方面推进传统金融机构的互联网化？

3. 蚂蚁金融服务集团旗下有支付宝、余额宝、招财宝、蚂蚁聚宝、网商银行、蚂蚁花呗、芝麻信用、蚂蚁金融云、蚂蚁达客等多个子业务板块。请结合所学知识，逐一判断哪些业务属于传统金融业务的互联网化？哪些属于新兴的互联网金融业务？

4. 支付宝与余额宝是蚂蚁金服的核心业务。截至 2016 年 3 月底，支付宝实名用户数已经超过 4.5 亿，作为“宝宝”类互联网基金开创者的“余额宝”背后的天弘基金所管理的资产规模超过 1 万亿元，成为国内基金业历史上首个破万亿的基金公司。请结合本项目所学知识，通过互联网检索，探索以下问题。

（1）蚂蚁金服是如何将支付宝的庞大客户基础进行有效转化并与其消费金融等创新业务相结合的？

（2）余额宝的主体架构是什么？有哪些创新点？

（3）余额宝的年化收益已从推出之初的 7%跌到 3%以内，请通过互联网检索余额宝的收益率曲线，分析其变化的原因，并为余额宝应对 P2P 活期理财产品的竞争提出建议。

技能实训

[实训项目]

区块链技术在传统金融业互联网化转型中的应用。

[实训目的]

区块链（Blockchain）是指通过去中心化的方式集体维护一个可靠数据库的技术方案。区块链技术最初的、最成熟的应用就是数字虚拟货币，此后在保险业、证券业、银行业等传统行业具有广泛的应用前景。本实训要求学生在了解区块链技术概念与特点的基础上，通过模拟演练理解区块链技术应用模式，并结合所学知识和实际操作，探索区块链技术在数字货币、互联网保险、互联网证券等领域的实际应用。

[实训内容]

有人认为，区块链是互联网金融的终极模式，可完美地解决在交互双方未建立信任关系的情况下达成交互并无需担心交互信息被篡改的问题，即“拜占庭将军问题”。让我们从区块链的特点和运行机制出发，一起来探索区块链技术在金融业的应用。

步骤1：了解区块链技术的原理和特点。

传统金融机构建立在集中式中央结算体系上，对所有交易进行集中记账，通过集中处理完成结算；而区块链技术具有全网总账广播和竞争式记账机制，接入网络的每个节点都保存同样的总账信息，总账包含全部交易记录，所有交易记录以区块链的形式保存到每个接入网络的计算机节点上，并以全网“少数服从多数”的原则防止账本被恶意篡改。当新的交易指令产生后，交易信息立刻被广播到整个网络，所有节点对本条指令的有效性和合法性通过验证后，记录该次交易的记账信息；这种反复不断的“区块生成、链接总账”的方式形成的链条就是区块链。图8-38为区块链交易记录示意图。

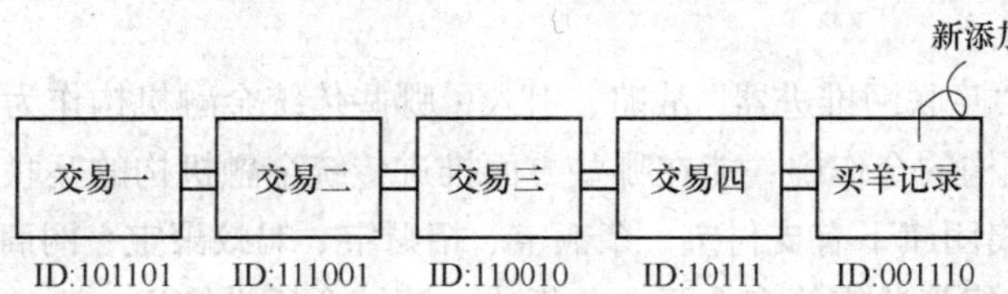

图8-38　区块链交易记录示意图

基于上述原理，区块链可以定义为一种基于密码学技术生成的分布式共享数据库，或者理解为互联网上基于共识机制建立起来的集体维护的公开大账簿。请通过互联网检索了解区块链技术的以下特点，并将你的理解填入表8-5中。

表8-5　区块链技术的特点

特　点	你的理解
去中心化	
共识信任机制	
信息不可篡改	
开放性	
匿名性	
跨平台	

步骤2：模拟区块链技术的运行过程。

请大家分成5人一组，成立一个具有5位村民的应用区块链技术完成交易的“比特村”，并借助具有“匿名群聊”和“实名点对点认证”功能的手机应用，如微信，模拟区块链技术的运行过程。例如，村民老张花 1g 金子向老李买一只羊，于是这项信息会通过“比特村”网络（微信匿名群聊）向所有村民传递，但只有和交易相关的老李才去记录验证（点对点实名认证）这个消息，当老李证明老张买羊交易的有效性后，就向网络广播，这时公共账本中多了一个区块，并存在于每户村民中。这样就实现了去中心化、匿名性和交易不可篡改。区块链技术的运行如图 8-39 所示。

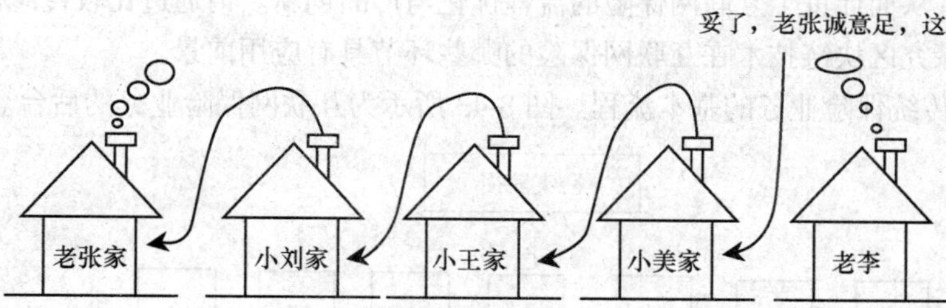

图 8-39　区块链技术的运行

步骤 3：完成比特币交易与区块链查询操作。

区块链是支撑比特币发展的底层技术，它的出现预示着互联网的用途可能从传统信息传递逐步转变成为价值传递，对传统金融行业而言是一场前所未有的革命和挑战。比特币是截至目前区块链技术最完美的应用，因此结合比特币交易操作能够更好地探索区块链技术在互联网金融中的应用。

请注册并登录虚拟货币交易网站“火币网”（https://www.huobi.com），如图 8-40 所示，探索数字货币的交易方法，了解数字货币的转账、交易、提现等操作方法。在此基础上，尝试通过充值和交易，购入一枚比特币或莱特币。

图 8-40　“火币网”首页

在完成一笔数字货币交易后，请进一步登录区块链查询网站（http://qukuai.com），在区块链上输入你的比特币地址，就可以查询此比特币地址上的往来记录，如图 8-41 所示。比特币转账的确认时间一般为 10 分钟。

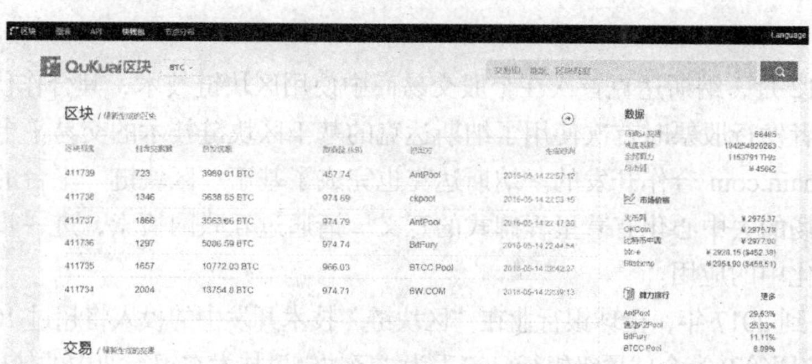

图 8-41　数字货币区块链查询界面

步骤 4：探索区块链技术在互联网保险中的应用。

区块链技术对互联网保险的发展将会起到革新作用。假设投保人拥有一个安全的、全球可用的区块链个人存储区域，那么被保险人的健康记录和驾车记录对于保险人来说会变得透明可靠，从而投保人能获得费率更公平的寿险或车险。不仅如此，区块链技术使得部分风险群体构建自身的风险池成为可能，从而促进了互联网保险的流程优化与产品创新。请通过比较传统保险与互联网保险业务流程，探究区块链技术在互联网保险的哪些环节具有应用前景。

图 8-42 所示为传统保险业务的基本流程。图 8-43 所示为互联网保险业务的后台。

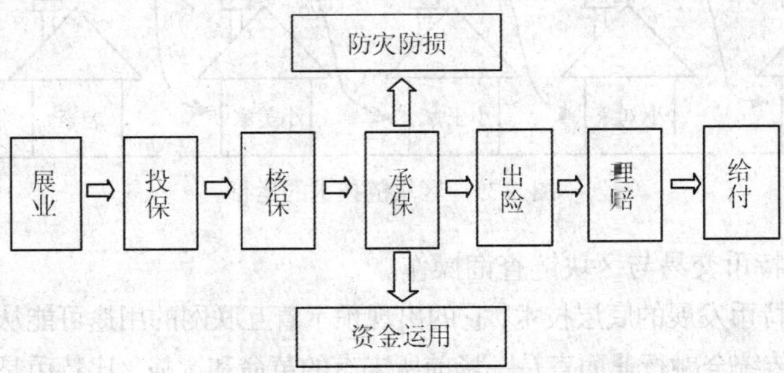

图 8-42　传统保险业务的基本流程

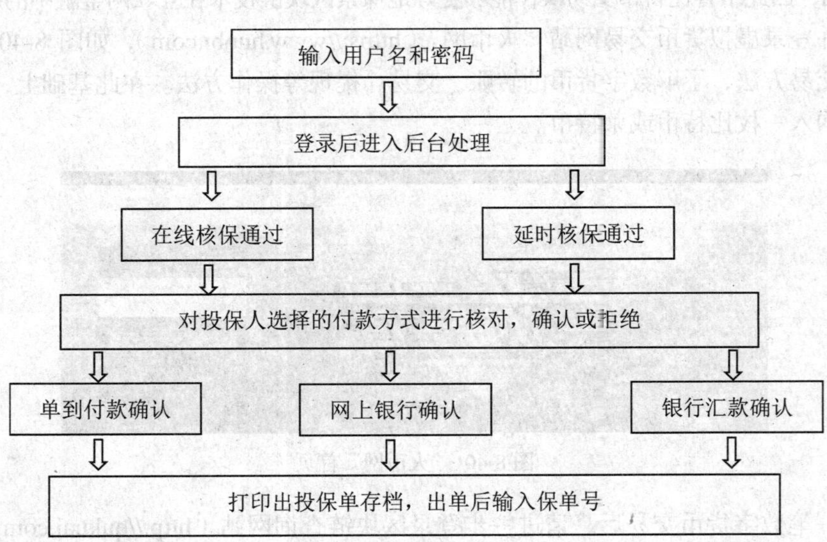

图 8-43　互联网保险业务的后台流程

[实训思考]

1. 2015 年 12 月，纳斯达克首次在个股交易商中使用区块链技术，其合作伙伴 Chain.com 在对一位私人投资者发行股票时首次使用了纳斯达克的基于区块链技术的交易平台 Linq，该平台正是纳斯达克与 Chain.com 合作开发的。纳斯达克也完成了基于‘区块链”平台的首个证券交易，这对全球金融市场的去中心化有着里程碑式的意义。请通过互联网检索，进一步了解区块链技术在证券业互联网化中的应用。

2. 据分析，到 2017 年，全球银行业在“区块链”技术开发中的投入将超过 10 亿美元，巴克莱银行、瑞士信贷集团等 9 家全球顶级银行已着手为“区块链”技术在银行业中的使用制定行业标准和协议。在此背景下，请思考我国商业银行应该如何抓住机遇，做好区块链应用方面的研究与探索。

项目九
互联网金融监管

学习目标

[知识目标]

1. 认识当前我国互联网金融监管中存在的问题。

2. 理解互联网金融监管的主要原则。

3. 了解 P2P 网络借贷、股权众筹、互联网保险、互联网支付、网络银行等互联网金融主要业态的分类监管措施。

[能力目标]

1. 能够运用所学知识，尝试对互联网金融企业（如 P2P 网贷平台）进行独立评级。

2. 以 P2P 网贷平台为切入点，了解监管部门开展现场检查的意义、基本步骤及检查要点，掌握从事互联网金融实际监管工作的基本技能。

2015 年被称为我国互联网金融监管元年，在经历了行业发展初期的“野蛮生长”之后，互联网金融正逐渐被纳入“监管框架”，走上规范发展之路。那么，互联网金融的有效监管需要遵循哪些监管原则？面对各种不同类型的互联网金融业态，又将如何开展互联网金融分类监管？具体监管手段与措施有哪些？本项目中我们将站在监管部门的视角，全方位地展现互联网金融监管的现状、原则以及分类监管措施，同时通过实际工作步骤引导，使大家初步掌握独立评级、现场检查等主要监管手段的具体应用。

导入案例　从“e 租宝”案透视互联网金融监管的“软肋”

2015 年底爆发的“e 租宝”案震惊了整个金融界，某种意义上成为了我国互联网金融从“野蛮生长”到纳入监管的“转折点”。e 租宝曾经打着 P2A（P2P+融资租赁）互联网金融创新的旗号，吸引了众多的投资者。2015 年 12 月 3 日，有消息称 e 租宝深圳宝安分公司被经济犯罪侦查部门（简称经侦部门）突查。其官方随后回应称，系深圳某代销公司员工协助当地经侦部门例行了解情况，而且在当日晚间“相关配合检查人员就已全部返回”。

12 月 8 日，e 租宝位于北京数码大厦的信息化研发中心及位于安联大厦的办公场所被警方调查。当日晚间，新华社消息通报了正在接受调查的事实，后得到 e 租宝方面的证实。

2015 年 12 月 8 日晚间开始，e 租宝的官方网站与 APP 就已无法打开。2015 年 12 月 9 日午间，e 租宝又通过官方微博发布《e 租宝告客户书》，称“截止到 2015 年 12 月 8 日 19:00 之前，e

租宝平台依然可以进行正常的注册、充值、投资、赎回、提现交易。19:00之后，e租宝平台配合接受相关部门检查，为防止不实传言引发恐慌和无序赎回、提现，本着保护客户资金安全、平台交易安全的原则，e租宝平台向社会各界宣布暂停平台交易。”公告同时表示，将在相关部门检查结束后，及时公布结果。

2015年12月10日晚7点左右，e租宝在官方微博发布了一则声明，证实正在接受调查，原因是“经营合规问题”。由其董事长张敏签发的文件显示，e租宝网站及线下机构停止推广、发布新品，亦暂停其他日常业务。

2015年12月16日，广东省公安厅官方微博发布通报，称各有关地方公安机关已对e租宝网络金融平台及其关联公司涉嫌犯罪问题依法立案侦查。警方已对涉案相关犯罪嫌疑人采取强制措施，对涉案资产进行查封、冻结、扣押。

2016年1月，警方公布e租宝非法集资涉案达500多亿元，涉及全国各地的投资人达90万人之多。为利用信息化手段方便投资人登记相关信息，公安部专门开发了投资人信息登记平台，用于案件信息的汇总、统计、核实和甄别，如图9-1所示。

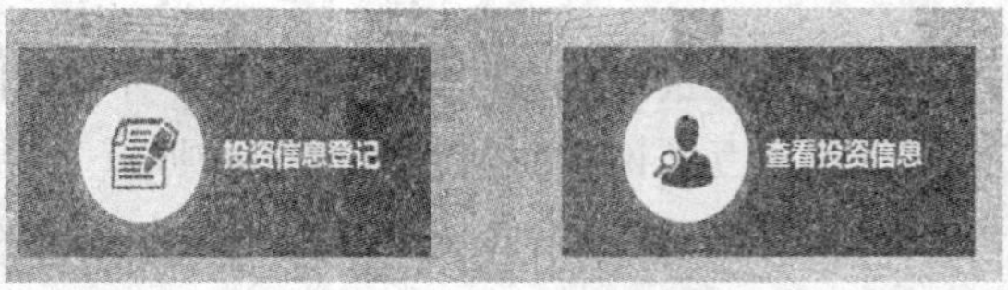

图9-1 公安部“e租宝”案投资人信息登记平台

反思“e租宝”案，我们可以发现，目前我国互联网金融监管尚处于探索阶段，一些监管政策刚刚出台，部分领域还存在“监管真空”。当前，我国互联网金融监管主要存在以下3个薄弱环节，需要在实践中逐渐完善。

（1）缺乏前瞻性监管措施。P2P行业问题频发，与缺乏监管密切相关。无可否认，P2P网贷作为一种新的金融业态，监管的方式、尺度及介入时机等不好把握。对比欧美国家，英国作为P2P网贷的起源地，自2005年第一家P2P平台Zopa上线以来，几家主要平台积极推动行业自律，较好地促进了行业的规范发展，这使得英国政府直到2014年才正式介入监管，颁布《关于网络众筹和通过其他方式发行不易变现证券的监管规则》，而且也是充分鼓励行业自律；相比之下，美国监管部门较早地介入P2P行业的监管，在2008年3月便要求P2P平台进行注册登记，高昂的注册成本与各种繁杂的手续，导致了相当部分小平台的倒闭，造成了今日美国P2P行业的“双寡头”格局。过早介入监管，监管过严，将扼杀金融创新，妨碍行业成长。因此，我国监管环境的宽松在事实上造就了互联网金融的繁荣。截至2015年年底，中国互联网金融规模突破10万亿元，已成为全球最大的互联网金融市场。但随着行业的蓬勃发展，行业弊端逐渐暴露，监管部门却未能及时介入、有所预防。对于e租宝事件，为什么相关部门没有及早介入？可以说，正是因为缺乏前瞻性监管手段，才导致了案件发生后的被动。

（2）缺乏完善的监管细则。2015年7月18日，中国人民银行等10个部委发布《关于促进互联网金融健康发展的指导意见》，为包括P2P网贷在内的互联网金融的监管设定基调。2015年12月，中国银监会公布《网络借贷信息中介机构业务活动管理暂行办法（征求意见稿）》，初步明确了网络借贷的定义、监管原则及主要监管措施等，但监管细则尚未落地。例如，客户资金银行存管细则、信息披露要求、平台和合格投资者准入门槛、小贷资产证券化和债权转让标准等均未明确，监管仍落后于P2P创新实践，有效性有待提高。另外，对于众筹监管而言，虽然明确了证监会作为监管部门，但尚未出台具体的监管细则，在市场准入、非现场监管、现场检查等方面的监管措施落后于行业发展实践，监管有效性有待提高。

（3）缺乏有效的监管资源。互联网金融虽然在监管政策法规层面已经被纳入了以“一行三会”

为主体的监管框架，但在实际监管工作中却由于缺乏有效的监管资源，导致监管的覆盖面和针对性不强，存在监管空白，影响了互联网金融消费者的权益保护。例如，e 租宝作为 P2A 模式的平台，如果作为网贷模式的一种，原则上应由银监会监管，但其背后的融资租赁公司却是由商务部监管，存在职责不清的问题。同时，即使明确了网贷由银监会监管，目前银监会也仅由所属的普惠金融部出台监管政策，具体日常监管工作由金融服务（工作）办公室（简称金融办）属地监管。金融办属于地方政府的内设机构，无论是人员配备、经费保障、技术手段还是专业能力均难以完全胜任，缺乏监管资源。对于一些打着“普惠金融”“金融创新”的旗号，而名义上是 P2P 网贷平台，撮合借贷双方直接交易、帮助缓解小微企业的“融资难，融资困”问题，实际上是进行监管套利，甚至用投资者的钱炒房、炒股、放高利贷、进行庞氏骗局，难以有效识别，从而影响了监管效果。“E 租宝”案件警示图如图 9-2 所示。

图 9-2　“E 租宝”案件警示图

任务一　把握互联网金融监管原则

一、互联网金融监管概述

互联网金融本质上仍属于金融，同样存在信用风险、市场风险和道德风险，没有改变金融风险隐蔽性、传染性、广泛性和突发性的特点。互联网金融不能游离于金融监管框架之外，必须通过有效监管，才能守住不发生系统性金融风险的底线。加强互联网金融监管，是促进互联网金融健康发展的内在要求。互联网金融的监管对象包括互联网支付、P2P 网络借贷、股权众筹、网络银行、互联网基金销售、互联网保险、互联网信托和互联网消费金融等主要业态类型。应当针对互联网金融不同业态分类的不同特点，明确对应的监管部门与监管责任，规范市场秩序，同时加强监管协调，探索适合互联网金融“跨界”创新产品的功能监管方法。

与对传统金融业的监管类似，政府监管部门对互联网金融也可以采用现场检查、非现场监管、窗口指导、监管调研等监管措施。其中，非现场监管已由中国人民银行牵头建立了互联网金融统计监测体系，重点监测 P2P 网络借贷，将网络融资纳入社会融资总量，建立网络融资统计监测指标体系；各级监管部门也积极开展了互联网金融监管调研，出台了相关的监管意见。但与传统金融监管强调市场准入和牌照管理不同，互联网金融监管更重视信息披露与行业自律，强调事中、事后监管，因为互联网金融是新生事物和新兴业态，要制定适度宽松的监管政策，为互联网金融创新留有余地和空间。

从总体上看，我国互联网金融监管尚处于探索和起步阶段，滞后于行业的创新发展实践，直到 2015 年 7 月 18 日，中国人民银行等 10 个部委发布《关于促进互联网金融健康发展的指导意见》，才为互联网金融监管设定了基调。随后，我国的主要金融监管部门中国人民银行、银监会、证监会和保监会（简称“一行三会”）根据该意见的分工，初步搭建起互联网金融的分类监管框架，但具体的监管细则尚在完善中。表 9-1 梳理出了 2016 年“两会”期间，“一行三会”主要领导关于互联网金融监管意见的核心观点，这些观点正是监管部门制定具体监管政策的重要导向。

表 9-1　“一行三会”互联网金融监管意见的核心观点

机　构	人　物	互联网金融监管意见的核心观点
银监会	尚福林	银监会会继续加强 P2P 业务监管，与有关部门共同开展互联网金融的专项治理。在参与社会金融活动的时候，要着重做好“三看”：一是看对象，二是看回报，三是看营销
中国人民银行	陆磊	只有实现金融风险监管的全覆盖，中国才能有更足的底气来继续推动传统金融行业的互联网化和互联网金融的进一步发展。同时，互联网金融尽管有很多不确定的风险，但是不能因噎废食，“一刀切”式的遏制是粗放式的监管
证监会	刘士余	互联网金融监管要因时制宜，因事制宜，不搞“一刀切”；要处理好行政监管和行业自律的关系；要严守“底线思维”，坚决打击违法犯罪活动等
保监会	李克穆	从监管角度看，互联网金融一方面属于在线经营，技术上监管难度相当较大；另一方面在规范经营上，相当程度上需要依靠自律，这就涉及防范道德风险的问题。互联网的运用使金融业态更加活跃，风险的传导性更迅速。不仅监管措施要跟上，更重要的是要守住不发生系统性风险这一底线

二、互联网金融监管原则

中国银监会政策研究局局长张晓朴指出，对于互联网金融这个新事物，金融监管总体上应体现出开放性、包容性、适应性，同时坚持鼓励和规范并重、培育和防范并举，维护良好的竞争秩序、促进公平竞争，构建包括市场自律、司法干预和外部监管在内的三位一体的安全网，维护金融体系稳健运行。互联网金融监管原则主要包括以下 12 条。

1. 互联网金融监管应体现适当的风险容忍度

与金融衍生品等适应需求变化的创新不同，互联网金融主要还是一种适应供给变化（即信息技术的发展）的金融创新。正是互联网技术的发展与应用，催生了互联网金融。互联网金融有助于更好地服务于实体经济和金融消费者，对于这样一类先出现的金融业态，金融监管上需要留有一定的试错空间，过早、过严的监管会抑制创新，不利于金融效率的整体提高。如果 P2P 和众筹的业务模式能坚持单笔金额小、人数少，就应该用私人秩序、行业自律和司法来规范。P2P 等无区域性、系统性影响的自然退出，是一种市场的自我淘汰和约束机制。尽管对于当事双方来说未必是一件好事，但对整个互联网金融的长期有序发展未必是坏事。另一方面，互联网金融的整体风险要在可控范围内，整个行业可以在摸索中寻找道路，但不能引发系统性金融风险，犯致命性错误。因此，互联网金融监管的良好实践应当是：鼓励创新，规范发展，既避免过度监管，又防范重大风险。

2. 实行动态比例监管

根据互联网金融的发展动态、影响程度和风险水平，有关金融监管部门应当定期评估不同互联网金融平台产品对经济社会的影响程度和风险水平，根据评估结果确定监管的范围、方式和强度，实行分类监管。对于影响小、风险低的互联网平台产品，可以采取市场自律、注册等监管方式；对于影响大、风险高的互联网平台产品，则必须纳入监管范围，直至实行最严格的监管，从而构建灵活的、富有针对性与有效性的互联网金融监管体系。需要注意的是，上述评估应定期进行，监管方式也需视评估结果动态调整。

3. 原则性监管与规则性监管相结合

在原则性监管（principle-based supervision）模式下，监管当局对监管对象以引导为主，关注最终监管目标能否实现，一般不对监管对象做过多、过细的要求，较少介入或干预具体业务。而在规则性监管（ruled-based supervision）模式下，监管当局主要依据成文法规定，对金融企业各项业务内容和程序做出详细规定，强制每个机构严格执行。它属于过程控制式监管，要求监管者针对不同的机构、机构运营的不同阶段、不同的产品和不同的市场分别制定详细规则，并根据监管对象的合规情况采取相应措施。

原则性监管与规则性监管各有利弊，在互联网金融监管的实践中应紧密结合，互为补充。一方面，互联网金融监管必须在明确监管目标的基础上，实现“原则”先行。监管原则应充分体现互联网金融运营模式的特点，给业界提供必要的创新空间，同时指导和约束运营者对消费者和社会承担必要的责任。另一方面，要在梳理互联网金融主要风险点的基础上，立足于防范控制区域性、系统性风险和加强金融消费者保护，对互联网金融中风险高发的业态和交易制定必要的监管规则，事先予以规范。原则性监管与规则性监管的结合，有助于在维护互联网金融的市场活力与做好风险控制之间实现良好平衡，促进其可持续发展。

4. 防止监管套利，注重监管的一致性

监管套利是指金融机构利用监管标准的差异或模糊地带，选择按照相对宽松的标准展业，以此降低监管成本、规避管制和获取超额收益。在本次国际金融危机爆发前，无论是在学界、业界，还是政策界，“监管套利”都是一个中性的术语。危机发生以后，全球监管机构对影子银行等规避监管的行为进行了深刻反思，并给监管套利贴上了鲜明的负面标签。其主要原因是其有碍公平竞争，破坏市场秩序，损害监管有效性。对于发展中国家而言，更严重的是，它会损害监管公信力。互联网金融提供的支付、放款等服务与传统金融业相仿。如果对具有相似功能的金融服务或产品执行不同的监管标准，将容易引起监管套利和不公平竞争。事实上，已经有越来越多的持牌金融机构在抱怨：为什么同样都提供支付服务或者从事贷款业务，受到的监管却不一样？为确保监管有效性，维护公平竞争，在涉及互联网金融监管的规则时，应确保两个一致性：一是不论是互联网企业还是传统的持牌金融机构，只要其从事的金融业务相同，原则上就应该受到同样的监管；二是对互联网金融企业的线上、线下业务的监管应当具有一致性。

5. 关注和防范系统性风险

互联网金融的发展对于系统性风险的影响具有双重性，这应当是金融监管机构关注的焦点。一方面，互联网金融的发展有助于降低系统性金融风险：①可能通过增加金融服务供给，减少实体经济对传统金融体系的融资依赖；②通过引入和推广大数据分析，有助于降低信息不对称，提高风险管理的整体有效性；③提高资源配置效率，推进实体经济的可持续发展。另一方面，互联网金融也可能会通过一些渠道放大系统性金融风险，主要包括以下几点。①降低金融机构的特许权价值（Franchise Value）。特许价值权不可进行短期变现，必须通过金融机构长期的持续经营来获取，这相当于是持牌金融机构的一种额外长期股本，理论上有助于减少金融机构的道德风险。美国有研究表明，影子银行的发展降低了美国商业银行的持牌价值，从而导致商业银行发放了大量高风险的次级房屋贷款，最终引发了次贷危机。互联网金融准入门槛低，可能会使非金融机构短时间内大量介入金融业务，降低金融机构的特许权价值，增加金融机构冒险经营的动机。②信息科技风险。网络安全是互联网金融稳健运营的关键和难点所在，技术漏洞、管理缺陷、人为因素和自然因素等都可能危及网络安全。例如，宕机、黑客攻击等因素导致交易支付系统中断，而互联网金融企业又不具备相应的灾难恢复处理能力和应急处理能力，致使业务连续性受损或瘫痪。互联网技术所独有的快速处理功能，在方便、快捷地提供金融服务的同时，也加快了相关风险积聚的速度，极易形成系统性风险。③互联网金融企业与传统金融机构之间的业务关联、声誉风险等引发风险传染。银行监管部门对此已进行过风险提示。④某些业务模式特有的流动性风险。例如，互联网直销基金 1 周 7 天、一天 24 小时都可以交易，但货币市场基金有固定交易时间，发起互联网直销基金的第三方支付机构需要承担隔夜的市场风险和流动性风险，这类“小概率、大损失”的黑天鹅事件对此类互联网金融模式的成败乃至整个金融体系都有重要影响。对于上述系统性风险隐患，金融监管机构应当保持高度警惕，及时予以化解和干预。

6. 全范围的数据监测与分析

全范围的数据监测是理解风险和根据需要采取必要监管行动的前提。在大数据时代，数据的大量积累和数据处理能力的不断提升奠定了互联网金融发展的技术支持。例如，相关公司从支付宝客户分散、客单量小、流量相对稳定等特点出发，充分借助大数据，对购物支付的规律，尤其是“大促”和节前消费等影响基金流动性的因素进行深度数据挖掘和分析，对资金流动性进行预估，促进了余额宝模式的安全运行。实际上，大数据也为实施全范围的数据监测与分析，加强对互联网金融风险的识别、监测、计量和控制提供了手段。对监管者而言，及时获得足够的信息尤其是数据信息是理解互联网金融风险全貌的基础和关键，是避免监管漏洞、防止出现监管“黑洞”的重要手段。为此，监管机构需要基于行业良好实践，提出数据监测、分析的指标定义、统计范围、频率等技术标准。中国互联网金融协会在《互联网金融统计制度》和《互联网金融信用信息共享标准》中规定了互联网金融企业需报送的 6 类统计指标及具体报送时间要求，如表 9-2 所示。同时，还应针对不同业态制定差异化监测分析指标，如对 P2P 平台设计经验性指标和风险性的定期与实时报送及分析机制。在数据监测、分析机制的建设过程中，应注意保持足够的灵活性，在定期评估的基础上持续完善，以及时实捕捉新风险。

表 9-2　　互联网金融统计指标表

频　度	采集表名称	报送时间
年报	基本情况采集指标表	次年 3 月 10 日前
年报	前 5 大股东情况采集指标表	次年 3 月 10 日前
季报	资产负债采集指标表	季后 20 日前
季报	利润情况采集指标表	季后 20 日前
月报	业务发展状况采集指标表	月后 10 日前
月报	产品异常情况采集指标表	月后 10 日前

资料来源：根据中国互联网金融协会 2016 年 4 月培训资料整理。

7. 严厉打击金融违法犯罪行为

在精心呵护互联网金融的创新精神和普惠性的同时，必须及时惩治各类金融违法犯罪行为，有效维护金融秩序。当前，互联网金融发展良莠不齐，少数互联网企业在披着互联网的外衣、不持牌地做传统金融，运营中基本没有建设数据的采集和分析体系，甚至有些平台企业挑战了法律底线。例如，相当一部分 P2P 脱离了平台的居间功能，先以平台名义获取资金，再进行资金支配甚至挪为他用，投资人与借款人并不直接接触，这已突破了传统意义上 P2P 贷款的范畴，向非法集资演变。为此，必须不断跟踪研究互联网金融模式的发展演变，划清各种商业模式与非法集资、非法吸收公众存款、非法向公众发行股票和债券、诈骗等违法犯罪行为的界限，及时明确法律与监管的红线，依法严厉打击金融违法犯罪行为，推动互联网金融的有序、健康、可持续发展。在打击金融犯罪的同时，也应当考虑与时俱进地修改部分法律条款，支持互联网金融的健康发展。例如，美国《创业企业融资法案》就是通过修订法律条款，将需要向证卷交易委员会（Scurities And Exchange Commission，SEC）注册并公开披露财务信息的公司股东人数从超过 499 人提高到 2 000

人，鼓励美国小企业通过众筹融资。

8. 加强信息披露，强化市场约束

信息披露是指互联网金融企业将其经营信息、财务信息、风险信息、管理信息等向客户、股东、员工、中介组织等利益相关者履行告知义务的行为。及时、准确、相关、充分、定性与定量相结合的信息披露框架，一是有助于提升互联网金融行业整体和单家企业的运营管理透明度，让市场参与者得到及时、可靠的信息，从而对互联网金融业务及其内在风险进行评估，发挥好市场的外部监督作用，推动互联网金融企业规范经营管理；二是有助于增强金融消费者和投资者的信任度，奠定互联网金融行业持续发展的基础；三是有助于避免因监管机构信息缺失、无从了解行业经营和风险的状况，而出台不适宜的监管措施，过度抑制互联网金融地发展。加强信息披露的落脚点是以行业自律为依托，建立互联网金融各细分行业的数据统计分析系统，并就信息披露的指标、定义、内容、频率、范围等达成共识。当前，提升互联网金融行业透明度的抓手是实现财务数据和风险信息的公开透明。

9. 互联网金融企业与金融监管机构之间应保持良好、顺畅、有建设性的沟通

互联网金融企业与金融监管机构之间良好、顺畅、有建设性的沟通，是增进相互理解、消除误会、达成共识的重要途径。一方面，互联网金融企业应主动与监管机构沟通，努力使双方就业务模式、产品特性、风险识别等行业发展中遇到的难点达成理解和谅解。特别是对法律没有明确规定、拿不准的环节，更要及时与相关部门沟通，力求避免法律风险。再从过程中，推进行业规则逐步健全。另一方面，建设性的沟通机制有助于推动监管当局按照激励相容的原则设计监管规则，充分体现互联网金融企业在运营和内部风险管理等方面的特殊性，促进监管要求与行业内部风险控制要求的一致性，提高规则的针对性和有效性，降低企业合规成本。

10. 加强消费者教育和消费者保护

加强互联网金融消费者教育，有利于公众了解互联网金融产品、提升互联网金融风险意识，增强消费者对互联网金融的信心。事实上，互联网金融发展本身有助于解决一些金融消费者保护的难题。例如，在金融产品销售中，传统金融机构时常会发生销售人员夸大收益、误导销售或风险提示不充分等方面的问题。而通过互联网销售经批准的金融产品，通常不与客户见面，只要客户阅读过相关产品信息和风险提示等内容后在线单击“已阅读风险提示，并同意接受”等即可。如果网上销售的金融产品能够全面、准确地披露收益特征，风险提示充分且足够醒目，则完全可以做到既切实保护金融消费者权益，又有效管控金融产品销售中的合规风险。当前，我国互联网金融领域消费者教育的重点是引导消费者加强对互联网金融的理解，厘清互联网金融业务与传统金融业务的区别，使广大消费者知悉互联网金融业务和产品的主要性质和风险。在此基础上，切实维护金融消费者在互联网金融产品和业务办理中的合法权益，包括出借人、借款人、支付人、投资人等在内的金融消费者权益均应得到保障。金融消费者保护的重点是，加强客户信息保密，维护消费者信息安全，依法加大对侵害消费者各类权益行为的监管和打击力度。例如，针对第三方支付中消费者面临的交易欺诈、资金被盗、信息安全得不到保障等问题，应有针对性地加强风险提示，及时采取强制性监管措施。

11. 强化行业自律

当前和今后一段时期行业自律的程度与效果、行业发展的有序或无序在很大程度上影响着监管的态度和强度，从而也影响甚至决定着整个互联网金融行业未来的发展。为此，行业领头的企业必须发挥主动性，尽快带头制定自律标准，建立行业内部投诉处理机制，不要一味等待政府的强制性干预。陆续成立的互联网金融协会应当在制订互联网金融行业发展规则和标准，引导行业

健康发展方面，尽快发挥作用和影响力。特别是要在全行业树立合法合规经营意识，强化整个行业对各类风险的管控能力，包括客户资金和信息安全风险、IT 风险、“洗钱”风险、流动性及兑付风险、法律风险等。

12. 加强监管协调

互联网金融横跨多个行业和市场，交易方式广泛、参与者众多，有效控制风险的传染和扩散，推动行业可持续发展，离不开有效的监管协调。一是可通过已有的金融监管协调机制，加强跨部门的互联网金融运营、风险等方面的信息共享，沟通和协调监管立场。二是以打击互联网金融违法犯罪为重点，加强司法部门与金融监管部门之间的协调合作。三是以维护金融稳定，守住不发生区域性、系统性金融风险底线为目标，加强金融监管部门与地方政府之间的协调与合作。当前，加大信息共享力度和立场协调是加强上述各层次监管协调机制的重要内容。

[随堂测试 9-1] 理解互联网金融的监管原则

表 9-3 中列出了若干项互联网金融的具体监管规定与措施，请复习本任务所学内容，逐一分析各项体现了什么监管原则，填入表 9-3 中，从而加深对互联网金融监管原则的理解与应用。

表 9-3　互联网金融监管原则的理解

监管规定与措施	体现的监管原则
1. 监管部门对股权众筹项目不设事前行政审批，但强化事中、事后监管，鼓励股权众筹平台自主筛选众筹项目，支持大众创业、万众创新	
2. 划定 P2P 行业“监管红线”，严禁 P2P 平台设立资金池、拆分标的、违规承诺保本保息	
3. 要求互联网保险机构完善信息披露机制，保障消费者的知情权	
4. 在对网络银行的监管中，银监会及派出机构应利用大数据技术，建立和完善监管信息系统，实现资源共享，提高监管效率	

任务二　互联网金融分类监管

一、互联网金融分类监管概述

我国互联网金融发展经历了从“野蛮生长”到逐步纳入监管框架的历程，并渗透到了几乎全部传统金融业务领域，包括存款、贷款、支付、股权、征信等。随着国务院《推进普惠金融发展规划（2016—2020 年）》的实施，互联网金融的主要类别，如 P2P 网络借贷、股权众筹、互联网支付、互联网保险等均快速发展，并影响着每一个人的工作与生活。事实上，由于互联网金融包含的业务种类较多，每种业务的本质属性与风险特征各不相同，需要监管介入的程度也不一样。例如，对于互联网保险、互联网基金等传统金融业务的互联网化，应重点防范相关金融机构借互联网化实施监管套利；而对于 P2P 网络借贷、股权众筹等创新业态，则应探索利用区块链、大数据等新技术监测、识别和控制风险，同时强化信息披露和行业自律。因此只有制定分类监管框架，才能进行有针对性的监管，从而提高监管的有效性。此外，互联网金融呈现跨界、多变的特点，金融监管要与时俱进，还应不断升级监管体制机制，构建灵活的动态监管体系，保护互联网金融消费者的合法权益。

2015 年 7 月，《指导意见》首次提出了我国互联网金融的分类监管总体框架，同时进一步明确了互联网金融的分类和监管分工。在监管职责划分上，人民银行负责互联网支付业务的监督管理；银监会负责包括个体网络借贷和网络小额贷款在内的网络借贷以及互联网信托和互联网消费金融的监督管理；证监会负责股权众筹融资和互联网基金销售的监督管理；保监会负责互联网保险的监督管理。表 9-4 结合本书项目一中关于互联网金融分类与业态的具体划分，根据《指导意见》中的规定以及各级政府的监管实践，对我国互联网金融分类监管框架进行了全面梳理。

表 9-4　　我国互联网金融分类监管总体框架

业　态	分　类	牵头监管部门	备　注
基础业态	互联网支付	中国人民银行	中国人民银行对第三方支付实施牌照管理
	网络银行	银监会	适用民营银行试点政策
	互联网保险	保监会	强调线上与线下监管标准一致
	互联网证券	证监会	强调线上与线下监管标准一致
整合业态	网络小额贷款	银监会	金融办配合监管。
	互联网消费金融	银监会	工商局配合监管电商消费金融
创新业态	P2P 网络借贷	银监会	银监会制定监管政策，金融办属地监管
	众筹	证监会	证监会授权证券业协会自律管理
支持业态	互联网金融信息门户	工商局等	根据网站运营单位确定具体监管部门

二、P2P 网络借贷监管

1. P2P 网贷存在的主要问题

P2P 网贷作为互联网金融业态中的重要组成部分，近几年的发展呈现出机构总体数量多、个体规模小、增长速度快以及分布不平衡等特点。网贷行业形成以来，由于监管政策和体制缺失、业务边界模糊、经营规则不健全等，在快速发展的同时，也暴露出一些问题和风险隐患。

（1）缺乏必要的风控。部分网贷机构经营管理能力不足，时有经营者卷款、“跑路”等事件发生，严重影响市场参与者的信心和行业声誉，且不少网贷机构网络信息系统脆弱，易受黑客等攻击，存在客户资金、信息被盗用的安全隐患。

（2）缺乏必要的规则。部分网贷机构为客户借贷提供隐性担保，由信息中介异化为信用中介，设立资金池、挪用客户资金，存在信用风险和流动性风险等隐患，影响金融市场的秩序和社会稳定。

（3）缺乏必要的监管。部分网贷机构游走于合法与非法之间，借用网络概念“包装”，涉嫌虚假宣传和从事非法吸收公众存款等非法集资活动，损害社会公众利益。

（4）缺乏健全的外部环境。网贷行业的有关信用体系建设和消费者保护机制等的不健全，成为行业健康发展越来越明显的障碍。

2. P2P 网贷监管的主要内容

P2P 网贷是以互联网为主要渠道，为借款人和出借人实现直接借贷提供信息搜集、信息公布、资信评估、信息交互、借贷撮合等服务的业务。网络借贷信息中介机构（简称网贷机构）的本质是信息中介而非信用中介，因此不得吸收公众存款、归集资金设立资金池，不得自身为出借人提供任何形式的担保等。根据中国人民银行等 10 部委《关于促进互联网金融健康发展的指导意见》、银监会《网络借贷信息中介机构业务活动管理暂行办法》等监管法规，P2P 网贷监管可以重点关注以下内容。

（1）探索建立 P2P 行业准入标准。目前，中国 P2P 行业的门槛太低，只要到工商部门注册领取营业执照，到工业和信息化部申请ICP许可证，再到工商部门申请增加“互联网信息服务”经营范围，就可以开展网贷业务。简单注册公司就能从事类金融业务，又不会受到金融机构那样严格的监管，这种过低的门槛导致大量没有金融背景的企业争相涌入P2P行业，造成整个行业良莠不齐、乱象丛生。因此，相关部门应在注册资本、发起人资质、组织结构、内控制度、技术条件等方面，对P2P平台设置行业准入标准。这些细则在政府部门统一出台尚有困难之时，可参照英国经验，先由监管机构推动P2P行业协会牵头统一标准。特别是应以P2P公司的业务规模为判定条件，对公司的营运资本金做出硬性要求。建议设置静态最低营运资本金和动态最低营运资本金两种计算模式。公司的业务规模越大，监管要求的最低营运资本金也应越高。

（2）落实客户资金银行存管制度，限制借款集中度风险。为防范网贷机构设立资金池和欺诈、侵占、挪用客户资金，增强市场信心，对客户资金和网贷机构自身资金实行分账管理，落实由银行业金融机构对客户资金实行第三方存管，对客户资金进行管理和监督，资金存管机构与网贷机构应明确约定各方责任边界，便于做好风险识别和风险控制，实现尽职免责。限制借款集中度风险，网贷具体金额应当以小额为主，同一借款人在网贷机构上的单笔借款上限和借款余额上限应当与网贷机构风险管理能力相适应。

（3）完善信息披露机制，建立非现场监管信息报送制度。监管部门和自律组织应完善P2P网络借贷信息披露规范机制，要求P2P平台完整地保存客户资料，充分履行风险告知义务，确保投资者和借款者明确自身的权利和义务（包括借贷金额、期限、利率、服务费率、还款方式等），保障客户的知情权和选择权。要如实披露经营信息，包括公司治理情况、平台运营模式、业务数据（如交易额、累计用户数、平均单笔借款金额、投资人收益情况、不良贷款指标等），供客户参考。在此基础上，建议信息分层披露制度，即针对普通网民、投资者、监管机构等不同类型的对象，应该有层次、有差异地披露信息，从限制级信息披露（普通网民）到全方位信息披露（监管者）。监管机构应通过非现场监管系统要求P2P平台定期提供财务报告、借贷业务报告等，并对报告的真实性和业务的合规性进行独立审查，实时把握平台的运营情况和风险状况。非现场监管信息报送制度的制定应充分衡量成本与收益，在实现监管目标的同时，也要避免给P2P平台带来过度的成本负担。

（4）设立金融消费者保护局，加强金融消费者权益的保护。在英美两国的金融监管中，消费者保护一直都是最重要的监管目标之一。P2P业务具有无形性、专业性和信用性，尤其是P2P网贷业务打破了空间阻碍，使其消费者比其他有形业务的消费者更容易受到侵害，维权成本极高。P2P网贷平台只需拥有线上域名即可成立，部分平台并不具备固定的工作场所，消费者往往独立分散、互不知晓、维权难度大，消费者保护问题更应受到高度重视。

首先，从金融消费者保护机构设置来看，在金融业跨业经营格局下，设立统一的金融消费者保护机构已是大势所趋。中国实行“一行三会”分业经营、分业监管的金融体制、人民银行、银监会、保监会、证监会各自分设金融消费者保护部门。但当P2P部分跨界创新模式出现时，行业监管就难以给予金融消费者充分的保护，会存在监管漏洞。建议设立统一独立的金融消费者保护局，在金融消费者保护立法、金融消费者教育、金融消费者维权诉讼等方面发挥作用。金融消费者保护局还应建立公正透明的金融消费者投诉和处理体系，当金融消费者权益受到损害时，应首先和金融机构进行内部协商，若无法达成和解，金融消费者可诉诸金融消费者保护局寻求保护。同时，可在现行各级消费者协会内部设立专门的金融消费者保护工作协会，以加强对金融消费者的保护和教育。

其次，从金融消费者权益保护内容来看，中国P2P消费者保护应从以下4个方面入手：一是加强P2P公司的信息披露，保护消费者的知情权；二是保护消费者（特别是投资者一方往往处于弱势）的隐私，不得非法交易和披露消费者的个人信息；三是培养和教育消费者养成权利意识；四是构建高效的消费者投诉及处理体系，严厉打击各种侵害消费者权益的行为。

（5）完善行业征信体系，进一步加强行业自律。应建立和完善 P2P 行业征信体系，制定统一的信用评价标准，建立“黑名单”，积极促进多行业、多系统的征信系统融合和对接，并最终形成信息共享、信用评级、风险测度统一的征信体系，以降低 P2P 网贷的信用风险和成本。同时，在 P2P 行业监管尚不完善的情况下，应进一步深化行业自律建设，充分发挥行业协会的管理作用。借鉴英美两国经验，中国 P2P 行业自律规章应主要包含 3 个方面的内容：一是设立协会准入门槛，协会有责任为协会成员运营的合规性进行监督和负责；二是建立公开透明的数据系统，对借款人信用和债务情况进行登记、分析和评级，解决标的造假、过度负债等问题，辅助投资者判断，降低借款人偿付能力不足的风险；三是由有影响力和号召力的行业自律组织，建立行业授信共享机制和联防机制，发起并制定行业标准，承担道义监督和风险警示责任，以提高整个行业的风险管理水平。在此基础上，P2P 行业协会还应针对协会成员的运营特点出台细化的 P2P 行业规范和准则，依靠舆论效应和协会内部制裁方案在协会成员中推行，协会依照该规范对成员经营的合规性负责。目前在这方面，中国主要的问题是，虽然已经出现了一些行业自律章程，但是这些行业协会以及自律章程的公信力、执行力有待提高与强化，章程是否得到全面、有效的执行尚是疑问。

（6）充分发挥市场优胜劣汰的作用，完善 P2P 平台退出机制。由于市场竞争激烈、自身经营不善、借款人违约导致资金短缺及流动性问题等因素影响，部分 P2P 平台有可能退出市场。但因 P2P 平台的特殊性，其市场退出机制是否科学合理，关系到借贷双方的利益能否得到保护，甚至影响金融市场的秩序。因此，应完善 P2P 平台的退出机制。一是要明确市场退出机制的处置原则。P2P 网络借贷平台作为信息中介机构，应由监管机构对其运营进行监管，并根据监管过程中监测到的不同风险采取现场检查、行政处罚等不同的措施。二是要保护出借人权益。P2P 平台仅承担着借款人和出借人之间的交易中介角色，所以平台破产倒闭并不必然导致出借人的资产损失。为保护出借人的合法权益，平台应设立风险准备基金，以保障平台倒闭后，未到期的借贷项目仍有效并可得到有序的管理，直至借贷双方资金结清为止。

（7）坚持底线思维，注重协同监管。通过负面清单界定网贷业务的边界，明确网贷机构不能从事的禁止性行为，对符合法律法规的网贷业务和创新活动，给予支持和保护；对以网贷名义进行非法集资等非法金融活动，坚决予以打击和取缔；加强信息披露，完善风险监测，守住不发生区域性、系统性风险的底线；实行分工协作、协同监管，发挥网贷业务国家相关管理部门（银监会）、地方人民政府、行业自律组织的作用，促进有关主体依法履职，加强沟通、协作，形成监管合力。

[随堂测试 9-2] P2P 网贷监管要点总结

在 2016 年的全国“两会”上，中国人民银行行长周小川明确表示，在各类互联网金融中，P2P 问题较多，一些“伪”P2P 平台的“跑路”影响金融稳定，因此 P2P 网贷监管是当前互联网金融监管的重点领域。请复习 P2P 网贷监管的主要内容，并分别针对现行金融监管工具箱中的各类工具，列举一条你认为最重要的监管措施，填入表 9-5 中。

表 9-5　P2P 网贷监管工具与措施

监管工具箱	具体监管措施举例
市场准入	
非现场监管	
现场检查	

续表

监管工具箱	具体监管措施举例
信息披露	
消费者保护	
行业自律	
市场退出	
协同监管	

三、股权众筹监管

1. 股权众筹融资存在的问题

根据国际证监会组织对众筹融资的定义，众筹融资是指通过互联网平台，从大量的个人或组织处获得较少的资金来满足项目、企业或个人资金需求的活动。股权众筹是当前众筹的主流模式，对于拓宽小微企业直接融资渠道、支持实体经济发展、完善多层次资本市场体系建设具有重要意义，受到社会各界的高度关注。但由于缺乏必要的管理规范，股权众筹融资活动在快速发展过程中也积累了一些不容忽视的问题和风险：一是法律地位不明确，参与各方的合法权益得不到有效保障；二是业务边界模糊，容易演化为非法集资等违法犯罪活动；三是众筹平台良莠不齐，潜在的资金欺诈等风险不容忽视。

2. 股权众筹监管的原则

（1）适度监管原则。对股权众筹融资不设行政许可，由证监会依法强化事中、事后监管，加强股权众筹融资活动的信息收集、分析和风险监测。

（2）行业自律原则。通过证券业协会和中国互联网金融协会出台自律规则和行业准则，对股权众筹平台、众筹融资项目和从业人员进行自律管理，并建立全行业诚信体系。

（3）促进发展原则。加强服务，支持行业创新与发展，推动解决行业面临的困难和问题，进一步激发股权众筹市场活力，发挥股权众筹支持小微企业融资的积极作用，推动大众创业、万众创新。

3. 股权众筹监管的主要内容

（1）明确股权众筹界定，开展专项检查。由于一些市场机构开展的冠以"股权众筹"名义的活动，是通过互联网形式进行的非公开股权融资或私募股权投资基金募集行为，不属于《关于促进互联网金融健康发展的指导意见》规定的股权众筹融资范围。2015 年 8 月 3 日，证监会在《关于对通过互联网开展股权融资活动的机构进行专项检查的通知》（证监办发〔2015〕44 号）（以下简称"通知"）中，进一步明确了股权众筹的业务边界。股权众筹融资主要是指通过互联网形式进行公开小额股权融资的活动，具体而言，是指创新创业者或小微企业通过股权众筹融资中介机构互联网平台（互联网网站或其他类似的电子媒介）公开募集股本的活动。由于其具有"公开、小额、大众"的特征，涉及社会公众利益和国家金融安全，所以必须依法监管。为规范通过互联网开展股权融资活动，证监会根据上述《通知》，由各证监局在省级人民政府的支出配合下，对股权融资平台进行了专项检查，检查对象包括但不限于以"私募股权众筹" "股权众筹" "众筹"名义开展股权融资活动的平台。通过检查，摸清股权融资平台的底数、发现和纠正违法违规行为、排查潜在的风险隐患、引导股权融资平台围绕市场需求明确定位、切实发挥服务实体经济的功能和作用。

（2）服务中小微企业，加强信息披露。根据中国证券业协会发布的《私募股权众筹融资管理办法（征求意见稿）》，仅要求股权众筹融资者为中小微企业，不对融资额度做出限制。融资者在股权众筹融资活动中，应履行适当程度的信息披露义务，发布真实的融资商业计划书，并通过股权众筹平台向投资者如实披露拟融资企业的经营管理、财务、资金使用情况等关键信息，及时披露影响或可能影响投资者权益的重大信息。

（3）保护投资者权益，加强自律管理。一是明确并非所有普通大众都可以参与股权众筹，要求涉众型平台必须充分了解“你的客户”，并有充分理由确定其具有必要的风险认知能力和风险承受能力。二是以平台为自律管理抓手，要求其有能力判定投资者识别风险和承担风险的能力，有能力承担可能出现的涉众风险，实现投资者资金和平台资金的有效隔离。三是证券业协会依照有关法律法规及相关管理办法，对股权众筹融资行业进行自律管理。股权众筹平台应当在证券业协会备案登记，并申请成为证券业协会会员。证券业协会委托中证资本市场监测中心有限责任公司对股权众筹融资业务备案和后续监测进行日常管理。四是《私募股权众筹融资管理办法（征求意见稿）》明确列出了各参与主体的禁止行为，划定业务“红线”，防止风险累积，鼓励行业创新和自由竞争。为了保护众筹融资参与各方的合法权益，对违反法律法规的行为规定了责令整改、警示、暂停执业等自律管理措施和纪律处分。

四、互联网保险监管

1. 互联网保险行业存在的问题

2015 年以来，在“互联网+”战略驱动下，我国互联网保险发展迅速，保监会增发互联网保险牌照，纯互联网保险公司迅速增至 5 家，参与互联网保险业务的公司已突破 100 家，市场规模突破 2 000 亿元，互联网保险日益成为众多保险公司创新的主攻方向之一。但在其迅猛发展过程中，也暴露出一些问题：一是缺乏有效监管，导致互联网保险行业准入、运作、退出等市场机制不成熟；二是经营模式多样，缺乏完善体系，诸多新的保险产品，如雾霾险、中秋赏月险、意外怀孕险、客车摇号险等层出不穷，但这些保险创新产品却命运不同，很多最后都黯然退场；三是用户数据公开，面临较大的信息安全风险隐患。

2. 互联网保险监管的主要内容

互联网保险作为互联网金融的重要组成部分，根据互联网金融的总体监管框架，由保监会负责牵头监管，贯彻适度风险容忍度、原则监管与规则监管相结合、强化信息披露、完善市场约束等原则，同时对部分跨界创新互联网保险产品，应强化协调监管，防范监管套利。具体而言，互联网保险监管可以重点关注以下内容。

（1）坚持互联网保险新产品事后备案制监管模式，加强对保险公司创新行为的引导。目前，我国互联网保险监管尚处起步阶段。对互联网保险新产品，应坚持事后备案制监管模式，即保险公司在推出新产品时，可直接向市场投放销售，无需事先审核，在销售期内向监管机构备案，若产品不合规，监管机构才会叫停。事后备案的好处是不会抑制保险产品创新，保险公司可充分抓住消费者需要，设计出能够满足大众需求的互联网保险产品；同时，这也符合现行政府的监管原则，即减少事前审批，加强事中、事后监管，在激发市场活力的基础上，履行好法律赋予的监管职责。而事后备案制的不利之处在于，市场上会充斥不正规的互联网保险产品，这些产品在一定程度上不符合保险产品的基本原则，不符合大数法则和保险利益原则。保险利益原则强调在订立和履行保险合同的过程中，投保人或被保险人对保险标的具有保险利益，这种保险利益必须是合法、确定的经济利益。保险利益原则旨在防止将保险行为衍变为赌博和投机行为。而目前，部分所谓的互联网保险产品投保人对保险标的没有确切的保险利益，存在娱乐和投机倾向。因此，保险监管机构应当加强对保险公司产品创新行为的引导，加强对保险产品基本原则的立法和落实。

（2）完善互联网保险渠道创新的分类监管，提升监管有效性。根据保监会出台的《互联网保险业务监管暂行办法》（以下简称《办法》），互联网保险业务是指保险机构依托互联网和移动通信等技术，通过自营网络平台、第三方网络平台等订立保险合同、提供保险服务的业务。由此可见，监管部门主要是从渠道角度来界定互联网保险业务的，这也与当前我国互联网保险产品创新以渠道创新和场景创新为主相呼应。对保险渠道创新而言，监管机构也在《保险法》的基础之上发布了一些法律规定，主要规定了开展互联网保险业务应当具备的条件，同时就如何保障消费者知情权做出了一系列的规定。下一步，应当针对不同的互联网保险模式进行不同的有效监管。例如，对于官方平台自营模式，应在传统的《保险法》监管规定下，加强对该公司计算机系统和信息安全的监管，在准入制度中加入“完善计算机系统安全管理，健全客户信息安全制度”等规定；对于第三方电子商务平台模式，监管机构应当就保险交易双方与电子商务平台的法律关系和法律责任做出明确规定，同时尽可能扩大互联网信息公开范围和程度，加强对消费者知情权的保护；对于网络兼业代理模式，监管机构应当保障消费者对保险合同的知悉程度，在购买过程中设置“保存保险合同”选项，甚至为进一步保障消费者权益，就保险合同的举证责任倒置，要求保险公司进行举证；而对于专业互联网保险公司模式，监管机构应设置严格的准入制度，加强对资金流转是否安全的监管，保护消费者权益。

（3）互联网保险业务应采取与线下产品一致的监管要求，防止监管套利。互联网保险没有改变保险的根本属性，互联网保险业务监管应与传统保险业务监管具有一致性。因此，《办法》坚持在现有监管方向和原则的前提下，根据互联网保险的特性，对现有监管规则进行了适当延伸和细化。根据《办法》，互联网保险业务采取与线下产品一致的监管要求，由保险公司根据自身管控水平、信息化水平及产品特点，自主选择符合互联网特性的产品开展经营。保险机构应保证互联网保险消费者享有不低于其他业务渠道的投保和理赔等保险服务，保障保险交易信息和消费者信息的安全。保险监管机构主要通过事中监控和事后监督等措施，实施退出管理以加强对互联网保险产品的监管。

（4）强化互联网保险产品信息披露与信息安全监管。开展互联网保险业务的保险机构，应在其官方网站建立互联网保险信息披露专栏，需披露的信息包括：经营互联网保险业务的网站名称、网址，如为第三方网络平台，还要披露业务合作范围。互联网保险产品信息，包括保险产品名称、条款费率及批复文号、备案编号、报备文件编号或条款编码；突出提示和说明免除保险公司责任的条款，并以适当的方式突出提示理赔要求、保险合同中的犹豫期、费用扣除、退保损失、保险单现金价值等重点内容；客户服务及消费者投诉方式等。监管部门应加强窗口指导与大数据监测，进一步规范互联网保险经营主体 PC 端和移动端的信息披露与产品宣传，充分保障互联网保险消费者的知情权与选择权。针对互联网信息安全风险高的特点，《办法》要求保险机构加强信息安全管理，确保网络保险交易数据及信息安全。同时，《办法》还加大了对保险机构不严格履行信息披露和安全管理职责的惩戒力度。例如，对因内部管理不力造成销售误导、信息丢失或泄露等严重事故的保险机构，保险监管机构可以及时责令其停止相关产品的销售，以确保保险机构切实履行信息披露和安全管理义务，更好地保护消费者的利益。

（5）明确保险机构与第三方网络平台的职责划分。第三方网络平台是指除保险机构的自营网络平台外，在互联网保险业务活动中，为保险消费者和保险机构提供网络技术支持辅助服务的网络平台。互联网保险业务的销售、承保、理赔、退保、投诉处理及客户服务等保险经营行为，应由保险机构管理和负责。第三方网络平台如经营开展上述保险业务的，则应取得代理、经纪等保险业务经营资格。《办法》明确了第三方网络平台的业务规则，并要求保险机构加强对第三方网络平台等合作单位的管控责任，切实履行将保险监管要求告知第三方网络平台的义务。《办法》明确规定，第三方网络平台有配合保险监管部门日常监管和现场检查的义务，若有违反，保险监管部门可以责令保险机构终止与其合作。

（6）推动传统保险业务互联网化，营造开放、公平的市场环境。在互联网保险监管中，除了针对符合监管要求的互联网保险公司发放专门的互联网保险牌照外，还应推动传统保险业务向互联网化转型升级，鼓励传统保险公司利用区块链、云计算、个体风险定量等新技术积极开发适合互联网渠道销售和场景应用的新产品，同时通过监管引导，营造开放、公平的市场环境。保险监管部门应采取正向激励措施，鼓励保险机构提升互联网保险创新层次，建立保险投保理赔等在线服务体系，带动传统保险产品和业务的互联网化发展。同时，《办法》适度放开人身保险、个人财产保险等互联网保险产品的区域限制。下一步，随着更多互联网保险产品实现全线上流程闭环，监管部门应进一步放开产品经营区域限制，推动保险公司及保险机构在具有相应内控管理能力且能满足客户服务需求的情况下，更好地开展互联网保险业务，加快保险资源的流动与共享。

（7）明确互联网保险平台准入条件，完善市场退出机制。《办法》规定了保险机构开展互联网保险业务的自营网络平台以及保险机构通过第三方网络平台开展互联网保险业务时第三方网络平台应具备的具体条件，明确了市场准入标准。同时，根据“放开前端、管住后端”的监管思路，《办法》主要是通过明确列明禁止性行为的方式，完善保险机构和第三方网络平台的市场退出管理，为互联网保险业务的发展营造良好的市场环境。

[随堂测试 9-3] 《互联网保险业务监管暂行办法》对保险机构在开展互联网保险业务时应披露的信息进行了详细规定，请你分别登录众安保险、康泰在线和百安保险网站，仔细浏览并分析其披露的信息是否符合监管规定，将结果填入表 9-6 中。

表 9-6 互联网保险信息披露探究

互联网保险公司	官 方 网 站	信息披露项目	是否符合监管规定
众安保险			
康泰在线			
百安保险			

五、互联网支付监管

1. 互联网支付现状及存在的问题

近年来，支付机构大力发展网络支付服务，促进了电子商务和互联网金融的快速发展，对支持服务业转型升级、推动普惠金融纵深发展发挥了积极作用。但支付机构的网络支付业务也面临不少问题和风险，必须加以重视和规范：一是客户身份识别机制不够完善，为欺诈、套现、“洗钱”等风险提供了可乘之机；二是以支付账户为基础的跨市场业务快速发展，沉淀了大量客户资金，加大了资金流动性管理压力和跨市场交易风险；三是风险意识相对较弱，在客户资金安全和信息安全保障机制等方面存在欠缺；四是客户权益保护亟待加强，存在夸大宣传、虚假承诺、消费者维权难等问题。

2. 互联网支付监管的主要内容

根据中国人民银行《非银行支付机构网络支付业务管理办法》（2016 年 7 月 1 日起实施）以及相关监管法规，互联网支付监管的主要内容包括如下几个方面。

（1）清晰界定支付机构定位。坚持“小额便民、服务于电子商务”的原则，有效隔离跨市场风险，维护市场公平竞争秩序及金融稳定。同时，对第三方支付机构实施市场准入管理，由中国人民银行发放牌照。

（2）坚持支付账户实名制。账户实名制是支付交易顺利完成的保障，也是反洗钱、反恐融资和遏制违法犯罪活动的基础。针对网络支付非面对面开户的特征，强化支付机构通过外部多渠道交叉验证识别客户身份信息的监管要求。

（3）兼顾支付安全与效率。本着小额支付偏重便捷、大额支付偏重安全的管理思路，采用正向激励机制，根据交易验证安全程度的不同，对使用支付账户余额付款的交易限额做出了相应安排，引导支付机构采用安全验证手段来保障客户资金安全。

（4）防范信息泄露风险，保护消费者合法权益。基于我国网络支付业务发展的实际和金融消费的现状，支付机构应以“最小化”原则采集、使用、存储和传输客户信息，防范信息泄露风险。支付机构应建立完善的风险控制机制，健全客户损失赔付、差错争议处理等客户权益保障机制，有效降低网络支付业务风险，保护消费者的合法权益。

（5）对非银支付机构实施动态分类管理。当前，已获得网络支付业务许可的非银支付机构有117 家，而前 10 家支付机构占据了 80% 以上的市场份额。中国人民银行在充分考虑大型支付机构的诉求后，提出了建立分类评价机制和动态管理的新政策，也就是对综合评级较高的机构，在客户身份验证渠道、支付账户转账功能、支付账户单日交易限额、银行卡快捷支付验证方式等多个方面，给予了更充分的信任和更有力的支持；对综合评级较低的机构，提出了更加严格的监管措施，以加强风险防范和客户权益保护，如表 9-7 所示。

表 9-7　　中国人民银行对支付机构的分类监管

评级类别	监管措施
评定为“A”类且Ⅱ类、Ⅲ类支付账户实名比例超过 95%的支付机构	经评估认可后，可以采用其他有效的客户身份核实方法
	对符合条件的个人卖家，支付机构可以参照单位客户进行管理
	符合条件的支付机构可以办理支付账户与非同名银行账户之间的转账业务
	可以将达到实名制管理要求的Ⅱ类、Ⅱ类支付账户的余额付款单日累计限额，提高至一般规定的 2 倍
评定为“A”类的支付机构	符合条件的支付机构可以与银行自主约定由支付机构代替进行交易验证的具体情形
评定为“B”类及以上，且Ⅱ类、Ⅲ类支付账户实名比例超过 90%的支付机构	可以将达到实名制管理要求的Ⅱ类、Ⅲ类支付账户的余额付款单日累计限额，提高至一般规定的 1.5 倍
评定为“C”类及以下、支付账户实名比例较低、对零售支付体系或社会公众非现金支付信心产生重大影响的支付机构	适度提高公开披露相关信息的要求，并加强非现场监管和现场检查

资料来源：根据中国人民银行《非银行支付机构网络支付业务管理办法》（人民银行公告[2015]第 43 号）整理。

（6）加强个人支付账户分类管理。将我国个人支付账户分为 3 类，其中，Ⅰ类账户只需要一个外部渠道验证客户身份信息（如联网核查居民身份证信息），账户余额可以用于消费和转账，主要适用于客户小额、临时支付，身份验证简单快捷。为兼顾便捷性和安全性，Ⅰ类账户的交易限额相对较低，但支付机构可以通过强化客户身份验证，将Ⅰ类账户升级为Ⅱ类或Ⅲ类账户，提高交易限额。Ⅱ类和Ⅲ类账户的客户实名验证强度相对较高，能够在一定程度上防范假名、匿名支付账户问题，防止不法分子冒用他人身份开立支付账户并实施犯罪行为，因此具有较高的交易限额。鉴于投资理财业务的风险等级较高，仅实名验证强度最高的Ⅲ类账户可以使用余额购买投资理财等金融类产品，以保障客户资金安全。表 9-8 所示 3 类个人支付账户分类。

表 9-8　　3 类个人支付账户分类

账户类别	余额付款功能	余额付款限额	身份核实方式
Ⅰ类账户	消费、转账	自账户开立起累计 1 000 元	以非面对面方式，通过至少 1 个外部渠道验证身份
Ⅱ类账户	消费、转账	年累计 10 万元	面对面验证身份，或以非面对面方式，通过至少 3 个外部渠道验证身份
Ⅲ类账户	消费、转账 投资理财	年累计 20 万元	面对面验证身份，或以非面对面方式，通过至少 5 个外部渠道验证身份

资料来源：根据中国人民银行《非银行支付机构网络支付业务管理办法》（人民银行公告[2015]第 43 号）整理。

[做中学 9-1]　互联网支付平台实名认证升级

根据 2015 年 12 月中国人民银行公布的《非银行支付机构网络支付业务管理办法》，2016 年 7 月 1 日起将开始运行新的非银支付账户体系，微信、支付宝等支付平台也启动了实名认证。下面以支付宝为例，请根据步骤引导，完成网络支付账户的实名认证升级。

步骤 1：查看支付宝账户信息。

登录支付宝账户（www.alipay.com），单击“账户设置”→“基本信息”，在“实名账户”这一项单击“查看”，如图 9-3 所示。

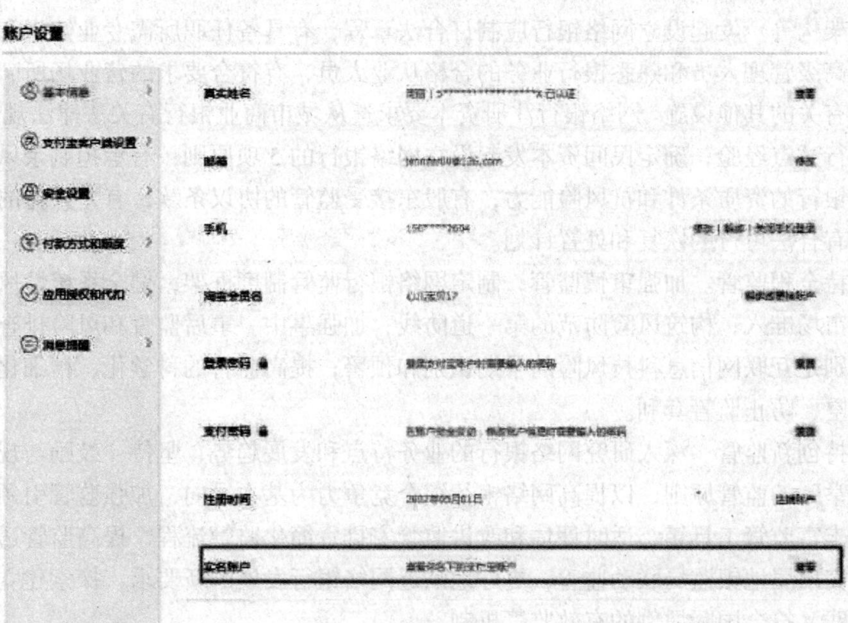

图 9-3　支付宝实名账户信息查看

步骤 2：实名认证审核。

按照页面提示填写相关信息，上传身份证件，单击“确认提交”即可，如图 9-4 所示。支付宝会在提交成功的 24 小时内完成审核。

六、网络银行监管

通过项目六的学习，我们了解到网络银行是指在互联网金融背景下，经银监会批准设立，不设实体网点，以信息技术和互联网技术为依托，完全通过互联网平台和移动金融应用向用户提供各种金融服务的新型银行业金融机构。随着我国民营银行试点工作的开展，首家网络银行——微众银行于2015年1月18日试运行，于4月18日正式对外营业。我国首批试点设立的5家民营银行中有2家为纯网络银行。因此，我国网络银行业务起步较晚，相关的监管法规和监管体系尚在完善中，目前主要依据《中华人民共和国银行业监督管理法》《关于促进民营银行发展的指导意见》（国办发〔2015〕49号）等法律法规，由银监会结合网络银行业务特点实施分类监管。

图 9-4　支付宝信息审核

1. 网络银行监管的主要内容

（1）严格准入监管。要求网络银行具备设计良好的股权结构与公司治理结构，确定合理可行的业务范围、市场定位、经营方针和计划，建立科学有效的组织机构和管理制度、风险管理体系及信息科技架构等。发起设立网络银行应制订合法章程，有具备任职所需专业知识和业务工作经验的董事、高级管理人员和熟悉银行业务的合格从业人员，有符合要求的营业场所、安全防范措施和与业务有关的其他设施。网络银行注册资本要求遵从城市商业银行有关法律法规规定。同时，借鉴民营银行试点经验，确定民间资本发起设立网络银行的5项原则：有承担剩余风险的制度安排；有办好银行的资质条件和抗风险能力；有股东接受监管的协议条款；有差异化的市场定位和特定战略；有合法可行的恢复和处置计划。

（2）坚持全程监管。加强审慎监管，制定网络银行监管制度框架，健全系统性风险监测评估体系；严格市场准入，构筑风险防范的第一道防线；加强事中、事后监督和风险排查，加强对重大风险，特别是互联网信息科技风险的早期识别和预警；提高监管的科学化、精细化水平，避免出现监管真空，防止监管套利。

（3）坚持创新监管。深入研究网络银行的业务特点和发展趋势，坚持“鼓励与规范并重，创新与防险并举”的监管原则，以提高网络银行综合竞争力为基本导向，加强监管引领，创新监管手段，不断丰富监管工具箱，适时评估和改进监管安排；简化监管流程，提高监管透明度；优化监管资源，突出属地银监局联动监管，更好地贴近网络银行发展的新要求，探索建立既适应网络银行发展实践又符合国际惯例的有效监管机制。

（4）坚持协同监管。在强化监管的同时，各有关部门和地方各级人民政府应加强沟通协调，加快推进有利于网络银行发展的金融基础设施建设，加快相关金融创新的制度研究与机制完善，同时不断完善金融机构市场退出机制，尽量减少个别金融机构经营失败对金融市场的冲击，切实促进网络银行持续健康发展。

2. 提高网络银行监管有效性的建议

（1）完善网上银行业务的安全保障体系建设。一是从技术层面确保网上银行运营安全，尽快健全与网络银行监管法相配套的网络安全标准和技术标准；二是建立和完善基于网络银行安全的银行内控制度，出台相关指引细则，结合行业自律，严格规范操作规程，并完善网络银行信息披露制度；三是健全网络银行的交易仲裁规则，使网络交易的纠纷处理有据可依。

（2）强化对网络银行的各种风险进行监管。一是确定对各种虚拟金融产品的监管内容和总则，对技术风险进行监管和控制；二是对各网络银行之间的电子货币往来进行监控，减少流动性风险发生的可能性；三是加强第三方安全认证系统建设，推广使用数字证书。

（3）加强网络银行业务监管的合作与国际交流。一是形成和国内其他金融监管部门及有关行业主管部门之间的稳定交流合作及信息共享机制，实现从机构型监管向功能型监管的转变；二是加强与发达国家地区金融监管部门之间的交流、学习，借鉴其在网络银行业务监管领域的最新研究成果，通过协调监管措施，进一步共同探讨跨境网络银行业务的监管问题。

拓展阅读：互联网金融独立评级

在互联网金融快速发展的同时，互联网金融的经营主体和经营者的风险事件也在频发，互联网金融业务结构、业务规模的成长可能对金融造成结构性、系统性风险冲击。由此可见，除了政府监管外，由独立的第三方机构对互联网金融主体进行信用评级或综合评价就显得尤为重要。

一、评级的内涵与意义

评级作为一种基础金融中介服务，其目的在于揭示各个受评经济主体和金融工具的违约风险的大小，即经济主体按照合同约定如期履行债务或履行其他义务的能力和意愿，主要是对债务人偿债能力和偿债意愿的一种综合评价。

评级具有如下意义：①评级可以减少信息不对称程度；②信用等级是债券发行定价的最主要依据；③评级可以引导评级主体的自律管理；④评级可以成为辅助金融监管的有力工具。

在针对互联网金融各类创新业态的独立评级中，发展较早、市场认可度较高的是P2P网络借贷评级。通过项目三的学习，我们已经了解到网贷行业信息门户对P2P平台的独立评级结果已经成为了投资者进行P2P投资时“选平台”的重要参考。依托于互联网成长起来的P2P网络借贷还处在迅速发展的阶段。信用风险是P2P产品投资者关心的首要问题，因此评级可以作为辅助P2P健康发展的一个重要风险管理及增信手段。

为进一步了解互联网金融独立评级，我们将以第三方信息门户——网贷之家的P2P平台发展指数为例，介绍互联网金融评级的指标体系、打分方法及权重确定，并在此基础上介绍评级的主要步骤与方法。

二、网贷之家的评级体系

作为比较成熟的P2P第三方信息平台，网贷之家依靠已掌握的P2P数据优势，推出了自己的网贷平台综合评级，但其对P2P的评级更接近一个综合评价排名，而非信用评级。但是，有以下任一情形的P2P平台不会被列入评级库。

① 上线3个月以内的。

② 单个借款人平均借款金额≥（注册资金、风险准备金、0.5×自身担保公司注册资金）3者最大值的。

③ 单月投资人数≤100人的。

④ 单月借款人数≤5人的；

⑤ 3个月内有不诚信行为及被刑事调查的。

⑥ 无法获取详细、明确的成交数据及平台信息的。

网贷之家的网贷综合评级指标考虑了平台成交量、营业收入、人气、收益、杠杆、流动性、分散度、透明度及品牌影响力9个方面的因素，采用权重积分的层次分析法，建立了一级和二级指标间隶属的树状层次结构，并赋予了一定的权重，通过这种分组线性打分法得到一个综合发展指数，据此为P2P进行排名，旨在揭示P2P平台的综合影响力以及综合实力。

发展指数=成交积分×7%+营收积分×9%+人气积分×15%+技术积分×4%+杠杆积分×14%+流动性积分×5%+分散度积分×15%+透明度积分×13%+品牌积分×18%

上述公式中，各指标的具体解析如下。

（1）成交积分。成交积分是用于表征平台成交量的指标，成交积分越高，表明平台成交量越高。成交指标根据当月实际成交量和当月时间加权成交量加权得出，并根据净值标及秒标在总成交量中的占比给予适当减分。

（2）营收积分。营收积分是用于表征平台可能获得的营业收入的指标，营收积分越高，平台可能获得的营业收入越高。因为目前P2P网贷行业很多平台采用垫付模式，因此，营业收入增高，就相应降低了平台的风险，更有益于出借人。可采用时间加权成交量和贷款余额来近似进行营收指标的评分，并根据平台有无利息管理费、VIP年费、充值提现费用及成本费用等给予适当调整。

（3）人气积分。人气积分是用于表征平台的投资人和借款人数量的指标，人气积分越高，表明在平台投资和借款的人数越多。该指标根据投资人人数、借款人人数加权得出，并根据平台由于短期活动造成人气异常波动的情况进行适当调整。

（4）杠杆积分。杠杆积分是用于表征平台的风险承受能力高低的指标，杠杆积分越高，表明平台可能的资金杠杆越小，风险承受能力越高。目前，该指标由待收杠杆、地域杠杆（根据历史问题平台研究发现，平台地理位置对其待收金额有重要的影响，地理位置越偏僻、经济越不发达、人口越稀疏的城市，当地的平台能够支撑的待收金额越少，所以引入地域杠杆，以衡量平台待收金额与所在城市的关系）、超越10倍杠杆情况和TOP10%逾期资本比4个二级指标组成。

（5）技术积分。技术积分是用于表征平台技术实力的指标，技术积分越高，表明该平台技术实力越强。目前，该指标根据平台系统自主研发情况、网站人均响应时间、网站安全漏洞检测、APP、微信客户端、数据传输安全、账户安全、IT团队实力等得出。

（6）流动性积分。流动性积分是用于表征投资人在平台投资资金回收时间长短的指标，流动性积分越高，表明在该平台投资回收本金的时间越短，能更灵活地退出。目前，该指标根据久期计算得出，并根据有无净值标、有无债权转让标、提现速度等给予适当调整。

（7）分散度积分。分散度积分是用于表征平台借款和投资资金分散情况的指标，分散度积分越高，表明平台的投资和借款人越分散，平台运营风险越低。分散度指标根据单人借款金额、单人出借金额、借款集中度、借款人HHI、投资人HHI、前十借款人待还占比、最大借款人待还占比、前十投资人待收占比、最大投资人待收占比和TOP1借款待还资本比等加权得出。

（8）透明度积分。透明度积分是用于表征平台信息透明度的指标，透明度积分越高，表明平台信息公开得越多，平台越透明。透明度指标根据平台对公司基本信息、运营数据信息、借款资料等的公布程度得出。由于平台信息的透明化是无止境的，所以认定透明度积分的最高分为90分。

（9）品牌积分。品牌积分是用于表征平台知名度的指标，品牌积分越高，表明平台的知名度越高、越能得到出借人的认可。品牌指标根据资金认可度（资金认可度越高，即投资人越愿意以更低的收益率，投资更多的资金到更长期限的借款标上面，则表明投资人对这个平台越认可）、上线时间、总部城市、Alexa 排名、股东背景、团队背景、媒体报道、风投挂牌、事件影响等信息评分得出。

三、P2P 网贷独立评级的步骤

P2P 平台评级体系可以借鉴传统评级的方法论。一般需要考虑 3 个步骤，即分析、综合和评价。

（1）分析。分析是全部过程中的第一步，主要是通过采集数据、分析案例、专家访谈等多种形式，收集影响 P2P 平台信用的风险因素，发现典型事实。

（2）综合。综合是分析基础上的深加工，需要进一步分析哪些风险因素是主要的风险点，它来自平台本身还是属于外部环境；对采集的数据进行遴选，确保相应的数据真实可靠，并且具有一定的延续性。除了平台自身的分析和综合外，还可以通过平台之间数据的交叉比较，分析平台的行业主要竞争力。对于 P2P 平台分析而言，更重要的是通过综合各方面的数据和信息，了解 P2P 行业的发展阶段、面临的主要问题，以及短期和长期的竞争优势等。需要认识到，将一个成熟行业的分析框架应用到 P2P 网络借贷行业是不适宜的。

（3）评价。要把综合起来的对平台的整体认识，按照一定标准，结合专家判断，对平台的风险状况进行评估，最终量化到一个特定的级别或分类。

对平台进行分析、综合和评价是一个不可分割的整体。一般而言，评级过程应该具有严肃性，确保结果的一致性。如图 9-5 所示。

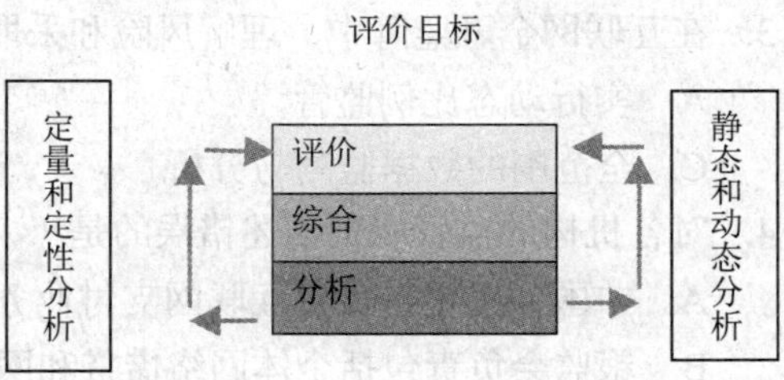

图 9-5　互联网金融独立评级方法论示意图

四、评级的主要方法

（1）建立 P2P 平台评级体系要注重定性和定量方法的结合。在传统评级方法论中，除了在财务分析和部分指标预测中采用定量分析外，评级中大量采用定性分析，考虑各种因素和不同专家意见得到最终评级结果，比较全面地反映受评主体的风险构成。

财务分析中现金流量的分析和预测是传统评级分析中比较重要的定量分析方法。例如，穆迪公司的方法论认为，清偿到期债务的能力大部分取决于企业的现金流量是否充足。因此，在穆迪的定量分析中将现金流量分析列为核心，其他财务比率均归结其中。在一般现金流量分析中考虑的方面包括正常经营产生的现金流量构成、流动资产来源和可变现资产价值、债务和权益构成等。

在风险因素中，有许多无法通过定量方法准确计量，因此需要使用定性分析方法。例如，企业竞争力包括领导能力、技术水平和管理水平等内容，它们都反映了企业竞争力的一个侧面。对于这些侧面很难用数量指标来表示，这就要通过调查了解，用文字加以描述，分析它们的好坏，评定它们的等级。

定量和定性的结合也是需要注意的。一般认为，利用数学模型对过去的财务数据进行分析，仅仅是评级的初步工作，需要在此基础上，对市场环境、竞争能力、经营者的经营素质等各种因素进行综合分析和调查，确保评级能得到正确的结论。一般认为，未来的新因素越多，现有的财务资料越没有分析价值。这一观点对于建立 P2P 平台评级体系很有参考意义。

（2）P2P 平台评级还要特别关注静态和动态分析。静态分析侧重依据过往或者现在受评主体的经营情况，对其未来偿债能力进行分析评估。由于社会环境的不断变化，企业的经营活动也在不断变动，不能单纯依靠过去几年的业绩就做出今后信用状况的判断。

事实上，信用评级就是对主体未来信用状况的一种预测，因此需要考虑未来的发展情况。我们必须进行动态分析，通过分析企业竞争能力、收益、市场等情况的动态变化，预测企业信用状况的发展趋势。P2P 行业还处在急速发展的阶段，对动态情况的分析至关重要。

知识自测题

一、单项选择题

1. 下列监管措施中，哪一项要求最有利于互联网金融行业规范发展？（ ）

A. 牌照管理　B. 信息披露　C. 高管准入　D. 行政处罚

2. 监管当局依据成文法规，对金融企业各项业务内容和程序做出详细规定，强制每个机构严格执行的监管模式为（ ）。

A. 规则性监管　B. 原则性监管　C. 动态比例监管　D. 监管套利

3. 在互联网金融监管中，理解风险和采取监管行动的前提是（ ）。

A. 实行动态比例监管　B. 关注和防范系统性风险

C. 全范围的数据监测与分析　D. 加强消费者教育和消费者保护

4. 对各机构的监管职责描述错误的是（ ）。

A. 中国人民银行负责互联网支付业务的监督管理

B. 银监会负责包括个体网络借贷和网络小额贷款在内的网络借贷

C. 证监会负责互联网信托和互联网消费金融的监督管理

D. 保监会负责互联网保险的监督管理

5. 股权众筹融资的融资者是（ ）。

A. 民营企业　B. 小微企业　C. 国有企业　D. 上市公司

6. 下列选项中不能经营互联网保险业务的是（ ）。

A. 保险公司　B. 全国性保险专业中介机构

C. 第三方网络平台　D. 保险资产管理公司

7. 下列哪一项不是当前我国 P2P 网络借贷监管的主要措施？（ ）。

A. 负面清单管理　B. 设置合格投资者准入门槛

C. 客户资金第三方存管　D. 限制借款集中度风险

二、判断题

1. 2008 年国际金融危机爆发后，“监管套利”仍是一个中性的术语。（ ）
2. 互联网金融的发展对于系统性风险的影响具有双重性。（ ）
3. 提升互联网金融行业透明度的抓手是实现财务数据和风险信息的公开透明。（ ）
4. 网络借贷信息中介机构（简称网贷机构）的本质是信用中介。（ ）
5. 中国证券业协会对股权众筹融资行业进行自律管理。（ ）

三、简答题

1. 请简述互联网金融监管的总体原则。
2. 请简述互联网保险监管的主要内容。
3. 如何对某个 P2P 网络借贷平台进行独立评级？

四、综合分析题

1. 2016 年 3 月 25 日，由中国人民银行牵头会同银监会、证监会、保监会等有关部门组建的中国互联网金融协会成立大会暨第一次会员代表大会在上海盛大召开。中国人民银行和上海市人民政府领导出席大会并为中国互联网金融协会揭牌。中国互联网金融协会旨在制定行业规则，强化互联网金融监管，同时积极促进行业自律，引导和支持互联网金融从业机构完善管理、守法经营。中国人民银行前副行长李东荣先生担任第一任会长。 协会首批单位会员共有 431 家。筹建组按照行业代表性、广泛性、正面引导性原则，对前期申请入会的机构进行资质审查，产生首批单位会员名单。 在随后的会员代表大会上，全体会员单位选举产生了中国互联网金融协会第一届理事会、监事会，选举产生了 142 家理事单位、3 家监事单位。在理事单位中，银行机构 30 家，证券及相关企业 12 家，保险及相关企业 6 家，互联网金融企业 94 家，涵盖互联网金融行业各业态，具有广泛性和代表性。

（1）请通过互联网检索中国互联网金融协会会员名单，综合运用本项目及本书所学知识，将表 9-9 填写完整。

表 9-9　　中国互联网金融协会会员分类及监管关系

会员业态分类	会员单位名称举例	牵头监管部门
互联网支付	汇付天下有限公司	
P2P 网络借贷		银监会
股权众筹	深圳众投邦股份有限公司	
网络银行		银监会
互联网金融信息门户	上海盈灿投资管理股份有限公司（网贷之家）	
互联网保险		保监会
互联网证券	东吴在线（苏州）互联网金融科技服务有限公司	
互联网基金		证监会
互联网征信		人民银行
互联网金融研究	清华大学五道口金融学院	教育部
综合性互联网金融平台	浙江蚂蚁小微金融服务集团有限公司	协同监管

（2）试运用本项目所学知识，分析如何进一步发挥中国互联网金融协会的自律监管作用。

答题参考：

中国互联网金融协会的主要职能为按业务类型制定经营管理规则和行业标准，推动机构之间的业务交流和信息共享；明确自律惩戒机制，提高行业规则和标准的约束力；强化守法、诚信、自律意识，树立从业机构服务经济社会发展的正面形象，营造诚信规范发展的良好氛围。协会应注意借鉴国内、外行业自律组织的成熟经验，结合金融行业的本质特点,逐步设置符合互联网金融业务发展特点的专业部门和后台支撑部门，同时逐步搭建互联网金融各领域的专业委员会。互联网金融的健康、规范发展，既离不开政府监管，也离不开行业自律。政府监管和行业自律相互支撑，有利于降低监管和市场运行的成本，提高监管效率和促进市场创新，也有利于提升互联网金融市场整体运行的安全性和有效性。协会要在中国人民银行的指导下，积极配合监管部门开展工作，推动互联网金融规范发展。协会要立足行业发展需要，从行业规范和自律标准入手，逐步开展互联网金融统计监测、信息共享、风险披露和风险预警等基础设施、制度和手段建设。对于跨地区、跨部门、跨行业会员，除了行业公约外，协会还应在监管部门的指导下，秉持穿透式原则，组织会员单位共同制定自律规范，积极防范相应风险。

技能实训

[实训项目]

P2P 网贷监管现场检查方案设计。

[实训目的]

现场检查、非现场监管和市场准入是金融监管的 3 项主要措施，而对 P2P 网贷行业而言，由于更强调事中与事后监管，因此通过现场检查往往能更直接地发现网贷平台在经营中的问题和风险点，从而具有更强的“震慑力”。目前，互联网金融领域的现场检查，监管部门尚在探索中，本实训要求大家站在监管部门（银监会）的角度，综合运用所学知识，在步骤引导下，设计一份对某 P2P 网贷平台进行全面现场检查的方案，以加深对监管原则的运用及对监管有效性的理解。

[实训内容]

现场检查是监管部门全面检查和梳理被检查机构在经营管理中存在的问题和风险的主要手段。通过对 P2P 网贷平台的现场检查，能够向平台决策层和经营管理层传导监管当局的监管理念及关注的主要风险点，使之成为其自觉行动、不断强化和完善自身的纠错机制，从而提高内控能力。制定完善、合理的现场检查方案是有效实施现场检查项目的关键，请根据以下步骤引导，制定对某 P2P 网贷平台公司经营情况和主要风险的全面现场检查方案。

步骤 1：了解现场检查规程。

现场检查是一项技术性、综合性较强的监管措施，需要遵循一定的检查规程，其中制定《现场检查方案》的基本要求为：主查人根据现场检查的立项，在与非现场监管部门人员全面深入地分析被查单位相关资料的基础上，订立清晰明确的检查方案，包括具体的检查目标、检查任务、检查重点等。

《现场检查方案》包括的主要内容如下。

① 制定检查方案的依据：银监会《网络借贷信息中介机构业务活动管理暂行办法》。

② 检查的目的、对象、范围、方式、内容、时间安排、纪律要求等。

③ 需要提交的检查报告、附表、格式要求等。

④ 检查组成员分工。

请大家认真学习本次检查的依据《网络借贷信息中介机构业务活动管理暂行办法》，并通过扫描图 9-6 中所示的二维码，进一步了解现场检查规程。

图 9-6 银监会现场检查规程二维码

资料来源：通过互联网收集整理的《银监会监管手册·现场检查卷》

步骤 2：选择检查对象。

本次检查为对特定网贷平台公司的全面检查，因此应选择一家规模较大、经非现场监测发现可能存在风险隐患、在辖内具有代表性的网贷平台公司作为检查对象。请通过检索互联网金融信息门户网站（如网贷之家、网贷天眼等），结合你对当地网贷平台的了解，选择一家网贷平台作为检查对象，并通过浏览官网和第三方评级结果，将该对象的基本信息填入表 9-10 中。

表 9-10　检查对象基本情况表（评级结果及相关数据统计至制定本方案时的上年末，下同）

平台名称	官网	运营公司	成立时间	注册地	存管银行	评级结果	累计成交额

步骤 3：设计《检查前问卷》。

对上述检查对象进行全面检查，应设计《检查前问卷》，并明确回收《检查前问卷》的时间和报送要求。《检查前问卷》应包括以下内容。

① 平台的组织架构、股东信息、控股比例等治理信息。

② 平台的管理架构、报告关系和授权。

③ 平台的会计核算办法和账务组织体系。

④ 平台的主要业务操作规程。

⑤ 平台的内部控制制度及相关规定。

⑥ 平台运营信息的历史和实时披露情况。

⑦ 平台的财务会计报表。

请根据以下问卷示例，设计完整的《检查前问卷》。

某网贷平台公司检查前问卷

被调查单位：（公章）

（以下内容请附文回答）

1. 公司名称、成立时间及注册资本。
2. 公司股东名称、出资情况及性质。
3. 公司高级管理层成员名称、职务。
4. 公司组织结构简图。
5. 公司员工构成情况，如表 9-11 所示。

表 9-11　某网贷平台公司人员构成　单位：人

项目		截至检查前上月末	同比变化
年龄分布	30 岁以下		
	30～39 岁		
	40 岁以上		
学历分布	博士		
	硕士		
	本科		
	专科		
	高中及以下		
岗位分布	董事、监事及高管人员		
	前台人员		
	中台人员		
	后台人员		

续表

项　目		截至检查前上月末	同 比 变 化
从业经历	金融工作经验 1 年以下		
	金融工作经验 1～5 年		
	金融工作经验 5 年以上		

6. 出借端（理财端）主要信息披露指标，如表 9-12 所示。

表 9-12　出借端运营信息披露指标

统计时点	交易总额	交易总笔数	投资人数量	人均累计投资额度	笔均投资额度	平均满标时间
截至检查前上月末						
截至检查前上年末						

7. 借款端主要信息披露指标。

请参考以下指标设计调查表：借款人数量、人均累计借款额度、笔均借款额度、贷款余额、最大单户借款余额占比、最大 10 户借款余额占比等。

8. 风险监测主要信息披露指标。

请参考以下指标设计调查表：累计违约率、平台项目逾期率、近 3 个月项目预期率、借款逾期金额、借贷逾期率、借贷坏账率、客户投诉情况、已撮合未到期融资项目情况等。

9. 网贷平台公司负债明细情况，如表 9-13 所示。

表 9-13　某网贷平台公司负债情况　单位：万元

资金出借方名称	资金性质	融资金额	融资起始日至到期日	融资利率	担 保 方 式

注：资金性质请填列银行融资、股东借款、其他小贷公司拆入或其他。

10. 平台在银行资金存管及各类存款账户的情况，如表 9-14 所示。

表 9-14　平台在银行资金存管及各类存款账户的情况

序　号	账 户 性 质	开 户 银 行	开 户 日 期	截至检查前上年末余额	备　注
1	存管账户				
2	其他账户				

（以下内容请提供书面资料）

1. 公司章程。

2. 公司主要业务和管理制度、规章、办法及考核制度。

3. 审计报告、资产负债表、利润表。

4. 公司内部控制目标和内部控制政策。

其余项目请您补充并完成问卷。

步骤 4：完成检查方案。

根据本次检查目标，结合检查前问卷及被查单位的具体情况，请完成检查方案设计。以下检查重点内容及检查方法提示供您参考。

（1）公司治理情况。主要了解平台公司的组织机构建设；公司治理的决策、执行、监督以及激励约束机制建设；各治理主体尽职履职情况，以评估股东入股意愿和诚信状况、经营目标和自身定位、公司治理架构设置和执行效果。其中重点分析：①基本制衡机制是否形成；②激励导向机制是否合理；③利益输送情况是否正常；④股东是否有继续增资意愿；⑤能够评价自身发展模式，存在改进调整经营管理的积极意愿。

建议：应至少调阅公司章程、议事规程、年度报告；查阅会议记录及定期履职报告；查阅公司薪酬分配制度和正向激励约束措施；与董事会成员和高管层成员进行“进点会谈”等。

（2）内控建设情况。主要了解平台公司的内部控制理念、内控的组织方式、具体的内部控制措施（包括账户开立、岗位设置、授权批准、流程控制、后台控制、实物控制、内审控制）和各部门岗位尽职履职情况，包括管理层对主要风险的识别和判定情况、现行内控体系对可见风险的防御覆盖范围，前、中、后台职责边界和相互监督制约机制建设以及内部报告路径、内部审计效能等情况，以评价内控体系的适当性及有效性。其中重点关注：①在银行金融机构开立各类存款账户，特别是客户资金银行存管落实情况；②各业务流程是否清晰；③必要的岗位分离是否建立（能够较好地防范操作风险和道德风险）；④是否具备主要的风险防范意识；⑤风险偏好是否激进，对客户的逆向选择是否严重；⑤风险控制成效。

建议：应通过函证或至现场延伸调查等方式，向该平台资金存管的银行业金融机构详细了解客户资金存管制度的落实情况以及资金的具体流向；调阅公司内部主要业务规章和风险管理、内部管理制度；调阅管理部门和内审部门下发的通报、问责、整改报告等；抽查部分会计业务账簿和凭证，其中对股东或关联人与小贷公司之间存在资金往来的应逐户细查；选择重要的管理部门负责人和内审部门负责人进行访谈；了解公司各业务、管理流程中的互联网大数据风控程度。

（3）出借（理财）管理情况。主要了解平台公司上线的 P2P 理财产品情况，具体包括定期产品情况、可变现产品情况、私人定制产品情况等，检查这些产品对应的债权组合的真实性及风险覆盖情况；观察平台公司理财端的营销情况，如理财师、客户经理所用的展业材料，发布的相关广告、线上线下各类理财活动的开展情况等；抽取出借的具体标的，检查合同签订、资金匹配、客户回款等各环节是否存在违规行为。重点应关注：①平台是否发行或者曾经发行过“P2P 活期理财产品”和“债权转让产品”，以及此类产品是否存在违规设立资金池等情况；②平台存管银行的风险备付金余额及其变化情况是否与平台出借端的交易情况相匹配；③与理财相关的信息披露是否充分、及时；④理财客户构成情况是否合理，客户是否具备相适应的风险承受能力。

建议：应通过调取平台网站后台数据，了解上线的 P2P 集合理财产品对应的基础债权分布；应选择存在风险隐患的债权进行实质性测试；应通过单独访谈或测试的方式，了解理财经理展业过程中是否存在夸大宣传、违规承诺保本保息情况并与随机抽取客户回访相互印证；应通过利率与风险匹配、现金流量分析性复核等手段，判断是否存在非法集资苗头。

（4）借款管理情况。主要了解平台公司借款业务政策、流程、制度和执行情况；信贷风险各项防控措施（包括风险回避要求、风险分散策略、风险转移要求、风险补偿措施等）及落实情况；对外担保的总体要求、管理制度和执行情况。其中重点掌握信用审核与客户评估情况，对股东及关联人借款审批和管理情况，逾期借款或出险借款处置情况，借款集中度风险、风险准备计提以及收息率等指标，或有负债金额等情况，以评价平台公司借款业务管理能力、效果和风险控制等方面的内容。其中重点分析：①同一借款人在网贷机构上的单笔借款上限和借款余额上限是否与网贷机构风险管理能力相适应；②信贷投向（如是否大量发放过桥贷款、过高利率贷款等）和客户构成（是否主要面向小企业和个体工商户、是否主要面向本区域的客户群体）；③掌握目前信用风险状况；④评价平台公司风险状况对银行可能的传导影响。

建议：抽取部分借款进行穿行测试，其中对关联人、前十大户、关联客户借款应做重点检查；设计公司内控制度调查问卷，对部分授信营销人员、审批人员、管理人员进行测试。

（5）合规管理情况。主要了解平台公司在经营管理过程中，遵守相关法律法规情况，具体合规要求可见银监会《网络借贷信息中介机构业务活动管理暂行办法》，以评价公司合规情况。其中重点分析：①是否存在苗头性问题；②是否注重企业合规文化的培育和建设。

建议：除对照《网络借贷信息中介机构业务活动管理暂行办法》内容进行符合性测试外，还应调阅公司发文记录、培训记录和相关内部测试、考试记录，并登录内部网站了解企业文化的建设情况。

步骤 5：开展查前培训。

查前培训应重点了解现场检查实施阶段的流程，如图 9-7 所示，以及常用的现场检查方法，主要包括如下步骤。

（1）总体查阅。从总体上对被查单位的账账之间、账表之间、账实之间的一致性进行现场审核，并查阅被查单位的外部审计报告和内部审计报告，了解和掌握被查单位业务经营和内部管理的基本情况。检查组应对被查单位账表数据的真实性、完整性和合法性进行现场初步审查，其目的是确保检查组一开始便能真实、完整地掌握被查单位资产负债总体状况，避免有问题的账表数据误导检查人员。

（2）现场审查。根据检查方案，按各项检查内容采取相应的检查方法对被查单位的有关业务和财务资料进行审查，对实际运行状况进行现场查勘。检查方法包括核对、审阅、计算、比较分析、账户分析、绘制流程图、实地观察、询问调查等。检查方式包括普查和抽查。普查要求对检查内容所涉及的全部业务、财务资料进行全面审查。抽查要求根据抽样比例和抽样原则对检查内容所涉及的业务、财务资料进行有选择的审查。抽样比例根据现场检查方案的要求确定，抽样原则一般采取判断抽样，或者根据已经掌握的检查线索确定需要检查的范围、业务环节。

对被查单位的实际运行状况进行现场查勘，一般采取现场观察和写实记录的方式。

（3）调查取证。检查组对检查中发现的问题进行调查取证，并取得证明材料。可视检查需要调阅有关资料，查询被查单位的计算机业务系统的数据，并进行数据导出、转存、打印、复印等处理。证明材料包括：调查询问笔录、凭证、报表、账册（账页）、问卷、说明材料、被查单位文件、合同、会议记录、外调复函、实物照片等。上述证明材料如属复印件，必要时应要求被查单位负责人（负责人不在时由经办人）签字，或加盖部门公章确认，确有特殊情况未能签字或盖章确认的，主查人应当书面说明原因。检查结束前，检查组要统一汇总检查证据材料，编制调查取证材料清单，并编印页码，由检查组集中统一管理。

[实训思考]

1. 与对传统银行业金融机构进行现场检查相比，在设计互联网金融企业现场检查方案时，有哪些特别值得注意的地方？

2. 在互联网金融监管中，如何将现场检查与非现场监管、信息披露、市场准入等监管手段更好地衔接起来，以进一步降低监管成本、提高监管有效性？

3. 如果需要对上述现场检查情况做进一步总结，并以此为基础撰写一份监管调研报告，你觉得该调研报告的提纲应该如何拟定？

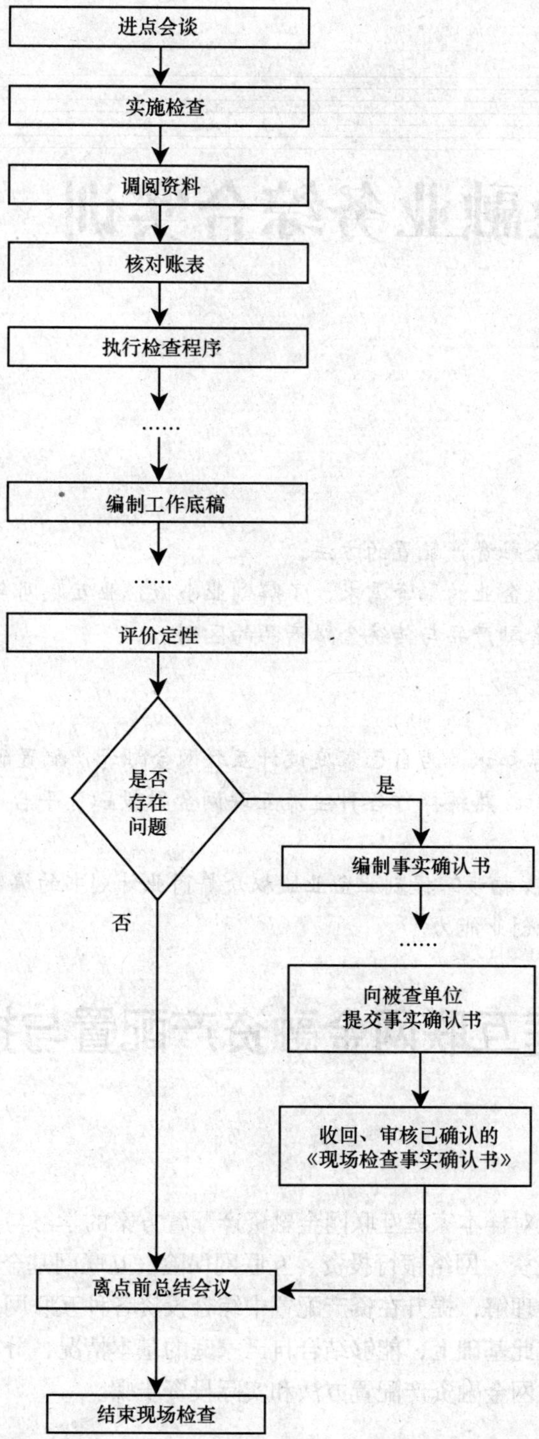

图 9-7　现场检查实施阶段流程图

项目十 互联网金融业务综合实训

学习目标

[知识目标]

1. 熟悉家庭互联网金融资产配置的方法。
2. 能够分析创业小微企业的融资需求，了解创业小微企业互联网金融融资的过程和方法。
3. 能够比较互联网金融产品与传统金融产品的区别。

[能力目标]

1. 能够综合运用所学知识，为自己家庭设计互联网金融资产配置的方案。
2. 能够根据特定目标，熟练操作各种主流互联网金融投融资平台，并分析各种融资方案的优、缺点。
3. 以团队合作的方式，初步掌握创业企业股权众筹商业计划书的编制方法，并通过模拟路演，培养团队协作精神和创新创业能力。

任务一　家庭互联网金融资产配置与投资综合实训

[实训目的]

本实训要求学生通过对样本家庭互联网金融资产配置方案的学习与实践，综合应用之前所学的 P2P 投资、股权众筹投资、网络银行投资、互联网保险、互联网基金投资等基本原理和方法，加深对互联网金融概念的理解，提升在资产配置中综合投资各种互联网金融产品的能力，将知识运用于实践中。同时，在此基础上，能够结合自己家庭的基本情况，分析家庭的财务状况和投资结构，熟练掌握家庭互联网金融资产配置方法和实际投资步骤。

[实训要求]

1. 能根据家庭实际财务情况，编制家庭资产负债表和家庭现金流量表。
2. 熟悉各种互联网金融产品，比较它们之间的优、缺点，并能根据家庭基本情况设计合理的投资方案。

3. 能够熟练投资不同类型的互联网金融网站的各种理财产品和投资标的，在防控风险的前提下提升资产组合的综合回报率。

[实训内容]

一、分析给定样本家庭的基本情况、收入支出、资产负债和现有投资

样本家庭基本情况：林先生今年 32 岁，家住上海，从事律师行业，妻子苏女士从事快消品行业，已怀孕，待产中。根据家庭理财生命周期理论，林先生夫妇正处于家庭成长期。处于家庭成长期的家庭，收入不断提高，支出不断增加，财富也将逐步增加。目前，林先生每月收入约为 2 万元，苏女士平均每月约有 6 000 元收入。不动产方面，2007 年两人在上海普陀区贷款买了一套 85 平方米的房子，首付 51 万元，每月还贷款 3 300 元，目前房子市值 500 万元左右。林先生夫妇计划在 5 年后再购买一套三室一厅的住房以改善生活条件。此外，两人有一辆东风日产轿车用来代步，价值 12 万元左右，每年养车费在 1 万元左右。两人并未对保障方面做过多规划。林先生和苏小姐的单位待遇不错，有五险一金，除此之外两人并没有购买任何商业保险。开支方面，两人每月的膳食支出需 5 000 元，每年的购置衣物费用约 2 万元左右，水、电、气等各项杂费约 23 000 元，物业管理费 5 000 元左右，每年的旅行和娱乐费用约 3 万元。林先生的父母是上海人，条件不错，并不需要小两口补贴；苏女士的父母是外地人，一年需要需要小两口给予补贴 2 万元作为生活费。投资方面，林先生对金融资产增值方面的知识有些了解，在 2006 年的时候他就开始进行投资理财，当时的收益率还不错。成功避开 2008 年金融危机后，林先生又将部分资金投入股市。当下，家庭金融资产的配置为股票 10 万元，债券 5 万元，多余的钱存在银行。资产方面，因为之前没有孩子，除了两人经常出去吃饭和旅游之外，其他开销不多，目前共有现金 10 万元，活期存款 3 万元，定期存款 15 万元。随着互联网金融的快速发展，林先生希望以后能将各种互联网金融创新产品纳入家庭资产配置范围，做好理财规划，利用好每月的收入结余，以迎接孩子的降临，提高家庭的生活水平。

请根据以上描述，进一步归纳和分析该家庭的收入支出、资产负债情况以及现有投资的合理性。

二、编制上述家庭的资产负债表、现金流量表，分析该家庭需配置哪些互联网金融产品

1. 理财人属性分析

林先生夫妇工作稳定，正处于事业的成熟期，安全度高，身体健康，意外事件发生概率小，因此为预防突发事件而准备的现金可以少一些。林先生夫妇支出谨慎、周全，在理财方面属于保守型。林先生的家庭结构是标准的男主外女主内，根据收入支出状况，该家庭在上海这样的大城市中非常典型，具有代表性，即有体面的收入，同时面临较大的生活压力。

请结合家庭理财生命周期理论，进一步分析该家庭的投资偏好与抗风险能力。

[知识链接] 家庭理财生命周期各阶段的主要特征

- 单身期：收入低，支出大，可投资金额少，但由于年轻，抗风险能力强。
- 家庭形成期：家庭收入以双薪为主，收入增加，支出也增加，家庭财力较弱，但抗风险能力较强。
- 家庭成长期：家庭生活趋于稳定，收入增加的同时，支出也在增加，抗风险能力中等。
- 家庭成熟期：家庭已经完全稳定，家庭收入达到顶峰，支出减少，家庭资产积累达到顶峰，但由于年龄增大，抗风险能力较低。
- 退休期：家庭进入空巢期，收入下降，支出结构发生变化，医疗费用提高，其他费用下降，

抗风险能力低。

2. 家庭财务情况

通过编制家庭资产负债表与现金流量表，能够清晰地展示家庭现时的财务情况。表 10-1 与表 10-2 给出了编写示例，请计算“比重”栏并填入表内。大家也可以根据自己的分析思路，对表中的科目及金额进行调整或归并，或者在符合会计基本等式的基础上自行设计表样并编制相关报表。

表 10-1　　林先生家庭资产负债表

2015 年 6 月 3 日

资　产	金额（元）	比重（%）	负　债	金额（元）	比重（%）
1. 现金及现金等价物	280 000		1. 长期负债	790 000	
1.1 现金	100 000		1.1 住房贷款	790 000	
1.2 活期存款	30 000		1.2 汽车贷款		
1.3 定期存款	150 000		1.3 股票质押贷款		
1.4 货币市场基金			1.4 其他长期负债		
2. 其他金融资产	160 000		2. 短期负债	23 100	
2.1 债券	60 000		2.1 信用卡应付款		
2.2 股票	100 000		2.2 当年应还房贷	23 100	
2.3 非货币市场基金			2.3 当年应还车贷		
2.4 期货			2.4 其他短期负债		
2.5 保值性商品					
2.6 寿险保单现值					
2.7 应收款现值					
2.8 其他投资现值					
3. 实物资产	5 120 000				
3.1 自用房地产	5 000 000				
3.2 其他自用资产					
3.3 汽车	120 000				
3.4 房地产投资					
3.5 其他投资					
资产合计	5 560 000		负债合计	813 100	
净资产	4 746 900				

表 10-2　　林先生家庭现金流量表

2015 年 6 月

现金流入项目	金额（元）	比重（%）	现金流出项目	金额（元）	比重（%）
1. 经常性收入	379 500		1. 经常性支出	179 600	
1.1 工资-林先生	240 000		1.1 膳食支出	60 000	

续表

现金流入项目	金额（元）	比重（%）	现金流出项目	金额（元）	比重（%）
1.2 工资-苏女士	72 000		1.2 通信费用		
1.3 其他金融产品投资收入（股票等）	67 500		1.3 衣物购置费用	20 000	
2. 非经常性收入			1.4 交通费用	10 000	
2.1 劳务报酬所得			1.5 住房费用	5 000	
2.2 稿酬所得			1.6 水、电、煤气	23 000	
2.3 财产转让所得			1.7 医疗费用		
2.4 财产租赁所得			1.8 保险费用		
			1.9 教育费用		
			1.10 贷款偿还	39 600	
			1.11 父母赡养费用	20 000	
			1.12 其他经常性支出		
			2. 非经常性支出	30 000	
			2.1 旅游费用		
			2.2 娱乐费用	30 000	
			2.3 投资支出		
			2.4 信用卡支付		
			2.5 其他非经常性支出		
现金流入总计	379 500		现金流出总计	207 600	
净现金流量（收入盈余）	171 900				

3. 收入分析

林先生夫妇的年收入达 31 万多元，虽然数量上比较可观，但是配置的投资理财产品较少，财产性收入所占总收入的比重较小。

请对林先生夫妇的收入结构做进一步分析，并对其收入变化趋势做初步预测。

4. 支出分析

林先生夫妇年生活支出为 20 万元，在总收入中占据了较大份额，一般而言 40%是合理的比例，但从林先生家庭支出总体情况看，考虑到未来房贷和不断增长的子女教育经费，应该适当控制生活支出。林先生夫妇非常孝顺，有可观的赡养费，应维持这一水平。林先生夫妇并没有购买商业保险，这反映了夫妇俩并不完全具备风险意识。林先生夫妇的投资经验一般，鉴于理财生命周期阶段与当前的生活压力，应对投资方式进行适当的调整。

请对林先生夫妇的支出结构做进一步分析，并对支出变化趋势做初步预测。

5. 持有现金的机会成本

林先生夫妇目前持有现金 30 万元，占总资产的 5.3%，同时以活期和定期存款方式持有，收益偏低，因此林先生夫妇持有现金的机会成本较高，收益损失较大，建议林先生夫妇应适当减少现金持有量。

请调查目前的活期与定期存款利率，并将其与 CPI（Consumer Price Index，居民消费价格指数）、互联网金融市场平均回报相对比，估算该家庭持有现金（包括现金等价物）的机会成本。

6. 财务指标分析

请学习表 10-3 中用于家庭财务分析的各项指标，并应用编制的家庭资产负债表与现金流量表中的数据进行分析计算。以下给出了分析结果，请将你的计算结果与之对比。

[知识链接] 财务指标计算公式及参考值

表 10-3　　　　财务指标分析

财 务 指 标				
财务指标	计算公式	参考值	主要功能	客户实际值
结余比率	年结余/年税后收入	>30%	储蓄意识和投资理财能力	45%
投资净资产比率	投资资产/净资产	>50%	投资意识	3%
清偿比率	净资产/总资产	>50%	综合偿债能力	85%
负债比率	负债/总资产	<50%	综合偿债能力	15%
即付比率	流动资产/负债	≈70%	短期偿债能力	34%
负债收入比率	年债务支出 /年税后收入	≈40%	短期偿债能力	13%
流动性比率	流动资产 /月支出	3～6	应急储备状况	25

① 林先生夫妇的结余比率为 45%，超过了一般家庭 30%的参考值，说明林先生夫妇的储蓄意识很强，具有较高的投资理财能力。建议在可能的情况下林先生夫妇可适当降低结余比率，增加消费，提高生活质量。

② 林先生夫妇的投资净资产比率为 3%，远低于参考值 50%，说明林先生夫妇的资产中用于投资的比例偏低，投资意识较弱。建议林先生夫妇提高投资资产金额，提高家庭资产收益率。

③ 林先生夫妇的清偿比率为 85%，与 50%的参考值相比较高，说明林先生夫妇的综合偿债能力很强。建议在有需要的情况下，林先生夫妇可以适当举债来完成理财目标。

④ 林先生夫妇的即付比率为 93%，高于参考值 70%，说明林先生夫妇的短期偿债能力强，建议在有需要的情况下，林先生夫妇可以适当举债，帮助其完成理财目标。

⑤ 林先生夫妇的负债收入比率为 13%，与参考值 40%相比较低，说明林先生夫妇每年债务支出占收入比例较低，偿债能力强。建议在有需要的情况下，林先生夫妇可以适当举债，帮助其完成理财目标。

⑥ 林先生夫妇的流动比率为 25，远远高于正常参考值 3～6，一方面说明林先生夫妇的应急储备资金多，能够很好地应对生活中的紧急情况，另一方面也说明林先生夫妇的流动资产过多而使得资产收益率低。建议林先生夫妇在衡量自身工作稳定度等因素后，在 3～6 的参考值范围内确定家庭的应急储备资金，减少流动资产量，从而提高资产收益率。

7. 互联网金融产品投资建议

根据上述分析，建议林先生夫妇可以选择品种丰富的互联网金融产品进行合理的投资理财，如大热的 P2P 网络借贷、互联网基金“宝宝”类产品、众筹平台、大数据金融、网商银行、互联网保险等。

请综合运用所学知识，逐一判断可纳入家庭资产配置范围的互联网金融产品的具体分类与业态。

三、根据配置建议，调查研究相关的互联网金融产品，设计投资方案

1. P2P 网络借贷

请综合运用项目三中所学习的 P2P 投资选平台、选产品与选标的的方法，为上述样本家庭选择合适的 P2P 投资对象。表 10-4 列示了主流 P2P 平台平安陆金所和人人聚财的相关产品，请你参照下表，也对自己选择的平台及产品进行列表比较，并填入后附的《互联网金融业务综合实训手册》中。

表 10-4　　P2P 网贷理财产品示例

机构名称	产品名称	投资期限	投资起始金额（元）	预期年化收益率
平安陆金所	稳盈-安 e	36 个月	30 000	8.40%
平安陆金所	稳盈-变现通	14 天	10 000	4.50%
平安陆金所	财富汇-03M070A 号	85 天	100 000	5.30%
平安陆金所	财富汇-12M060A 号	417 天	100 000	5.80%
平安陆金所	点金计划 1	6 个月	10 000	9.00%
平安陆金所	点金计划 3	6 个月	30 000	9.20%
平安陆金所	点金计划 5	6 个月	50 000	9.50%
人人聚财	V 专享	3 个月	50 000	8%+1.5%
人人聚财	定投宝	1 个月	50 000	7%+1%
人人聚财	定投宝	3 个月	50 000	8%+1%
人人聚财	定投宝	6 个月	50 000	9%+1%
人人聚财	定投宝	12 个月	50 000	11%+1%

2. “宝宝”类理财产品

表 10-5 列出了主流互联网基金“宝宝”类理财产品的基本情况，请结合项目八所学内容，对以下产品逐一进行网络检索，了解目前的实际收益情况，并为样本家庭提出配置建议。

表 10-5　　“宝宝”类理财产品示例

机构名称	产品名称	投资期限	投资起始金额（元）	7 日年化收益率	优势
支付宝	余额宝	随时可转出	0.01	平均约 3.07%	余额宝货币基金由天弘基金提供，余额宝内的资金能随时用于网购支付和商家付款，可灵活提取。支持支付宝账户余额支付、储蓄卡快捷支付（含卡通）的资金转入不收取任何手续费。通过余额宝，用户留存在支付宝的资金不仅能拿到“利息”，而且和银行活期存款利息相比收益更高
苏宁金融	零钱宝	随时可转出	1.00	平均约 3.27%	苏宁零钱宝挂钩广发基金天天红和汇添富基金现金宝两只货币基金，1 元起存、转入后总额持有不超过 100 万。用户可直接使用苏宁零钱宝内的资金在苏宁易购购物支付、缴费、充话费、还信用卡，获得理财、增值及日常消费整体解决方案

续表

机构名称	产品名称	投资期限	投资起始金额（元）	7日年化收益率	优　势
工银瑞信	现金快线	随时可转出	0.01	平均约2.92%	现金快线的收益远超银行活期，资金取用快速、灵活。现金快线挂钩的货币基金是工银瑞信货币基金，存入现金快线账户就是购买工银瑞信货币基金，资金风险低，用户可以随用随赎，没有任何手续费。中国工商银行用户还能快捷开户，且赎回最快1秒到账
众禄基金	众禄现金宝	随时可转出	100.00	平均约2.87%	众禄现金宝是一种直接对接货币基金的理财账户。投资者将资金存入众禄现金宝等同于购买货币基金，同时享受货币基金收益。收益是银行活期利率的9～26倍。与众禄现金宝对接的货币基金为银华货币A和海富通货币A，投资者可以自由选择两种投资方向，购买相应的货币基金之后，投资者的现金宝收益直接享受该货币基金的收益

3. 互联网保险

考虑到林先生夫妇只由公司购买了社会保险，且夫妇俩正值青壮年，未来的人生道路还很长，孩子也即将出生，所以有必要配置一些互联网保险产品以防万一。表10-6给出了互联网保险公司——众安保险与康泰人寿的部分产品，请结合项目八所学知识，通过网络检索与对比，为上述样本家庭提出建议配置的具体险种。

表10-6　互联网保险产品示例

机构名称	产品名称	保障期限/保险期间	适用人群	保障项目	保费/年化收益	起购金额（元）
众安保险	成年人重大疾病保险	1年	18～45周岁	40种重大疾病	95元/年	
众安保险	未成年人重大疾病保险	1年	30天～17周岁	15种重大疾病	78元/年	
众安保险	陪你等（投资型航空综合保险）	1年	所有	航班延误、航空意外伤害	2.50%+600元/份	10 000
泰康人寿	e生健康终身重大疾病保险	终身	30天～45周岁	32种大病	36.40元/月	
泰康人寿	e顺-儿童款全年意外险	1年	30天～17周岁	各种意外	142元/年	
泰康人寿	保底型万能险	1年	18～65周岁	年金等	5.15%	1 000

4. 股权众筹投资

目前，比较流行的股权众筹平台有资本汇、人人投、点名时间等。请你参照表10-7的示例，对上述平台目前正在众筹融资或预热的项目进行列表比较，并进一步研究预期回报和回购等风控措施，提出投资建议。

表10-7　“人人投”股权众筹项目示例

项目名称	目标融资额（元）	单笔金额（元）	预计收益率	回购条款
热带雨林（全国）	1 000 000	10 000	固定年化率10%+浮动预期年化率5%	锁定期1年，1年之后强制回购
左右客酒店	22 000 000	55 500	10%	无强制要求

5. 设计投资方案

计算样本家庭可用于投资互联网金融的资产合计，计算方法如下。

该家庭共持有现金 10 万元，考虑到预防性货币需求，保留 2 万元现金作应急储备，其余 8 万元可用于投资互联网金融产品。原持有的 3 万元活期存款由于已经考虑配置余额宝产品，所以可不再保留活期存款，同时加上年净收入 171 900 元，上述 3 部分合计如下。

$$80\,000+30\,000+171\,900 = 281\,900 \quad (元)$$

请根据以上分析，为样本家庭制定互联网金融的具体投资方案，并填入表 10-8 中。，表后给出了部分配置建议仅供参考，你需要根据最新的互联网金融市场情况，合理确定投资的具体产品及配置比例。

表 10-8 家庭互联网金融资产分配表

类　别	机构名称	产品名称	投资金额/保费（元）	配置比例	预期收益率/预期分红率
P2P 网贷	平安陆金所	财富汇-12M060A	100 000	35.47%	5.80%
	平安陆金所	点金计划 3	30 000	10.64%	9.20&
	人人聚财	定投宝	50 000	17.74%	12.00%
互联网保险	众安保险	陪你等（投资型航空综合保险）	13 000	4.61%	2.50%
	众安保险	成年人重大疾病保险	190	0.07%	
	泰康人寿	e 生健康终身重大疾病保险	910	0.33%	
股权众筹	人人投	投资热带雨林（全国）	20 000	7.09%	15.00%
互联网基金	天弘基金	余额宝	67 800	24.05%	3.80%
可配置互联网金融资产合计			281 900	100%	7.26%*

注：投资资产组合回报率=5.80% × 35.47%+9.20% × 10.64%+12.00% × 17.74%+2.50% × 4.61%+15.00% × 7.09%+3.80% × 24.05%=7.26%

（1）考虑到林先生夫妇正处于事业上升期，单位福利较好，平时除了家庭正常支出和偶尔的娱乐活动外，很少有其他开销。因此，建议林先生夫妇保留 3 个月的家庭固定支出所需的现金 67 800 元，并将其转入余额宝，其余可以用来投资其他互联网金融产品。之所以将现金转入余额宝，一是因为如今很多商户都接受支付宝付款，付款可以直接用余额宝里的金额支付，十分方便；二是因为余额宝每天都会计算收益，虽然不如定期的理财产品收益率高，但是日积月累也是一笔可观的收入，余额宝里的钱还可以随时转入转出，具有与现金基本相当的流动性。

（2）建议林先生夫妇取 10 万元投资平安陆金所的财富汇-12M060A 号，预期年化收益率为 5.80%；用 5 万元投资人人聚财的定投宝，预期年化收益率为 12%左右，期限为 1 年；另外，用 5 万元投资平安陆金所的点金计划 3，期限为 6 个月，预期年化收益率为 9.20%。

（3）林先生是律师，经常有出差的需要，可以用 13 000 元购买两份众安保险的陪你等（投资型航空综合保险），既是一种风险保障也有投资收益；并用约 1 100 元购买两份众安保险的成年人重大疾病保险和两份泰康人寿的 e 生健康终身重大疾病保险。

（4）参考人人投的众筹项目，建议林先生考虑用剩下的 2 万元投资热带雨林（全国）项目，风险较低，年化收益率在 15%左右。

四、结合各项目所学知识完成各项拟配置的互联网金融产品的投资操作步骤说明文档

请综合运用所学知识，在后附的《互联网金融业务综合实训手册》中写出你打算配置的各项互联网金融产品的投资步骤，以下给出了一些示例。大家可以参照示例步骤引导完成操作，也可以通过典阅公司的互联网金融学习与运作平台完成 P2P 和股权众筹投资的全流程操作。关于该平台的详细介绍，请扫描图 10-1 中所示的二维码了解。

图 10-1　典阅互联网金融学习与运作平台方案二维码

1. P2P 网络借贷（以平安陆金所为例）

步骤 1：登录“平安陆金所”主页，大致了解其所有理财产品。

单击此链接（http://www.lu.com/），进入“平安陆金所”主页，了解其 P2P 理财产品分类，并进一步查看每类产品下的具体理财产品，如图 10-2 所示。

图 10-2　“平安陆金所”主页

步骤 2：注册成为“平安陆金所”的会员。

单击主页右侧的“免费注册”，在弹出的如图 10-3 所示页面中，自行设置用户名，并用手机号码注册成为“平安陆金所”的网站会员。

图 10-3　“平安陆金所”注册页面

步骤 3：用账号登录“平安陆金所”网站，逐一了解目前已有理财产品的详细情况。

用注册的账号登录“平安陆金所”网站，进一步浏览了解目前已有理财产品的详细情况，比较各种理财产品的收益率，分析风险高低，结合所学知识，判断该网站的类型和业态，如图 10-4 所示。

图 10-4　“平安陆金所”登录后的主页面

步骤 4：找到拟配置的理财产品并进行投资。

找到如图 10-5 所示的“P2P 理财”页面，分析比较各种 P2P 理财产品的投资期限、收益方式等内容，找到拟配置的理财产品，有条件的同学可以进行模拟或实际投资。

图 10-5　模拟 P2P 理财投资

2.“宝宝”类理财产品（以“余额宝”为例）

步骤 1：登录“余额宝”主页，大致了解其基本情况。

单击此链接（https://bao.alipay.com/yeb/index.htm），进入“余额宝”主页，大致了解其收益率等基本情况，如图 10-6 所示。

图 10-6 “余额宝”主页

步骤 2：注册成为“余额宝”的会员。

单击主页上方的“注册”，在弹出的如图 10-7 所示的页面中，用手机号注册成为“余额宝”会员，并用身份证设置身份信息和支付方式。

图 10-7 “余额宝”注册页面

步骤 3：用账号登录“余额宝”，熟悉金额转入的过程。

用注册的账号登录“余额宝”，可以用计算机或者手机将“1 元”转入“余额宝”进行模拟操作，也可以设置自动转入，如图 10-8 所示。

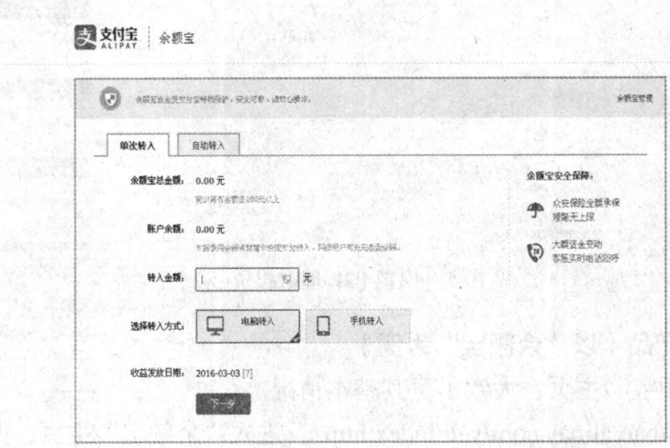

图 10-8 “余额宝”转入操作

步骤 4：进一步探索“余额宝”的各项功能。

转入 1 元钱后，查看可用金额，然后进一步探索“余额宝”网站的各项功能，如查看右侧的昨日收益、历史累计收益、七日年化收益率等，如图 10-9 所示。

图 10-9　了解“余额宝”的各项功能

步骤 5：了解“余额自动转入”的设置方法。

选择页面左下方的“余额自动转入”，比较“余额宝”的“单次转入”和“自动转入”功能有何区别，如图 10-10 所示。

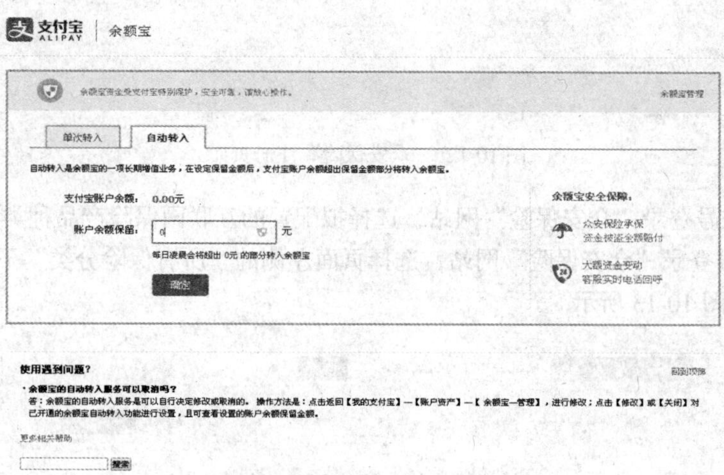

图 10-10　了解“余额自动转入”功能

3. 互联网保险（以“众安保险”为例）

步骤 1：登录“众安保险”主页，熟悉“众安保险”的所有产品。

单击此链接（https://www.zhongan.com/），进入“众安保险”主页，熟悉“众安保险”的基本情况和产品特色，如图 10-11 所示。

步骤 2：注册成为“众安保险”的会员。

单击主页上方的“免费注册”，在弹出的如图 10-12 所示的页面中，用手机号码注册成为“众安保险”网站的会员并设置密码。

图 10-11 “众安保险”主页

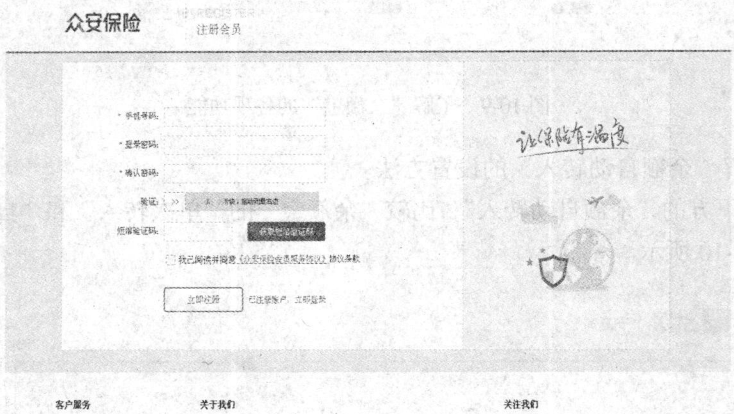

图 10-12 “众安保险”注册页面

步骤 3：用账号登录“众安保险”网站，选择拟配置的互联网保险产品种类。

用注册的账号登录“众安保险”网站，选择页面左侧的“所有保险分类”下的“健康”中的“成人”种类，如图 10-13 所示。

图 10-13 选择保险种类

步骤 4：了解“成年人重大疾病保险”的具体情况。

根据上述互联网金融产品配置方案，选择“成年人重大疾病保险”，了解该互联网保险产品的基本情况、主要特点和保障计划等内容，如图 10-14 所示。

图 10-14　了解所选保险的基本情况

步骤 5：模拟购买互联网保险产品。

有条件的同学可以根据配置方案，选择相应的互联网保险产品，单击进入后完成“被保险人健康告知”，再进行模拟购买操作，如图 10-15 所示。

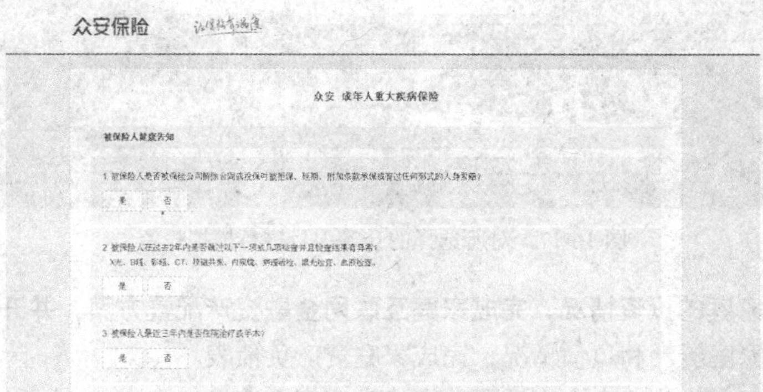

图 10-15　“被保险人健康告知”页面

4. 股权众筹投资（以“人人投”为例）

步骤 1：登录“人人投”主页，了解上线的众筹项目。

单击此链接（http://www.renrentou.com/），进入“人人投”主页，了解上线的已融资成功和待融资的项目。

步骤 2：注册成为“人人投”会员。

单击主页右侧的“注册”，在弹出的页面中使用手机号注册成为“人人投”会员。具体操作步骤可以参考项目一的“技能实训”。

步骤 3：用账号登录“人人投”网站，找到拟配置的项目进行详细了解。

用注册的账号登录“人人投”网站，搜索并选择拟配置的股权众筹项目，单击后分项详细了解该项目的简介、预算及退出、风控点评等信息，有条件的同学可以进行模拟投资，如图 10-16 所示。

步骤 4：对所选择的众筹项目进行模拟投资。

详细了解拟配置的众筹项目后，单击项目右侧的“预约认购”，完成模拟投资，如图 10-17 所示。

图 10-16　拟配置的股权众筹项目

图 10-17　对所选择的众筹项目进行模拟投资

五、分析自己家庭的投资情况，完成家庭互联网金融资产配置方案，并开展实际或模拟投资

（1）调查你的家庭资产和负债情况，完成家庭资产负债表。

（2）调查你的家庭年收入和支出情况，完成家庭现金流量表。

（3）根据你的家庭实际情况，结合你所学过的互联网金融知识，为你的家庭设计互联网金融资产配置方案，并开展实际投资。

请根据家庭资产负债表与现金流量表，测算可投资互联网金融的资产合计，并参照样本家庭配置步骤，完成家庭互联网金融资产分配，将结果填入表 10-9 中。

表 10-9　　　　　　家庭互联网金融资产分配表

类　别	机 构 名 称	产品名称	投资金额/保费（元）	配 置 比 例	预期收益率/分红率
P2P 网贷					
互联网保险					
股权众筹					
互联网基金					
可配置互联网金融资产合计				100%	

六、跟踪互联网金融投资情况，计算资产组合投资回报率，并提出风险防控建议或预案

[知识链接] 投资资产组合回报率的计算方法

投资组合的期望回报率就是组成投资组合的各种投资项目的期望回报率的加权平均数，其权数是各种投资项目在整个投资组合总额中所占的比例。

计算投资资产组合回报率的公式如下：

$$\overline{R}_{\mathrm{p}}=\sum_{j=1}^{m}Wj\overline{R}_{j}$$

其中：$\overline{R}_{\mathrm{p}}$ 为投资组合的期望回报率；W_j 为投资于 j 资产的资金占总投资额的比例；$\overline{R}_j$ 为资产 j 的期望报酬率；m 为投资资产组合中不同投资项目的总数。

例如，某投资组合由两种权重相同的互联网金融产品组成，这两种互联网金融产品的期望回报率和标准离差如表 10-10 所示，计算该投资组合的期望回报率。

表 10-10　　A、B 互联网金融产品期望回报率和标准离差

互联网金融产品	期望报酬率	标 准 离 差
A 互联网金融产品	15%	12.1
B 互联网金融产品	10%	10.7

则根据公式，上述投资组合的期望报酬率 = 15% × 50%+10% × 50% = 12.5%。

请根据以上知识，综合运用互联网金融理论，计算你设计的家庭互联网金融资产配置组合的投资期望回报率，并提出风险防控建议或预案。

任务二　模拟创业小微企业互联网金融融资综合实训

[实训目的]

本实训要求根据所提供的创业小微企业的基本情况，运用所学的互联网金融知识，分析该企业的融资需求，并结合企业的商业计划书，细化股权众筹融资方案，借助互联网金融平台完成该企业的融资，分组进行路演；同时，能够结合实际，分析股权众筹融资、网络银行融资、P2P 融资等不同类型互联网金融融资模式的优、劣势，并为企业通过互联网融资给出合理建议。

[实训要求]

1. 能够分析所要融资企业的财务状况和融资需求。

2. 了解股权众筹融资、网络银行融资、P2P 融资等各种互联网金融融资方式的特点，根据企业的基本情况设计融资方案，熟练完成融资操作过程。

3. 能够分析比较各种互联网融资方案的优、缺点，通过团队讨论与协作，做出融资决策并执行。

[实训内容]

一、分析创业企业的基本情况和融资需求

悦动节能科技股份有限公司是一家科技创业企业，设在江苏省无锡市，注册资本为 1 000 万元，属于小型企业，享受国家“三免三减半”的税收优惠政策。

公司成立第一年即开始投产，初期共需资金 1 612.25 万元，其中固定资产投资 1 120 万元（折旧 75 万元），无形资产 480 万元（摊销 24 万元），流动资产合计 311.25 万元。公司向银行借款 100 万元（利率为 5%），其余由股东投资。

目前公司已成立 3 年，前 3 年的利润分别为 117.02 万元、210.80 万元、699.56 万元，从第 2 年开始销售净利率保持在 10%以上，公司管理水平高，存货和应收账款的周转率高，具有较强的短期偿债能力。

公司在第 3 年增加投资 100 万，对产品进行了改良，预计公司前 5 年的营业净现金流量现值为 3 439.97 万，投资可行且经济效益好。预计公司第 4、第 5 年的投资利润率达 50%以上，各财务指标较前 3 年有回升之势，市场前景良好。

目前，正值公司成立第 3 年年末，公司召开年终总结大会，考虑通过互联网金融渠道获取一笔融资以扩大生产。预计该笔融资中将有 200 万元购置生产设备，100 万元补偿营运资金，若该笔融资能够顺利到位，第 4 年由于存在新生产线调试与磨合，预计利润为 697.48 万元，而第 5 年预计利润将达到 899.02 万元。

请根据以上描述，分析该创业企业的盈利前景与融资需求。

二、根据股权众筹融资的要求设计《悦动节能科技股份有限公司股权众筹融资商业计划书》，细化商业计划书中的股权众筹融资方案，并制作路演 PPT，分组进行模拟路演

（1）根据股权众筹融资的要求，设计《悦动节能科技股份有限公司股权众筹融资商业计划书》。设计过程中，可以扫描图 10-18 中所示的二维码，下载商业计划书进行学习与参考，了解商业计划书的编制体例与主要内容，并根据你的思路做修改和完善。

图 10-18　商业计划书二维码

资料来源：部分内容节选改编自知识库网站 http://www.nlrsq.com/word/fig4g3ii98fh383ba 96546i8.html

（2）运用在项目五中所学的知识，细化商业计划书中的股权众筹融资方案。

（3）复习股权众筹融资方法与步骤，选择一家合适的股权众筹平台进行模拟众筹融资操作。下面以“天使汇”为例，给出了操作步骤供大家参考。

步骤 1：登录“天使汇”首页，大致了解“天使汇”的基本情况。

单击此链接（http://angelcrunch.com/），进入“天使汇”首页，大致了解“天使汇”融资步骤等基本情况，如图 10-19 所示。

步骤 2：注册成为“天使汇”的会员。

单击首页右上方的“注册”，用真实姓名和手机号码注册成为“天使汇”网站的会员如图 10-20 所示。

步骤 3：用账号登录“天使汇”网站，开始融资。

用注册的账号登录“天使汇”网站，单击页面右上方“个人主页”中的“创建新项目”，开始融资流程，如图 10-21 所示。

图 10-19　“天使汇”主页

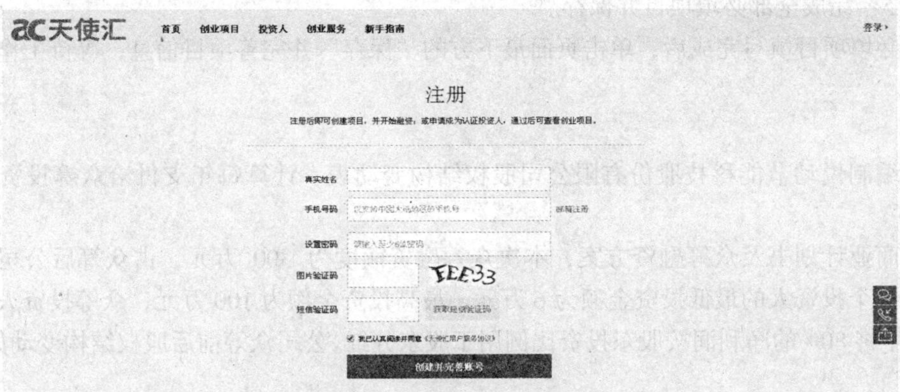

图 10-20　注册成为“天使汇”网站的会员

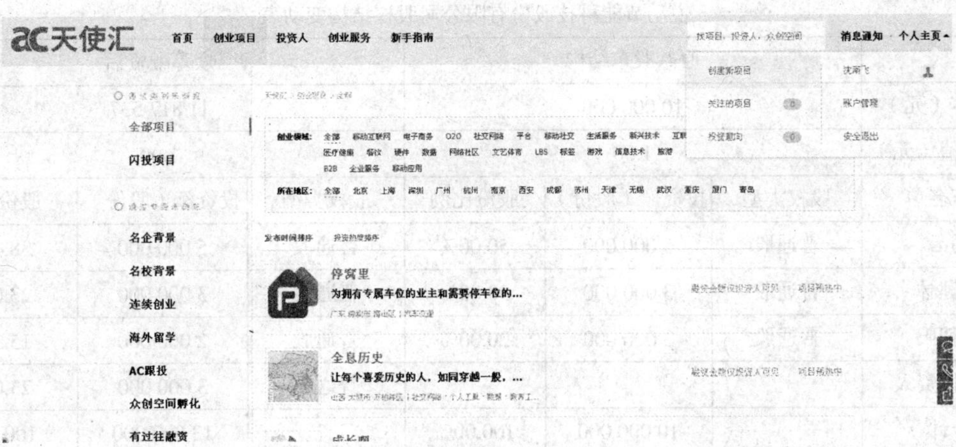

图 10-21　登录“天使汇”网站

步骤 4：完成项目融资申请流程。

根据项目融资流程，从第 1 步“快速创建项目”开始，将所有带“*”的部分填写完整，如图 10-22 所示。

图 10-22 完成项目融资申请流程

步骤 5：完成全部必填项目并保存。

全部必填项目填写完成后，单击页面最下方的“保存”并完善项目信息，等待工作人员的核实电话。

（4）编制悦动节能科技股份有限公司股权结构变动表，计算每年支付给众筹投资人的预计分红。

根据商业计划书及众筹融资方案，本次众筹融资额度为 300 万元，占众筹后公司总股本的 23.08%，每个投资人的最低投资金额为 6 万元，最高投资金额为 100 万元，众筹投资人数不超过 50 人。每年将 80%的净利润按股东投资比例用于股东分红。公司众筹前后股权结构变动如表 10-11 所示。

表 10-11 悦动节能科技股份有限公司股权结构变动表

悦动节能科技股份有限公司股权结构变动表						
	原始股东结构			众筹融资后		
总股本（元）	10 000 000			11 817 537		
每股价值（元）	1.00			1.00		
股东名单	股权类型	投资额（股份）	股份比例	股权类型	投资额（股份）	股份比例
马云	普通股	5 000 000	50.00%	普通股	5 000 000	38.46%
王健林	普通股	3 000 000	30.00%	普通股	3 000 000	23.08%
张朝阳	普通股	2 000 000	20.00%	普通股	2 000 000	15.38%
众筹投资人				普通股	3 000 000	23.08%
合计		10 000 000	100.00%		13 000 000	100.00%

公司众筹融资后首年，预计支付给全体众筹投资人的分红=697.48 × 80% × 23.08%=128.78（万元），若按最低投资 6 万元，则众筹首年预计获得分红=128.78/50=2.58（万元）。

公司众筹融资后第 2 年预计支付给全体众筹投资人的分红=899.02 × 80% × 23.08%=166.00（万元），若按最低投资 6 万元，则众筹第 2 年预计获得分红=166/50=3.32（万元）。

试进一步计算本次众筹的预计年化分红收益率及投资回收期。

（5）参考图 10-23 中所示的路演模板，分组制作路演 PPT。

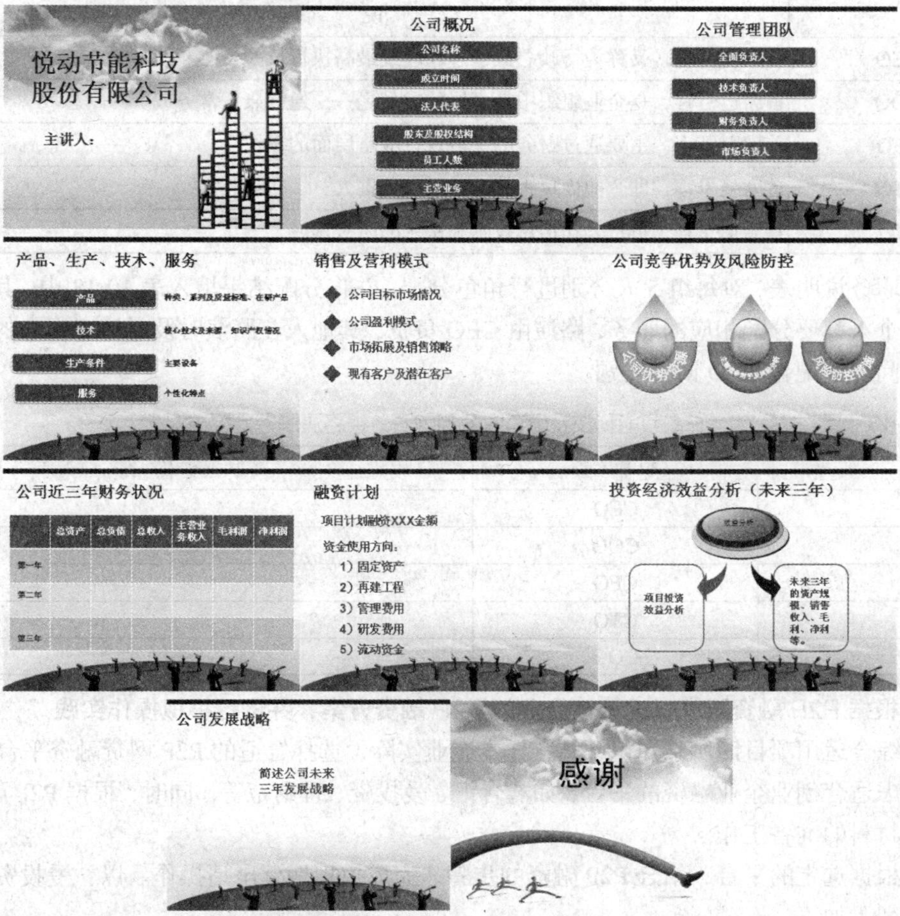

图 10-23 路演 PPT 设计模板示例

以 5 人为 1 组，合理分工，通过讨论沟通与团队协作，制作样本公司用于股权众筹路演的 PPT。以下给出了路演 PPT 设计示例及制作要点。你还可以扫描图 10-24 中所示的二维码，下载路演 PPT 模板及说明文档。

制作路演 PPT 的要点。

① 注意强调公司的竞争优势，特别是产品的创新点和对市场的吸引力。

② 仔细分析公司的财务状况和财务指标。

③ 注重对公司发展战略的描述，以吸引投资人的兴趣。

④ 尽量把晦涩难懂的抽象文字转化为由图表、图片、动画及声音所构成的生动场景，以求通俗易懂、栩栩如生。

⑤ PPT 的脉络要清晰。

图 10-24 路演模板及说明二维码

（6）对悦动节能科技股份有限公司的融资进行分组模拟路演。

[知识链接] 企业主要管理团队职务说明

在一个创业企业管理团队中，每位成员应当既有明确的职务分工，又有团结协作。常用的职务说明如表 10-12 所示。

表 10-12　　　　　　　　　　管理团队成员职务说明

职　务	说　明
CEO	首席执行官，又称为行政总裁、总经理或最高执行长
COO	首席运营官，是企业组织中最高层的成员之一，通常兼任常务或资深副总裁
CFO	首席财务官，主要通过财务的手段进行战略层面的操作
CTO	首席技术官，即企业内负责技术的最高负责人
CIO	首席信息官，负责公司信息技术和系统的所有领域

根据职务说明表，对每组 5 人分别进行角色分配，并将分配结果填入表 10-13 中。其中，CEO 对组里每个人都要分配相应的职务，路演由 CEO 负责，其他人在路演时及时注意观众的反应，在投资人提问环节配合 CEO 回答问题。

表 10-13　　　　　悦动节能科技股份有限公司融资分组路演职务分配表

姓　名	职　务	负责内容
	CEO	
	COO	
	CFO	
	CTO	
	COO	

三、根据 P2P 融资要求，设计该企业的 P2P 融资方案，并进行模拟操作实践

（1）综合运用项目四所学知识，结合样本企业实际，选择合适的 P2P 网贷融资平台。选择时应优先考虑适合创业企业融资的平台，如鑫合汇、爱投资、理财范等。同时，根据 P2P 融资要求，做好申请材料的准备工作。

（2）根据选定的平台，结合 P2P 融资的步骤，完成摸拟融资申请操作。以“爱投资”为例，主要步骤列示如下。

步骤 1：登录“爱投资”主页，大致了解“爱投资”的基本情况。

单击此链接（http://www.itouzi.com/），进入“爱投资”主页，大致了解“爱投资”的基本情况，如图 10-25 所示。

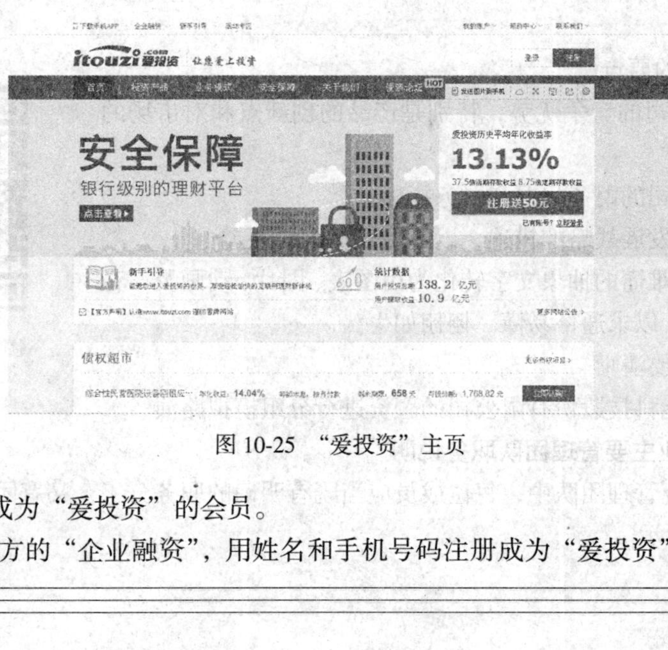

图 10-25　“爱投资”主页

步骤 2：注册成为“爱投资”的会员。

单击首页左上方的“企业融资”，用姓名和手机号码注册成为“爱投资”网站的会员，如图

10-26 所示。

图 10-26　注册成为“爱投资”网站的会员

步骤 3：完善申请融资的基本信息。

填写完融资需求信息后单击“马上融资”，完善申请融资的基本信息和补充信息，单击“确定提交”，然后等候工作人员的核实电话，如图 10-27 所示。

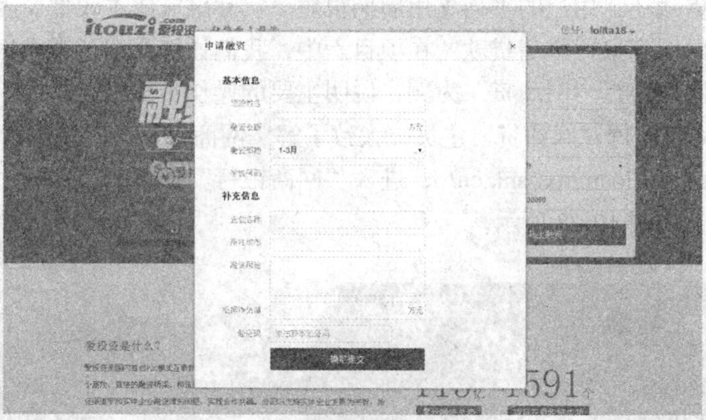

图 10-27　完善申请融资的基本信息

（3）测算 P2P 网贷融资的成本。以“爱投资”为例，该 P2P 提供的爱担保产品的融资成本在 20%左右，爱保理产品的融资成本在 15%左右。

① 若选择爱担保进行融资，则每年支付给网贷平台的利息约为 300×20%=60（万元）。

② 若选择爱保理进行融资，则每年支付给网贷平台的利息约为 300×15%=45（万元）。

请根据你选择的 P2P 融资平台及产品，做好融资成本的测算。

（4）进一步完善该企业的 P2P 融资方案。

结合模拟操作实践，进一步完善该企业的 P2P 融资方案，包括选择融资平台、选定融资产品、提出借款申请、准备相关资料、完善融资方案、提出款项支付申请、融后资金使用、项目效益评估等内容。

在完善 P2P 融资方案时，主要考虑的因素如下。

① 选择融资平台要考虑平台是否有技术和金融背景、平台的知名度和诚信度、是否透明、是否有第三方资金托管。

② 选择融资产品要仔细权衡用款周期和合理利息，对比每个产品的融资成本和放款期限。

③ 提出借款申请要认真填写平台要求的内容，尽量写得清晰、有条理，让人一目了然。

④ 准备相关资料要做到完整、细致，除了企业基本情况介绍、财务报表等融资平台要求的资料要详细之外，可以额外准备一些如企业未来发展规划等资料。

⑤ 完善融资方案要运用学过的专业知识对企业进行竞争分析、财务分析、风险分析等。

⑥ 提出款项支付申请要注意款项的支付时间、支付款项的来源、是否有第三方资金托管。

⑦ 融后资金使用要详细列明每一笔资金的使用目的，如是购买厂房、机器设备等固定资产，还是用于新技术的研发等。

⑧ 项目效益评估要注意借款偿还期、项目运营期内资金流动性、内含报酬率等指标分析。

四、根据网络银行贷款要求，设计该企业的网络银行融资方案

（1）目前，网商银行和微众银行都提供网络银行贷款业务，通过客服电话，向网络银行咨询有无合适的贷款产品能满足企业的融资需求，并具体选择一家贷款银行。

（2）完成选定的网络银行贷款的申请操作。

2015 年 6 月 25 日，作为国内首批试点的 5 家民营银行之一，背靠阿里巴巴旗下蚂蚁金服的浙江网商银行正式开业。目前，网商银行也有针对阿里体系以外的小企业提供贷款服务的，其最重要的是降低了用户的贷款门槛，增加了贷款的可获得性。同时，通过互联网技术和大数据风控，支持并鼓励用户随借随还，用户的平均支用周期很短，实际融资成本较低。因此，本任务中的悦动公司也可以考虑向网商银行申请贷款。在项目六中，我们详细介绍了微众银行“微粒贷”的具体操作，此处将以网商银行“网商贷”为例，说明主要的操作步骤。

步骤 1：登录网商银行“网商贷”主页，大致了解“网商银行”的基本情况。

单击此链接（https://loan.mybank.cn/），进入“网商银行”首页，了解通过“网商银行”融资的优势等基本情况，如图 10-28 所示。

图 10-28 “网商银行”首页

步骤 2：了解“网商银行”的贷款步骤和详细流程。

了解“网商银行”的贷款步骤和详细流程，加深对网络银行贷款知识的理解，如图 10-29 所示。

步骤 3：登录“网商银行”账户。

若是支付宝会员，则单击页面右方“我是支付宝会员”，用支付宝的账号和登录密码登录“网商银行”；若是其他平台用户，则选择页面下方的“其他”选项，如图 10-30 所示。

步骤 4：开始申请贷款。

登录“网商银行”后，单击“立刻申请”，开始申请贷款，熟悉贷款流程，如图 10-31 所示。

步骤五：填写完整贷款信息，完成贷款申请。

填写完整图 10-32 中的表格，包括“申请额度”“公司名全称”等信息后，点击最下方的“立即申请”按钮，即可完成贷款申请，若通过审核，2～3 天即可获得贷款。

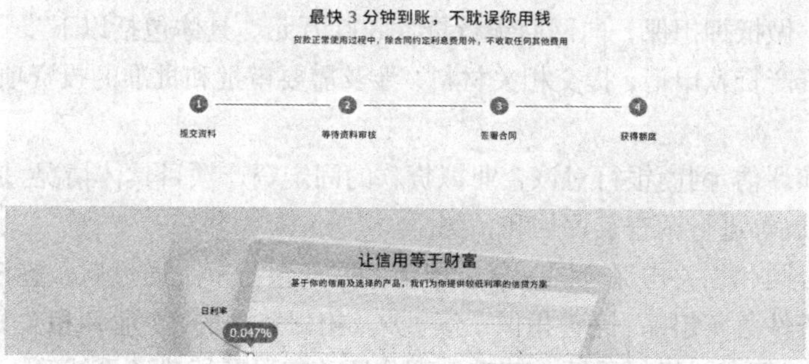

图 10-29　了解“网商银行”的贷款步骤和详细流程

图 10-30　登录“网商银行”

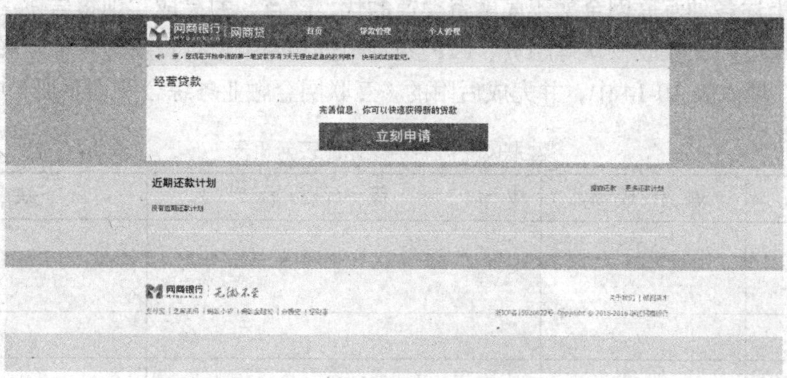

图 10-31　开始申请贷款

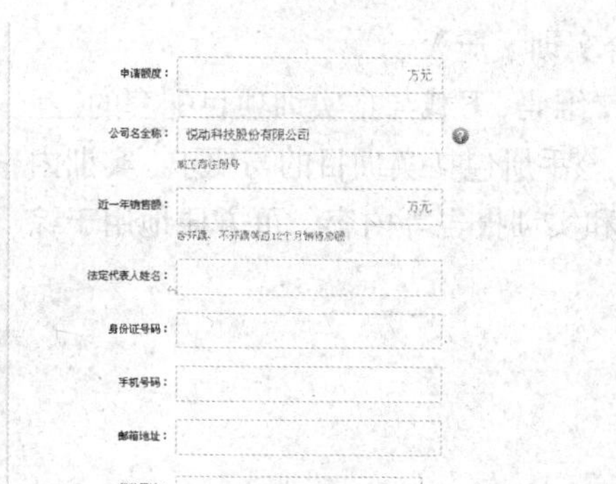

图 10-32　完善贷款信息

（3）完成抵押担保设计。根据该企业的固定资产情况，企业可将市值500万左右的固定资产（厂房和生产设备）做抵押担保，向网商银行贷款300万元。具体包括以下步骤：

① 提出固定资产贷款申请，提交相关材料，涉及需要审批和批准的投资项目，还需要提供相应的审批文件。

② 贷前调查和评估。网商银行对该企业拟贷款的固定资产项目具体情况、是否符合国家政策、是否有利于长远发展等进行调查、评估和预测。

③ 签署借款合同和相关担保合同。贷款申请经网商银行审批通过后，签订法律性文件。

④ 按照约定条件落实担保、完善担保手续。涉及担保条件的，企业和相关方需办妥抵押登记、质押交付（或登记）等有关担保手续，若需办理公证的需再履行公证手续等。

⑤ 发放贷款。全部手续办妥后，网商银行将及时向该企业办理贷款发放，该企业可按照事先约定的贷款用途合理支配贷款资金。

（4）测算网络银行贷款的融资成本。

以"网商贷"产品为例，融资成本约8%，该企业每年支付的利息约为300×8%=24（万元）。

（5）根据分析结果，结合企业融资需求，完成应用上述网络银行贷款产品的融资方案。

根据以上对网络银行贷款业务模式和产品要素的全面了解与分析，结合企业融资需求，包括融资额度、资金用途等情况，确定贷款期限和还款方式，按申请条件和步骤完成应用上述网络银行创新贷款产品的融资方案。

五、通过互联网金融学习与运作平台完成实际操作

有条件的同学可以通过典阅公司的互联网金融学习与运作平台完成以上股权众筹融资、P2P融资和网络银行贷款的全流程操作，进一步提高互联网金融融资业务的实际操作技能。

六、比较上述各种互联网金融不同融资渠道的优、缺点，并完成实训报告

总结实训经过，比较股权众筹融资、P2P网贷融资和网络银行贷款等各种互联网金融融资渠道的优、缺点，填入表10-14中，并完成后附的《互联网金融业务综合实训手册》中的实训报告。

表10-14　互联网金融融资渠道比较分析表

融资渠道	融资成本	优点	缺点
P2P融资			
股权众筹融资			
网络银行贷款			
其他			

附：《互联网金融业务综合实训手册》

请扫描图10-33中所示的二维码，下载与本实训项目配套的《互联网金融业务综合实训手册》。该手册包括实训目的与要求、实训内容、实训具体安排、实训日志和实训报告等内容，可方便地用于综合实训教学与培训。

图10-33　互联网金融业务综合实训手册下载二维码

参考文献

[1] 周雷. 小额信贷、农户融资与农村金融改革[D]. 南京：东南大学金融系，2009.

[2] 谢平，邹传伟. 互联网金融模式研究[J]. 金融研究，2012(12)：11-22.

[3] 黄海龙. 基于以电商平台为核心的互联网金融研究[J]. 上海金融，2013(8)：18-23.

[4] 黄鹏，刘艳. 基于模糊综合评判法的小微企业综合信用评价模型——面向互联网金融服务平台[J]. 西部金融，2013(10)：25-29.

[5] 李朝晖. 我国P2P网络借贷与小微企业融资关系的实证研究[J]. 现代经济探讨，2015(2)：43-47.

[6] 周雷等. 新常态下地方政府债务置换对银行的影响路径研究——以A省为例[J]. 金融理论与实践，2016(1)：47-51.

[7] 周高华. 一本书读懂互联网支付[M]. 北京：人民邮电出版社，2015.

[8] 付佳，张燕. 互联网金融弄潮儿——第三方支付[M]. 北京：电子工业出版社，2015.

[9] 海天理财. 一本书玩转移动支付[M]. 北京：清华大学出版社，2015.

[10] 马梅，朱晓明，周金黄，季家友，陈宇. 支付革命：互联网时代的第三方支付[M]. 北京：中信出版社，2014.

[11] 范生万，张琳琳，刘放主编. 电子商务基础[M]. 北京：人民邮电出版社，2013.

[12] 蒋先玲，徐晓兰. 第三方支付态势与监管：自互联网金融观察[J]. 改革，2014(06)：113-121.

[13] 李平，陈林，李强，冯毅，赵洪江. 互联网金融的发展与研究综述[J]. 电子科技大学学报，2015(03)：245-253.

[14] 邱勋，陈月波. 股权众筹：融资模式、价值与风险监管[J]. 新金融，2014(09)：58-62.

[15] 孙学立. 我国众筹融资模式、风险及对策研究[J]. 浙江金融，2015(06)：16-20.

[16] 黄木澎，袁鲲，周聪. 我国众筹融资发展及研究述评[J]. 上海金融，2015(08)：76-81.

[17] 胡吉祥，吴颖萌. 众筹融资的发展及监管[J]. 证券市场导报，2013(12)：60-65.

[18] 方永丽. 国众筹融资模式的发展现状及监管[J]. 郑州轻工业学院学报(社会科学版)，2015(01)：64-67.

[19] 周琳. 股权众筹：是打水漂还是储金罐[J]. 新城乡，2015(07)：46-47.

[20] 雷振华. 股权众筹投资请多个“心眼”[J]. 金融经济，2016(01)：50.

[21] 陆晖. 解析股权众筹的投资者风险[J]. 知识经济，2015(01)：8-9.

[22] 汪莹，王光岐. 我国众筹融资的运作模式及风险研究[J]. 浙江金融，2014(04)：62-65.

[23] 张晓朴. 互联网金融监管的原则：探索新金融监管范式[C]. 中国银行业监督管理委员会工作论文，2014.

[24] 李文峰. 信息技术互联网络基因与金融创新检验——基于中国互联网金融发展的反思视角[J]. 技术经济与管理研究，2016(6)：55-60.

[25] 李强. 互联网金融的用户选择行为实证研究[J]. 上海财经大学学报，2015(6)：28-36.

[26] 单纯. 互联网金融融资模式剖析——源自中小微企业的P2P和众筹实践[J]. 科技管理研

究，2015(24)：130-134.

[27] 陈慧．我国商业银行应对互联网金融模式的策略研究[J]．市场论坛，2015(11)：66-68.

[28] 陈奇超．论互联网金融的本质与金融结构[J]．经济研究参考，2015(56)：24-30.

[29] 张艳玲．浅议我国互联网金融的风险及监管建议[J]．科技经济市场，2014(5)：138-143.

[30] 罗明雄等．互联网金融[M]．中国财政经济出版社，2013.

[31] 陈勇．中国互联网金融研究报告[M]．中国经济出版社，2015.

[32] 中国就业培训技术指导中心．理财规划师专业能力(第五版)[M]．中国财政经济出版社，2013.

[33] 中国保险行业协会．2015 年度保险市场运行情况分析报告[R]．北京：中国保险行业协会，2016.

[34] 李琼，吴兴刚．我国互联网保险发展与监管研究[J]．武汉金融，2015(4)：31-34.

[35] 曹云波，姜家祥．大数据时代专业互联网保险公司的机遇与挑战——以“众安在线”为例[J]．财会月刊，2015(8)：93-96.

[36] 刘仕冬等．互联网保险产品适销性与产品开发[J]．北方经贸，2016(2)：95-96.

[37] 姚文平．互联网金融：即将到来的新金融时代[M]．北京：中信出版社，2014.

[38] 李德伟等．互联网金融理论与实践[M]．北京：中国质检出版社，2014.

[39] 周雷．行动学习在互联网金融企业培训中的应用与思考[J]．杭州金融研修学院学报，2016(4)：40-43.